5급공채, 입법고시, 국립외교원, 금융공기업 대비

MIND

MACRO ECONOMICS
주관식 거시경제학 마인드

윤지훈 편저

Preface

경제학이라는 과목은 많은 수험생들에게 골칫거리인 과목입니다. 특히 수학적 기초가 부족한 경우 경제학은 적어도 쉽게 다가오지 않는 과목입니다. 모든 학문이 마찬가지이지만 아무리 어렵더라도 요령껏 접근해서는 안 됩니다. 기본에 충실해야 목표를 달성할 수 있습니다.

기본에 충실해야 다양한 난이도를 대응해 낼 수 있습니다. 기본에 대한 이해도가 부족한 상태에서 내용을 암기하여 문제를 해결하는 것이 분명 어느 정도 효과가 있지만 항상 변형, 응용에 대한 어려움과 불안감을 떨쳐내기에 부족한 것도 사실입니다. 게다 최근의 시험 난이도가 높아지고 있는 추세에서는 더더욱 바람직하지 않은 방향의 공부가 됩니다.

다양한 과목을 준비하시는 수험생 분들 입장에서 경제학은 다른 과목들과 속성이 다른 학문입니다. 수학적 이해, 내용적 이해 뿐 아니라 답안 작성을 위한 논리적 흐름에 대한 이해 역시 필요합니다. 결국 목표는 답안에 자신의 지식을 현출해 내는 것이므로 **주관식** 시험 특성상 같은 답을 내더라도 누가 더 논리적으로 치밀하고 기본원리를 이해하고 있느냐에 따라 다른 점수 및 결과가 나올 수 있습니다.

거시경제학 마인드는 반복을 위한 교재입니다. 거시경제학은 욕심을 부리면 국제경제학, 특히 국제금융론의 모든 내용을 담아내야 합니다. 하지만 이는 미거시경제학의 기초를 토대로 국제경제학을 파생시켜야 하는 바람직한 공부 방향의 중심을 잡는데 방해가 될 수 있습니다. 한국 경제의 특성상 담을 수밖에 없는 부분은 정리해 두었으나 국제경제학 자료 및 수업을 통해 정리하는 것이 바람직한 내용들은 상당부분 제외되었습니다. 거시경제학 역시 경제학에서 반드시 이해해야 하는 그래프를 최대한 치밀하게 표현하는데 힘을 쏟고, 내용을 최대한 압축하여 필요한 부분과 그렇지 않은 부분에 차등을 두었고 전반적인 흐름 하에서 응용되어 있는 부분들 그리고 이론 설명 중 강조하고 싶은 내용과 핵심 내용은 tip을 통해 저의 설명을 대신하였습니다.

5판에서는 새로운 모형 뿐 아니라 학파별 정리 테마를 추가하여 시간의 흐름에 따른 각 학파의 주요 주장들을 정리, 요약하여 넣었습니다. 이 역시 그래프를 중심으로 정리되어 있으므로 추후에 그래프만으로도 충분히 복습이 될 수 있을 것입니다.

교재 이름처럼 경제학적인 마인드를 제대로 형성한다면 경제학은 언제나 든든한 힘이 될 것입니다. 교재를 제작하는 과정에서 도움을 주신 많은 분들을 모두 언급할 수 없으나 이 글을 빌어 모든 분들에게 진심 어린 감사를 전합니다.

윤 지 훈

Contents

chapter 1
거시경제학의 기초

01 | 거시경제와 관련된 기초 _____ 2
1. 거시경제의 주요목표 · 2
2. 거시경제정책 · 2
3. 거시경제의 주체 · 2
4. 거시경제의 시장 · 2

02 | 국민소득의 측정 _____ 3
1. 생산측면에서 본 국내총생산 · 3
2. 분배(소득)측면에서 본 국내총생산 · 4
3. 지출측면에서 본 국내총생산 · 5
4. 국민소득 3면 등가의 원칙 · 5

03 | 고전학파의 국민소득결정이론 _____ 6
1. 고전학파 이론의 성립배경과 한계 · 6
2. 고전학파 경제이론의 기본적 가정 · 6
3. 고전학파 국민소득의 결정 · 6
4. 대부자금시장 · 7
5. 고전학파모형에 대한 평가 · 7

04 | 케인즈의 국민소득결정이론 _____ 8
1. 케인즈 이론의 등장배경과 가정 · 8
2. 케인즈의 교차점모형과 국민소득 결정이론 · 8
3. 승수 · 10

05 | 거시경제학의 흐름 _____ 11
1. 고전학파 계열의 흐름과 케인즈학파 계열의 흐름 · 11
2. 고전학파 · 11
3. 케인즈학파 · 11
4. 신고전학파 종합 · 12
5. 통화론자 · 12
6. 새고전학파와 공급중시 경제학 · 12
7. 새케인즈학파 · 13

chapter 2
총수요-총공급이론

01 | 케인즈의 경기변동이론(화폐환상모형) _____ 16
1. 사례의 적용 · 17
2. 총수요와 총공급의 균형 조정에 따른 각 시장의 변화 · 17
3. 거시 경제 변수 분석 · 17

02 | 생산물 시장과 IS곡선 _____ 18
1. 기본적인 IS곡선의 도출 · 18
2. 불확실성에 의한 IS의 기울기 변화 · 18
3. 경제주체들이 부채에 직면했을 때 또는 피구효과 고려 시 · 19
4. 투자의 가속도원리 고려 시 · 20
5. 비례세 하에서의 자동안정화 장치 · 21

03 | 화폐 시장과 LM곡선 _____ 22
1. LM곡선의 도출 및 화폐수요의 이자율탄력성의 차이에 따른 비교 · 22
2. 화폐수요의 소득탄력성의 차이에 따른 비교 · 23

04 | 먼델-토빈효과, 유동성효과, 피셔효과 _____ 24
1. 먼델-토빈효과 · 24
2. 유동성효과와 피셔효과 · 25
3. 유동성 함정 · 25

05 | $IS-LM$ 승수 및 AD곡선의 도출 _____ 28
1. $IS-LM$ 승수 · 28
2. 구축효과 · 29
3. AD곡선의 도출 · 29

06 | AS곡선의 도출 _____ 30
1. 단기 총공급곡선의 도출 · 30
2. 장기 총공급곡선과 정책무력성 명제 · 33
3. 정책딜레마 · 33

07 | 총수요-총공급 충격과 관련된 사례 문제의 해결 _____ 34
1. 총공급충격 · 34
2. 총수요충격 - ① · 35
3. 총수요충격 - ② · 36
4. 총수요충격과 총공급충격의 동시 발생 · 37

08 | 학파별 $IS-LM$, $AD-AS$, 정책의 효과 비교 _____ 38

chapter 3
소비함수와 투자함수

01 | 소비이론의 기초 _____ 40
1. 소비함수 · 40
2. 평균소비성향과 한계소비성향 · 40

02 | 쿠즈네츠의 실증분석 _____ 40

03 | 절대소득가설 _____ 41

contents

04 | 상대소득가설 41
05 | 시점간 자원배분과 소비이론 42
　1. 시점간 자원배분 · 42
　2. 항상소득가설 · 43
　3. 생애주기 가설 · 44
　4. 랜덤워크 가설 · 45
　5. 예비적 저축가설 · 46
　6. 리카도 대등정리 · 47
　7. 합리적 소비자를 가정한 소비이론의 비판 · 50
06 | 투자이론의 기초 52
　1. 투자 · 52
　2. 자본과 투자 · 52
　3. 투자의 구분 · 52
07 | 전통적 투자이론 53
　1. 케인즈학파의 야성적 충동 · 53
　2. 신고전학파의 자본의 사용자 비용 모형 · 53
　3. 순현재가치법 · 54
　4. 내부수익률법 · 54
　5. 비용편익분석 · 54
08 | 현대적 투자이론 55
　1. 투자의 미시적 기초 · 55
　2. 토빈의 q이론 · 56
　3. 신용시장의 불완전성과 투자 · 57
　4. 투자옵션모형 · 58
　5. 재고투자모형 · 59
　6. 가속도 원리 · 59

chapter 4
화폐금융론

01 | 화폐와 금융, 금융제도 62
　1. 화폐의 정의와 기능 · 62
　2. 금융과 금융기관 · 62
　3. 중앙은행의 기능 · 63
02 | 화폐공급 이론 64
　1. 중앙은행과 은행의 현금 구성 및 대차대조표 · 64
　2. 통화승수의 도출 · 64
　3. 통화승수의 내생성 · 66
03 | 고전학파 계열의 화폐수량설 67
　1. 화폐수요이론 개괄 · 67
　2. 피셔의 거래 수량설 · 67
　3. 캠브리지 학파의 현금잔고 수량설 · 68
　4. 프리드먼의 신화폐수량설 · 68
04 | 케인즈의 화폐수요이론 69
　1. 케인즈의 유동성선호설 · 69
05 | 케인즈 학파의 화폐수요이론 70
　1. 보몰 – 토빈의 현금재고 관리모형 · 70
　2. 토빈의 포트폴리오 모형 · 71
　3. 화폐수요의 미시적 기초 · 73
06 | 화폐금융정책 75
　1. 중간목표관리제 · 75
　2. 통화량 중간목표제 하에서 준칙주의와 재량주의에 의한 반론 · 76
　3. 확장적 통화정책의 파급경로 · 77
　4. 물가안정 목표제도 · 79
07 | 자산가격 설정방식과 금리스프레드 80
　1. 채권 시장 · 80
　2. 주식 시장 · 80
　3. 주택시장 · 81
　4. 금리 스프레드 · 82

chapter 5
실업과 인플레이션

01 | 노동공급과 노동수요의 미시적 기초 84
　1. 노동공급곡선 · 84
　2. 노동수요곡선 · 85
　3. 요소시장 경쟁 가정 시 시장균형 · 85
02 | 실업 86
　1. 실업의 개념 · 86
　2. 실업률과 고용률, 비취업률 · 87
　3. 실업에 따른 비용 · 88
　4. 실업에 따른 학파별 견해 · 88
　5. 마찰적 실업과 탐색모형 · 89
　6. 균형노동탐색모형 · 90
　7. $WS-PS$ 모형 · 92
03 | 물가와 인플레이션 96
　1. 물가 · 96
　2. 물가지수의 종류와 산정 · 96
　3. 인플레이션 · 97
　4. 인플레이션 비용 · 97

5. 초인플레이션 - 97
　　6. 재정적자의 해소를 위한 인플레이션 유발 가능성 - 98
　　7. 인플레이션이 경기에 미치는 효과 - 99
　　8. 물가 오버슈팅 - 99

04 | 필립스곡선 ─────────── 100
　　1. 필립스곡선 - 100
　　2. 스테그플레이션과 우하향하는 필립스곡선과 관련한 논쟁 - 100
　　3. 기대가 부가된 필립스 곡선 - 100
　　4. 자연실업률 가설과 NAIRU - 102
　　5. 이력현상 - 104
　　6. 점진주의와 급랭주의 - 105
　　7. 무비용 반인플레이션 - 106
　　8. 재량과 준칙 - 107

chapter 6 학파별 비교

01 | 고전학파와 케인즈 ─────────── 112
　　1. 고전학파 - 112
　　2. 케인즈 - 113

02 | 케인즈학파와 통화주의학파 ─────────── 114

03 | 새고전학파와 새케인즈학파 ─────────── 115
　　1. 새고전학파 - 115
　　2. 새케인즈학파 - 115

04 | 학파별 정리 ─────────── 120

chapter 7 경기변동론

01 | 경기변동 개념과 주요지수 ─────────── 122
　　1. 경기변동이란 - 122
　　2. 경기변동의 대표적인 지표들 - 122
　　3. 학파별 경기변동관련 견해차 정리 - 123

02 | 실물경기변동론자의 경기변동이론 ─────────── 124
　　1. 노동시장과 화폐시장의 가정 - 125
　　2. 경기 변동 메커니즘의 이해 - 125
　　3. 지속적인 공급충격을 고려할 때와 비교 - 126
　　4. 실물경기변동론자 이론의 한계 - 127
　　5. 화폐의 중립성과 초중립성 - 127

03 | 화폐적 경기변동이론 ─────────── 128
　　1. 예상치 못한 통화량의 증대 효과 분석 - 128

　　2. RAD와 RAS의 균형달성에 따른 각 시장의 변화 - 128

04 | 새케인즈학파의 경기변동론 ─────────── 129
　　1. 메뉴비용과 경기변동론 - 129
　　2. 중첩가격설정과 경기변동론 - 129
　　3. 실질임금 경직성과 RAS의 형태 - 129
　　4. 조정실패모형과 경기변동 - 130

05 | 새고전학파와 새케인즈학파의 대립 ─────────── 131
　　1. 솔로우 잔차항에 대한 이론 - 131
　　2. 화폐의 중립성 문제 - 131
　　3. 노동공급곡선 - 131

chapter 8 경제성장론

01 | 경제성장과 관련한 정형화된 사실과 성장회계방정식 ─────────── 134
　　1. 경제성장과 관련된 정형화된 사실 - 134
　　2. 국가 간 경제성장의 수렴성 여부에 관한 정형화된 사실 - 134
　　3. 성장회계(growth accounting) 방정식 - 134

02 | 외생적 성장이론 ─────────── 135
　　1. 해로드 도마(HarrodDomar) 모형 - 135
　　2. 솔로우 모형의 기본 가정과 자본축적방정식, 균제상태 - 136
　　3. 단기에서 장기로 이동하는 과정에서의 분석 - 138
　　4. 장기 균형의 변화 - 139
　　5. 황금률 - 139
　　6. 노동부가적 기술진보를 도입한 생산함수에서 자본축적 방정식과 황금률 - 140
　　7. 동태적 효율성 논의 - 141
　　8. 한계와 극복이론들 - 141

03 | 내생적 성장이론 ─────────── 142
　　1. AK모형의 사례 - 142
　　2. AK모형의 사례 - 143
　　3. $R\&D$(research & development) 모형 - 145
　　4. $R\&D$모형의 사례 - 146

chapter 9 개방경제

01 | 국제거래의 종류와 국제경제학의 이해 ─────────── 148
　　1. 국제거래의 종류 - 148
　　2. 국제무역론과 국제금융론 - 148

contents

    3. 산업간 무역과 산업내 무역 · *148*
    4. 수출, 수입재를 결정하는 기본 논리 · *149*
    5. 교역조건 · *149*

02 | 국가간 자본의 이동 ——— *150*
    1. 직접투자 · *150*
    2. 간접투자 · *150*
    3. 자본 자유화에 따른 효과 · *151*

03 | 환율 결정론 ——— *152*
    1. 환율 관련 기초 용어의 정리 · *152*
    2. 외환시장 · *153*
    3. 구매력 평가설 · *154*
    4. 이자율 평가설 · *155*
    5. 유량접근법 · *156*
    6. 통화론자 이론 · *157*
    7. 포트폴리오 밸런스(portfolio balance) 모형 · *160*
    8. 환율결정이론의 새로운 접근법 · *160*

04 | 국제수지방정식 ——— *161*
    1. $NS - I = NX$ · *161*
    2. $Y - A = X - M$ · *162*
    3. 2국 모형 · *163*
    4. 펠트스타인호리오카(Feldstein-Horioka) 논의 · *164*

05 | 환율과 순수출과의 관계 ——— *165*
    1. 환율 상승 시 순수출이 증가할 조건 · *165*
    2. 환율 상승 시 순수출이 감소할 가능성 · *167*

06 | $IS - LM - BP$ 모형 (먼델-플레밍 모형) ——— *168*
    1. BP곡선의 기울기 · *168*
    2. BP곡선과 IS곡선 이동 폭의 고찰 · *169*
    3. 변동환율제도 시의 정책효과 · *170*
    4. 고정환율제도 시의 정책효과 · *172*
    5. 변동환율제도에서 환율의 자동안정화장치 · *173*
    6. 개방경제를 가정할 때의 AD곡선 · *174*
    7. 자본이동이 자유로운 이국모형에서 재정정책의 반향효과 · *175*
    8. Krugman의 3원 불가능성 정리 · *176*

07 | $IS - LM - IRP$ 모형 ——— *177*

08 | $DD - AA$ 모형 ——— *178*
    1. 모형의 설정 · *178*
    2. 일시적 정책과 지속적 정책의 비교 · *180*
    3. 부정적 해외에서의 충격 발생 시 (감소) 변동환율제도와 고정환율제도 · *181*

09 | 환율제도와 국제통화제도의 변천 ——— *182*
    1. 환율제도의 분류 · *182*
    2. 고정환율제도와 변동환율제도의 특징 비교 · *182*

10 | 불태화정책 ——— *183*

11 | 외환보유고 누적에 따른 효과 ——— *184*

12 | 쌍둥이 적자 ——— *184*
    1. 감세정책으로 재정적자가 발생하는 경우 · *184*
    2. 확장적 재정정책으로 재정적자가 발생하는 경우 · *184*

13 | 최적통화지역이론 ——— *185*
    1. 개념 · *185*
    2. Krugman의 최적 통화권이론 · *185*

14 | 출구전략 : 양적완화의 종결 ——— *186*

chapter 10 주요 이슈와 새로운 모형들

01 | 균형재정 법제화가 경기에 미치는 효과 ——— *188*

02 | 고용 없는 성장 ——— *188*

03 | 2기간 모형에 근거한 일반균형이론의 정리 ——— *189*

04 | 총수요충격과 총공급충격을 활용하는 사례문제 ——— *190*
    1. 불확실성 증가 · *190*
    2. 고령화 · *191*

05 | 유동성 공급모형과 뱅크런 ——— *192*
    1. 모형의 설정 및 의의 · *192*
    2. 뱅크런 · *192*
    3. 예금보험 · *193*

06 | 거시건전성 정책수단 ——— *193*

07 | $IS - MP - IA$ 모형의 이해 ——— *194*
    1. 도출 · *194*
    2. $Y - \pi$평면에서 $AD - IA$의 균형과 불균형 시 균형으로의 복귀 메커니즘 · *196*
    3. $IS - MP - IA$ 모형을 통한 확장적 재정정책의 효과분석 · *197*

08 | $DAD - DAS$ 모형의 이해 ——— *198*
    1. 모형의 설정 · *198*
    2. 다양한 사례의 적용 · *200*

Chapter 1

거시경제학의 기초

01 거시경제와 관련된 기초

02 국민소득의 측정

03 고전학파의 국민소득결정이론

04 케인즈의 국민소득결정이론

05 거시경제학의 흐름

01 거시경제와 관련된 기초

1. 거시경제의 주요목표

우선 ① **완전고용**으로 단기적으로는 완전고용의 실현, 장기적으로는 완전고용실업률을 낮추는 것을 목표로 한다. 그리고 ② **물가안정**으로 단기적으로는 화폐가치와 교환질서를 안정적으로 유지하고, 장기적으로는 경제적 의사결정과정에 불확실성을 증대시켜 소비나 투자를 위축시킬 수 있는 인플레이션을 관리한다. 물가안정은 중앙은행이 담당하며, 통화정책을 통하여 관리 한다. 한편, ③ **국제수지의 균형**을 달성하는 것도 목표로 한다. 국제수지 흑자의 경우 외환의 순유입이므로 국내소비자물가를 상승시키는 결과를 초래하고 교역 상대국의 국제수지적자로 위기를 초래할 수도 있어서 바람직하지 않다. 그리고 ④ 실질 GDP의 지속적 성장, 즉 꾸준한 **경제성장**을 달성하려 한다.

▶ 1998년 이후 우리나라는 물가안정목표제를 취하고 있다. 2000년부터 2006년까지 근원인플레이션을 안정화시키는 것을 목표하였고 그 외의 기간에는 소비자물가지수(CPI)를 목표로 한다.

2. 거시경제정책

① **재정정책**(fiscal policy)은 중앙정부나 지방정부의 지출(G)과 조세(T)정책을 통해 국가경제에 영향을 미치는 정책이고 ② **금융정책**(monetary policy)은 중앙은행에 의한 화폐의 공급과 이자율조정을 통해 국가경제에 영향을 미치는 정책으로 통화정책, 화폐금융정책이라고도 한다.

▶ 통화량을 변화시키기 위해 우선 간접규제 방식으로 ① 재할인율 정책 ② 지급준비율 정책 ③ 공개시장 조작 등이 있고, 직접규제 방식으로 ④ 국내 여신에 대한 대출 한도를 완화하는 방식이 있다.

3. 거시경제의 주체

① **가계**는 생산요소인 노동과 자본을 소유한 경제단위로 생산요소시장에 노동과 자본을 공급하고 그 대가로 요소소득(factor income = 노동소득과 자본소득)을 취득한다. 가계는 기업을 소유하고 기업으로부터 배당소득을 얻고, 요소소득과 배당소득을 합한 총소득 중 일부를 조세의 형태로 정부에 납부하고, 나머지인 가처분소득(disposable income) 중 일부를 소비의 형태로 지출하거나 미래 소비를 위해 저축한다. ② **기업**은 생산활동을 하는 경제단위로 생산요소시장에서 노동을 고용하여 자본과 결합하여 산출물을 생산한다. 노동을 수요한 대가로 가계에 노동소득을 지급하며, 이윤 중 일부를 자본소득과 함께 가계에 배당으로 지급한다. 기업은 산출물을 가계, 기업, 정부, 외국에 판매한다. 판매된 산출물은 가계와 기업에 의해 소비되거나, 다른 기업에 의해 투자되거나, 외국에 의해 소비 또는 투자된다. 한편 ③ **정부**의 의사결정은 가계나 기업의 의사결정과 독립적이므로 외생적인 존재이며 경제 상황에 따라 (독립적인 판단에 의해) 정부지출과 조세를 늘리거나 줄이는 의사결정을 한다. 물론 정부도 예산제약에 직면해 있다. 한편 개방경제인 경우 ④ **외국**과의 무역(수입과 수출)을 통해 자국과 재화 및 서비스를 거래하며, 투자수익률에 따라 자국과 자본거래를 한다. 만약 두 국가의 재화와 자본의 교역이 균형을 이루면 산출물 거래(경상수지)와 자본거래의 합은 0이다

▶ 조세 및 정부 지출을 결정하는 것은 재정당국이고, 통화량을 조절하는 정책을 하는 것은 통화당국이다. 통화당국은 정부와의 독립성이 전제되어야 하며 정부와는 분리되어야 하는 것이 타당하지만 통상적으로 출제되는 문제에서는 둘 다 '정부'로 언급되기도 한다. 이런 의미에서 정부지출의 세 가지 수단은 조세증가, 국채발행, 화폐발행이라 할 수 있는데 『정부지출 > 조세수입』인 경우에는 재정적자이다. 반대의 경우는 재정흑자이다.

4. 거시경제의 시장

① **재화시장**(goods market)은 기업이 생산하는 재화와 서비스가 거래되는 시장으로 재화시장에서 산출물의 생산량과 가격이 결정된다. ② **생산요소시장**(factor market)은 기업의 생산활동에 투입되는 노동과 자본이 거래되는 시장인데, 생산요소시장에서 각 요소의 투입량과 노동의 가격인 임금, 자본의 임대가격이 결정된다. ③ **금융시장**(financial market)에는 화폐가 거래되어 이자율이 결정되는 화폐시장(money market), 외국의 화폐가 거래되어 환율이 결정되는 외환시장(foreign exchange market), 그리고 주식(equity)과 채권(bond) 및 금융자산이 거래되어 자산의 수익률이 결정되는 자산시장(asset market)으로 분류된다.

▶ 거시경제의 시장 간에는 다른 모든 시장에서 모두 균형이 성립하면 나머지 하나의 시장에서도 균형이 성립한다는 왈라스의 법칙이 적용된다. 왈라스 법칙에 따라 모든 시장에서의 초과수요의 합은 0이다. 하나의 시장을 제외한 나머지 시장의 초과수요가 0이라면 그 하나의 시장 역시 초과수요가 0이어야 왈라스 법칙이 성립된다.

02 국민소득의 측정

1. 생산측면에서 본 국내총생산

GDP(gross domestic product)는 '일정 기간 동안에 한 나라 국경 안에서 새로이 생산된 최종 재화와 서비스의 시장가치의 합'으로 정의된다. 경제의 규모와 거시경제활동의 정도를 측정하는 변수 중 가장 많이 사용되는 지표이다.

① **'일정 기간 동안에'** 는 유량의 개념이다. GDP는 대개 1년 동안의 산출량을 의미하는 유량변수이다.

② **'한 나라 국경 안에서'** 는 영토를 기준으로 한 총생산의 개념을 의미하므로 내국인이 외국에서 생산한 것은 포함하지 않고, 외국인이 국내에서 생산한 것은 포함한다.

③ **'새로이 생산된'** 이므로 노동과 자본 등 생산요소에 의해 그 해에 생산된 것만 포함한다. 이번 기간에 새로이 지은 집의 가격은 GDP에 포함되지만, 지난 기에 지은 집을 이번 기에 판매했을 때는 집의 가격은 포함시키지 않고 부동산 업자가 제공한 서비스만 이번 기의 GDP에 포함시킨다. 중고품이나 골동품의 거래에서 발생되는 중개업자의 서비스는 GDP에 포함되지만, 중고품이나 골동품의 생산액은 GDP에 포함되지 않는다.

④ **'최종 재화와 서비스'** 만을 포함한다. 최종 재화와 서비스의 가치는 각 생산단계에서의 부가가치의 합과 같다. 부가가치는 한 생산자가 생산한 산출물의 가치에서 '다른 생산자로부터 구입하여 생산과정에 투입된 중간재의 가치'를 뺀 값이다. 따라서, 어떤 재화를 생산하는 과정에서 사용된 중간재는 GDP에 포함하지 않아야 중복집계 되지 않는다. 다만 그 해에 생산했지만 사용되지 않은 중간재는 GDP에 포함(재고투자로 더해짐)되고 다음 년도에 그 중간재를 사용하여 최종재를 생산했다면 그 차액만을 GDP에 반영한다. 따라서, 생산자가 재고를 판매하면 (서비스는 고려하지 않고) 판매한 물건만 볼 때, 기업의 재고투자감소와 소비자의 소비 증가가 상쇄될 것이다. 따라서, 원가는 GDP에 영향을 미치지 못하고 판매 시의 마진만 GDP에 더한다.

한편, 이론상으로 각 생산단계에서 올라간 가격들을 각각 합하면 GDP의 크기가 동일해야 한다. 그런데 어떤 기업이 1,000원에 중간재를 사와서 2,000원짜리 물건을 만드는 과정에서 보유한 기계의 가치가 100원어치 소진되었다면 부가가치는 900뿐이다. 이 기업의 행위를 GDP에 더할 때에는 1,000원을 더해야 하므로 'GDP = 최종생산물의 시장가치의 합 = 부가가치 + 고정자본소모 = 900 + 100'이 성립된다.

⑤ **'시장가치'** 는 시장에서 거래되는 가격으로 평가한다는 의미이다. 대가를 받고 집청소를 하였다면 그 보수는 GDP에 포함된다. 하지만 가정 주부가 집청소를 하더라도 GDP에는 포함하지 않는다. 한편, 시장에서 거래되지 않는 재화나 서비스의 경우 그 가치를 추정하여 GDP에 포함시키는데, 추정된 가치나 소득을 귀속가치(imputed value) 또는 귀속소득(imputed income)이라고 한다. 예를 들면, 자가 주택 거주자의 임대료를 추정하여 GDP에 더하는 것들을 말한다.

---

① GDP에 포함되는 것
- 귀속임대료
- 농부의 자가소비농산물
- 파출부의 가사
- 정부의 생산물(국방, 치안)
- 신규주택거래
- 주택거래, 중고차 거래 수수료
- 재고의 누적
- 그 해에 팔리지 않은 중간재
- 회사채이자
- 은행이자

② GDP에 포함되지 않는 것
- 주부의 가사노동
- 여가, 환경
- 사채, 도박, 탈세, 마약, 밀수
- 상속, 증여
- 기존주택거래
- 중고차 거래
- 복권당첨금
- 정부의 보조금, 실업급여
- 자연파괴, 공해, 도로유실
- 골동품 판매거래
- 국공채이자
- 재화의 질적 변화

▶ 현 시점에 얼마의 수치를 갖는지 생각해보고 어색하지 않다면 저량(stock)이고 어색하다면 유량(flow)이다. 예를 들어 현 시점에 GDP가 얼마인지 묻는다면 이는 굉장히 어색한 질문이다. GDP는 일정 기간 동안에 누적되는 것이기 때문이다. 일정 기간 동안에 GDP가 얼마인지 생각해 보는 것이 자연스러우므로 GDP는 유량이다. 조금만 생각해 보면 간단히 구별이 가능하다.

유량 – 국민소득, 소비, 투자, 저축, 수출, 수입, 재정적자

저량 – 노동량, 자본량, 통화량, 환율, 이자율, 국가채무, 외환보유액

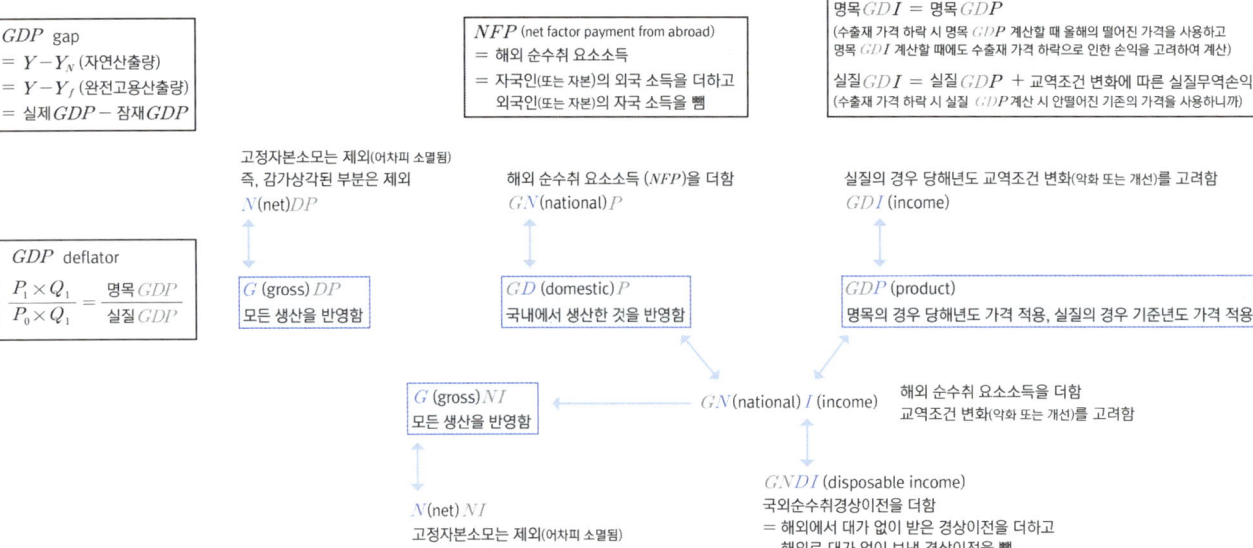

2. 분배(소득)측면에서 본 국내총생산

이는 GDP를 구할 때 생산에 참여한 경제주체들이 받는 소득을 모두 합하여 구하는 방식으로 국민소득(NI, national income)은 다음 다섯 가지 소득의 합으로 나타난다.

① 국민소득에는 **피고용자에 대한 보상**(employee compensation)을 포함한다. 이러한 보상에는 자영업자를 제외한 노동자의 임금, 고용주가 부담하는 피고용자의 연금 및 사회보장보험 부담금 같은 피고용자의 편익을 포함된다. 그리고 ② 법인화되어 있지 않은 **자영업자의 소득**도 포함되며, ③ **임대소득**도 포함(토지와 건물의 임대소득, 저작권수입 등)된다. 한편, 국민소득은 ④ **법인이윤**을 포함하며 ⑤ **순이자**를 포함한다.

그런데 간접세(그리고 성격은 같으나 반대로 흘러들어가는 정부보조금)는 판매세(sales tax)나 물품세(excise tax)처럼 기업이 정부에 납부하는 조세이지만 위의 다섯 가지 어디에도 포함되지 않는다. 그러나 정부의 소득에는 포함되므로 전체소득을 구하기 위해서는 국민소득에 이를 더해야 한다.

국민소득에 간접세를 합한 값(NI + 간접세)을 순국민생산(NNP, net national product)이라 한다. 순국민생산(NNP) + 감가상각 = 국민총생산(GNP)이고, 여기에 해외 순수취 요소소득(NFP)을 빼면 국내총생산이 되어 생산측면에서 본 국내총생산액(GDP)과 같게 된다. 즉 NI + 간접세 + 감가상각 $- NFP = GDP$

한편 소득의 사용처를 고려한 GDP 측정법도 있다. ① GDP를 Y, 가계소비를 C, 민간저축을 S_p, 조세를 T라 하면 $Y = C + S_P + T$이다. 이 수식을 변형하면 $S_p = (Y - T) - C$이고 여기서 $(Y - T)$는 조세 납부 후 소득으로 가처분소득을 의미한다. ② 경제의 총저축은 민간저축과 정부저축(S_G)의 합이므로 $S = S_P + S_G$이다. 정부저축은 조세수입 중 정부지출(G)을 뺀 나머지이므로 $S_G = T - G$이다. 그러므로 $S = S_P + S_G = (Y - T) - C + T - G = Y - C - G$로 나타낼 수 있다. ③ 한 나라의 총저축은 총생산에서 가계와 정부의 소비를 뺀 나머지로 정의 할 수 있고, $Y = S + C + G$이다.

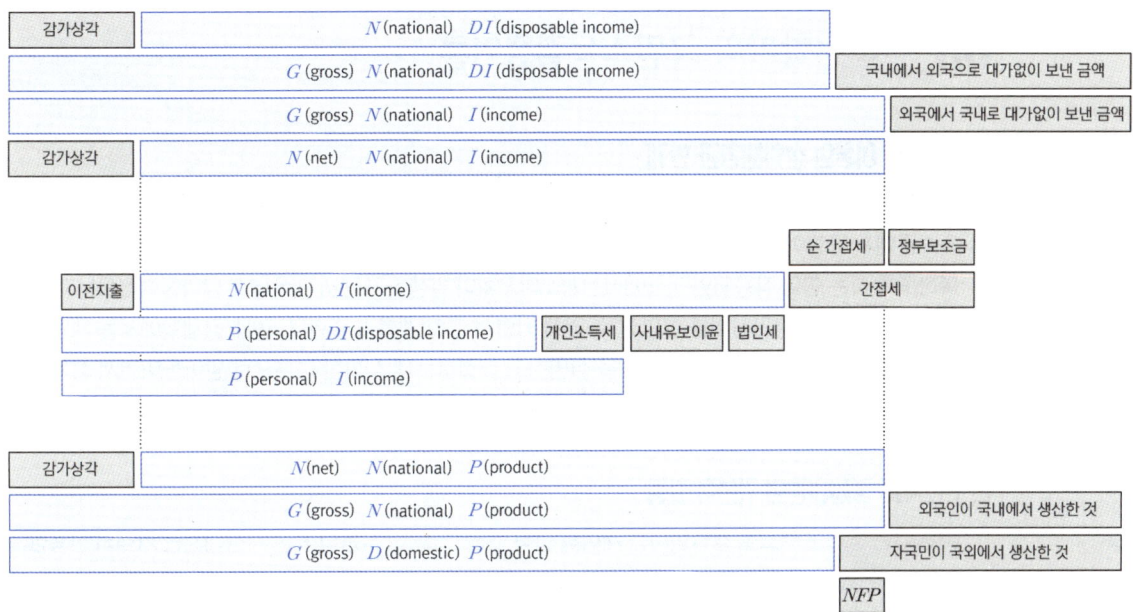

3. 지출측면에서 본 국내총생산

이는 거시경제학에서 가장 많이 사용되는 접근법이다. 기본적인 수식은 $Y = C + I + G + NX$ 이다. 이를 소득 − 지출 항등식(한 경제 내에서 사후적으로 항상 일치함)이라 한다.

① **소비지출**(C)은 가계가 소비를 목적으로 구매하는 재화와 서비스에 대한 지출로 외국에서 생산된 재화와 서비스에 대한 지출도 포함하며, GDP 가운데 가장 큰 비중을 차지한다. ② **투자**(I)에는 새로이 생산된 자본재에 대한 지출인 고정투자(기업고정투자와 주택투자)와 기업의 재고변동을 나타내는 재고투자를 포함하며, GDP 구성요소 가운데 가장 변동이 심하여 경기변동을 주도하는 변수이다. ③ **정부지출**(G)은 정부구매라고도 불리며, 정부소비(정부가 구매하여 소비하는 재화나 서비스)와 정부투자(공공투자)로 구성된다. ④ **순수출**(NX)은 수출(X) − 수입(IM)으로, 양이나 음의 값을 가진다.

민간저축의 사용처에 대해 살펴보자. $Y = C + S_P + T$와 $Y = C + I + G + NX$, $S_G = T - G$로부터 $S_P = I + G - T + NX = I - (T - G) + NX = I - S_G + NX$ 가 도출된다. 민간저축은 우선 ① 기업의 투자와 ② 정부에 의해 차입되어 재정적자를 메우는데 사용되고 ③ NX 가 양일 때 외국이 우리나라의 저축을 차입하여 수입대금을 치르게 된다.

투자재원의 충당 측면에서는 $S_P = I - S_G + NX$에서 $I = S_P + S_G - NX$이 도출되는데 따라서, 투자는 ① 민간저축 ② 정부저축 ③ 외국의 저축으로부터 차입($-NX$)으로 구성된다.

4. 국민소득 3면 등가의 원칙

생산된 국민소득과 분배된 국민소득과 지출된 국민소득의 3가지는 동일한 순국민생산물의 흐름을 3가지 다른 측면에서 파악한 것으로 사후적으로 그 값이 동일하다. 즉 "총생산 = 총분배 = 총지출"이라는 관계는 항상 성립한다.

▶ 사후적 항등식이라 부른다. 신축적인 경제에서는 빠른 속도로 등식이 성립되므로 언제라도 이 수식의 등식을 가정할 수 있다.

주입(injection)부분은 국민소득의 순환과정에서 외부로부터 유입되어 새로운 소득을 창출한다.

투자, 정부지출, 수출

누출(leakage)부분은 국민소득의 순환과정에서 외부로부터 유출되어 빠져나간다.

저축, 조세, 수입

03 고전학파의 국민소득결정이론

1. 고전학파 이론의 성립배경과 한계

고전학파는 18세기 후반에서 20세기 초의 경제학을 주도하였다. 당시의 경제 상황은 완전고용 국민소득수준에서 균형이 성립되고 있던 시기로, 경제가 일시적으로 균형으로부터 이탈하더라도 균형으로 회복하도록 하는 힘이 작용되었다. 1930년대의 대공황이 발생하기 전까지 폭넓게 받아들여졌으나 대공황에 따른 광범위한 경기침체를 설명할 수 없게 되면서 그 한계를 노출한다. 현대 경제학에서는 케인즈학파의 이론은 주로 단기적인 경제현상을 설명하고 해결하는데 적합한 이론으로 받아들이면서 장기적인 경제현상을 설명하고 분석하는 데는 여전히 고전학파적인 견해가 유효한 것으로 간주하고 있다.

▶ 세이의 법칙이 성립할 수 있는 이유는 물가의 조정이 즉각적으로 발생할 수 있기 때문이다.

2. 고전학파 경제이론의 기본적 가정

① 공급은 스스로 수요를 창출한다는 **세이의 법칙**(Say's law)이 작용되며 ② 시장에서는 **가격의 신축성**(물가나 이자율, 명목임금과 같은 변수는 완전히 신축적)으로 인해 즉각적인 조정이 이루어진다. ③ 경제주체들은 모두 **완전한 정보**(물가완전예견)를 갖추고 있고, 모든 시장은 완전 경쟁적(모든 경제주체는 시장에서 가격수용자)이라고 가정한다. ④ 노동시장과 관련하여 **노동의 수요와 공급은 모두 실질임금에 의하여 결정**되며, 물가가 상승하면 노동자들이 완전한 정보를 가지고 있어서 즉각적으로 명목임금의 상승을 요구하여 실질임금에 변화가 생기지 않는다. ⑤ **화폐수량설**($MV=PY$)에 입각하여 통화량과 물가는 정비례관계에 있다.

▶ 본 교재에서는 명목변수는 대문자로 실질변수는 소문자로 나타낼 것이다. 그렇다면 엄밀하게 이 수식은 $MV=Py$ 로 나타내야 정확하다. 다만 실질소득을 나타낼 때 흔하게 Y를 사용하므로 상황에 맞게 대응하는 것이 필요하다.

3. 고전학파 국민소득의 결정 (단기의 균형과 K 증가 혹은 긍정적인 기술충격 발생시)

모든 상황을 담지는 않았다. 고전학파의 경제는 총공급곡선이 수직이었으므로 GDP는 전적으로 총공급곡선에 의해 결정된다. 사실 이것만 생각하면 고전학파의 경제에서 출제될 수 있는 문제들은 모두 해결된다.

그림의 E_0 점이 초기 균형이다. 어떠한 총수요충격이 발생하더라도 이는 물가에는 영향을 미칠 수 있어도 수직인 AS를 고려한다면 Y에 영향을 미치지 못한다. 따라서 공급충격이 없다면 경제의 균형은 E_0에서 유지될 것이다. 총수요충격이 Y에 영향을 미치지 못하는 것에 대한 논의는 다음 page의 대부자금시장에서 논한다.

그림의 파란색 충격은 긍정적인 총공급충격이 발생할 때의 메커니즘을 그림으로 나타낸 것이다. 그래프를 따라 읽는 것만으로도 충분히 이해가 될 것이라 생각한다.

인구가 증가하면 L^S 곡선만 우측 이동하여 생산함수는 움직이지 않고 균형만 이동하여 AS의 우측이동이 나타날 것이다.

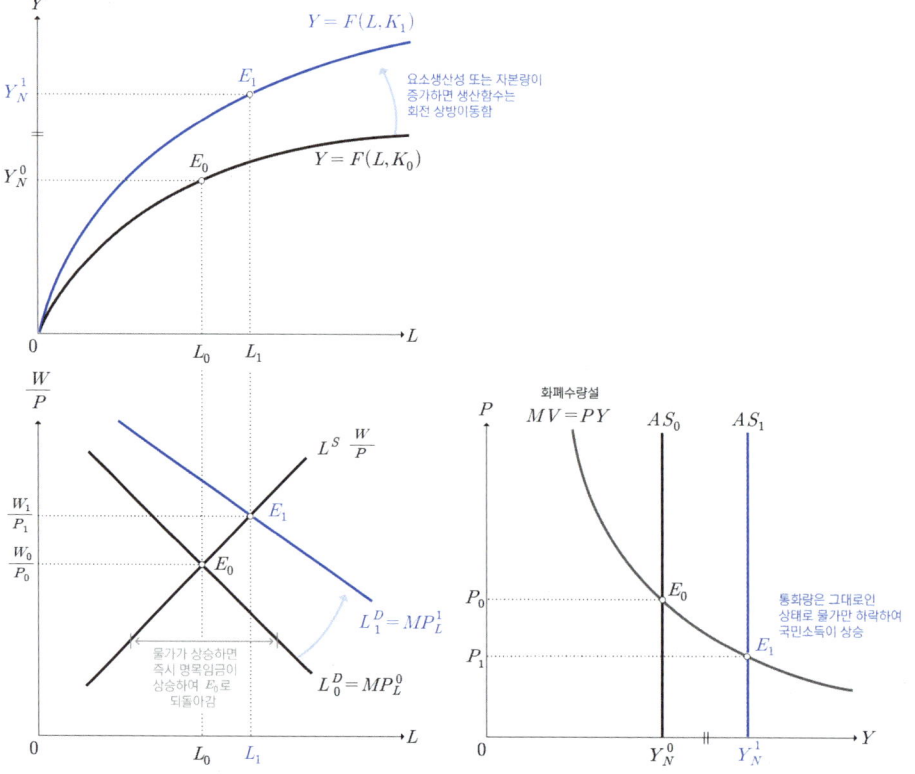

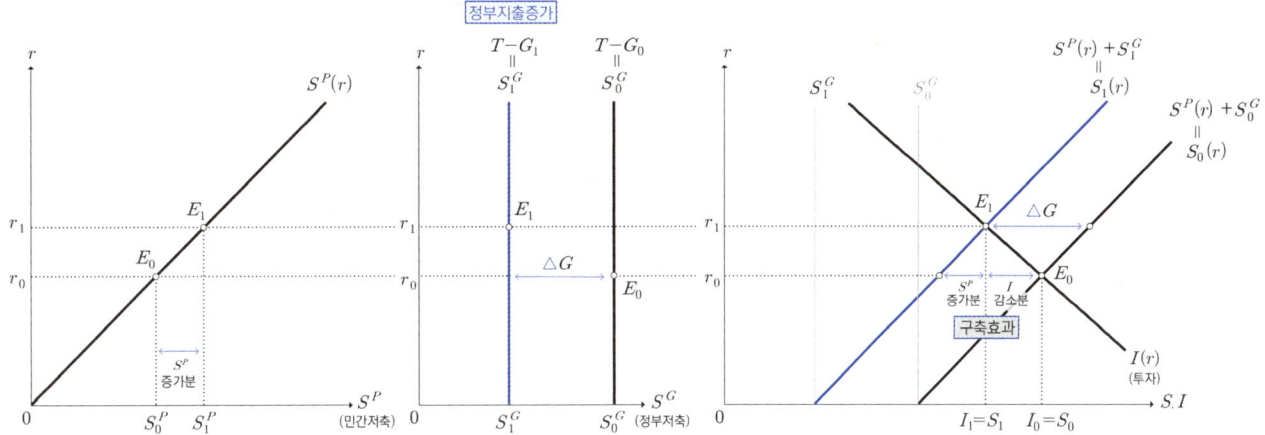

4. 대부자금시장

① 대부자금의 공급
대부자금의 공급은 민간저축과 정부저축의 합이다. 가계는 실질이자율이 상승하면 현재소비의 기회비용이 증가하므로 현재소비는 감소하고, 저축은 증가한다. 따라서 민간저축은 실질이자율의 증가함수($S = S(r), S' > 0$)이다. 정부저축은 $T - G$로 정부의 재정수지에 의해서 결정된다.

② 대부자금의 수요
대부자금의 수요는 기업의 설비투자를 위한 재원조달 의지에 의해 결정된다. 실질이자율이 하락하면 차입비용이 감소하므로 대부자금의 수요는 증가(투자가 증가)한다. 실질이자율의 감소함수($I = I(r), I' < 0$)이다.

③ 대부자금시장의 균형
자금의 수요와 공급이 일치하는 점에서 이자율과 거래량이 결정되고 불균형 발생 시 고전학파의 경제는 즉각적인 조정으로 균형이 회복된다. $S = Y - C - G$ 이므로, $Y - C - G = S = I$, 즉 $Y = C + I + G$ 이 성립되므로 대부자금시장의 균형은 생산물시장의 균형을 의미한다.

④ 재정정책과 구축효과(crowding-out effect)
그림의 초기균형 E_0점이 초기 균형일 때 확장적 재정정책(G의 증가)으로 총저축($S = Y - C - G$)이 감소하면 대부자금의 공급곡선이 좌측이동하고 균형은 E_1점으로 이동한다. 이때 실질이자율이 상승하면서 민간소비와 민간투자가 정부지출 증가분만큼 감소하여 총지출에는 아무런 영향도 미치지 못하는 구축효과가 발생하므로 확장적 재정정책은 총수요의 구성에만 영향, 균형국민소득에는 영향을 미치지 못한다.

⑤ 통화정책
통화량을 증가시키면 물가만 상승하고 실물경제에 아무런 영향을 미치지 못한다.

5. 고전학파모형에 대한 평가

① 국민소득이 공급측 요인에 의해서만 영향을 받으므로 국민소득을 증대시키기 위해서는 공급능력의 증대가 중요하다. ② 투자재원의 조달을 위해서는 저축이 필요(저축이 미덕)하다. ③ 세이의 법칙을 전제로 하고 있어 수요의 부족현상은 일어나지 않는다. 즉, 총수요에 비해 총공급이 부족한 경기호황기를 잘 설명하는 이론이다. 하지만 ④ 물가의 신축적 조정과 완전고용의 자동적 달성을 가정하고 있는데, 이는 비현실적이라는 한계를 갖는다.

▶ 고전학파의 화폐에 대한 견해는 고전적 이분법과 화폐의 중립성으로 요약된다. 고전적 이분법이란 고전학파가 상정한 모형에서 노동시장과 상품시장으로 대표되는 경제의 실물부문과 화폐시장으로 대표되는 화폐부문이 이론적으로 분리됨을 말한다. 경제의 두 부문은 아무런 관계가 없다는 의미가 아니라 실물부문은 화폐부문과 상관없이 독자적으로 움직인다는 것이며, 실물부문은 화폐부문에 일방적인 영향을 미치지만 화폐부문은 실물부문에 아무런 영향을 미치지 못한다는 의미이다. 즉, 실질변수들은 화폐시장과 관계없이 실물부문에서 결정되고, 만약 실문부문에 변화가 없다면 명목변수들은 실물부문과 관계없이 화폐시장에서 결정된다. 이렇게 경제의 실질변수와 명목변수가 이론적으로 분리됨을 설명하는 것이 고전적 이분법(Classical Dichotomy)이다. 화폐는 실물을 따라다니는 베일(veil)에 불과하므로 화폐 베일관이라고도 한다.

화폐의 중립성은 통화량의 변화는 실질변수에 아무런 영향을 미치지 못하고 명목변수만 변화시킨다는 주장이다.

John
Maynard
Keynes
(1883~1946)

케인즈는 영국경제학의 대표자이다. 그는 마샬의 충실한 후계자로서 피구(Pigou, A.C.)와 더불어 케임브리지학파의 쌍벽을 이루었다. 그는 경기후퇴와 불황에 대해서 재정정책을 사용할 것을 강력하게 주장한다. 1936년에 「고용, 이자 및 화폐의 일반이론」을 발표하였다. 이 책은 기존의 고전학파 경제학자들의 시장주의를 비판하고 유효수요이론을 제시한다. 즉, 완전고용을 실현·유지하기 위해서는 자유방임주의가 아닌 소비와 투자, 즉 유효수요를 확보하기 위한 정부의 보완책(공공지출)이 필요하다고 주장하였다. 이 이론 및 이에 입각한 정책, 그 기반을 형성하는 사상의 개혁을 '케인즈 혁명'이라고 한다. 제 2차 세계 대전 발발 후에는 선진 서양국가들은 케인즈의 경제정책을 채택하였고 1950~60년대에는 대부분의 서양국가들이 케인즈의 이론을 채택한다.

▼ 가처분소득이나 소득이 전혀 없는 경우에도 생존을 위한 기초소비($\overline{C}$)는 존재하므로, 소비함수를 $\overline{C} + c(Y-T)$ 로 수정할 수 있으나, 분석의 편의를 위하여 기초소비가 없는 식을 사용하였고, 이렇더라도 분석결과에는 영향을 미치지 않는다.

▼ 투자는 기업가의 예상이나 심리의 변화와 같이 소득과 무관하게 결정되는 독립투자와 소득변화에 의해 유도되는 유발투자가 있는데, 여기서는 독립투자만 고려하고, 유발투자는 고려하지 않기로 한다.

04 케인즈의 국민소득결정이론

1. 케인즈 이론의 등장배경과 가정

가격의 신축적 조정, 완전고용의 상시 달성은 발생하지 않는다. 즉, 고전학파모형으로 대공황을 설명할 수 없었으므로 유효수요부족으로 인한 경기침체를 설명할 새로운 이론의 필요성이 대두되었다. 케인즈의 소득결정이론은 다음과 같은 경제를 가정한다.

대공황 시기의 상황을 떠올리면 이해하기 좋다. 경제의 총공급곡선은 수평의 형태(노는 공장이 많았음)였다. 따라서 ① **총지출이 완전고용국민소득수준에 미달**하였고, **경기침체와 실업이 지속**된다. ② 단기적으로는 **물가**(가격)와 **임금이 경직적**이었다. ③ 가격이 경직적이고 유휴시설이 존재하면 산출량은 수요측 요인에 의해 결정되며 이를 **유효수요의 원리**(the principle of effective demand)라 한다. 즉, ④ 가격의 신축적인 조정보다 **생산량의 조정을 통해 불균형이 조정**된다.

한편, 근시안적인 노동자를 가정하므로 ⑤ 노동자는 **화폐환상**을 갖는다. 즉, 물가상승으로 명목임금이 오르면 이를 실질임금의 상승으로 착각하여 노동공급의 의지를 증대시킨다.

2. 케인즈의 교차점모형(다이아그램)과 국민소득 결정이론

① **생산물시장의 총수요**(계획된 총지출 = 유효수요)

소득-지출모형에서 **소비**(C)는 가처분소득($Y_d = Y - T$)의 증가함수이다. $C = cY_d = c(Y-T)$ 으로 나타내며 c 는 한계소비성향(MPC = marginal propensity to consume)으로 $0 < c < 1$ 의 값을 갖는다.

저축은 가처분소득 중 소비하고 남은 부분으로 $S = (1-c)Y_d = (1-c)(Y-T) = s(Y-T)$ 로 나타난다. 이때 $1 - c = s$ 는 한계저축성향(MPS = marginal propensity to save)을 의미한다.

조세는 정액세(lump-sum tax)를 가정하면 상수로 $\overline{T}$ 이고 비례세(proportional tax)를 가정하면 $T = tY$ 로 나타낼 수 있다. 단, $0 < t < 1$ 이다. 두 형태가 공존하면 $T = \overline{T} + tY$ 로 나타낼 수 있다.

투자(I)는 계획된 투자만 포함한다.

정부지출(G)은 정부기관이 국내에서 생산된 재화와 서비스를 구매한 금액을 의미한다. 두 변수 모두 소득과는 무관한 외생변수로 가정($I = \overline{I}$, $G = \overline{G}$)한다.

순수출(NX)은 수출(X)에서 수입($IM = \overline{IM} + \mu Y$)을 제외한 크기이며 소득이 증가하면 수입량이 증가하므로 소득의 감소함수이다. 따라서 $NX = X - (\overline{IM} + \mu Y)$ 로 나타낼 수 있다.

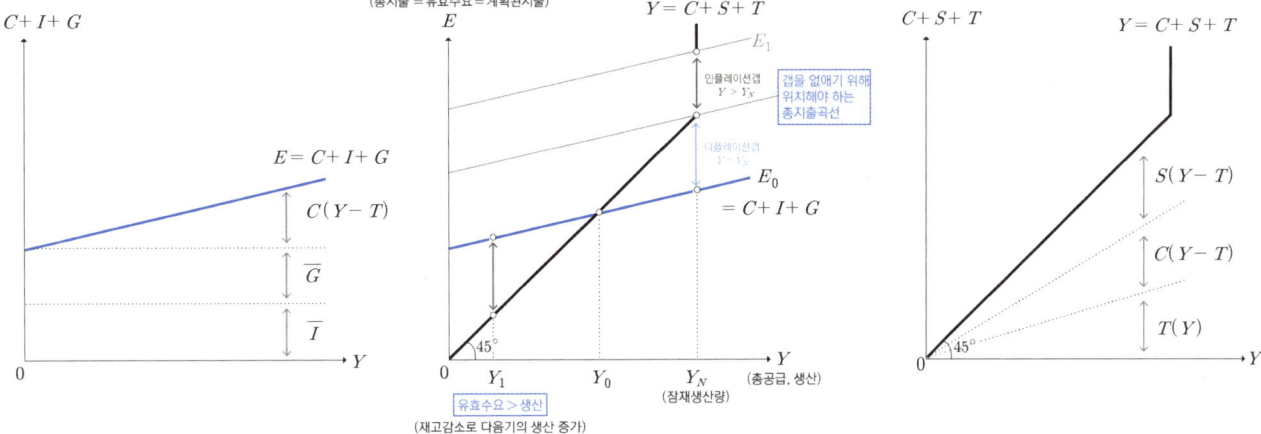

② 생산물시장의 균형과 국민소득의 결정

생산물시장의 균형은 총수요 E ($\equiv C + I + G$)와 총공급 Y ($\equiv C + S + T$)가 일치하는 점에서 달성된다. 이때의 국민소득이 균형국민소득이다. 케인즈의 가정을 도입하면 균형식은 다음과 같다.

폐쇄경제 : $Y \equiv C(Y-T) + S(Y-T) + T(Y) = C(Y-T) + \overline{I} + \overline{G}$

$Y = C(Y-T) + \overline{I} + \overline{G}$

개방경제 : $Y = C(Y-T) + \overline{I} + \overline{G} + NX$

왼쪽 그림은 소비, 투자, 정부지출로 구성된 **총수요**($E = C + I + G$) 또는 **총지출**을 의미한다. 정부지출은 정부에 의해 결정되는 외생적인 변수이며, 케인즈의 경제에서는 투자 역시 야성적충동에 의해 기업가들이 외생적으로 결정하는 외생변수이다. 소비함수의 기울기가 1보다 작으므로 기울기는 45도보다 완만하다.

오른쪽 그림은 **총공급** 또는 **총소득**이 소비, 저축, 조세로 처분되는 것을 의미하는데 총공급의 기울기는 45도선과 항상 일치하며 단기적으로 총공급은 잠재적 GDP 수준인 Y_N을 초과할 수 없으므로, Y_N에서 수직이다.

결론적으로 국민소득은 수요에 의해 결정되며, 생산요소의 고용량은 수요에 의해 결정된 국민소득을 생산할 수 있는 수준에서 결정된다. 그리고 조정과정에서는 가격의 경직성을 가정하였으므로 수량 조정만 일어난다.

③ 디플레이션갭과 인플레이션갭

균형국민소득 결정과정은 인플레이션갭과 디플레이션갭을 설명하는데 편리하다. **디플레이션갭**이란 완전고용상태의 국민소득수준(= 잠재적 GDP 수준 = Y_N)에서 총수요가 총공급에 미치지 못할 때, 초과분을 의미한다. **인플레이션갭**이란 총수요가 총공급을 초과할 때 초과분을 의미한다. 디플레이션갭이 존재하면 실업이 유발되고, 인플레이션갭이 존재하면 인플레이션이 발생한다.

> ▶ 케인즈의 경제에서는 유동성 함정에 의해 LM 곡선이 수평이고 AS 곡선도 수평이다. 따라서 IS 곡선에 의해 형성되는 Y 가 균형국민소득이 된다. 이 Y는 케인즈의 다이아그램에서 결정된다.

3. 승수 (케인즈 승수, IS 승수)

① 단순 소득-지출 모형에서의 승수효과

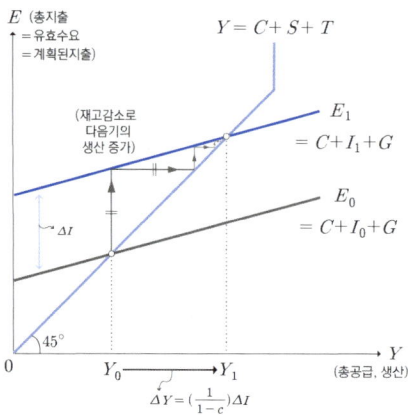

케인즈의 모형에서 총지출의 상방이동, 즉 외생적인 변수의 변화가 발생한다면 Y는 바뀐다. 이때 변화가 일어난 변수만 변화하고 Y를 제외한 어떠한 변수도 변화하지 않음을 가정할 때 Y의 변화의 크기를 승수라 한다. 만약 기업이 설비투자를 독립적으로 ΔI만큼 증가시키면 ΔY는 다음과 같다.

$$\Delta Y = \Delta I + c\Delta I + c^2 \Delta I + c^3 \Delta I + \cdots\cdots$$
$$= (1 + c + c^2 + c^3 + \cdots\cdots)\Delta I$$
$$= \left(\frac{1}{1-c}\right)\Delta I$$

② 정부부문 및 해외부문을 고려한 승수

케인즈의 균형국민소득 수식은 IS 곡선 수식이다. $Y = C + I + G + NX$의 수식을 최대한 치밀하게 정리하면 다음과 같다. 모든 경우의 상황을 포함한 것이다. 하나하나 암기하는 것보다는 과정을 이해한다.

① $C = \overline{C} + c(Y - \overline{T} - tY)$, $\overline{C}$ =고정소비, $\overline{T}$ = 정액세, tY = 비례세
② $I = \overline{I} - br + vY$, $\overline{I}$ =고정투자, $-br$ = 이자율에 의해 감소하는 투자, vY =유발투자
③ G = 정부지출,
④ $NX = X - \overline{IM} - \mu Y$, X = 해외소득에 의해 결정되는 수출량, $\overline{IM}$ =고정수입량, $-\mu Y$ = 국내소득의 증가에 의해 증가하는 수입량(μ는 한계수입성향)

$Y = \overline{C} + c(Y - \overline{T} - tY) + \overline{I} - br + vY + G + X - \overline{IM} - \mu Y$ 전미분하면

$\Delta Y = \Delta \overline{C} + c(\Delta Y - \Delta \overline{T} - t\Delta Y) + \Delta \overline{I} - b\Delta r + v\Delta Y + \Delta G + \Delta X - \Delta \overline{IM} - \mu \Delta Y$

$[1 - c(1-t) - v + \mu]\Delta Y = \Delta \overline{C} - c\Delta \overline{T} + \Delta \overline{I} - b\Delta r + \Delta G + \Delta X - \Delta \overline{IM}$

이때 승수는 다른 변수들의 변화량은 0인 상황을 가정하여 dY에 미치는 민감도만 고려한다. 따라서 각 변수들과 Y 사이의 관계는 다음과 같이 도출된다.

$$\frac{\Delta Y}{\Delta \overline{C}} = \frac{\Delta Y}{\Delta \overline{I}} = \frac{\Delta Y}{\Delta G} = \frac{\Delta Y}{\Delta X} = \frac{1}{1 - c(1-t) - v + \mu}$$

$$\frac{\Delta Y}{\Delta \overline{IM}} = \frac{-1}{1 - c(1-t) - v + \mu}, \quad \frac{\Delta Y}{\Delta \overline{T}} = \frac{-c}{1 - c(1-t) - v + \mu}$$

정부균형재정을 달성하기 위해 $\Delta G = \Delta \overline{T} + t\Delta Y$가 달성되어야 한다. 따라서 이 경우의 수식은 $\Delta Y = \Delta \overline{C} + c(\Delta Y - \Delta G) + \Delta \overline{I} - b\Delta r + v\Delta Y + \Delta G + \Delta X - \Delta \overline{IM} - \mu \Delta Y$이다.
이 수식을 정리하면 $[1 - c - v + \mu]\Delta Y = \Delta \overline{C} + \Delta \overline{I} - b\Delta r + [1-c]\Delta G + \Delta X - \Delta \overline{IM}$
이므로 균형재정 승수는 $\frac{\Delta Y}{\Delta G} = \frac{1-c}{1-c-v+\mu}$이다. 만약 $v = \mu = 0$이면 균형재정승수는 1이다.

> 유발투자란 경제의 소득의 변화에 따른 (소비변화를 대응하기 위한) 투자의 증대분을 말한다. $\Delta I_c = v\Delta Y$로 나타난다.

05 거시경제학의 흐름

> 각 학파별 비교는 챕터 6에서 자세히 다룬다. 여기에서는 전반적인 큰 흐름만 잡는다.

1. 고전학파 계열의 흐름과 케인즈학파 계열의 흐름

```
고전학파              - 신고전파 종합 - 통화론자 - 새고전학파($MBC$, $RBC$)
케인즈 - 케인즈학파 - 신고전파 종합 -          새케인즈학파
```

이들 간에는 정책의 효과(재정정책, 통화정책이 경제에 미치는 효과 등)를 분석하는 실증적 분석(positive analysis)에 있어서 논쟁이 있는데 이는 주로 단기적인 경제현상과 관련한 부분에서의 견해차일 뿐, 경제성장 등 장기적인 현상에 대해서는 큰 견해차가 없다. 다만 가치판단을 수반하는 규범적 분석(normative analysis)에 있어서는 학파별, 시대별로 사상적 배경에 따라 가치판단이 다르므로 의견이 일치하기 어렵다.

> 경제이론은 존재하는 그대로의 경제 현실을 분석하는 ① 실증경제이론(positive economics)과 가치판단을 포함시켜 무엇이 바람직한지의 관점에서 경제 현실을 분석하는 ② 규범경제이론(normative economics)으로 나뉜다.

2. 고전학파 (classical school)

아담 스미스의 국부론에 의하면 자유 시장 경제에서 개별 경제주체들이 스스로의 이익을 추구하면 보이지 않는 손(invisible hand)에 의해 경제에 참여하는 모든 사람들의 후생수준이 극대화 된다. 우선 자유시장경제가 모든 참여자들에게 만족을 주지도 않을 것이고, 부의 초기 분배가 불평등하더라도 경제 주체들은 이를 받아들여야 한다. 이 초기 분배 상태에서 최저임금이나 이자율상한 등의 시장 불완전 요인이 존재하지 않으므로, 임금과 가격의 신축적(flexibility)인 조정에 의해 노동시장에서는 완전고용이 달성되어 자유시장경제가 어떤 다른 시장 형태보다도 높은 경제적 후생수준을 경제의 구성원 모두에게 보장하여 준다. 그러므로 정부의 역할은 매우 제한적이어야 하며, 정부정책은 큰 효과를 거둘 수 없다. 정부의 최선의 정책은 개입이 아니라 자유방임(laissez faire)이다.

공급이 수요를 창출한다는 세이의 법칙(Say's law of market)이 작용되어 수직인 AS곡선이 형성되어 있으며 GDP는 고용량과 생산함수에 의해 결정된다. 고전적 이분법(화폐의 중립성)에 의해 명목변수와 실질변수는 완전히 분리되어 있다고 생각한다. 고전학파의 대부자금시장에서 G가 증가하면 이자율이 상승하면서 민간소비가 감소하고 동시에 민간의 투자가 감소하여 총지출에는 아무런 영향을 미치지 못한다.

Adam Smith (1723~1790)

애덤스미스(아담스미스)는 스코틀랜드 출신의 영국의 정치경제학자이자 윤리철학자이다. 국부론(1776년) (An Inquiry into the Nature and Causes of the Wealth of Nations)의 저자이다. 국가가 여러 경제활동에 간섭하지 않는 자유 경쟁 상태에서도 '보이지 않는 손'에 의해 사회의 질서가 유지되고 발전된다고 주장하였다. 그는 다음과 같은 유명한 말을 남겼다. 『우리가 저녁 식사를 기대할 수 있는 건 푸줏간 주인, 술도가(술집) 주인, 빵집 주인의 자비심 덕분이 아니라, 그들이 자기 이익을 챙기려는 생각 덕분이다. 우리는 그들의 박애심이 아니라 자기애에 호소하며, 우리의 필요가 아니라 그들의 이익만을 그들에게 이야기할 뿐이다.』 그는 영국 정통파 경제학의 아버지라 불리고 윤리학자로도 알려져 있다. 그의 주장 중 중요한 또 다른 주장으로 노동 가치설을 들 수 있다.

3. 케인즈학파 (Keynesian school)

케인즈 학파의 이론적 배경은 1930년대의 대공황기에 발표된 케인즈의 『고용, 이자 및 화폐에 관한 일반이론』이다. 보이지 않는 손이 제대로 기능하지 않고 고실업이 지속되어 고전학파적 정책처방이 설득력을 잃게 된 시대적 상황과 함께 부각되었다. 고전학파가 주장하는 임금과 가격의 신축성 및 시장의 즉각적인 조정 능력을 부정하고, 적어도 단기적으로는 경직적(rigid)이라고 가정한다. 이로 인해 시장의 균형회복속도가 느리고, 상당 기간 실업이 지속될 수 있다. 게다가 임금과 가격이 신축적이라 하더라도 완전고용이 달성되지 못할 수 있다고 가정한다. 미래에 대한 생각이 바뀌면 경제주체들의 현재의 선택이 영향을 받게 되며 현재와 미래를 연결하는 변수는 화폐이다. 즉 미래에 대한 불확실성과 (비관적) 기대, 정보의 문제 때문에 실업이 발생할 수 있다.

대공황과 같은 미래에 대한 기대가 무너진 상황에서는 큰 수요의 충격이 외부로부터 주어져야만 대량실업을 완화할 수 있다고 보았다. 그러므로 정부의 정책은 유효하며, 수요를 완전고용수준까지 증대시킬 수 있는 정부지출의 증가가 유효한 정책수단이라고 주장했다. 케인즈학파는 정부의 적극적인 개입(visible hand)과 재정정책을 중시하는 정책처방을 중시한다.

4. 신고전학파 종합 (neoclassical synthesis)

1960년대, 그리고 1970년대까지 케인즈학파가 절정을 이룬다. 경제학자들은 정부가 경제정책을 적절히 운용하면 인플레이션이나 불황 없이 완전고용과 경제성장을 달성할 수 있다고 믿었다. 이 시기에 케인즈학파의 이론에 대한 동조자와 비판자들 사이에 의견일치가 나타났는데, 이를 신고전학파 종합이라고 한다. 신고전학파종합은 거시경제이론을 재화시장, 화폐시장, 노동시장, 채권시장에서의 일반균형이론으로 나타내고, 케인즈학파의 모형을 일반균형이론의 특수한 경우로 설명했다. 신고전학파 종합에 속한 경제학자들은 일련의 가정을 도입하면 고전학파의 결론을 도출할 수 있고, 또 다른 가정을 도입하면 케인즈학파의 결론도 이끌어 낼 수 있다는 의미에서 자신들의 모형이 완전한 일반성을 갖추고 있는 모형이라고 주장했다.

5. 통화론자 (통화주의자, monetarists)

1960년대 후반 월남전과 1970년대 오일쇼크의 결과 높은 실업과 인플레이션이 동시에 진행되는 스태그플레이션이 나타난다. 이 상황을 우하향하는 필립스곡선(물가상승률과 실업률의 trade-off 관계)을 가정한 케인즈학파는 제대로 설명하지 못한다. 통화론자에 의하면 재량(discretion)에 의한 통화정책보다 준칙(rule)에 의한 통화정책을 강조한 자신들의 해결책이 유효했다. 완전고용에 가까운 상황에서 재정정책을 이용한 미세조정은 어려움이 있고, 오히려 경제를 불안정화 시킬 수 있다. 밀턴 프리드먼을 중심으로 통화론자들은 화폐공급의 중요성을 주장하며, 재정정책보다 금융정책을 중시하였다.

6. 새고전학파와 공급중시 경제학

1970년대의 경제학은 케인즈학파에 대한 도전으로 요약할 수 있다. 우하향하는 필립스곡선과 총수요를 중시하는 케인즈학파는 스태그플레이션을 설명하지 못한다. 합리적 기대론자들은 케인즈학파의 경제이론이 사람들의 합리적 기대를 무시한다고 비판하였고, 이러한 흐름 속에서 통화론자에 이어 1970년대 이후 고전학파계열의 일련의 이론들이 등장하였다. 대표적으로 새고전학파와 공급중시경제학을 들 수 있다.

1) 새고전학파 (new classical school)

새고전학파는 합리적인 기대를 고전학파이론의 전개에 활용한 경제학자들이다. 이들은 합리적 기대와 더불어 시장청산을 가정한다. 합리적 기대를 받아들이면 정보의 불완전성으로 인한 단기적인 경기변동과 실업은 나타날 수 있지만(루카스의 불완전정보모형) 이는 매우 짧은 기간이고, 경제주체들이 필요한 정보를 취득함에 따라 곧 완전고용상태를 회복한다. 예상된 통화정책은 총생산과 실업에 영향을 미치지 못하며, 미리 알려지지 않아 예상할 수 없었던 통화정책만이 짧게 영향을 미칠 수 있다. 즉, 예상치 못한 정책도 경제주체들의 의사결정을 단기적으로만 교란시킬 수 있을 뿐이므로 근본적으로 정책을 통해 경제에 간섭하는 것을 비판하였는데, 이는 고전학파의 자유방임(laissez faire)과 크게 다르지 않다.

2) 공급중시 경제학 (supply side economics)

1945년 이후 케인즈주의 경제학에 의해 주도되었던 경제학 경향은 스테그플레이션과 함께 타격을 받았고 이에 대한 1970년 이후 등장한 신고전학파 종합과 '소위' 신자유주의 경제학(이는 딱히 특정 분류나 학파가 아니라 케인즈를 반박하는 성향 및 기조 경제학을 통틀어 부르는 범주에 불과한 용어로 오히려 경제학에서는 사용하지 않음)을 공급중시 경제학이라 한다. 공급중시경제학자는 자원을 공공부문에서 민간부문으로, 소비재에서 자본재로 돌림으로써 생산력의 증강과 물가수준의 안정을 기도하려는 경제정책상의 방안을 제시한다. 감세 − 저축 증가 − 이자율의 하락 − 투자의욕 증대 − 생산력의 증가 − 물가수준의 안정이라는 효과 외에도, 감세 − 노동의욕 증대 − 생산력의 증가라는 효과도 기대할 수 있다고 본다. 정부규제가 완화되면 민간부문의 투자의욕이 증대될 수 있다. 공급중시경제학은 시장기구가 중심인 신고전파 경제학을 토대로 하며 그 주도자는 펠드스타인(M. Feldstein), 보스킨(M. Boskin)과 래퍼곡선으로 유명한 아서 래퍼(A. Laffer) 등이다. 다만 공급중시 경제학이 유효하게 되기 위해서는 감세와 동시에 정부지출의 삭감이 필요하고, 이것이 효과를 나타내기까지 상당한 시간이 필요하다. 이들의 경제정책은 장애의 제거, 특히 세율인하와 생산물시장, 노동시장의 경쟁을 활발하게 하기 위한 규제완화에 집중하였다. 하지만 2008년 발발한 세계적 규모의 미국발 금융 위기가 금융 산업에 대한 대대적인 규제 완화의 귀결이라는 것은 그 누구도 부정하지 않는데, 이러한 관점에서 공급중시경제학자들의 주장은 비판을 받는다.

7. 새케인즈학파 (new Keynesian school)

케인즈학파의 이론을 현대적으로 재전개한 새케인즈학파는 합리적 기대를 도입하였음에도 임금 및 재화의 가격이 경직적이면 경제정책을 통해 소득변동을 안정화시킬 수 있다고 보았다. 메뉴비용의 존재를 고려한 재화가격 경직성, 그리고 효율성임금가설, 중첩임금계약모형 등의 이유로 나타나는 임금 경직성 등을 근거로 새케인즈학파의 경제학자들은 임금과 물가의 경직성에 대한 이론적 기초를 튼튼히 하여 스태그플레이션도 설명할 수 있게 되었다.

Arthur Betz Laffer (1940~)

아서 래퍼는 1963년 예일 대학교에서 경제학 학사학위, 스탠포드 대학에서 1972년 경제학 박사학위를 받았다. 그는 공화당, 그리고 통화주의자들의 스승 밀턴 프리드먼을 따르면서 중요한 경제학 인물로 부각된다. 그의 래퍼곡선은 1984년 워싱턴 시의 한 레스토랑에서 몇 명의 정치인들과 식사를 하다 냅킨에 그린 그림이라고 한다. 공급의 주체인 기업에 인센티브를 줘야 한다는 것을 주장한다. 최적의 세율이 존재하며 이 수치를 초과하는 경우 오히려 감세정책을 통해 기업의 수익 뿐 아니라 조세수입도 증대될 수 있음을 주장한다. 1981년 로널드 레이건을 부추겨 3년간 세율을 25%나 대폭 인하시켰다.

▶ 최근 등장하는 새케인즈학파의 경제모형들은 적응적 기대를 가정한다. 이 당시 합리적 기대 혁명에 편승하여 합리적 기대를 가정하는 것처럼 보이고, 물론 이 가정 하에서도 경직성을 설명할 수 있다는 것이 특징이지만 사실상 최근의 모형에서 가정되는 것은 적응적 기대이다.

거시경제학 마인드
MACROECONOMICS

Chapter 2
총수요 – 총공급 이론

01 케인즈의 경기변동이론(화폐환상모형)

02 생산물 시장과 IS 곡선

03 화폐 시장과 LM곡선

04 먼델 – 토빈효과, 유동성효과, 피셔효과

05 $IS-LM$ 승수 및 AD 곡선의 도출

06 AS곡선의 도출

07 총수요 – 총공급 충격과 관련된 사례 문제의 해결

08 학파별, $IS-LM$, $AD-AS$, 정책의 효과 비교

01 케인즈(Keynes)의 경기변동이론 (화폐환상(money illusion)모형)

자본의 이동성이 완벽한 소규모개방경제를 가정한다. 현재 원유가 상승, 선진국 불황이 발생하였다. 이 경우 이 국가에 발생하는 경기변수들의 변화를 화폐환상모형으로 정리한다. 수출수요탄력성과 수입수요탄력성의 합이 1보다 커서 마샬-러너 조건은 만족된다고 가정한다.

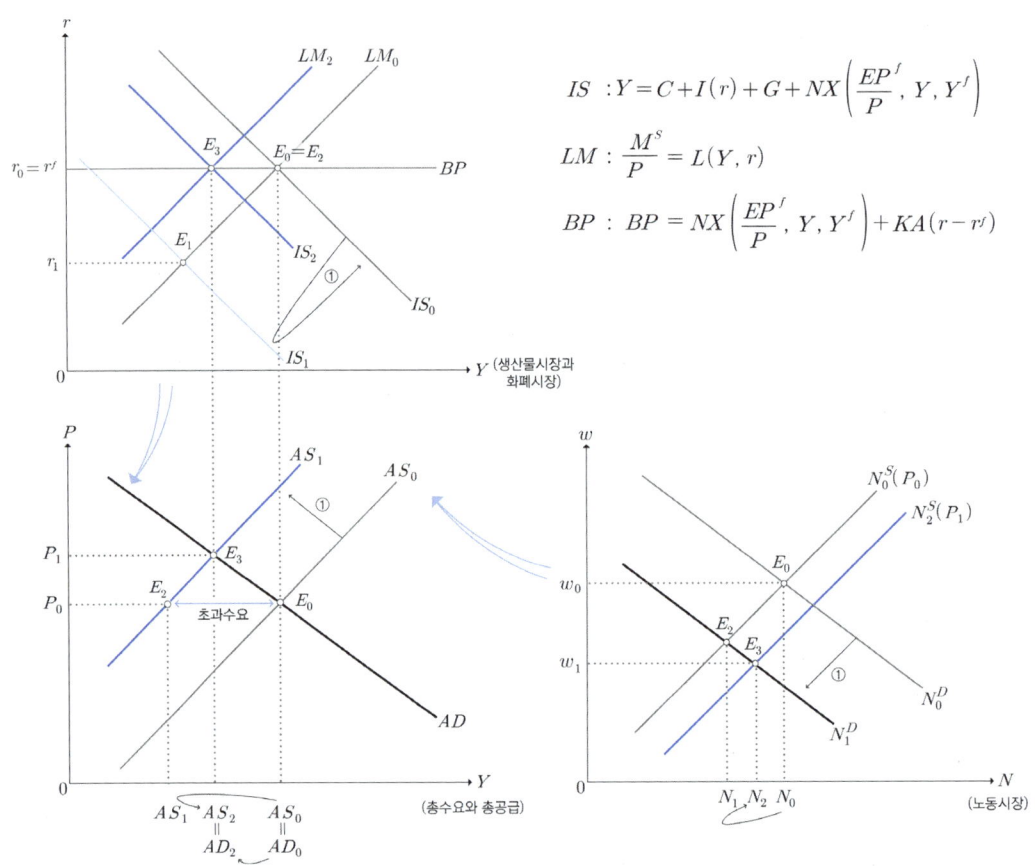

$$IS : Y = C + I(r) + G + NX\left(\frac{EP^f}{P}, Y, Y^f\right)$$

$$LM : \frac{M^S}{P} = L(Y, r)$$

$$BP : BP = NX\left(\frac{EP^f}{P}, Y, Y^f\right) + KA(r - r^f)$$

총수요곡선(AD)은 $IS-LM$(또는 $IS-LM-BP$)균형으로부터, 총공급곡선(AS)은 N^D-N^S균형으로부터 도출된다. 사례 문제를 해결하는 요령은 우선 문제에서 주어진 사건의 원인을 찾아서 생산물시장과 화폐시장에 반영하여 AD곡선을 움직이고, 노동시장에 반영하여 AS곡선을 움직이는 것으로부터 시작된다. AD와 AS가 움직이면 이 두 곡선은 다시 외생적으로 이동하는 일은 없다. 두 곡선의 수요와 공급이 일치하는 곳에서 소득(Y)과 물가(P)변화가 나타날 것이고 이 과정에서 생산물 시장과 화폐시장 및 노동시장에 적용시키면 마무리 된다.

1. 사례의 적용

1) 총공급충격 (생산성 충격 또는 노동공급량의 변화/ 유가상승은 한계생산성을 하락시킨다.)

$MP_N \downarrow (N^D \downarrow) \to N \downarrow (N_0 \to N_1) \to$ 외생적으로 총공급(AS)감소 $\to AS$ 곡선 좌측 이동

2) 총수요충격 (외생적 C, I, G, NX 변화 또는 M^S, M^D의 변화를 고려한다.)

선진국불황으로 Y^f가 감소하면 $NX \downarrow \to IS, BP$ 곡선 좌측이동 ($IS_0 \to IS_1$ 단, BP 곡선은 수평이므로 반영할 필요 없음) $\to r^f > r_1 \to$ 자본이동이 완벽하므로 (BP 수평) 자본의 유출 발생 $\to$ 외환시장에서 외환의 초과수요로 $E \uparrow \to$ 마샬-러너의 조건이 만족된다면 $NX \uparrow \to IS, BP$ 곡선 우측이동($IS_1 \to IS_0$) $\to AD$곡선은 움직이지 않는다.

3) AD 곡선과 AS 곡선의 이동에 따른 물가와 균형소득의 변화

AD 곡선은 움직이지 않고 AS 곡선만 좌측 이동함으로써 현재 물가 수준 기준 초과수요가 발생한다. 따라서 물가 상승하고 균형소득의 하락이 발생한다. ($E_0 \to E_3$) $\to (P \uparrow, Y \downarrow)$

2. 총수요와 총공급의 균형 조정에 따른 각 시장의 변화

1) 생산물 시장 및 화폐시장

$P \uparrow \begin{cases} \dfrac{EP^f}{P} \downarrow & \to NX \downarrow \to IS, BP \text{곡선 좌측 이동} (IS_0 \to IS_2) \\ \dfrac{M^S}{P} \downarrow & \to LM \text{곡선 좌측 이동}(LM_0 \to LM_2) \end{cases}$

2) 노동시장

화폐환상을 가정하였으므로 물가 상승($P \uparrow$) 시에 고용주도 이를 명목임금에 반영하여 명목임금($W \uparrow$)상승 $\to$ 노동자는 실질임금(w)의 상승으로 착각 $\to N^S$ 우측이동($N_0^S \to N_2^S$)

3. 거시 경제 변수 분석 (각 시장의 E_3점에서 달성된 변수들을 정리한다.)

생산물 시장과 화폐시장	총수요와 총공급	노동시장
$Y \downarrow, \bar{r}$	$Y \downarrow, P \uparrow$	$N \downarrow, w \downarrow$

02 생산물 시장과 IS 곡선

1. 기본적인 IS 곡선의 도출

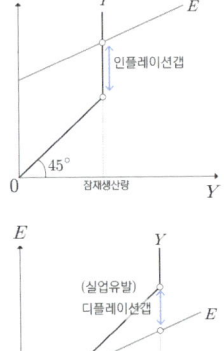

그래프의 상단에 위치한 평면을 케인즈의 교차점모형 (The Keynesian cross diagram) 이라 한다. 챕터 01 – 04에 소개된 모형이다. 케인즈의 경제는 유효수요이론에 의해 수요가 공급을 창출하는 것이며, 유동성함정에 의해 LM이 수평이고 AS도 유휴설비 등의 존재로 수평이다. 따라서 경제의 GDP는 이 평면에서 도출된다. 케인즈의 경제에서는 그림의 최대고용 생산량을 잠재생산량으로 보았으나 현실경제에서 이 모형을 활용한다면 잠재생산량은 최대고용생산량보다 더 낮은 곳에 위치하는 것으로 본다. 인플레이션 갭과 디플레이션 갭을 다시 간단히 나타내었다.

IS곡선은 Investment의 I와 Saving의 S를 결합하여 만든 용어이다. 고전학파는 b값이 매우 커서 IS가 완만한 경사를 이룬다고 보았고, 케인즈의 경우 b값이 작아서 IS곡선이 매우 가파르다 보았다.

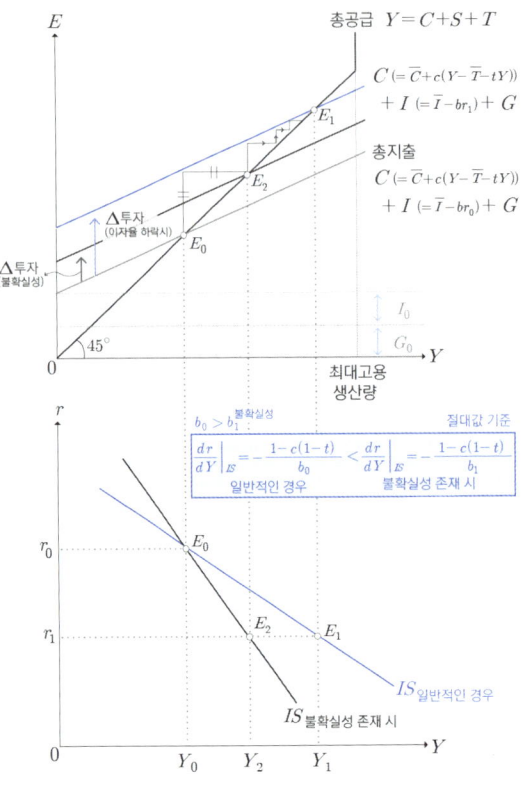

총공급은 소비, 저축, 조세의 합이다. 즉, $Y = C + S + T$ 이다. 모든 변수가 소득의 함수($c(Y-T)$, $s(Y-T)$, $T(Y)$)이다. 위의 수식을 S로 정리하면 $S = Y - C - T$ 일 것이므로 $Y = C + (Y - C - T) + T$로 나타낼 수 있다. 따라서, 총공급곡선은 $45°$ 선상에 위치한다.

총지출(E)은 소비(C), 투자(I), 정부지출(G) 등으로 구성되며 (단, 개방경제는 $C + I + G + NX$) 총지출에서는 소비만 소득의 함수 ($C = \overline{C} + c(Y - \overline{T} - tY)$, 단 $\overline{C}$는 생존을 위한 기초소비)이다. 이때 T는 정액세(lump-sum tax)와 비례세(proportional tax)로 세분화시킬 수 있는데 $\overline{T}$를 정액세로 tY를 비례세로 놓는다면 $T = \overline{T} + tY$로 나타낼 수 있다. 투자는 기업가의 예상이나 심리의 변화와 무관한 외생변수인 독립투자 $\overline{I}$와 투자와 이자율의 반비례관계를 고려한 $-br$이 포함된다. 정부지출은 정부 정책기조에 따라 결정되는 외생변수이다.

생산물시장의 균형은 총공급과 총지출이 일치하는 $Y = C + I + G$에서 달성된다. 그림의 E_0에서 r_0와 Y_0는 생산물시장의 공급과 수요를 정확히 일치시킬 수 있는 조합이다. 만약 이자율이 r_1으로 하락한다면 이자율은 투자의 기회비용이기 때문에 (기회비용의 하락으로) 투자가 증가하여 총지출곡선을 ΔI만큼 상방 이동시켜 초과지출을 유발시킬 것이다. 생산물 시장의 균형이 달성되기 위해서는 더 높은 수준의 소득인 Y_1을 필요로 하게 된다. 따라서 우하향하는 IS가 도출된다.

2. 불확실성에 의한 IS의 기울기 변화 (불확실성 존재로 투자가 위축되어 투자의 이자율탄력성이 작아지는 경우)

경제에 불확실성이 존재하거나 기존보다 더 심화되면 동일한 이자율 하락($r_0 \to r_1$)에 대응하여 투자의 이자율에 대한 민감도가 작아진다. 그래프에 표시되어 있는 수식의 b값이 작아져서 b_1불확실성이 되는 상황을 가정할 수 있다. 따라서 기존의 ΔI보다 작은 수준인 ΔI(불확실성)만큼만 투자가 증가할 것이다. 이 경우 동일한 이자율의 하락에도 불구하고 생산물시장에서 초과수요가 더 작게 나타난다. 이를 해소하기 위해 요구되는 소득은 Y_2로 일반적인 위의 경우에 비해 더 작다. 따라서 IS 불확실성 존재 시 곡선의 기울기는 더 가파르다. 이는 확장적 재정정책과 확장적 통화정책의 경기부양 효과에 영향을 미친다. 기존의 불확실성이 더 심화되는 상황도 b값의 하락으로 해석할 수 있다.

3. 경제주체들이 부채에 직면했을 때 또는 피구(Pigou effect)효과 고려 시

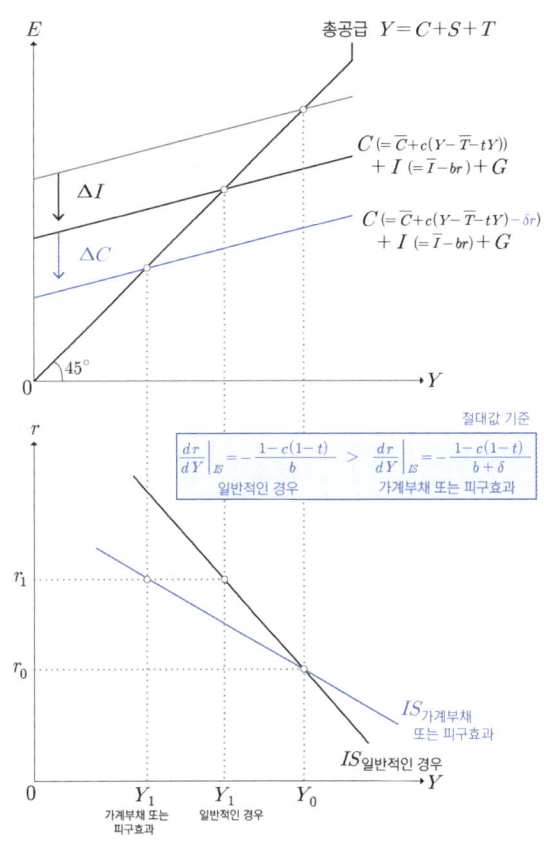

이자율 상승 시, 경제주체들이 부채에 직면해 있다면 투자가 감소하는 동시에 추가적으로 소비의 감소가 발생하는 것으로 반영이 가능하다. 이는 시점간 자원배분(다기간) 모형에서 차입자의 대체효과와 소득효과가 모두 소비를 감소시키기 때문이다.

$$Y = \overline{C} + c(Y - \overline{T} - tY) - \delta r + I(r) + G$$

한편 소비의 실질자산효과를 고려할 때에도 동일한 결과를 설명할 수 있다. 이를 피구효과라 하는데 이에 따르면 이자율 상승 시 자산의 실질가치(A/P)가 하락하므로 소비는 감소한다.

$$Y = \overline{C} + c(Y - \overline{T} - tY) + a\left(\frac{A}{P}\right) + I(r) + G$$

따라서, 가계부채가 굉장히 많은 경제를 가정하거나 피구효과를 고려하는 경우의 IS곡선의 기울기는 이를 고려하지 않은 경우보다 완만하다.

▶ 챕터 03 - 05의 시점간 자원배분 평면 기준 이자율이 상승하는 경우 저축자의 소득효과는 소비를 증가시킨다. 하지만 경제주체들이 부채에 직면해 있는 비율이 높다면 이 효과는 작을 것이고 나머지 효과는 모두 소비를 감소시키므로 이자율과 소비의 반비례 관계가 강해진다.

▶ 단, A는 가계가 보유하는 자산의 명목가치로 자본량의 측정가치인 K, 중앙은행이 발행한 통화의 명목가치 M, 정부채권의 명목가치 B의 합이다. 자산은 현재가치화를 고려해야 하므로 이자율의 감소함수이고 정부의 채권 역시 이자율의 현재가치가 필요하다. 다만 최근 경제에서는 폭넓게 주식, 부동산 등의 자산도 포함시킬 수 있다. 수식의 $+a\left(\frac{A}{P}\right)$를 기호화하면 $-\delta r$로 나타낼 수 있다.

$$\frac{A}{P} = \frac{K}{P} + \frac{M}{P} + \frac{B}{P}$$
$$= k + \frac{M}{P} + \frac{b}{rP}$$

k는 자본저량의 실질가치로 단기적으로 고정되어 있다. b는 영구채를 가정할 때 다음 기부터 매기 지급받을 금액의 크기이다. M, b의 증가, P의 하락은 IS곡선을 우측이동시키는 원인이 된다.

▍사실 미분기호 d보다는 그 이상의 폭을 나타내는 $\triangle$ 기호를 쓰는 것이 타당하지만 무시한다.

$\frac{dr}{dG}$: 곡선의 수직이동폭

$\frac{dY}{dG}$: 곡선의 수평이동폭

가계부채가 너무 많은 경우 또는 피구효과를 고려하는 경우 재정정책과 통화정책의 효과

확장적 재정정책을 수행하면 케인즈의 다이아그램에서 총지출곡선이 $\triangle G$만큼 상방으로 올라간다. 이는 원래 주어진 r_0와 Y_0의 조합은 더 이상 생산물시장의 균형을 보장해 주지 못한다는 것을 의미한다. 생산물시장의 균형을 위한 Y과 r의 조합에서 '동일한 r_0 기준' Y는 Y_0보다 더 높은 수준이어야 한다. 따라서 곡선은 우측이동한다. 한편 '동일한 Y_0 기준' r은 r_0보다 더 높은 이자율 수준이어야 한다고 해석도 가능하다. 따라서 곡선은 상방이동한다고 볼 수 있는데 어떤 방식을 활용하건 상관없다.

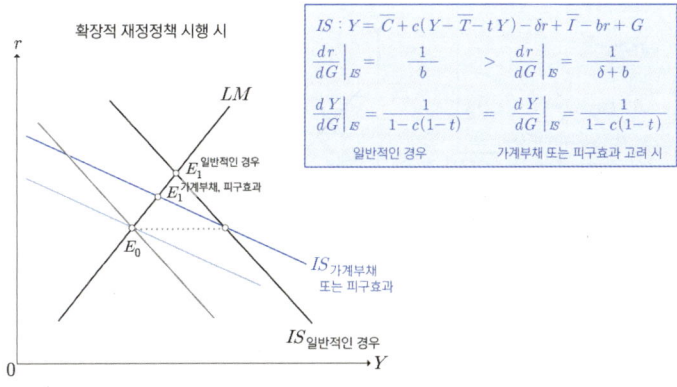

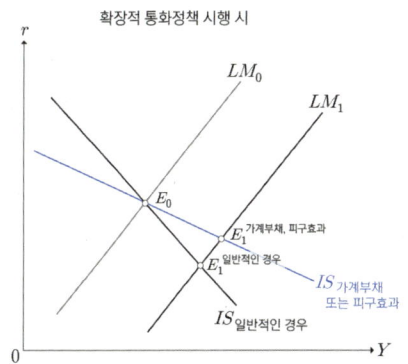

4. 투자의 가속도원리(acceleration principle) 고려 시

| 앞의 그래프들 비교와 다른 점은 총지출곡선의 기울기가 다르다는 것이다. IS곡선의 기울기가 달라질 때 그 원인은 다양할 수 있는데 하나는 총지출곡선의 기울기는 동일한데 r이 총지출곡선에 미치는 민감도가 다른 경우이고 다른 하나는 투자의 가속도원리를 고려하는 상황처럼 r이 총지출곡선에 미치는 민감도는 같더라도 Y가 총지출곡선에 미치는 민감도가 다른 경우이다. 양자는 반드시 구분해야 한다.

▼ 경제의 변동에 따라 하나의 산업이 다른 산업의 투자에 영향을 미치는 것을 의미하기도 한다. 경제학에서는 유효수요의 변화에 의해 유발되는 투자로 생각하면 된다.

▼ 일반적인 투자함수 $+vY$가 추가되었다. 사실 엄밀한 의미에서 어떤 시점에서의 유발투자는 그 시점의 $GDP=Y$에 의존하는 것이 아니라 $\triangle Y$에 따라 변화하는 것이 자연스럽다. 그러나 매년 나타나는 신규투자의 규모를 I로 가정할 때에는 I는 Y의 함수로 볼 수도 있다.

가속도원리와 관련된 투자이론은 챕터 03-08에 자세히 서술되어 있다.

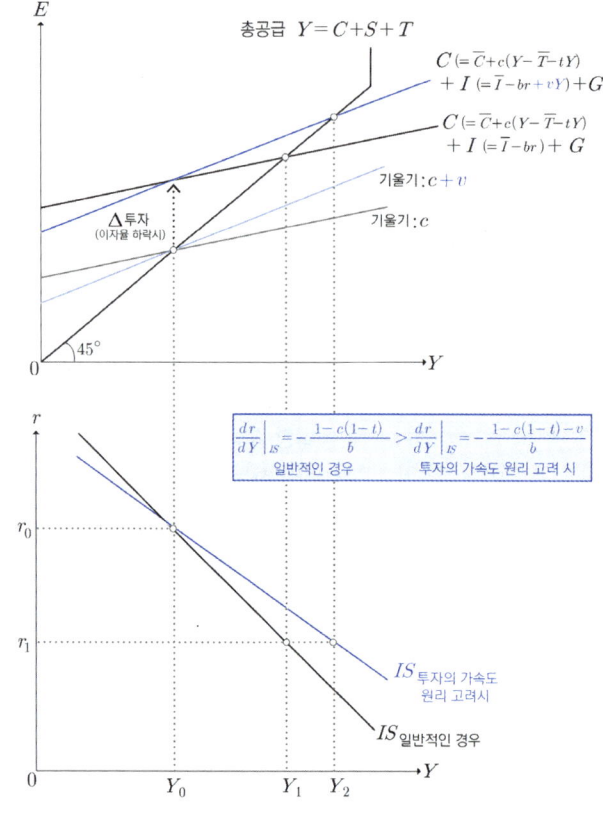

투자의 가속도 원리란 이자율에 의한 투자 변화 뿐 아니라 투자가 증가함에 따른 소득의 증가, 그리고 이로 인한 경제의 소비 증가에 의한 유발투자▼(induced investment)까지 고려하는 이론이다.

전술한 불확실성 증가, 경제의 부채비율, 피구효과의 경우 총지출곡선의 기울기는 한계소비성향에 의해서만 결정되므로 모두 일치한다. 하지만 투자의 가속도 원리를 반영하면 소득이 증가하면 유발투자도 증가할 것이므로 이를 반영하면 총지출곡선의 기울기가 가파르다.

$$Y = \overline{C} + c(Y - \overline{T} - tY) + \overline{I} - br + vY + G \blacktriangledown$$

이는 동일한 규모의 확장적 재정정책에서 IS일반적인 경우의 외생적 이동을 비교할 때 중대한 차이를 발생시킨다.

가속도 원리 고려 시 재정정책(fiscal policy)과 통화정책(monetary policy)의 효과

가속도 원리 고려 시 동일한 크기의 확장적 재정정책에 대해서 일반적인 경우와 비교하면 IS곡선의 수직 상방 이동폭이 동일하다. 이유를 직관적으로 접근해 보면, 정부정책에 의한 G의 증가에 따른 총지출의 증가로 생산물시장이 불균형 상태가 될 때 생산물 시장의 균형을 위한 조건인 새로운 Y와 r의 조합을 찾아야 하는데, 이때 예전과 동일한 소득 Y_0를 가정한다면 어떤 IS를 가정하건 '동일한 크기의 r 상승'을 통해 생산물 시장의 균형을 달성할 수 있기 때문이다.

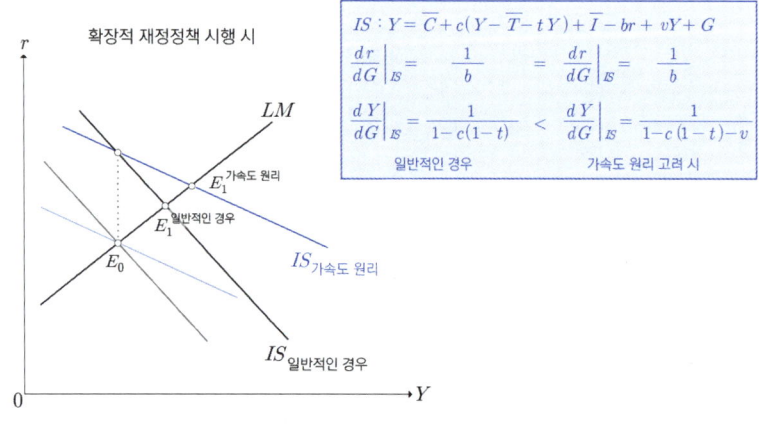
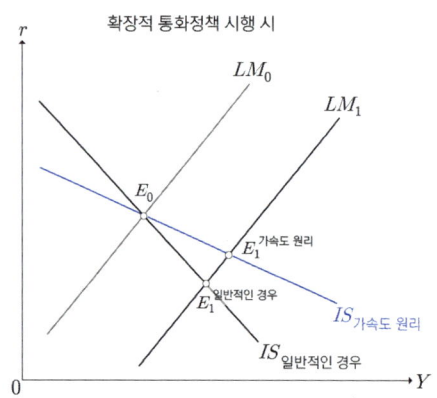

5. 비례세 하에서의 자동안정화 장치(automatic or built-in stabilizer)

비례세의 경우 IS 곡선의 기울기는 정액세보다 더 가파르다. 한편 동일한 생산물 시장 충격에 대응하여 수직이동폭이 일치하므로 완충작용이 발생하는 것으로 분석이 가능하다.

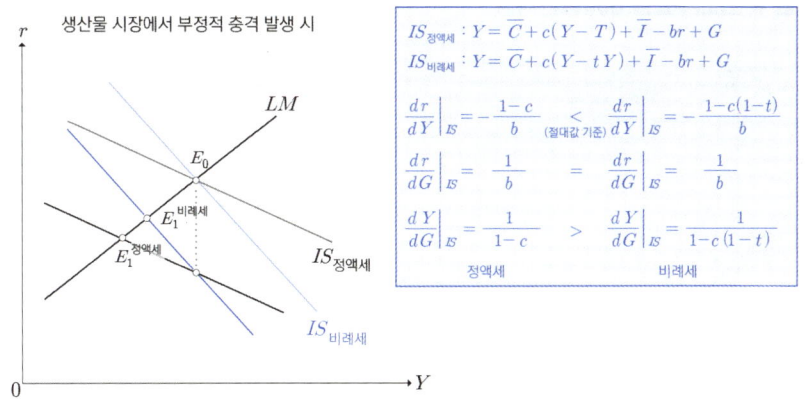

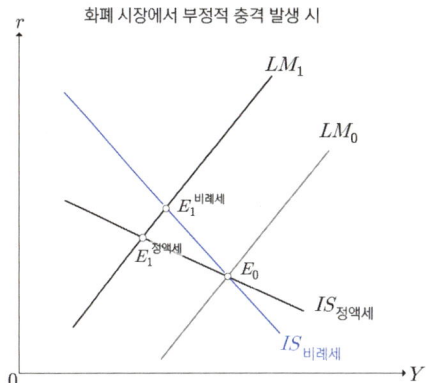

경기충격 발생 시 IS 곡선이 좌측으로 이동하게 되면 비례세의 경우 균형소득의 감소가 더 작다. 직관적으로 균형소득 감소로 조세부담이 감소하기 때문이다. 특히, 누진세의 경우 고소득에 해당하는 세율을 적용받는 민간이 소득의 감소로 한 단계 낮은 세율을 적용받게 되는 경우도 있어서 그 효과가 더 크다. 반대로 경기 팽창 시에는 경기 과열을 예방하는 장치로도 작동될 수 있다.

이 외에 대표적인 자동안정화 장치로 실업보험제도, 사회보장제도 등을 들 수 있다. 불황 시 혜택 대상자가 많아지면서 경기를 안정화시키는 역할을 한다. 그리고 기업에게 적용되는 법인세도 동일한 이유로 자동안정화장치의 역할을 수행한다.

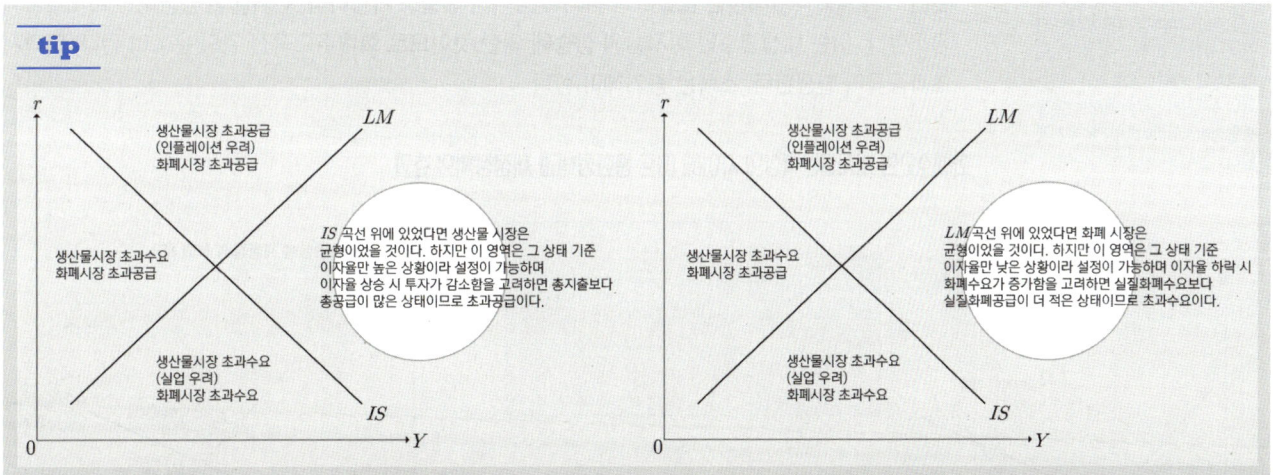

현재 균형점이 IS 곡선과 LM 곡선 위에 있다면 생산물시장과 화폐시장은 초과수요, 초과공급이 없는 균형이 달성된 상태일 것이다. 하지만 경제의 균형은 순간적으로 곡선에서 벗어나 있을 수 있으며, 각 영역별로 생산물시장과 화폐시장은 각각 초과수요일수도 초과공급일수도 있다. 만약 생산물시장이 초과수요라면 현 상태는 균형에 비해 생산량이 부족한 상태이므로 현 상태는 실업이 크게 발생하고 있을 가능성이 크다. 물론 초과수요를 해소하기 위해 생산량이 증가하면서 실업이 해소될 것이다. 만약 화폐시장이 초과수요라면 이자율이 상승하게 되어 화폐시장은 균형이 회복될 것이다.

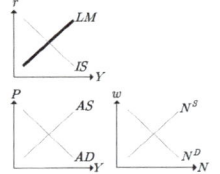

03 화폐 시장과 LM곡선

1. LM 곡선의 도출 및 화폐수요의 이자율탄력성 $\left(\dfrac{d\ln M^D}{d\ln r}\right)$의 차이에 따른 비교

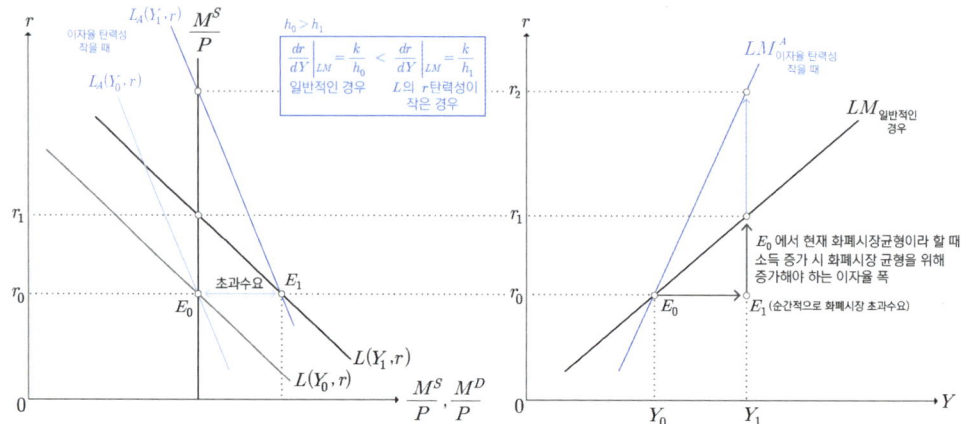

▌ 화폐수요의 이자율 탄력성이 작은 경우 소득 증가 시 화폐수요의 우측이동폭은 일치하므로 화폐시장의 균형을 위해 요구되는 이자율의 상승폭은 더 크다. 한편, 이자율 상승 시 직면하는 화폐공급과 화폐수요의 차이인 초과 공급의 크기가 더 작다.

한편 통화승수의 내생성을 고려하면 r과 M^S는 정의 관계이므로 M^S/P 곡선은 우상향하는 곡선이다. 이는 챕터 04 – 02에서 다룰 내용이다. 통화승수와 관련 없는 문제에서는 수직으로 가정한다.

Liquidity preference의 L과 Money supply의 M의 일치를 의미하는 곡선이다.

현재 Y_0와 r_0에서 화폐시장의 균형이 달성된다고 가정하자. 소득이 Y_0에서 Y_1으로 증가하면 화폐수요가 증가하여 화폐시장에서 초과수요가 나타난다. 일반적인 경우를 검정색으로 나타냈는데, 이 경우 이자율이 r_1까지 상승해야 화폐시장의 균형이 달성된다. 이를 고려하여 연결한 직선이 LM곡선이다. 그런데 화폐수요의 이자율탄력성이 더 작은 경우를 가정(다른 모든 민감도는 일치한다고 가정함)하면 왼쪽 그래프처럼 화폐수요곡선은 가파르다. 이 경우 같은 소득 증가에 대응하여 더 높은 수준의 이자율 상승이 필요하므로 LM곡선도 가파르다.

▎ 반대로 현재의 이자율수준이 너무 낮아서 모든 사람들이 이자율이 곧 상승(채권가격이 하락)할 것으로 기대한다면, 투자적 화폐수요가 무한히 증가한다. 즉, 화폐수요의 이자율탄력성이 무한대가 되는데 이 경우 LM 곡선은 수평선이 된다. 이러한 상황에서는 시장에 화폐를 아무리 공급하여도 즉각적인 화폐수요로 모두 흡수되어 유동성이 부족해지는 유동성함정(liquidity trap)에 빠지게 된다.

한편 그림으로 나타내지는 않았으나 이러한 방식의 해설도 가능하다. 이자율이 상승하면 화폐수요가 감소한다. 이는 내생변수인 이자율의 상승에 의한 것이므로 화폐수요곡선 위의 운동이 된다. 따라서 초과공급이 발생한다. 소득은 증가해야 한다.

화폐수요의 이자율탄력성의 차이에 따른 통화정책과 재정정책의 효과

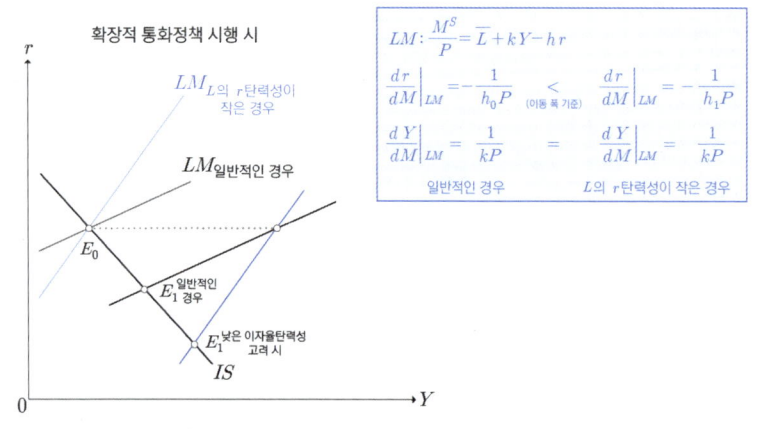

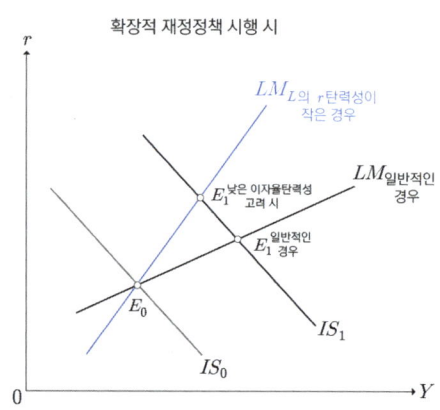

> **tip** 그래프 하나만으로는 어떤 경제의 시장에서의 균형(일반균형)을 설명할 수 없다. 예를 들면 $IS-LM$ 모형에서 LM 곡선은 화폐시장의 균형을 위해 필요한 조합을 의미할 뿐 위에 어떤 점이 현재 경제의 실제 달성되고 있는 균형인지 LM 곡선만으로 나타낼 수 없다. 물론 LM 위에 현 상태가 달성되고 있다면 화폐시장은 균형이라는 사실은 알 수 있다. 따라서 어떤 평면의 여러 곡선 중 하나의 곡선을 도출한다는 것은 '어떤 점에서 A 라는 변수가 증가하면 B 라는 변수가 증가한다.'라는 확정적인 개념이 아니다. '한 점을 균형이라 전제할 때 A 라는 변수가 증가하면 해당 곡선의 의미하는 균형의 달성을 위해 B 라는 변수가 증가해야 한다'라는 가정적인 개념이다.

2. 화폐수요의 소득탄력성 $\left(\dfrac{d\ln M^D}{d\ln Y}\right)$ 의 차이에 따른 비교

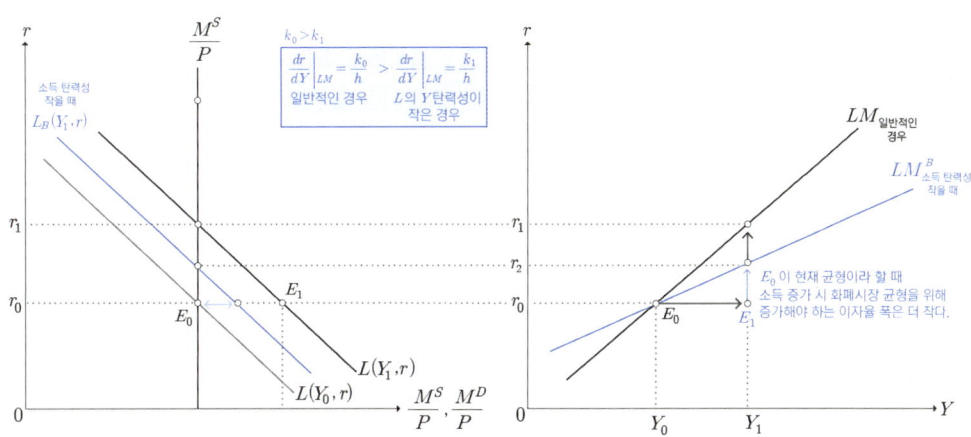

현재 E_0 이라 가정하자. 소득이 Y_1 으로 증가하면 거래적 화폐수요가 증가하므로 화폐수요곡선이 오른쪽으로 이동한다. 이때 화폐수요의 소득탄력성이 작으면 왼쪽 그래프처럼 우측 이동 폭이 작아서 초과수요의 크기도 작게 나타난다. 따라서 화폐시장의 균형을 위한 이자율의 상승도 일반적인 경우인 r_1 에 비해 r_2 로 조금만 상승하면 된다. 화폐수요의 소득탄력성이 작으면 LM 곡선의 기울기는 완만하다.

| 이와 같은 방식으로 해석도 가능하다. 이자율 상승 시 화폐시장에서 동일한 크기의 초과공급이 발생하는데 이를 소득으로 해소하려면 소득이 증가해야 한다. 그런데 화폐수요의 소득탄력성이 낮은 경우에 화폐수요를 증가시키기 위해 요구되는 소득의 크기가 더 크다. 따라서 LM 곡선은 더 완만하다.

화폐수요의 소득탄력성의 차이에 따른 통화정책과 재정정책의 효과

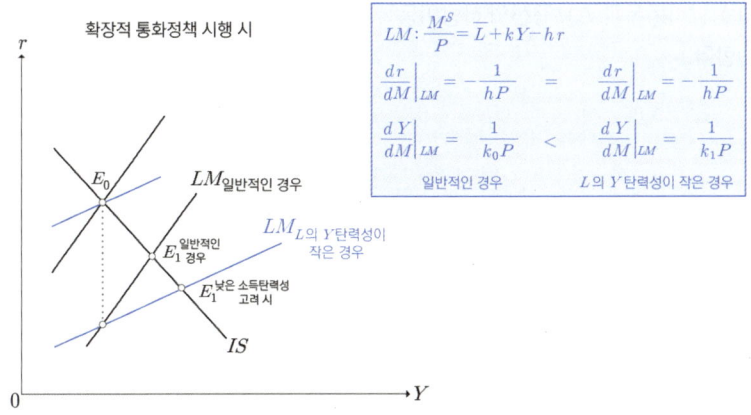
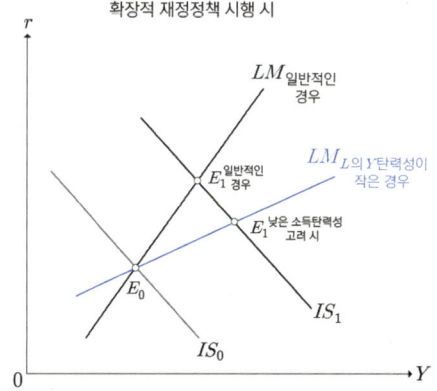

| 확장적 재정정책 시행 시 화폐수요의 소득탄력성이 더 작은 경제에서 구축효과가 더 작게 발생한다.

04. 먼델-토빈효과, 유동성효과, 피셔효과

Robert Alexander Mundell (1932~)

먼델은 컬럼비아 대학교의 경제학 교수이다. 그는 최적화폐분야에서의 선구적인 업적으로 1999년 노벨경제학상을 수상하였다. 먼델은 감세정책과 공급주의 경제학을 주장하는 것으로 널리 알려있다. 그는 1960년도 캐나다가 변동환율로 바뀌면서 변동환율제에 대해 연구하게 되었고 1962년 존 마커스 플레밍과 비슷한 시기에 먼델-플레밍 모델에 대해 고안했다. 그는 최적화폐영역에 대해 이론적으로 연구를 진행했고 유로화를 개발하는데 큰 기여를 하였다.

▶ 실제로 r과 r^e는 현시점의 분석 시에는 크게 구별하지 않는다. 기업의 투자는 기업가의 실질이자율에 대한 기대에 의해 결정되는 것이다.

1. 먼델 - 토빈효과 (Mundell-Tobin effect)

앞에서 $IS-LM$의 투자와 화폐수요의 변수인 이자율은 동일한 값으로 가정하는데, 이는 실질적으로 $IS-LM$ 모형의 경우 물가가 고정된 상태를 가정했기 때문이다. 하지만 사실 투자는 실질이자율(r)의 함수이고, 화폐수요는 명목이자율(R)의 함수이다. 수식은 해당 IS와 LM식에서 이자율과 관련된 부분은 그래프의 세로축에 현출되어 있는 R 또는 r이 수식에서 밖으로 보이도록 설정되어야 한다.

피셔방정식(Fisher equation)은 명목이자율(nominal interest rate)과 실질이자율(real interest rate), 인플레이션율 사이의 관계를 나타낸 방정식이다. $1+R=(1+r)(1+\pi)$에서 $r\pi$는 무시할 정도 작은 수이므로 이를 제거하면 $R=r+\pi$, 즉 $r=R-\pi$의 관계식을 도출할 수 있다. 이 관계식은 사후적(ex post) 실질이자율이라 하는데, 사전적(ex ante)실질이자율이란 예상물가수준에 기초한 기대인플레이션율을 사용하여 계산하는 형태이며 $r^e=R-\pi^e$로 나타낼 수 있다.

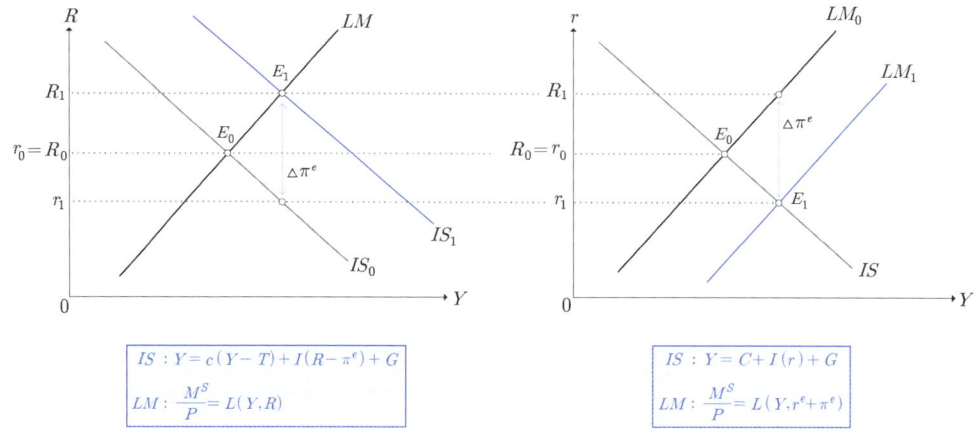

먼델 - 토빈효과란 기대인플레이션의 상승으로 인한 실질이자율 하락과 투자 증가를 말한다. 기대인플레이션 증가 시에 명목이자율 평면에서 투자($I(R-\pi^e)$)가 외생적으로 증가하며, 이에 따라 IS가 우측이동하고, 실질이자율 평면에서는 화폐수요($L(r+\pi^e)$)가 외생적으로 변화하므로 LM이 우측이동한다. 이때 IS곡선의 상방이동폭과 LM곡선의 하방이동폭은 $\triangle \pi^e$로 일치(이는 수식을 활용하여 수직이동폭을 기준으로 판단가능)한다.

2. 유동성효과와 피셔효과 (기대인플레이션효과)

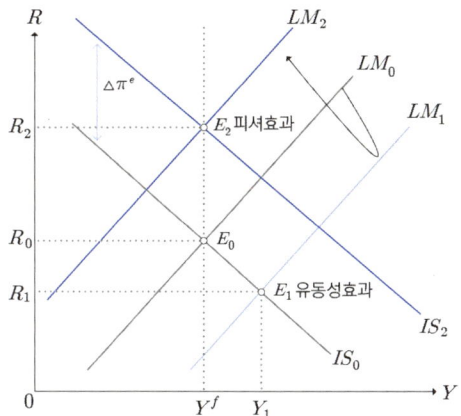

중앙은행이 '민간이 예측하지 못한' 확장적 통화정책을 통해 통화량을 증가시키면 LM곡선은 우측이동한다. 하지만 이때 일단 통화량 증가를 예측하지 못했기 때문에($\pi^e = 0$) IS곡선은 움직이지 않는다. 이때 경제의 균형이 E_1점에서 달성되어 소득이 증가하여 경기가 부양되는 효과를 유동성효과(liquidity effect)라 한다. 이때 명목이자율(R)은 하락한다.

$$Y = C(Y-T) + I(R-\pi^e) + G$$

하지만 장기적으로 민간은 기대인플레이션율을 상향조정($\pi^e = \pi$)하게 되므로 명목이자율 평면에서 IS곡선은 우측상방이동한다. 이는 기대인플레이션율의 상승으로 인한 외생적인 투자의 증대($I\uparrow$) 때문이다. 장기적으로는 물가가 화폐공급의 증가량 이상으로 상승하게 되며 완전고용생산량(Y^f)이 달성 될 것이므로 LM곡선도 상방이동(LM_2)하게 된다.

이처럼 확장적 통화정책은 장기적으로 생산량과 실질이자율에 영향을 미치지 못하고 명목이자율만 높이게 되는데 이를 피셔효과(Fisher effect) 또는 기대인플레이션 효과(expected inflation effect)라 한다.

3. 유동성 함정

1) 유동성 함정 하에서의 정책의 효과 및 비상식적 통화정책

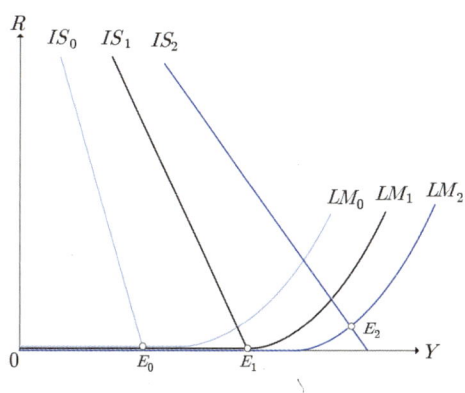

이자율수준이 너무 낮아서 모든 사람들이 이자율이 곧 상승(채권가격이 하락)할 것으로 기대한다면, 투자적 화폐수요가 무한히 증가하여 LM곡선은 수평선의 영역에서 균형이 나타난다. 이러한 상황을 시장에 화폐를 아무리 공급하여도 즉각적인 화폐수요로 모두 흡수되어 유동성이 부족해지는 유동성함정(liquidity trap)에 빠졌다고 표현한다.

과거의 대공황, 일본의 잃어버린 20년, 미국과 유럽의 최근 경제상황 등 하에서 유동성함정이 나타났으며 일본의 상황 하에서 크루그먼은 일본에 지속적인 확장적 통화정책을 제안한 바 있다. 이 경우 먼델-토빈 효과와 피구효과 등에 의해 총수요의 증대가 발생할 수 있다. 이를 '비상식적 통화정책' 혹은 '비전통적 통화정책'이라 한다.

▶ 영국의 은행가 깁슨에 의해 확인된 바에 따르면 금리와 물가수준은 정의 관계를 갖는다. 통상 이자율의 상승은 투자활동을 억압하고 경기침체, 물가하락을 유발시킨다. 하지만 깁슨에 견해에 따르면 먼저 유리한 투자기회의 개발로 투자활동이 활발해지면서 물가수준이 활발해지고 결국 이자율도 그 뒤를 쫓아 상승한다고 한다. 이러한 견해를 깁슨의 역설(Gibson's paradox)라 하며 피셔효과는 깁슨의 역설을 설명할 수 있다.

▶ 현실적인 조세제도를 생각해보면 피셔효과는 성립이 어려울 수 있다. 자본소득세가 명목이자율에 대해 40% ($t = 0.4$)로 설정되어 있다고 가정하자.

① $\pi^e = 0\%$ 인 경우
 세전: $R = r_0 + \pi^e$
 $10\% = 10\% + 0\%$
 세후: $(1-t)R = r_1 + \pi^e$
 $0.6 \times 10\% = 6\% + 0\%$
 실질이자율은 $10\% \to 6\%$

② $\pi^e = 10\%$ 인 경우
 세전: $R = r_0 + \pi^e$
 $20\% = 10\% + 10\%$
 세후: $(1-t)R = r_1 + \pi^e$
 $0.6 \times 20\% = 2\% + 10\%$
 실질이자율은 $10\% \to 2\%$

따라서 실질이자율이 동일하지 않다. 이 경우 사람들은 돈을 빌려줄 때에 명목이자율을 과하게 설정할 수 있는데, 이를 다비효과(Darby effect)라 한다.

$$R > r + \pi^e$$

2) 제로금리 하한(ZLB : zero lower bound)과 정책의 유효성

① LM 곡선

사전적 피셔방정식은 $r^e = R - \pi^e$이다. $r = r^e$임을 고려하면 $R = r + \pi^e$이다. 전술한 바와 같이 명목금리는 음수가 될 수 없으므로, $R \geq 0$이다. 따라서 $r + \pi^e \geq 0$, $r \geq -\pi^e$이다. 이를 고려하여 LM곡선을 새롭게 도출하면 아래와 같이 나타낼 수 있다.

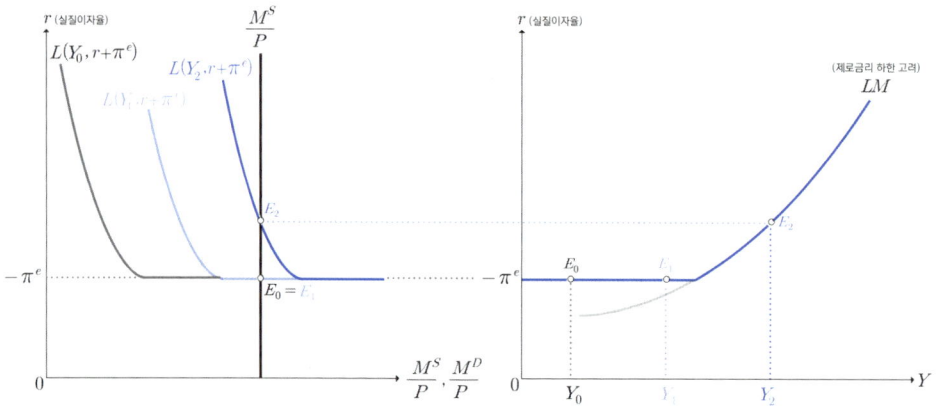

② 재정정책과 통화정책의 유효성

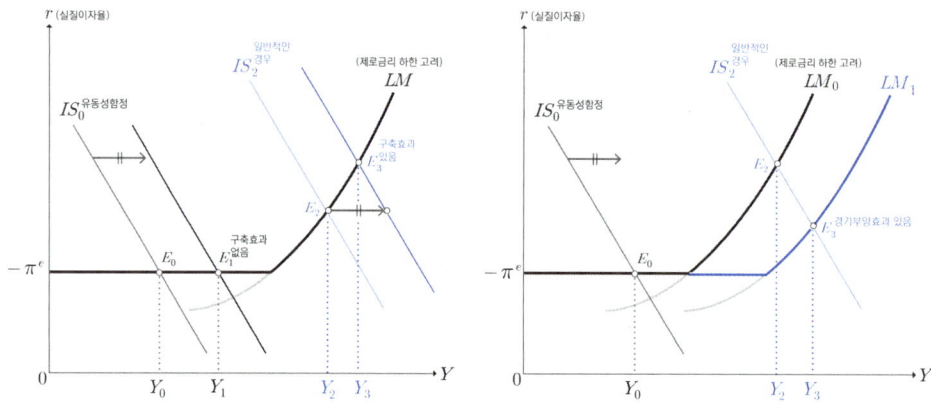

확장적 재정정책(왼쪽 그림)

현재의 균형이 E_2 점인 경우 확장적 재정정책은 경기부양효과가 있다. 다만 구축효과에 의해 어느 정도는 Y가 감소한다. 하지만 현재의 균형이 E_0에 있는 유동성 함정의 경우에는 구축효과가 전혀 없으므로 경기부양효과가 매우 강력하다. 하지만 Y_0까지 하락하면서 재정여력이 없다.

확장적 통화정책(오른쪽 그림)

현재의 균형이 E_2 점인 경우 확장적 통화정책에 의해 LM 곡선이 우측하방이동하면 실질이자율이 하락하면서 경기부양효과가 나타난다. 하지만 현재의 균형이 E_0에 있는 유동성 함정의 경우에는 확장적 통화정책을 해도 경기부양이 발생하지 않는다.

③ 비전통적 통화정책

현재 균형은 왼쪽 그래프의 E_0이다. 중앙은행이 비전통적인 통화정책을 사전에 예고하였고, 민간이 이를 신뢰하여 기대인플레이션율이 π_1^e으로 상승하면 실질이자율 하한($-\pi^e$)이 내려간다. 따라서 LM_1으로 곡선의 이동이 발생하고 균형은 E_1점에서 Y_1으로 균형소득이 증가할 수 있다.

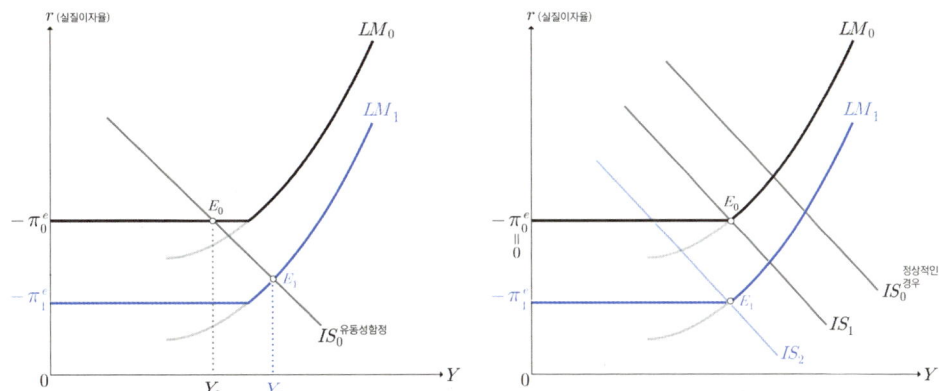

④ 양의 목표인플레이션율을 설정하는 이유

중앙은행이 물가안정목표제를 취하고 있으며 대부분의 국가가 목표인플레이션율을 양(+)으로 설정한다. $\pi^e = 0$인 경우 LM_0에 머물러 있다. 소비, 투자 등의 감소로 IS_1에 다다르면 그 이후의 총수요감소는 유동성함정을 유발시킨다. 하지만 $\pi^e > 0$인 경우 LM_1에 위치하므로 IS_2까지 여력이 있다.

⑤ 굴절(kink)된 AD 곡선

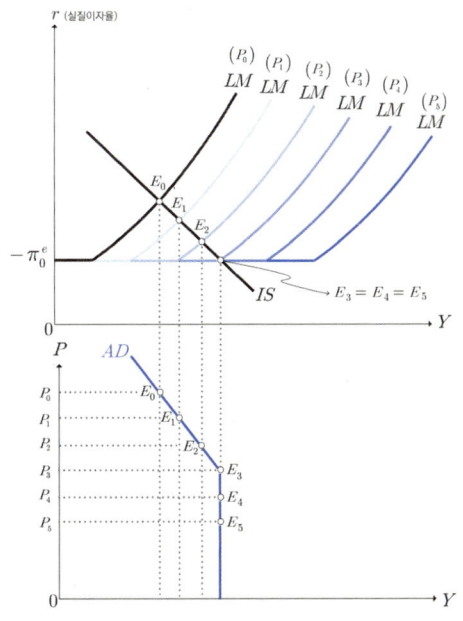

P가 하락하면 $\dfrac{M^S}{P}$의 상승으로 LM곡선은 우측, 하방이동한다. 다만 제로금리하한에서 $-\pi^e$보다 낮은 LM 영역은 수평으로 나타나기 때문에 LM곡선의 우측이동으로만 나타난다. P_0에서 P_2까지 하락하는 동안에는 IS 곡선과 LM 곡선의 교점이 오른쪽으로 이동하므로 이 영역에서는 AD 곡선도 우하향한다.

하지만 P_3에서 P_5까지 물가가 하락하는 구간에서는 IS 곡선과 LM 곡선의 교점이 변화하지 않는다. 이 영역에서는 AD 곡선은 수직이며, 이 구간에서 부정적인 총수요충격이 발생하여 AD곡선이 좌측으로 이동하면 물가의 변화로 완충되지 못하고 물가의 하락만 나타나게 된다.

▶ 앞선 챕터 02-04의 일반적인 AD 곡선에서는 수직인 영역이 나타나지 않는다. 우하향하는 평범한 AD 곡선과 다시 점검하고 되돌아와서 수직인 영역이 나타나는 이유에 대해서 다시 생각해보자.

05. $IS-LM$ 승수 및 AD(= Aggregate Demand) 곡선의 도출

① 정액세만 고려 시

$IS : Y = \overline{C} + c(Y - \overline{T}) + \overline{I} - br + G$

$LM : \dfrac{M^S}{P} = L(Y, r) = \overline{L} + kY - hr$

② 비례세도 고려 시

$IS : Y = \overline{C} + c(Y - \overline{T} - tY) + \overline{I} - br + G$

$LM : \dfrac{M^S}{P} = L(Y, r) = \overline{L} + kY - hr$

1. $IS-LM$ 승수

1) 일반적인 경우의 승수

이자율은 IS 곡선의 균형에서 도출되므로 IS 균형 하에서의 이자율과 LM 균형 하에서의 이자율은 일치한다. 따라서 IS곡선식과 LM곡선식을 이자율을 소거하여 연결하면 각각 다음과 같이 승수가 도출된다. 비례세를 가정하여 도출한다. 만약 정액세만 존재하는 경제라면 $t = 0$을 가정하여 정리하면 된다.

$Y = \overline{C} + c(Y - \overline{T} - tY) + \overline{I} - b\left(\dfrac{-M^S/P + \overline{L} + kY}{h}\right) + G$ (AD 곡선식)

$\left[1 - c(1-t) + b\left(\dfrac{k}{h}\right)\right] Y = \overline{C} - c\overline{T} + \overline{I} + \left(\dfrac{b}{h}\right)\dfrac{M^S}{P} - \dfrac{b}{h}\overline{L} + G$ 전미분하면

$\left[1 - c(1-t) + b\left(\dfrac{k}{h}\right)\right] \triangle Y = \triangle\overline{C} - c\triangle\overline{T} + \triangle\overline{I} + \left(\dfrac{b}{h}\right)\triangle\dfrac{M^S}{P} - \dfrac{b}{h}\triangle\overline{L} + \triangle G$

$\dfrac{\triangle Y}{\triangle \overline{C}} = \dfrac{\triangle Y}{\triangle \overline{I}} = \dfrac{\triangle Y}{\triangle G} = \dfrac{1}{1 - c(1-t) + b\left(\dfrac{k}{h}\right)}$, $\dfrac{\triangle Y}{\triangle \overline{T}} = \dfrac{-c}{1 - c(1-t) + b\left(\dfrac{k}{h}\right)}$ ……$IS-LM$ 승수

2) 균형재정 제약 하에서의 승수

균형재정을 위해서는 $G = \overline{T} + tY$ 여야 한다. 따라서 이 경우 정부가 G의 크기와 $\overline{T}$의 크기를 일치시켜야 하는 것은 아니다. $\overline{T} + tY$ 자리에 G를 대입하여 도출이 가능하다.

$Y = \overline{C} + c(Y - G) + \overline{I} - b\left(\dfrac{-M^S/P + \overline{L} + kY}{h}\right) + G$

$\left[1 - c + b\left(\dfrac{k}{h}\right)\right] Y = \overline{C} + \overline{I} + \left(\dfrac{b}{h}\right)\dfrac{M^S}{P} - \dfrac{b}{h}\overline{L} + (1-c)G$

$\dfrac{\triangle Y}{\triangle \overline{C}} = \dfrac{\triangle Y}{\triangle \overline{I}} = \dfrac{1}{1 - c + b\left(\dfrac{k}{h}\right)}$, $\dfrac{\triangle Y}{\triangle G} = \dfrac{1-c}{1 - c + b\left(\dfrac{k}{h}\right)}$ ……균형재정 하 $IS-LM$ 승수

> 수식적으로 복잡해 보이지만 실제로는 두 곡선을 이자율을 매개체로 엮는다는 개념을 기억하는 것이 중요한 것이다. 실제로 출제가 될 때에는 위의 문자들에 대한 정보를 상수로 제시하여 간단하게 만드는 경우도 많다. 이렇게 엮은 수식이 총수요(AD)곡선이다.

2. 구축효과(재정지출 증가 시)

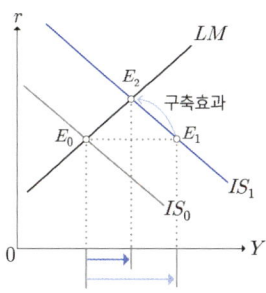

재정지출이 증가(ΔG)할 때 $\frac{1}{1-c(1-t)}\Delta G$ 만큼 IS곡선이 우측이동한다. LM곡선까지 고려하면 이자율 상승에 따른 투자 감소로 구축효과(crowding-out effect)가 발생하여 경제의 균형은 E_2점에서 나타난다.

$$\left.\frac{dY}{dG}\right|_{IS} = \frac{1}{1-c(1-t)} > \left.\frac{dY}{dG}\right|_{IS-LM} = \frac{1}{1-c(1-t)+b\left(\frac{k}{h}\right)}$$

▶ 구축효과(crowding-out effect)란 정부지출이 증가할 때, 이자율 상승으로 민간투자가 감소하여 소득증가의 일부를 상쇄시키는 효과를 말한다. 참고로 정부지출의 증가가 (가속도원리 등에 의해) 민간의 투자를 오히려 증가시킬 수 있는데 이를 구입효과(crowding-in effect)라 한다.

3. AD(=Aggregate Demand)곡선의 도출

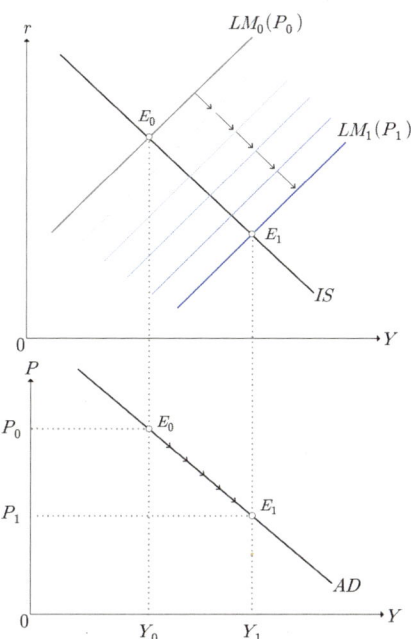

폐쇄경제

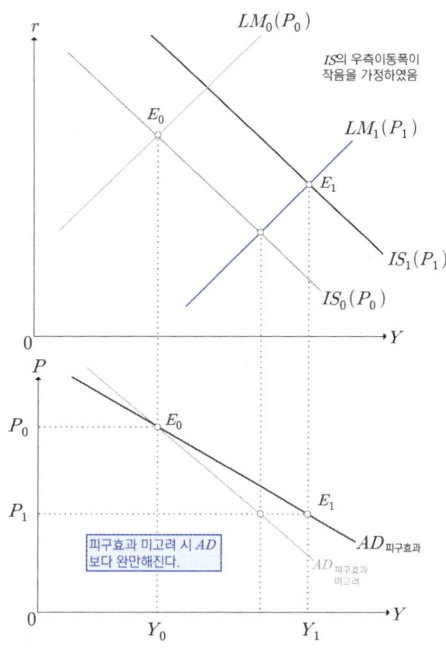

피구효과를 고려하는 경우

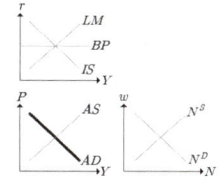

▌만약 물가가 P_0에서 P_1으로 하락한다고 가정하는 경우 LM곡선이 LM_1으로 이동한다. 피구효과를 고려하면 IS곡선도 우측이동하는데 어떤 곡선의 우측이동폭이 더 클지는 가정하기 나름이다. 본문의 그래프는 피구효과를 고려할 때의 AD곡선이 다를 수 있음을 소개하려는 목적으로 제시한 것이며 IS곡선의 우측이동폭이 더 작음을 가정하였다.

물가하락 시($P_0 \to P_1$) LM곡선은 실질화폐공급(M/P)이 증가함에 따라 우측이동 하게 된다. 이에 균형은 E_0에서 E_1점으로 이동할 것이며 총소득은 Y_1으로 증가하게 된다. 따라서 우하향하는 AD곡선이 도출된다.

물가하락($P_0 \to P_1$) 시 LM곡선이 우측 이동하는 동시에 실질잔고(A/P)가 상승하여 소비가 증가하므로 IS곡선도 우측 이동한다. 따라서 P_1에 대응하여 총수요는 Y_1으로 더 크게 증가한다. 보통은 피구효과까지 고려하여 AD곡선을 도출하지는 않는다.

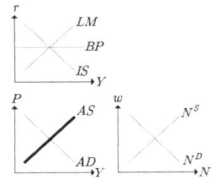

06 AS(=Aggregate Supply)곡선의 도출

1. 단기 총공급곡선($SRAS$ 곡선)의 도출

합리적 기대 하 우상향하는 $SRAS$ 곡선을 도출하는 모형들

	재화시장	노동시장	
청산	루카스의 불완전정보 모형(섬모형)	프리드먼의 노동자오인모형	→ 경제의 불균형은 신축적으로 조정(새고전학파)
비청산	재화가격 경직성 모형	명목임금 경직성 모형	→ 경제의 불균형은 경직적임(새케인즈학파)

1) 루카스의 불완전 정보모형 (루카스의 섬모형)

Robert Emerson Lucas Jr. (1937~)

루카스는 합리적 기대의 개념을 거시경제학에 적용시키며 새고전학파 거시경제학의 길을 열어 놓은 인물이다. 루카스 비판을 통해 전통적인 계량경제학 모델을 공격하고, 내생적 성장 이론에 기여한 바 있다. '합리적 기대가설의 개발 및 응용으로 거시경제 분석의 틀을 바꾸고 경제 정책의 이해를 심화시킨 공로'로 1995년 노벨 경제학상을 수상하였다. 대표적인 루카스의 모형으로 내생적 성장이론의 인적자본모형, 합리적 기대를 전제로 한 섬모형, 루카스의 총공급함수, 화폐경기변동 이론(MBC), 동태확률일반균형(DSGE) 등을 들 수 있다. 참고로 동태확률일반형이란 경제학에서 동태적(dynamic)이고 확률적(stochastic)인 거시경제의 움직임을 설명하기 위해 미시경제적 기초(micro foundation)을 이용하는 거시계량모형이다. 중요한 업적이나 거시에서는 다루지 않는다.

예상치 못한 물가 상승($P\uparrow$) 시 개별 기업(각 섬의 주인)은 자사가격(P_i) 상승이 전체물가 상승으로 인한 것인지 상대가격의 상승(자사제품의 경쟁력 증가)이 반영된 것인지 정확히 판단할 수 없다. 그 이유는 개별기업에게 전체물가(P)에 대한 정보는 사후적으로 알려지기 때문이다. 따라서 물가 상승 시 일부를 자사 제품의 경쟁력이 증가된 것으로 착각($\frac{P_i}{P^e} > \frac{P_i}{P}$)한다.

착각을 한 기업들은 생산량을 증대시키기 위해 실질임금 평면에서 노동수요를 증대시킨다. 이에 노동시장에서 새로운 균형이 달성되고 ($w\uparrow, N\uparrow$) 총공급이 증대되므로 단기 총공급곡선은 우상향할 수 있다. 이를 루카스의 섬모형이라 한다. 이를 고려하면 루카스의 공급곡선식은 다음과 같다.

$$Y = Y_N + \gamma\theta(P - P^e)$$

(단, 합리적 기대를 가정하며 $P^e = E[P_t|\Omega_{t-1}]$, $\theta = \frac{\tau^2}{\delta^2 + \tau^2}$ 은 기대조정변수)

γ는 예상된 상대가격의 변화에 대해 산출량이 반응하는 정도를 의미한다. 이는 기업의 생산적 특성이 반영된다. 기대조정변수에서 τ^2은 자신의 기업(섬)에만 영향을 미치는 국지적 충격(상대가격의 변화)의 분산을 말한다. 그리고 δ^2은 경제전체에 영향을 미치는 전역적 충격(전체물가의 변화)의 분산을 의미한다. 기업들은 전역적 충격의 빈도가 증가할수록(δ^2가 클수록), 물가변화에 대해 둔감하게 되고 총공급곡선이 가팔라진다. 한편, 국지적 충격의 빈도가 증가할수록(τ^2가 클수록) 물가변화에 민감하게 반응하여 총공급곡선이 완만해질 수 있다. 이는 체계적 오류를 반복하지 않으려는 기업들의 합리적 기대형성의 결과이다.

2) 프리드먼의 노동자오인모형

예상치 못한 물가 상승($P\uparrow$) 시 기업은 확실한 정보를 바탕으로 명목임금을 상승($W\uparrow$)시킨다. 하지만 노동자들은 정보 비대칭(노동자 오인)으로 인해 실질임금이 상승($w\uparrow$)한 것으로 착각하게 되고 이에 따라서 노동 공급곡선이 우측이동한다. 화폐환상과 유사해 보이지만 근시안적인 노동자를 가정하는 것이 아니라 일시적인 정보의 비대칭을 가정하여 우상향하는 단기총공급곡선을 도출하는 모형이다.

$$N^D = N\left(\frac{W}{P}\right)$$
$$N^S = N\left(\frac{W}{P^e}\right)$$
$$= N\left(\frac{W}{P} \cdot \frac{P}{P^e}\right)$$
$$= N\left(w \cdot \frac{P}{P^e}\right)$$

> **tip** **화폐환상** (money illusion) (케인즈의 『고용, 이자 및 화폐의 일반이론』)
>
> 노동자들은 노동공급 결정에 필수적인 물가에 대한 정보가 부족하다. 실제 물가가 올라서 고용주에 의해 명목임금이 같은 비율로 상승되었을 때, 노동자는 실질임금이 상승한 것으로 착각하여 노동공급을 증가시키는(N^S곡선의 우측이동) 현상을 화폐환상이라 한다. 화폐환상과 노동자 오인모형의 메커니즘은 일치한다. 하지만 화폐환상의 경우 비합리적인 노동자를 가정할 때 이들이 항상 명목임금을 실질임금으로 잘못 생각한다는 가정을 근간에 두고 경직적인 상황을 상정하는 것임에 비해 노동자 오인모형은 합리적인 노동자들이 일시적인 정보비대칭(기업과 노동자 간)에 의해 발생하는 현상이다. 따라서 노동자 오인 모형에 따르면 정보비대칭이 해소되는 순간 신축적으로 총공급곡선이 이동하여 수직인 장기총공급곡선 위에서 균형이 형성된다. 루카스는 이러한 이유로 예상된 정책을 시행하는 경우 경기부양(Y의 변화) 효과 없이 물가만을 변화시키게 된다는 정책무력성 명제(policy ineffectiveness proposition)를 제시하기도 한다.

3) 재화가격 경직성 모형 (sticky price model)

기업들은 물가 상승($P\uparrow$) 시 메뉴비용을 고려하여 가격 변화를 고민할 것이다. 이때, 가격을 경직적으로 유지($P_1 = P^e$)하는 기업(s의 비율)은 생산량을 증대시킨다. 이들은 가격을 경직적으로 유지시키기 때문에 시장의 물가의 상승에는 영향을 미치지 않고 기업들이 인지하고 있던 P^e을 그대로 가격에 반영하고 있을 것이다. 반면 신축적으로 가격을 조정하는 기업($1-s$의 비율)들은 이윤극대화를 달성시키기 위해 새롭게 가격을 상승시킬 것이다. 이들은 국민소득수준이 상승할 때 상품에 대한 수요가 증가하고 이에 따라 기업이 산출량을 증가시키면 한계비용이 상승할 수 있으므로 결국 상품의 가격을 상승($P_2 = P + \theta(Y-Y^f)$)시킨다. 이때 θ는 기업의 상품가격이 $Y-Y^f$에 얼마나 민감하게 반응하는 지 여부에 의해 결정되는 변수이다. 만약 이들의 생산량이 잠재생산량과 일치한다면 자사가격은 일반 물가 수준과 일치할 것이고, 이들의 생산량이 잠재생산량 뛰어넘는다면 $Y-Y^f$는 양수이며 이 기업들은 일반 물가 수준 이상으로 가격을 상승시킬 수 있는 것이다. 따라서 이 경우 $P_2 > P$가 될 것이다. 전체 물가는 두 유형의 기업들이 설정하는 물가 수준에 두 유형의 기업들의 분포 비율을 반영하여 가중평균한 값이다.

$$P = sP_1 + (1-s)P_2$$
$$= sP^e + (1-s)P + (1-s)\theta(Y-Y^f)$$
$$\therefore Y = Y^f + \frac{s}{(1-s)\theta}(P-P^e)$$

이 공급곡선을 새케인즈 학파의 총공급곡선 혹은 가격경직성 모형이라 한다.

▶ 새케인즈학파의 P^e은 새고전학파의 P^e처럼 단순히 민간이 알게 된 정보에 의해서 변화하는 것이 아니다. 새케인즈학파의 P^e은 실제로 기업들이 행동을 해야 움직일 수 있는 값이다.

▶ 경제모형이 얼마나 우수한지 판단하는 기준 중 하나는 현실설명력이다. 예를 들면 물가수준과 생산량 사이의 정의 관계를 얼마나 잘 설명할 수 있느냐와 같은 문제이다. 이와 함께 실질임금의 경기순행성을 성공적으로 설명해내는 것도 하나의 중요한 관점이라고 한다. 이러한 실질임금의 경기순행성을 성공적으로 설명해 낼 수 있는 모형은 사실상 재화가격 경직성 모형 뿐이다. 정보비대칭 모형과 명목임금 경직성 모형은 실질임금의 경기역행성을 보여주고 있다. 루카스의 불완전정보 모형은 경기순행성이 불분명하다.

4) 명목임금 경직성 모형

노동자들은 명목임금 계약 시점에 물가예상분 (P^e)을 반영하여 일정한 실질임금(w)을 달성할 수 있도록 명목임금(W)을 정하여 계약을 한다. 계약 시 예상한 다음 기의 기대물가와 실제물가가 다른 경우 기업은 실질임금의 변화를 누린다.

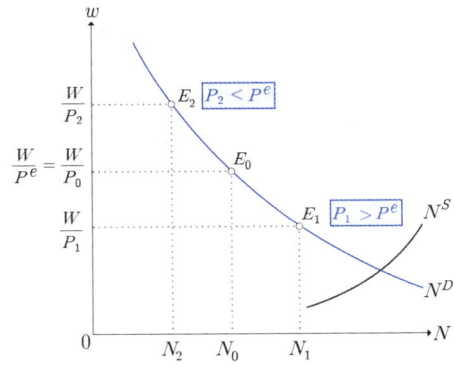

실제 물가가 노동자의 임금 계약 시의 예상치를 넘어 상승하면($P_1 = P > P^e$) 기업은 실질임금 하락을 인지해 경제의 균형은 그림의 E_1점에서 균형노동량이 N_1으로 증가하게 된다. 따라서 경제의 생산량(Y_1)은 증가한다.

실제 물가가 예상치에 미치지 못하면($P_2 = P < P^e$) 경제의 균형은 그림의 E_2점에서 균형노동량이 N_2로 감소하게 된다. 따라서 경제의 생산량(Y_2)은 감소한다.

만약 케인즈의 견해를 고려하여 명목임금 하방경직성만을 가정한 것이라면 상방으로 신축성이 가정되기 때문에 노동시장의 N^D와 N^S의 교점 아래를 유발시키는 P영역에서는 명목임금이 같이 상승할 것이므로 수직인 AS곡선이 도출된다.

5) $COLA$ (cost of living adjustment)

$COLA$ 계약이란 물가 임금 변동계약으로 고용주가 노동자와 계약 시에 물가변동분을 고려하여 물가 상승 시 자동으로 임금을 같은 비율로 상승시켜주고 하락 시에는 임금이 하락하게 되어 실질임금을 보장해 주는 것을 말한다. 사실상 후술될 실질임금 경직성 모형의 형태이다. 이미 계약 시에 자신의 명목임금에 물가가 반영된다는 것을 알고 있는 노동자는 명목임금이 상승하는 경우 물가 상승을 미리 예측하고 있지 못하더라도 물가가 상승했기 때문인 것을 알게 되므로 노동공급을 변화시키지 않는다.

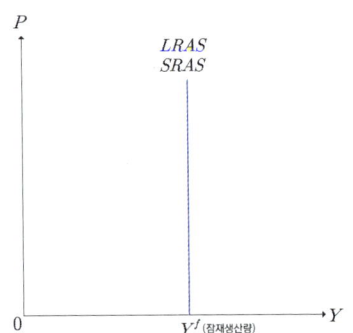
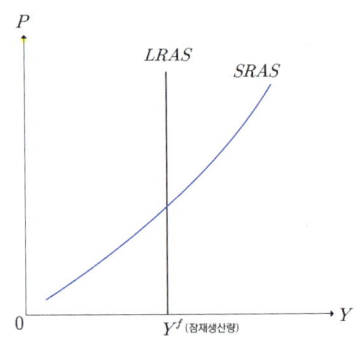

모든 기업이 $COLA$ 계약을 체결한다면 왼쪽 그래프처럼 경제의 공급곡선은 어떠한 경우라도 수직이다. 만약 일부 기업만 $COLA$계약을 체결하고 다른 기업은 명목임금경직적인 계약을 체결했다면 $SRAS$곡선은 오른쪽 그래프처럼 우상향할 수 있다.

▶ $COLA$계약을 체결하는 기업이 있고 그렇지 않은 기업이 있다고 가정할 때 그렇지 않은 기업의 임금 결정 메커니즘은 명목임금경직성 모형을 따르는 것으로 판단하고 비교하는 것이 자연스럽다. $COLA$ 계약을 체결한 기업의 비율이 높을수록 $SRAS$곡선의 기울기는 가팔라진다.

2. 장기 총공급곡선(LRAS곡선)과 정책무력성 명제

어떠한 모형을 가정하더라도 속도의 차이는 있어도 장기에는 결국 잠재생산량으로 돌아온다. 따라서 LRAS곡선은 수직이다.

그런데 루카스의 모형에 따르면 ① 합리적 기대 하에서 ② 정책이 미리 정부에 의해 공표되고 ③ 민간이 이를 신뢰하는 경우 민간들은 예상하여 SRAS곡선을 정책 시점에 맞춰 이동시킬 수 있고 ④ 정부가 공표한대로 시행하면, 균형소득 및 노동시장에 변화를 일으키지 못하며 물가만 상승시키는 정책무력성 명제(policy ineffectiveness proposition)가 나타나게 된다.

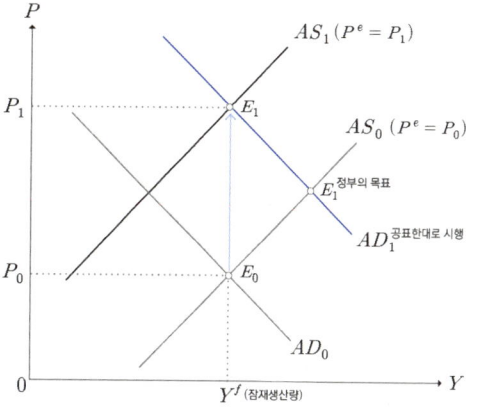

▶ 케인즈의 경제에서는 AS곡선은 수평이고 고전학파의 경제에서는 AS곡선이 수직이다. 둘의 견해를 절충하여 다음과 같은 형태의 AS곡선이 가정되기도 한다.

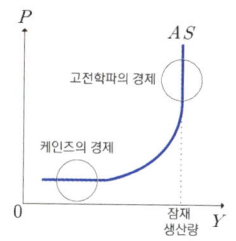

3. 정책딜레마 (policy dilemma = stagflation dilemma)

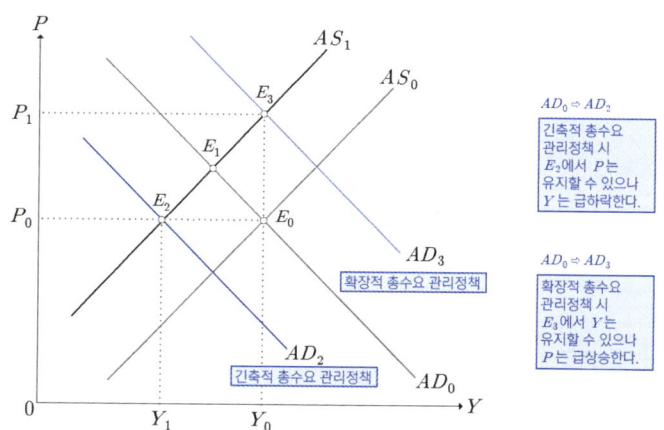

▶ 스태그플레이션이란 물가상승과 소득감소가 동시에 발생하는 것을 의미한다.

총공급충격(유가 또는 원자재 가격 상승 등)이 발생하면 균형점이 E_1점이 되어 물가가 상승하고 소득이 감소한다. 이때, 정부는 소득 안정과 물가 안정이라는 두 개의 목표 중 하나를 선택해야 한다. 그런데 정부가 정책을 통해 움직일 수 있는 곡선은 AD곡선 뿐이다. 만약 정부가 물가 안정을 목표로 한다면 긴축적 총수요관리정책을 통해 경제의 균형을 E_2점(억제정책, extinguishing policy)으로 보내야 한다. 이 경우 물가는 안정시킬 수 있으나 균형소득이 크게 감소한다.

만약 정부가 균형소득 안정을 목표로 한다면 확장적 총수요관리정책을 통해 경제의 균형을 E_3점(수용정책, accomodation policy)으로 보내야 한다. 이 경우 균형소득은 안정화시킬 수 있으나 물가는 크게 올라간다. 즉, 하나를 목표로 할 때 다른 변수는 크게 왜곡될 수 있다는 것인데 이를 정책딜레마라고 한다. 따라서 정부는 총공급충격이 발생할 때 아무것도 하지 않는 정책이 바람직하다. 정책딜레마를 주장하는 자들에 의하면 E_1점은 현재 직면한 상황에서 시장이 적응한 가장 안정적인 균형이다.

▶ 중앙은행이 이를 조절한다면 확장적 통화정책이 될 것이다. 하지만 재정당국에 의한 확장적 재정정책이어도 상관 없다.

07 총수요–총공급 충격과 관련된 사례 문제의 해결 (폐쇄경제)

1. 총공급충격 (부정적인 총공급충격을 가정)

▌부정적인 생산성 충격은 생산함수에도 영향을 미치고 노동수요곡선에도 영향을 미친다. 부정적인 생산성 충격은 AS곡선을 좌측으로 이동시키는데 원인은 다음과 같다.

① 원유가, 원자재 가격 상승
　이 경우 가격이 올라간 요소의 투입량은 감소한다. 따라서 총생산함수가 하방으로 회전이동하고 MP_N의 감소로 노동수요곡선도 하방이동한다.

② 노동인구 감소
　인구수가 감소하면 노동인구의 감소로 N^S곡선이 좌측이동한다. 국내 노동자가 해외로 유출되도 N^S곡선이 좌측이동한다. 한편, 근로소득세를 인상하거나 민간이 여가를 선호하게 되거나 정책상 노동자들의 소득이 증가하는 충격이 발생한다면 N^S곡선이 좌측이동한다.

③ 국내 총 자본량의 감소
　총 자본스톡이 감소한다면 총생산함수가 하방으로 회전이동하고 MP_N의 감소로 노동수요곡선도 하방이동한다.

④ P^e의 상승
　기대물가가 상승하면 잠재생산량 기준 민간의 AS곡선의 위치가 P^e에 의해 결정되므로 AS곡선은 좌측이동한다.

⑤ 기술충격(반대방향)
　음의 기술충격은 없으므로 부정적 공급충격에는 적용이 불가하다. 만약 생산함수의 z가 상승하는 기술수준의 개선이 일어난다면 총생산함수의 상방이동, MP_N의 증가로 N^D곡선의 상방이동이 나타난다.

▼ 이후 각 시장에 미치는 효과는 $Y-P$ 평면에서는 곡선 위의 운동이므로 절대 $AD-AS$ 곡선은 추가로 움직이지 않는다.

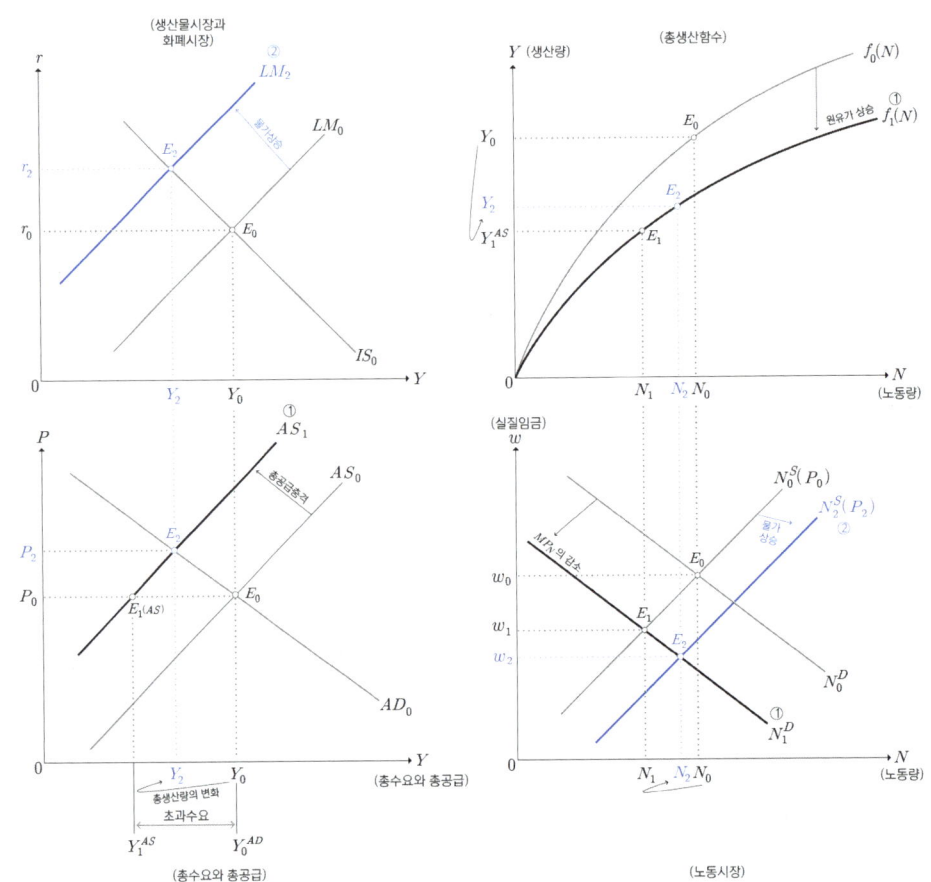

총수요곡선(AD)은 $IS-LM$ 균형으로부터, 총공급곡선(AS)은 N^D-N^S 균형 및 총생산함수로부터 도출된다. 편의상 우상향하는 $SRAS$의 근거로 노동자오인모형 혹은 화폐환상 모형을 가정한다.

① 부정적인 생산성 충격(원유가 상승, 원자재가격 상승)이 발생하면 생산함수가 하방회전이동한다. 이와 동시에 MP_N도 하락하므로 N^D곡선도 하방이동한다. 이로 인해 P와 상관없이 생산량이 Y_1^{AS}로 감소한다. 따라서 AS곡선은 좌측이동한다. AD곡선은 불변이다.

　→ 이로 인해 $Y-P$ 평면에서 물가가 상승하고 균형은 Y_2로 이동하게 된다.

② (생산물시장과 화폐시장) 물가의 상승으로 실질화폐공급이 감소하므로 LM은 좌측으로 이동하여 Y_2에서 균형이 나타난다. (노동시장) 노동자 오인 모형(혹은 화폐환상모형)을 가정하므로 물가 상승에 따른 명목임금 상승을 실질임금 상승으로 착각하는 노동자들에 의해 N^S가 우측이동하여 N_2, Y_2에서 균형이 나타난다.

2. 총수요충격 - ① (부정적인 생산물시장 충격을 가정, 외생적인 총지출감소로 IS 곡선이 좌측이동하는 충격)

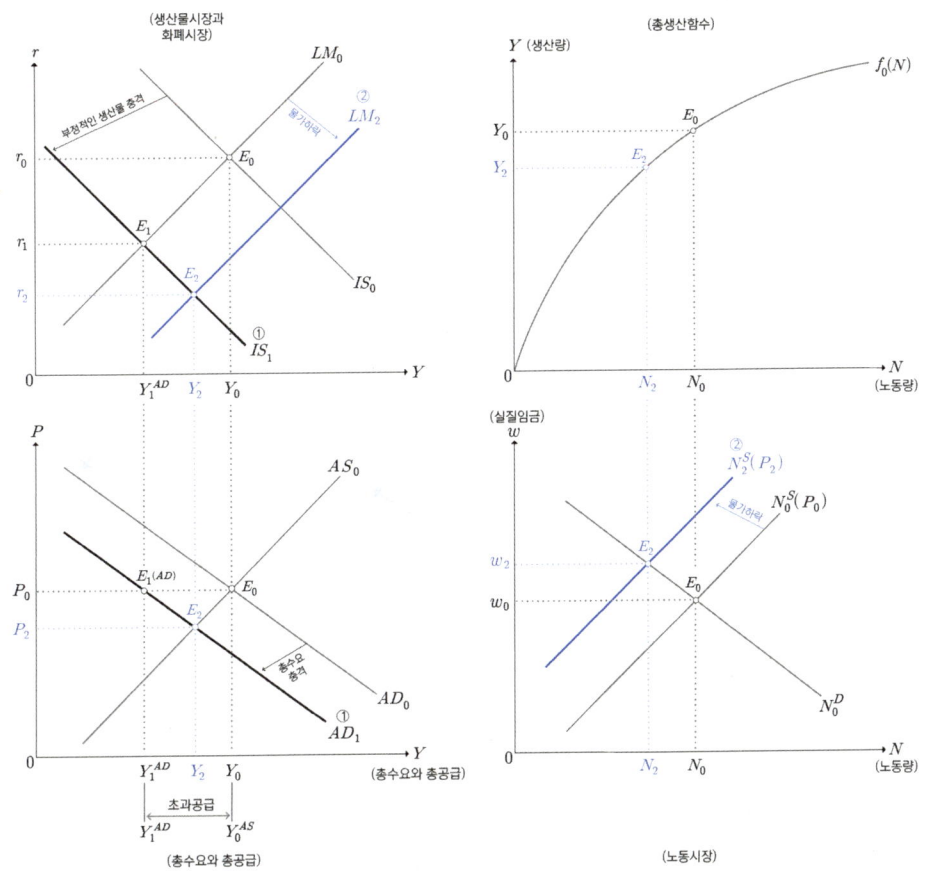

| 부정적(긴축적) 생산물 충격은 이자율의 변화에 따른 충격을 제외한 총지출이 감소하는 모든 충격을 말한다. 즉, 외생적으로 IS 곡선을 좌측으로 이동시키는 충격들이다. 피구효과, 가속도 이론 등이 고려되지 않은 기본적인 IS 모형을 전제한다.

① 소비의 감소
  정부의 증세, 과태료 적발증가, 소득 혹은 이자율과 상관 없는 모든 기초소비량의 감소

② 투자의 감소
  소득 혹은 이자율과 상관 없는 모든 종류의 투자 감소 (하지만 일반적인 경제상황이라면 정부의 기업에 대한 $R\&D$ 지원 증대, 기업의 신기술개발, 국내 기업 자본의 감가상각률 하락 등 투자가 증가하는 사례가 더 다양함)

③ 정부지출의 감소
  긴축적 재정정책으로 인한 정부지출의 감소

④ 순수출의 감소
  (현재 폐쇄경제를 가정하였으므로 왼쪽의 모형에서는 적용되지 않음)

  • 환율하락, 수출보조금 축소, 해외소득의 감소 등으로 인한 외생적인 수출의 감소
  • 국내 고정수입량의 증가, 환율하락, 관세철폐 혹은 축소 등으로 인한 외생적인 수입의 증가

① 부정적인 총지출 감소(투자, 소비 감소)이 발생하면 IS곡선이 좌측이동한다. 따라서 AD곡선은 좌측이동한다. AS곡선은 불변이다.

  → 이로 인해 $Y-P$ 평면에서 물가가 하락하고 균형은 Y_2로 이동하게 된다.

② (생산물시장과 화폐시장) 물가의 하락으로 실질화폐공급이 증가하므로 LM은 우측으로 이동하여 Y_2에서 균형이 나타난다. (노동시장) 노동자 오인 모형(혹은 화폐환상모형)을 가정하므로 물가 하락에 따른 명목임금 하락을 실질임금 하락으로 착각하는 노동자들에 의해 N^S가 좌측이동하여 N_2, Y_2에서 균형이 나타난다.

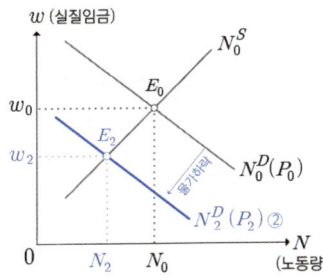

불완전 정보 모형
불완전 정보 모형 하에서는 총수요충격으로 인해 물가가 하락하는 경우 기업들이 자사제품 경쟁력 하락으로 착각하여 생산량을 감소시킨다. 따라서 이때 노동수요가 감소할 것이므로 노동수요곡선이 좌측이동하고 균형노동량이 감소한다.

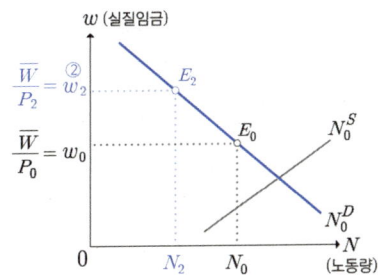

명목임금 경직성 모형
명목임금 경직성 모형 하에서는 명목임금이 불변이므로 물가 하락 시에 기업이 지급하는 실질임금이 상승하게 된다. 따라서 노동수요곡선 위를 따라 균형노동량이 감소하여 줄어드는 총생산량을 설명할 수 있다.

3. 총수요충격-② (긍정적인 화폐시장 충격을 가정, 중앙은행의 확장적 통화정책으로 LM곡선이 우측이동)

▌긍정적(확장적) 화폐 충격은 이자율의 변화에 따른 충격을 제외한 화폐시장의 충격으로 인해 LM곡선이 우측이동하는 충격을 말한다.

① 화폐공급의 증가
　중앙은행의 확장적 통화정책으로 인해 LM은 우측이동한다. 중앙은행이 시중은행에게 규제하는 지급준비율 하락으로 인한 통화승수의 증대, 국내여신 확대 혹은 통화안정증권 발행 규모의 감소, 재할인율인하(환매 조건부 채권금리 하락)를 통한 본원통화의 증대가 나타나면 화폐공급이 증가한다.

② 화폐수요의 감소
　LM곡선이 우측 이동하기 위해서는 화폐수요가 Y 혹은 r과 상관없이 감소해야 한다. 신용카드 혜택 증가, ATM 증대, 은행의 예금자에 대한 편의성 증대, 화폐 외의 거래 수단 사용 시 정부가 소득공제의 폭을 넓혀주거나 소득공제율을 상승시켜주는 경우 화폐수요가 감소한다.

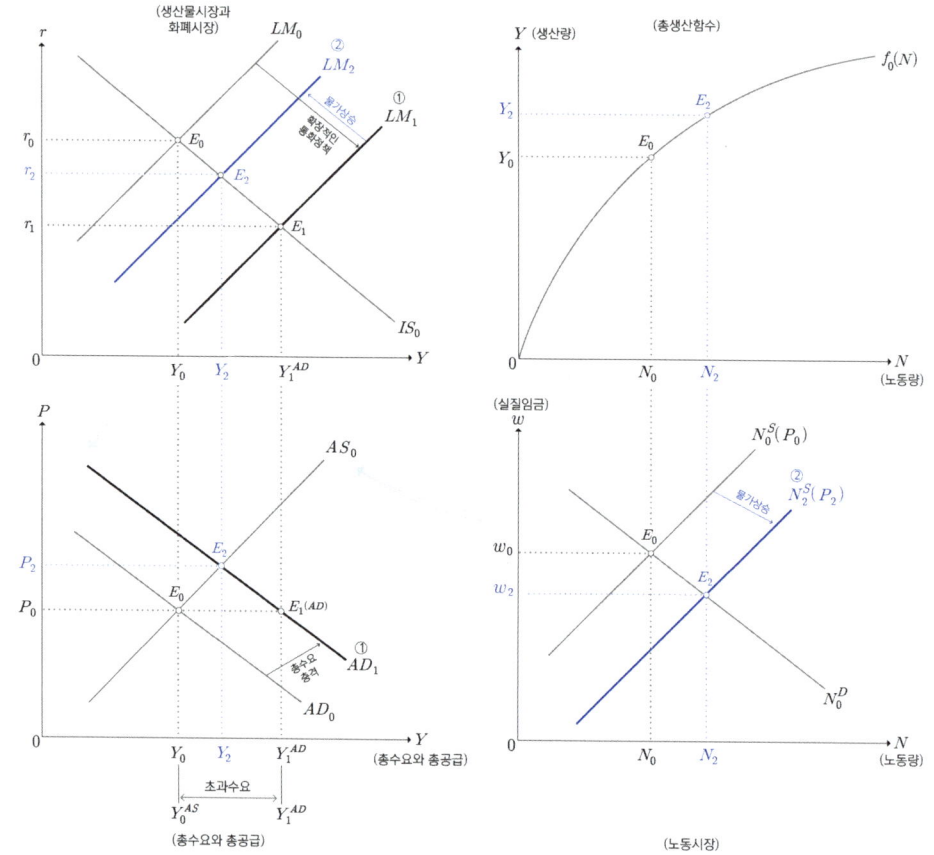

① 확장적 통화정책은 LM곡선을 우측이동시킨다. 따라서 AD곡선은 우측이동, AS곡선은 불변이다.
　→ 이로 인해 $Y-P$ 평면에서 물가가 상승하고 균형은 Y_2로 이동하게 된다.

② (생산물시장과 화폐시장) 물가의 상승으로 실질화폐공급이 감소하므로 LM은 좌측으로 이동하여 Y_2에서 균형이 나타난다. (노동시장) 노동자 오인 모형(혹은 화폐환상모형)을 가정하므로 물가 상승에 따른 명목임금 상승을 실질임금 상승으로 착각하는 노동자들에 의해 N^S가 우측이동하여 N_2, Y_2에서 균형이 나타난다.

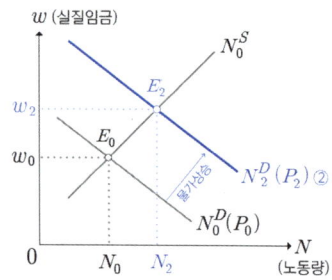

불완전 정보 모형
불완전 정보 모형 하에서는 총수요충격으로 인해 물가가 상승하는 경우 기업들이 자사제품 경쟁력 상승으로 착각하여 생산량을 증가시킨다. 따라서 이때 노동수요가 증가할 것이므로 노동수요곡선이 우측이동하고 균형노동량이 증가한다.

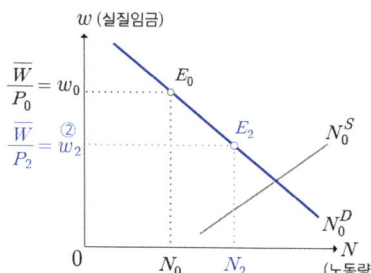

명목임금 경직성 모형
명목임금 경직성 모형에서는 명목임금이 불변이므로 물가 상승 시에 기업이 지급하는 실질임금이 하락하게 된다. 따라서 노동수요곡선 위를 따라 균형노동량이 증가하여 증가하는 총생산량을 설명할 수 있다.

4. 총수요충격과 총공급충격의 동시 발생 (외생적 투자의 감소와 원유가 상승의 사례 연습)

외생적으로 투자가 감소하는 경우와 원유가 상승이 발생함을 전제한다. 이를 동시에 그래프에 나타내고 표현하는 연습을 하는 데에 의미를 두고 있으나 사실 각각을 따로 분석한 후에 충격을 더하는 것도 가능하다. 두 충격 중 총공급충격이 더 큼(AS곡선의 좌측이동이 더 큰 상황)을 가정한다.

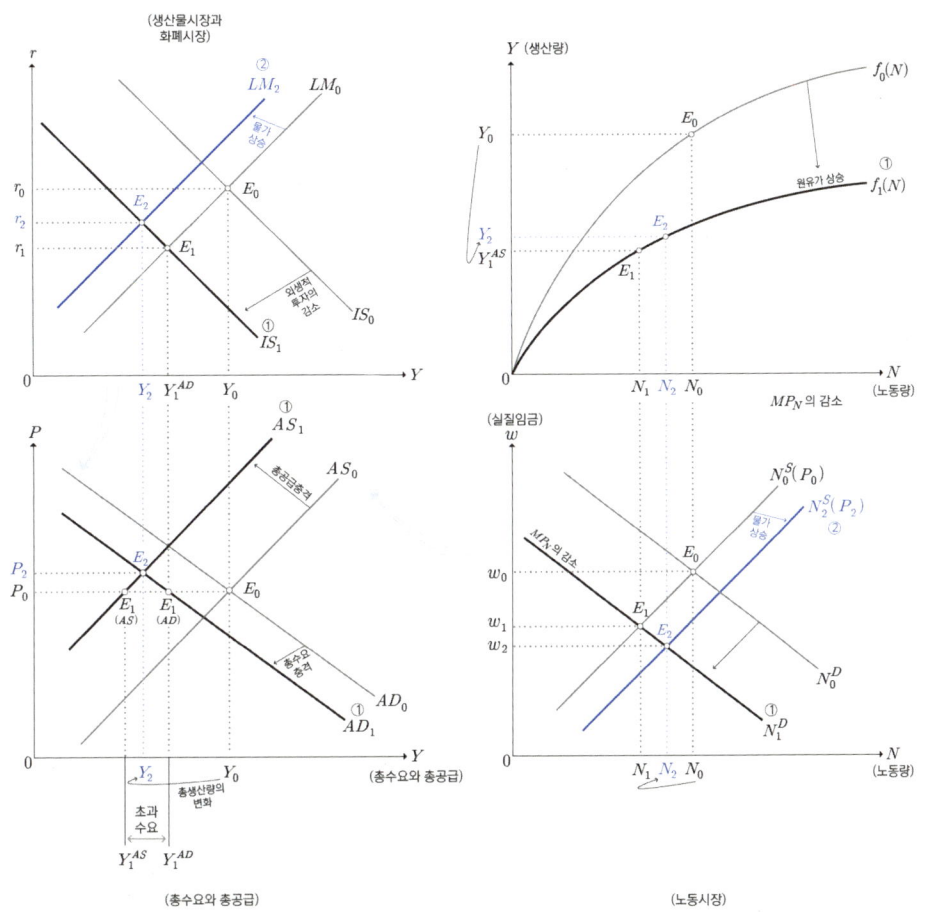

| 총공급량은 감소하였다가 어느 정도 회복되고, 총수요량은 감소하였다가 추가로 감소한다. 두 곡선의 충격 중 어떤 충격이 더 큰지 여부에 따라 물가는 하락할 수도 있다.

복잡하지만 이를 교재에 담은 이유는 지난 몇 년간 한국 경제의 상황을 돌이켜보면 실물투자, 소비 감소 등의 부정적인 총수요충격에 원유가 하락이라는 긍정적인 총공급충격(설문의 방향과 반대 방향으로의 충격)이 동시에 발생하여 물가하락 압박이 상당히 심하였으나 그나마 실질 GDP는 유지되던 기형적인 상황이 유지되어 왔었기 때문이다.

그렇다면 간단하게 두 곡선이 동시에 이동하는 상황을 설정하여 문제를 출제할 가능성도 있다고 본다.

① 투자감소로 IS 곡선은 좌측이동한다. 따라서 AD 곡선은 좌측이동할 것이다. 한편, 원유가 상승으로 인한 원유 투입량 감소로 생산함수는 하방으로 회전이동하고 MP_N의 감소로 노동수요곡선도 하방이동한다. 따라서 AS곡선도 좌측이동한다. AS 충격이 더 크다 가정하였으므로 AS의 좌측이동폭이 더 크다.

→ 이로 인해 $Y-P$ 평면에서 물가가 상승하고 균형은 Y_2로 이동하게 된다.

② (생산물시장과 화폐시장) 물가의 상승으로 실질화폐공급이 감소하므로 LM은 좌측으로 이동하여 Y_2에서 균형이 나타난다. (노동시장) 노동자 오인 모형(혹은 화폐환상모형)을 가정하므로 물가 상승에 따른 명목임금 상승을 실질임금 상승으로 착각하는 노동자들에 의해 N^S가 우측이동하여 N_2, Y_2에서 균형이 나타난다.

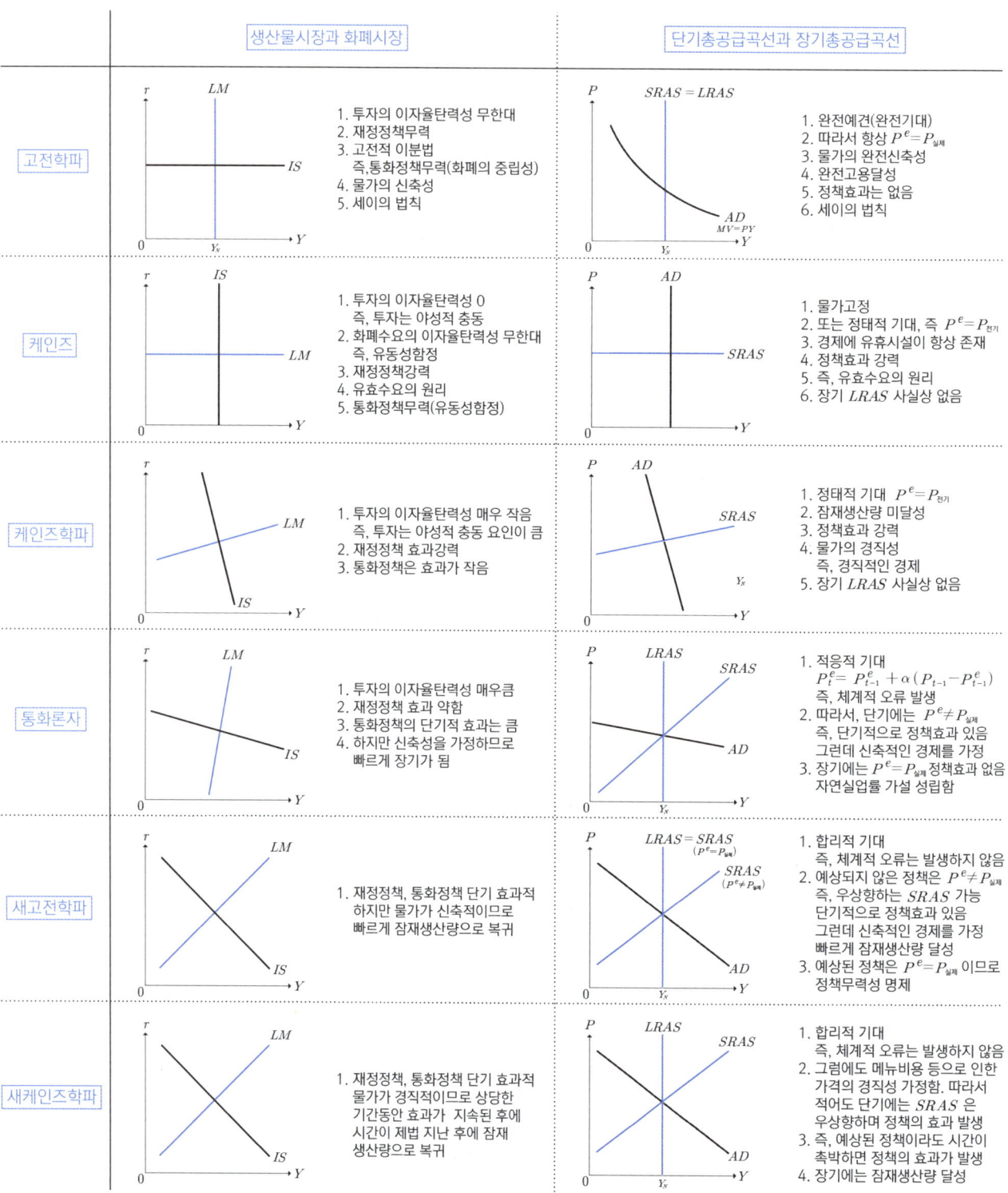

Chapter 3

소비함수와 투자함수

01 소비이론의 기초
02 쿠즈네츠의 실증분석
03 절대소득가설
04 상대소득가설
05 시점간 자원배분과 소비이론
06 투자이론의 기초
07 전통적 투자이론
08 현대적 투자이론

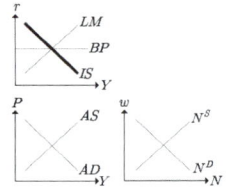

▶ 소비(consumption)란 재화, 서비스를 구매하여 해당 기에 '사용'하는 것을 말하고, 소비지출(consumption expenditure)은 해당 기에 사용하는 지 여부와 상관없이 구입하는 행위 자체를 말한다. 자동차를 구매하면 이는 몇 년에 걸쳐 소비할 것이므로 소비는 장기간에 이루어진다. 본문의 소비는 소비지출을 말한다.

01 소비이론의 기초

1. 소비함수

소비는 ① 총지출 ($C+I+G$)의 구성항목 중 가장 큰 비중을 차지한다. 다른 변수들에 비해 안정적이다. ② 소비함수가 정의되면 저축함수도 구할 수 있다. ③ 소비함수는 가처분소득(Y_d)의 증가함수, 즉 $C = \overline{C} + c(Y_d)$ 혹은 $C = \overline{C} + c(Y-T-tY-S_{가외적})$으로 나타낸다. c는 한계소비성향이다. ④ 저축은 가처분소득에서 소비를 제외하고 남은 부분을 말한다. $S = Y_d - C = (1-c)Y_d = sY_d$이다. s는 한계저축성향이다.

2. 평균소비성향과 한계소비성향

① **평균소비성향**(average propensity to consume = APC)은 가처분 소득 중 소비가 차지하는 비율을 말한다. 즉 $APC = \dfrac{C}{Y_d}$ 이다. ② **한계소비성향**(marginal propensity to consume = MP_C)은 가처분소득 한 단위의 증가에 대한 소비증가비율, 즉 $MP_C = \dfrac{\Delta C}{\Delta Y}$ 이다. 이와 함께 ③ **평균저축성향**(average propensity to save = AP_S) = $\dfrac{S}{Y_d}$, ④ **한계저축성향**(marginal propensity to save = MP_S) = $\dfrac{\Delta S}{\Delta Y}$ 등의 개념으로 분류할 수 있다. 한편, ⑤ $Y_d = C + S$ 이므로 $AP_C + AP_S = 1$, $MP_C + MP_S = 1$이 성립된다.

Simon Smith Kuznets (1901~1985)

사이먼 쿠즈네츠는 러시아계 미국인 통계학자이자 경제학자이다. 1971년 노벨경제학상을 수상하였다. 그는 국민소득계정을 개발한 사람이다. 국민소득, 국내총생산(GDP) 등의 20세기 현대경제학의 기초를 만든 당사자라 할 수 있다. 하지만 그가 만든 GDP로 인한 해석으로 괴로워한 경제학자이기도 하다. 전업주부가 가사노동을 하는 경우 GDP는 늘어나지 않는다. 만약 이 전업주부가 식당에서 일하며 100만원을 벌고 이 중 30만원을 자녀 학원비에 쓰고(예정된 소비로 GDP에는 이미 포함되었다 가정) 70만원을 가사도우미에 사용하면 국민소득은 170만원이 늘어난다. 만약 이 과정에서 아이나 엄마의 건강이 안 좋아져서 병원에 가며 병원비가 더 든다면 GDP는 또 상승한다. 집안의 살림은 더 힘들어졌으나 경제는 성장한 것이다. 쿠즈네츠는 국민소득계정을 만들면서 이러한 사실을 이미 알고 있었고 이러한 통계상의 문제를 경고했다고 한다.

02 쿠즈네츠의 실증분석

쿠즈네츠는 미국의 실제자료를 이용하여 소득-소비를 분석하였는데 이를 쿠즈네츠의 실증분석이라 한다. 단기 횡단면 분석에서는 $AP_C > MP_C$ 이지만 장기 시계열 분석에서 $AP_C = MP_C$ 이라 하였다. 단, 장기의 소비는 소득을 초과할 수 없으므로 장기곡선은 45도 직선보다 완만하다. 쿠즈네츠의 시계열분석에 따르면 소득수준이 높을수록 AP_C는 감소한다. 한편, 단기와 장기의 한계소비성향을 비교해 보면 $MP_C^{단기} < MP_C^{장기}$로 나타나 단기의 소비변동이 더 작다.

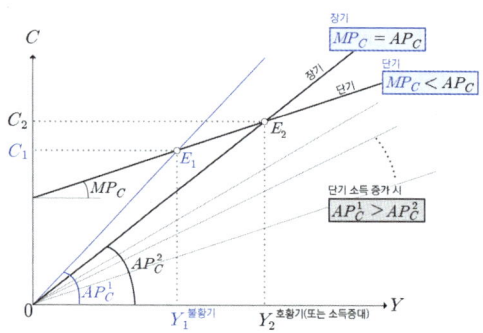

케인즈의 절대소득가설은 단기적인 분석만 가능한 모형이므로 장기에서 AP_C가 감소하다 안정적이 되며 결국 MP_C와 일치하게 된다는 정형화된 사실(쿠즈네츠의 장기시계열 분석의 결과)을 설명할 수 없다.

이후 단기적으로는 $AP_C > MP_C$ 이지만 장기적으로는 $AP_C = MP_C$ 라는 결론을 설명하는 모형으로 상대소득가설, 항상소득가설, 생애주기가설이 등장한다.

03 절대소득가설 (absolute income hypothesis by Keynes)

> **tip** 케인즈가 부각된 시기는 대공황(Depression of 1929 or Slump of 1929)으로 인해 시장조절 메커니즘의 한계가 인식된 시기이다. 케인즈는 소수의 엘리트들에 의한 정부개입을 통해 경기가 조절되어야 한다고 주장하였다. 케인즈의 이론은 시기적 상황과 맞아 떨어진다.

절대소득가설은 소비의 독립성(소비는 자신의 소득에 의해서만 결정)과 소비의 가역성(소득이 증가하면 소비도 증가)을 가정한다. 소비자는 근시안적이며 소비는 가처분 소득의 함수($C = \overline{C} + c(Y-T)$)이다. 절대소득가설에 따르면 항상 $APC > MPC$이다. 불황기에는 APC는 증가하고, 호황기에는 APC가 감소한다. MPC는 소득변동과 상관없이 항상 일정하다.

전술한 바와 같이 쿠즈네츠의 시계열분석을 고려해 볼 때, 단기 횡단면 분석에서는 케인즈의 절대소득가설이 잘 맞지만 장기 시계열 분석의 경우는 (케인즈의 견해처럼) $APC > MPC$가 아니라 $APC = MPC$이므로 맞지 않다는 결과를 도출하였다. 한편, 쿠즈네츠의 시계열분석에 따르면 소득수준이 높을수록 APC는 감소한다. 케인즈의 절대소득가설은 단기적인 분석만 가능한 모형이므로 장기에서 APC는 감소하여 안정적이 되고 결국 MPC와 일치하게 된다는 정형화된 사실(쿠즈네츠의 장기시계열 분석의 결과)을 설명할 수 없다. 이로 인해 새로운 소비이론들이 등장하게 되었다.

04 상대소득가설 (relative income hypothesis by Duesenberry)

James Stemble Duesenberry (1918~2009)

듀젠베리는 행태경제학에 큰 공헌을 한 경제학자로 알려져 있다. 1949년 박사 논문에서 『소득, 저축 및 소비자 행동 이론』을 통해 케인즈 이론의 분석에 큰 공헌을 하였다. 그의 이론은 현재 표준 교과서에서 사라지고 있으나 일부에서는 아직도 중요한 이론이라 믿는다. 1955~1989년 하버드 대학에서 경제학 교수로 재직하였다. 그의 상대소득가설에 따르면 소비자의 소비는 비합리적이다. 그리고 소비함수 역시 소득 감소의 지속성에 따라 달라질 수 있으므로 비대칭적이 된다.

상대소득가설에 따르면 한 소비자의 소비는 다른 소비자의 소비에 의해 영향을 받는다. 소비는 습관성이 있다는 점을 중시한 이론이다. 그의 소비이론은 두 가지를 가정하는데 하나는 소비의 비가역성으로 한 번 증가한 소비는 감소하기 어렵다는 것이다. 개인의 소비의 기준은 가장 소득이 높았던 적을 기준으로 설정되는 경향이 있다는 것을 의미한다. 다른 하나는 소비의 외부성으로 상호의존성이라고도 한다. 개인의 소비는 자신의 소득 뿐 아니라 사회적 의존관계에 있는 다른 집단의 소비행위로부터 영향을 받는다. 장기적으로는 $APC = MPC$이다.

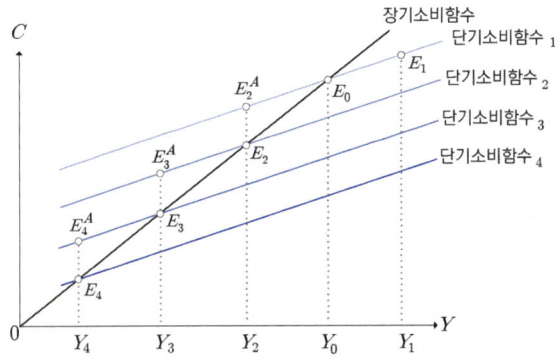

전시효과(demonstration effect)란 동류 집단의 평균 소득이 Y_0일때 자신의 소득이 Y_0이면 E_0에서 소비하지만 Y_1으로 증가하면 E_1선에서 체면치레가 가능 Y_2로 감소하면 동류와 비슷한 소비를 하기 위해 E_2^A에서 소비하는 것을 말한다.

한편 자신의 소득이 Y_0이고 현재 E_0일 때 Y_2로 감소하더라도 소비는 비가역성으로 인해 E_2^A점에서 소비가 이루어지는데 Y_2의 소득 수준이 지속되면 이 점의 소비를 유지할 수 없어서 E_2로 이동하게 된다. 마찬가지로 Y_3로 감소하더라도 E_3^A점을 거쳐서 E_3으로 이동한다. 이런 식으로 소비의 변화가 나타나는 것을 톱니효과라 한다.

Irving Fisher
(1867~1947)

어빙 피셔는 미국의 경제학자로 1898년 예일 대학의 교수가 되었다. 화폐수량설과 물가지수론을 주장한 것으로 유명하다. 시점간 소비이론(시제간소비이론)으로 현재의 소득이 없더라도 미래 소득이 예상되면 차입하여 현재소비가 가능하다고 본다. 그의 소비이론은 모딜리아니의 항상소득가설의 근거가 된다. 어빙피셔는 자본축적을 방해하는 소득세를 반대하고 소비세를 도입해야 한다는 주장을 하기도 한다.

▶ $MU_2 = \frac{1+\rho}{1+r} \times MU_1$

이를 소비의 오일러조건이라 한다. 소비자의 효용함수가 동태적으로 일관성을 지닌다면 $\rho = r$일 때에 $C_1 = C_2$가 된다. 만약 $\rho > r$이면 $C_1 > C_2$를 선호할 것이다.

▶ 한국 경제의 뇌관으로 인식되는 가계부채의 규모는 2022년 4월 기준 1862조이다. 금리가 상승하면 오른쪽 박스에서의 분석에서 저축자의 소득효과는 작아질 것이므로 소비가 감소하는 충격이 강하게 남을 것이다. 또한 금리는 오르면서 집값이 하락하는 현상이 발생한다면 소위 깡통전세의 문제도 생길 것이며 이러한 상황이 경제의 소비에 미치는 영향은 상당히 부정적이다. 2021년 1월 말 기준 측정된 한국의 GDP 대비 가계부채 비율은 101.1%로 사상 처음 100%를 돌파하였고, 2021년 2분기 기준 가계 부채 규모가 GDP를 웃도는 유일한 나라이다.

한편 한국은행이 발간한 「2022년 3월 금융안정 상황 보고서」에 의하면 2021년 말 기준 명목 국내총생산(GDP) 대비 민간신용 비율은 220.8%로 관련 통계 작성 이래 최고치를 기록했다. 1년 전에 비해 7.1%포인트(p) 상승했다. 가계와 기업부채를 합한 민간신용이 약 4540조원 규모로 늘면서 명목 GDP의 2.2배를 넘어섰다.

05 시점간 자원배분과 소비이론 (항상소득가설, 생애주기가설, 랜덤워크, 예비적저축가설)

1. 시점간 자원배분 (intertemporal consumption choice model by Fisher)

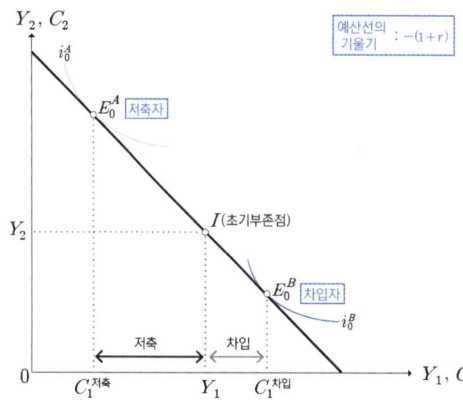

기간은 1기(현재), 2기(미래 또는 현재를 제외한 나머지)로 나눠져 있고 현재소득은 Y_1, 미래소득은 Y_2이다. 이때 변수는 현재소비(C_1)와 미래소비(C_2)이고 이자율이 r로 주어져 있다면 예산선의 기울기는 $-(1+r)$이다.

$$PV = Y_1 + \frac{Y_2}{1+r} \cdots (\text{현재 및 미래 소득의 현재가치})$$

소비자는 효용을 극대화하기 위해 C_1, C_2를 결정한다.

$$\max_{C_1, C_2} U = U(C_1) + \frac{1}{1+\rho} U(C_2) \quad st. \; C_1 + \frac{C_2}{1+r} = Y_1 + \frac{Y_2}{1+r}$$

$$foc : (C_1 \text{과 } C_2 \text{에 부여하는 주관적인 상대가치} =) MRS_{C_1, C_2} = \frac{MU_{C_1}}{MU_{C_2}} \times (1+\rho) = 1+r \; (= -\text{예산선의 기울기})$$

이 과정에서 소비자의 무차별곡선이 E_0^B점에 접하여 E_0^B점을 선택하는 경우 소비자는 차입자(다만 차입자의 선택이 가능해야 하므로 차입제약이 없다는 가정이 필요)가 되며 E_0^A점에 접하여 E_0^A점을 선택하는 경우 소비자는 저축자(대출자)가 된다.

이자율 상승 시

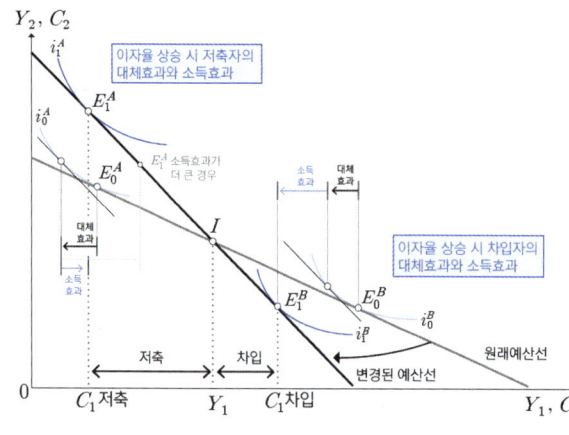

이자율 상승 시		C_1	C_2
저축자	대체효과	감소	증가
	소득효과	증가	증가
	결론	알수없음	증가
차입자	대체효과	감소	증가
	소득효과	감소	감소
	결론	감소	알수없음

2. 항상소득가설 (permanent income hypothesis by Friedman)

프리드먼은 사람들이 합리적이고 미래지향적 주체임을 가정한다. 소비자는 항상소득이 변하는 경우에만 소비를 변화시킨다. 프리드먼의 이러한 가정은 이후에 생애주기가설, 랜덤워크가설, 예비적 저축가설, 리카도 대등정리의 기본 가정과 유사하다. 한편 근시안적인 소비자를 가정하는 학파들에게 비판을 받는 부분이기도 하다. 정리하면 소비자는 ① 합리적, ② 미래지향적이고, 특히 (피셔의 2기간 모형을 무한기간으로 확장하여) 단기간을 사는 소비자가 아니라 무한기간으로 사는 소비자를 전제하므로 ③ 세대간 연결성이 완벽하다는 가정(생애주기가설은 예외)을 갖는다. 그리고 이에 더하여 ④ 자본이동성이 완벽하여 대출과 차입이 자유롭다고 가정한다.

$$PV(\text{총소득의 현재가치}) = a_0 + Y_1 + \frac{Y_2}{1+r} + ... + \frac{Y_n}{(1+r)^{n-1}} + ...$$

(총 소득의 현재가치를 매기 일정하게 받는 항상 소득(Y_P)으로 환산하면)

$$= Y_P + \frac{Y_P}{1+r} + ... + \frac{Y_P}{(1+r)^n} + ... = \left(\frac{1+r}{r}\right)Y_P$$

이를 정리하면 $Y_P = \left(\frac{r}{1+r}\right)PV$ 로 나타낼 수 있다. 항상소득가설에 따르면 매기의 항상소비(C_P)는 항상소득의 함수이므로 $C_P = \delta Y_P = \delta(Y - Y_T)$(단, $Y = Y_T + Y_P$)이다. 따라서 평균소비는 다음과 같이 나타낼 수 있다.

$$APC = \frac{C_P}{Y} = \delta\frac{Y_P}{Y} = \delta\left(1 - \frac{Y_T}{Y}\right)$$

임시소득은 소비자의 소비에 영향을 미치지 못하고 항상소득이 변하는 경우에만 소비변동이 일어난다. 따라서 APC는 단기에 임시소득이 증가할수록 감소하고 임시소득이 감소할수록 커진다. 하지만 장기에는 Y_T의 평균이 0일 것이므로 $C_P = \delta Y$이고 $APC = MPC$이다.

이 모형에 따르면 일시적인 재정정책은 임시소득의 변화만을 발생시키므로 효과가 없다. (사실상 민감도를 0으로 가정해도 괜찮을 만큼 무의미한 민감도를 가정) 다만, 민간에게 발생한 소득이 임시소득인지 항상소득인지 구분하는 것이 어렵다는 한계를 갖는다.

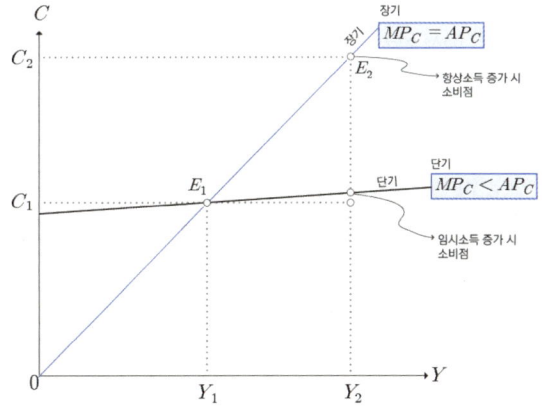

Milton Friedman
(1912~2006)

밀턴 프리드먼은 미국의 경제학자이다. 프리드리히 하이에크와 함께 자유주의 시장경제 옹호자로 거시, 미시경제학, 경제사, 경제통계학에 큰 기여를 하였다. 케인즈와 더불어 20세기에 가장 큰 영향을 준 경제학자로 여겨진다. 1946년부터 시카고 대학교에서 약 30년간 교수로 재직하였다. 1976년 소비분석, 통화의 이론과 역사 그리고 안정화 정책의 복잡성에 관한 논증 등의 업적으로 노벨경제학상을 수상하였다. 프리드먼은 현대 영미경제학에서 통화를 경제의 가장 중요한 변수로 강조하는 통화주의를 창시했다. 통화주의의 아버지로 한때 시카고 학파를 이끈 거두이다. 프리드먼이 지적한 것 중 현대 거시경제학에 가장 큰 영향을 미친 개념으로 인플레이션 기대심리를 들 수 있다. 이에 따르면 경제주체들은 인플레이션에 대한 기대를 고려하여 차입 이자율을 결정한다. 또한 노동자들도 마찬가지이다.

일시적인 감세정책의 경우 소비는 거의 증가하지 않는다. 대부분은 저축의 증가로 나타난다. 따라서 총수요 증가에도 영향을 미치지 않을 것이며 정책의 효과도 무력해진다.

Franco Modigliani
(1918~2003)

모딜리아니는 현재의 소비는 현재의 소득 뿐만 아니라 미래의 소득에도 영향을 받는다고 주장했다. 그는 어빙 피셔의 시제소비선택 이론에 근거를 두고 케인즈의 절대소득가설을 보완하려 하였다. 1954년 모딜라이니가 발표한 '개인의 저축률은 중년에 가장 높고, 노년이 되면 낮아지거나 마이너스로 돌아선다.'는 혁신적인 가설은 현재에는 너무나도 당연하게 받아들여진다. 1958년 머튼 밀러와 함께 현대 재무이론의 기초인 '모딜리아니 – 밀러 정리'를 발표하였고 1985년 노벨경제학상을 수상하였다.

▼ 랜덤워크, 예비적저축가설은 무한기간을 상정하고 있으나, 생애주기가설은 매기 일정한 소비를 유지하려는 소비자의 합리적인 특성을 인정하면서도 유한한 기간을 사는 소비자를 설정한다. 이러한 가정은 합리적인 소비자를 가정하면서도 일시적인 소득의 변화 혹은 자산의 변화도 소비를 변화시킬 수 있는 근거를 만들어 준다.

3. 생애주기 가설 (Life-cycle hypothesis by Modigliani & Brumberg & Ando)

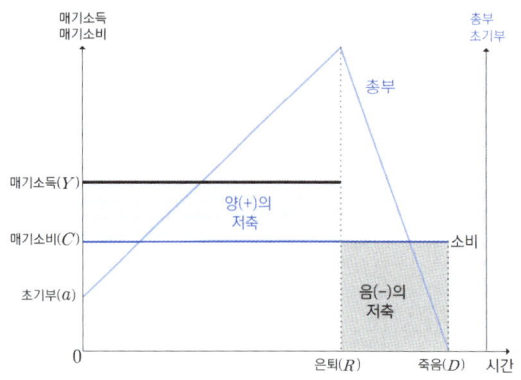
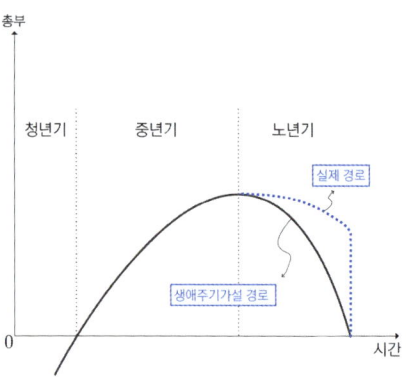

대표적인 소비자의 효용함수는 매기 소비의 함수로 $U(C_1, C_2, ... C_R ... C_D)$와 같은 형태를 보인다. 이러한 상황 하에서 소비자는 매기 소비를 일정하게 유지하려 한다. 따라서 현 시점에서의 소비는 다음과 같다.

$$C = \frac{a + RY}{D} = (\frac{1}{D})a + (\frac{R}{D})Y = k_1 a + k_2 Y$$

k_1은 소비의 초기부(혹은 주식, 부동산 등 고정자산) 민감도, k_2는 소득 민감도이다.

소비자는 죽음의 시점(D)에 모든 부를 사용하여 0이 된다. 하지만 ① 유산상속의 동기(bequest motives) 즉, 경제주체가 자신의 효용뿐만 아니라 자손의 효용도 고려하여 소비행위를 결정한다면 어느 정도의 재산을 남겨 두는 행위, ② 노년기의 예기치 못한 질병, 위험 등 불확실성에 대한 대비 등의 이유로 죽음 시의 부의 가치가 0이 아닌 양의 값을 갖게 되는 현실 상황을 고려할 때 음의 저축 정도가 생애주기가설의 예측과 맞지 않는다는 비판을 받는다.

생애주기 가설은 주식이나 채권, 부동산 등이 포함되어 있는 초기 부를 소비함수에 명백하게 적용함으로써 부의 변화에 따른 소비변동을 설명할 수 있는 이론으로 가치를 인정받는다.

> **tip** 고령화란 일반적으로 출생율은 유지되고 수명만 연장되어 인구수가 증가하는 형태로 나타나지 않는다. 보통 총인구는 유지 혹은 감소되면서 출생율의 감소와 함께 수명의 연장으로 노년 층의 비율이 높아지는 형태로 나타난다. 참고로 국제연합(UN)의 기준에 의하면 65세 인구 이상의 비율이 7% 이상인 사회를 고령화사회(Aging Society) 혹은 노령화사회라 하고, 14% 이상인 사회를 고령사회(Aged Society), 20% 이상인 사회를 후기고령사회(post-aged society) 혹은 초고령사회라 한다.
>
> 즉 고령화 진행 시 사회 전체적으로 음의 저축을 하는 비율이 양의 저축을 하는 비율보다 많아진다고 분석할 수 있다. 총인구수는 불변이라면 총소득(Y)의 감소가 총소비(C)의 감소보다 크게 되어 일인당 국민총저축은 감소한다. ($NS = Y - C - T + T - G$) 이로 인한 1인당 저축률은 감소하며 이는 경제성장론과 연결될 수 있는 다리 역할을 한다.

4. 랜덤워크 가설 (random walk hypothesis by Hall)

랜덤워크(임의보행) 가설은 합리적 기대이론을 소비행태분석에 도입하여 정보가 불확실한 상황에서 소비자가 합리적 기대를 갖고 시점 간 소비선택을 하는 경우, 현재 소비 이외에 다른 어떤 변수도 미래소비를 예측하는데 도움이 되지 않는다는 이론이다. 2기간 소비모형을 가정한다. 랜덤워크 가설 및 후술될 예비적 저축가설은 상당히 유사한 함의를 갖는데 항상소득가설과 합리적 기대를 결합한 소비이론이라 말할 수 있다. 하지만 미래소득(Y_2)이 불확실한 경우를 가정한다는 점에서 항상소득가설과 차이를 보인다.

$$\underset{C_1, C_2}{Max} \; EU(C_1, C_2) = U(C_1) + \beta E_1 U(C_2) \quad (단, \; 0 < \beta < 1 이며 \; 시간할인요소를 \; 의미함)$$

$$foc : MRS_{C_1 C_2} = \frac{MU(C_1)}{\beta E_1 MU(C_2)} = 1 + r$$

효용함수를 $U = a_0 + a_1 C - \frac{a_2}{2} C^2$ 라 하고 β는 시간할인율(할인인자)로 $\frac{1}{1+r}$ 이므로 $\beta(1+r) = 1$을 대입하면 위 1계조건 수식은 $E_1(C_2) = C_1$으로 단순화된다. (사실 다른 효용함수를 가정해도 상관없다. $u'(C_1)$과 $E_1 u'(C_2)$이 일치한다는 것이 결론이므로 동일한 효용함수라면 $E_1(C_2) = C_1$로 단순화 시킬 수 있다. 추후의 수식 전개를 위해 단순화시켰다고 보면 된다.) C_1은 1기의 소비를 의미하며, $E_1(C_2)$는 1기에 예상되는 2기의 소비를 의미한다. 소비자는 되도록 양자를 일치시키려 하며 $C_2 = C_1 + \varepsilon_2$로 나타낼 수 있다. 이때 ε_2는 1기에 예측하지 못한 2기에 새로이 발생한 충격을 의미하며, 이는 현재에는 예측하지 못한 변수이므로 $E_1(\varepsilon_2) = 0$이다. 한편 미래의 소득(Y_2)은 확실하지 않고 현재 예상된 값($E_1 Y_2$)에 불과하다는 것을 반영하면 소비자의 소득의 현재가치(PV)는 기대현재가치(EPV)로 변화가 가능하다.

$$C_1 + \frac{C_2}{1+r} = C_1 + \frac{C_1 + \varepsilon_2}{1+r} = Y_1 + \frac{Y_2}{1+r} \quad 여기에 \; 1기 \; 정보에 \; 기초한 \; 합리적 \; 기대를 \; 반영하면$$

$$C_1 + \frac{C_1 + E_1(\varepsilon_2)}{1+r} = Y_1 + \frac{E_1 Y_2}{1+r} = EPV \quad 이를 \; 정리하면$$

$$C_1 = \left(\frac{1+r}{2+r}\right) EPV$$

랜덤워크 가설에 따르면 불확실성에 직면한 미래전망적 소비자는 기간 간 고른 소비를 위해 EPV의 일정 부분을 매기 소비하게 된다. EPV가 감소하게 되면 미래소득이 불확실한 상황에서 기간간 고른 소비를 원하는 소비자의 합리적 선택에 따라 현재의 소비는 감소할 것이라는 결론을 끌어낼 수 있다.

다만 실증분석에 의하면 ① 이자율의 내생성과 ② 유동성제약(신용시장의 불완전성)이라는 현실적인 이유로 실제 소비의 변동성은 랜덤워크 가설에서 추측하는 소비의 변동성보다 더 큰 것으로 나타났다.

Robert Ernest Hall (1943~)

로버트 홀은 1978년 합리적 기대를 가정한다면 소비는 마틴게일(martingale)이어야 한다는 것을 보여주며 소비에 대한 연구방향을 바꾸었다. 마틴게일에 따르면 확률론에서 확률 과정의 하나로 과거의 모든 정보를 알고 있다면 미래의 기댓값이 현재 값과 동일한 과정이다. 그 이전의 적응적 기대 하에서 밀턴 프리드먼의 항상소득가설의 영향을 받은 소비이론과 달리 홀의 이론은 현재 소비와 예상되는 미래 소득 사이의 관계를 지적한다. 1982년 홀은 상품 기반의 대체 통화인 ANCAP을 제안한 바 있다. 홀은 레이건의 감세를 지지한다.

▶ 사실상 불확실성이 증가하는 경우 미래에 대한 부정적인 전망이 형성될 가능성이 높다. 따라서 EPV가 감소할 것이다. 즉, 랜덤워크 가설이 불확실성의 증가에 따른 현재소비의 감소를 설명하는 근거가 될 수 있다.

> 예비적 저축가설을 수식적으로 이해하는 것이 어려울 수도 있다. 하지만 개념 자체가 어려운 것은 아니므로 개념위주로 이해하는 것이 좋다. 특히 어떤 경제 상황이 '불확실성'이라는 주제와 연결된다면 소비와 불확실성 간의 관계를 설명하기 위해서 예비적 저축가설은 설명력 측면에서 상당히 탁월하다.

5. 예비적 저축가설 (precautionary saving hypothesis by Skinner & Zeldes)

위험기피적인 성향을 갖는 소비자는 불확실성이 없는 상태에서는 $C_2 = C_1 + \varepsilon_2$로 랜덤워크 가설과 같이 소비점을 선택한다. 하지만 불확실성이 증대하여 2기의 소비가 예측불허라면 예정된 2기의 소비는 불확실성으로 인해 (확실성 대등액 기준) 한계효용이 커지게 된다.

미시에서 다루는 폰 노이먼–모겐스턴 함수를 고려하면 이해가 쉽다. 불확실성 발생 시 1/2의 확률로 $\underline{C_2}$(하한), $\overline{C_2}$(상한)이 예측될 때의 2기의 기대소비량은 C_2^e이고, 확실성 대등액(F)은 C_2^F이다. 이때의 한계효용(접선의 기울기)이 불확실성이 존재하지 않는 확실하게 보장된 C_2의 경우보다 더 커지게(기울기가 가팔라짐) 된다. 불확실성이 커지는 상황을 $\underline{C_2}$(하한), $\overline{C_2}$(상한)이 각각 더 작아지고 커지는 (간격이 멀어지는) 상황으로 판단한다면, 실질적으로 2기의 한계 효용은 더 커지게 (접선의 기울기가 가팔라지므로) 된다.

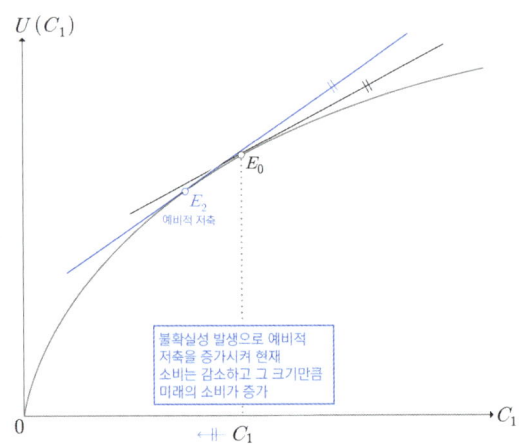 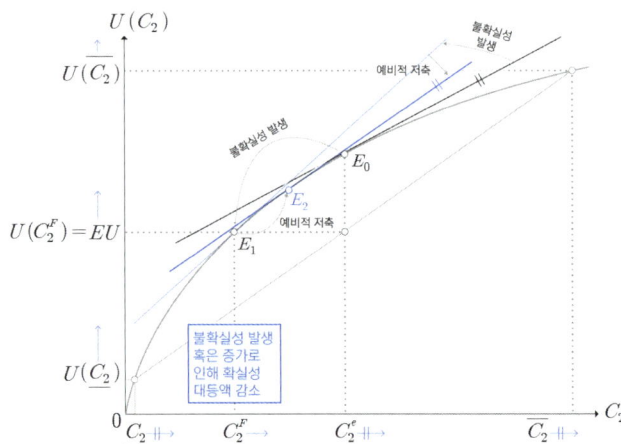

조금 더 자세히 분석해 보자. 분석의 편의상 이자율이 0이라고 가정하자. 효용극대화를 위해 소비자는 1기 소비에서 오는 한계효용과 2기 소비에서 오는 한계효용이 동일한 값을 갖도록 소비를 분배해 놓았을 것이다. ($MRS_{C_1, C_2} = 1+r$, 단 $\beta(1+r)=1$) 불확실성(분산값)이 증가하는 경우 위의 설명처럼 2기 소비를 위해 배분해 놓은 크기(기대값)는 변하지 않았음에도 불구하고 2기의 소비로부터 오는 한계효용의 크기가 커진다. 따라서 2기의 한계효용과 1기의 한계효용을 일치시키기 위해 (주어진 소득 하에서) 1기 소비를 줄이고 2기 소비를 증가시키게 되는 것이다. (단, $MU(C_1) = E_1 MU(C_2) = MU(C_2^F)$라고 볼 수 있다.)

이를 수식으로 표현하면 $C_2 = C_1 + \varepsilon_2 + \dfrac{\theta}{2} E_1 \varepsilon_2^2$ 이며, θ는 소비자의 절대적 위험기피척도, $E_1 \varepsilon_2^2$은 1기에 (사전적으로) 예측하지 못한 소득변동 ε_2의 분산이다. 소비자는 불확실성 증대 시 C_1소비를 줄이고 C_2소비를 늘려서 1기의 소비와 2기의 소비(확실성 대등액(확실성 등가) 기준)로부터 도출되는 한계 효용을 일치시키려 하므로, 현재 소비(C_1)가 감소한다.

6. 리카도 대등정리

1) 개념 및 가정

David Ricardo (1772~1823)

리카도 대등정리는 정부지출을 위한 재원조달 방법은 민간의 의사결정에 아무런 영향을 미치지 못한다는 것이다. 즉, 조세로 재원을 확보하건 공채로 재원을 확보하건 아무런 차이가 없는 대등한 정책이다.

이는 리카도에 의해 제기되었고 미국의 저명한 고전주의 거시경제학자인 로버트 배로에 의해 체계화된 내용이다. 이 모형에서 가장 중요한 포인트는 소비자들이 현 시점이 아닌 미래에 부과될 조세의 증가를 예측하여 현재의 행동을 변화시킬 수 있을 정도로 합리적인지 여부이다. ① 완전신용시장을 통한 **완벽한 자본의 이동성** ② **경제활동인구의 증가율이 0** ③ **합리적**이며, 세대간 연결성이 완벽하고, 미래지향적인 소비자를 가정한다. 그리고 ④ 정부는 매기 조세 혹은 공채를 통해 **균형재정을 유지**한다. 이 때 정부의 재정 관리 능력은 완벽하고 정확하다. 편의상 ⑤ **정액세만 존재**한다고 가정한다.

$$IS: Y = c(Y - T - S_{가외적}) + I(r) + G$$

단, $S_{가외적}$이란 $s = 1 - c$의 비율로 매기 발생하는 저축을 말하는 것이 아니라 미래의 상황을 대비하여 현재 가처분소득의 감소로 인지하는 저축을 말한다.

리카도는 영국 출신의 고전학파 경제학자이다. 1799년 우연히 애덤 스미스의 『국부론』을 읽고 경제학에 눈을 뜨게 된다. 고전학파의 창시자인 애덤 스미스를 이어 고전학파 경제학을 완성시킨 인물로 알려져 있다. 대표적인 업적으로 노동가치이론(상품의 가치 결정기준은 노동이 얼마나 투입되었는지 여부에 의해 결정), 비교우위론(국제경제학 무역이론), 차액지대론(노동자를 고용하는 지주는 토지의 질에 따라 지대를 달리 지급하게 되며 지주의 이익은 평준화된다. 노동자들은 최소한의 소득을 누려야 하고 자본가들이 이익을 누려야 경제가 발전할 수 있음) 등이 있다. 그는 현대 경제학이 발전한 오늘날까지도 이어져 오고 있다.

2) 2기간 모형 하에서의 감세정책

RET 가정 시 감세정책이 소비자의 소비에 어떠한 영향을 미치는지를 중심으로 이야기해보자. 이하 2기간만 존재함을 가정하여 접근한다. 우선, 미래 전망적인 소비자의 효용극대화와 예산제약은 다음과 같이 정리할 수 있다.

$$\underset{C_1, C_2}{Max}\ U = U(C_1, C_2) \quad s.t.\ C_1 + \frac{C_2}{1+r} = Y_1 - T_1 + \frac{Y_2 - T_2}{1+r}$$

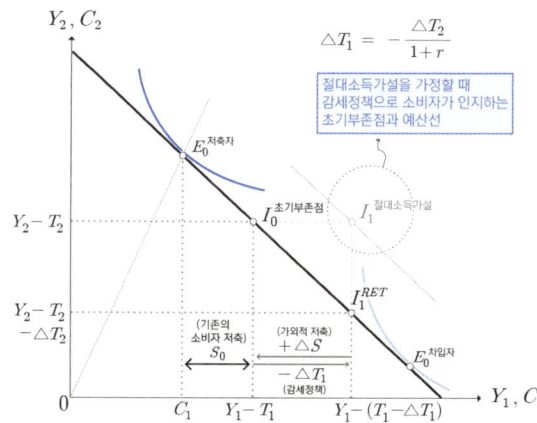

정부는 1기에는 $G_1 = T_1 + B$의 제약을 만족시켜야 한다. B는 1기에 발행한 공채로 다음 기에 이자율(r)을 가산하여 지불해야 하므로 2기에는 $G_2 + (1+r)B = T_2$의 제약을 만족시켜야 한다. 두 제약식을 B를 기준으로 소거시키면 정부의 예산제약식이 나오는데 이는 다음과 같다.

$$G_1 + \frac{G_2}{1+r} = T_1 + \frac{T_2}{1+r}$$

감세정책을 펼치는 경우 민간은 감소한 조세의 크기만큼 가외적 저축을 증가시키는 것으로 대응한다. 이는 미래의 증세를 대비하기 위해서이다. 이렇게 해석한다면 초기부존점은 I_0에 머물러 있는 것으로 해석할 수 있다. 물론 실제로는 현재의 감세는 미래의 증세를 의미하므로 소비자들은 초기부존점이 I_0에서 I_1으로 이동했다고 생각하는 것이 자연스럽다. 참고로 절대소득가설에 따르면 감세정책 시 초기부존점이 우측이동하여 예산선이 확장되었다고 생각할 것이다.

정부의 예산제약식을 고려하여 민간의 예산제약식을 정리하면 다음과 같다.

$$C_1 + \frac{C_2}{1+r} = Y_1 + \frac{Y_2}{1+r} - \left(T_1 + \frac{T_2}{1+r}\right) = Y_1 + \frac{Y_2}{1+r} - \left(G_1 + \frac{G_2}{1+r}\right)$$

이 정리된 수식을 보면 정부가 어느 시기에 세금을 거두는가와 관계없이 민간의 평생부는 정부지출의 현재가치에 의해서만 영향을 받는다는 것을 알 수 있다. 즉, 민간의 가처분소득의 현재가치는 정부지출의 규모인 G_1, G_2에 의해서만 결정되며, 어떠한 재원조달 방식을 활용했는지는 상관이 없다.

▶ 중요한 것은 정부지출의 규모 및 내용이고, 재원조달방식은 중요하지 않다.

Robert Barro (1944~)

배로는 미국의 새고전학파 거시경제학자이자 하버드 대학의 교수이다. 그는 1974년 논문으로 '정부 채권은 순 부채인가?'라는 주제로 리카도의 대등정리에 대해 체계화시켰다. 이는 앨런 블라인더(Alan Blinder)와 로버트 솔로우(Robert Solow)의 '장기간의 정부 채무는 부의 창출로 보상된다.'는 주장에 정면으로 반박하는 내용이다. 그는 루카스, 사전트와 함께 새고전학파 거시경제학의 창시자이다.

▶ 어떠한 정책을 통해 IS 곡선이 움직이면 일반적으로 우상향하는 LM 도 고려하여 구축효과도 검토해야 하고 AD 곡선의 이동 및 $SRAS$ 곡선의 기울기 등을 고려해야 하는 것이 원칙이나 지금은 적어도 단기적으로 절대소득가설에 따른 정책의 효과와 RET 를 가정하는 경우의 정책의 효과 차이를 비교하는 것이 목표이므로 IS 의 이동을 기준으로만 비교한다. IS 곡선을 더 멀리 보낼 수 있다면 이 경우에 정책의 효과가 더 큰 것이다.

3) 다양한 정책에 따른 경기부양효과에 대한 논의(절대소득가설과의 비교)

앞선 2기간 모형에서의 분석은 다양한 정책 중 감세정책에 대한 1차적인 소비의 변화에 대해서만 정리한 것이다. RET 의 기본적인 소비에 영향을 미치는 태도를 가정하여 다양한 정책들에 대해 기존의 분석과 다른 분석을 할 수 있는데 이하 3가지 종류의 정책에 대해 절대소득가설과 정책의 효과에 어떠한 다른 점이 나타날 수 있는 지 설명한다. 단, 정책이 경제에 미치는 효과의 차이를 설명하는 것을 목표로 하므로 IS 승수를 활용하여 정책에 의한 IS 곡선의 수평이동폭 차이만▶ 이야기한다. 여전히 정액세를 가정한다.

$$Y = c(Y - T - S_{가외적}) + I(r) + G$$ Y 를 좌변으로 정리하여 전미분하면

$$(1-c)dY = -cdT - cdS_{가외적} + dI(r) + dG$$

$$\frac{dY}{dG} = \frac{dY}{dI} = \frac{1}{1-c} \ , \ \frac{dY}{dT} = \frac{dY}{dS_{가외적}} = \frac{-c}{1-c}$$

① 정부지출을 변화시키지 않고 조세를 감소시킬 때 (균형재정 달성 위해 공채 발행 시)

절대소득가설에 따르면 감세정책으로 민간은 예산제약의 확대를 인지하여 $c \times \triangle T$ 만큼 소비가 증가하므로 $\frac{-c}{1-c}\triangle T$ 만큼 IS 곡선은 우측이동한다. RET 에 따르면 민간은 조세가 줄어도 공채를 발행한 것과 동일한 가치의 조세 증가가 다음 기에 발생할 것을 예상하게 된다. 따라서 조세 감소분만큼 가외적 저축을 증가시키게 되므로 가처분소득이 불변이 되어 소비는 증가하지 않는다. 따라서 IS 곡선도 움직이지 않을 것이며 정책의 경기부양효과는 없다.

따라서, 절대소득가설에 따르면 IS 곡선은 $\frac{-c}{1-c}\triangle T$ 만큼 우측이동, RET 에 따르면 IS 곡선은 불변이다.

② 조세를 변화시키지 않고 정부지출을 증가시킬 때 (균형재정 달성위해 공채발행 시)

절대소득가설에 따르면 IS 곡선은 $\frac{1}{1-c}\triangle G$ 만큼 우측이동하여 경기부양 효과가 발생한다. RET 견해를 따르더라도 정부지출 증가에 의한 IS 곡선의 우측이동은 동일한 크기로 발생한다. 다만 이에 더하여 추가적으로 발생하는 힘이 있는데 이는 민간의 소비감소이다. 민간은 정부가 정부지출을 증가시키기 위해 공채를 발행했을 것이므로 다음 기의 증세를 예상한다. 세대간 연결성이 완벽함을 가정하므로 민간은 가외적 저축을 증가시킨다. 따라서 가외적 저축을 고려할 때 이는 IS 곡선을 $\frac{-c}{1-c}\triangle S_{가외적}$ 만큼 좌측이동시킬 것이다. 따라서 IS 곡선은 $\frac{1}{1-c}\triangle G + \frac{-c}{1-c}\triangle S_{가외적}$ $= \triangle G$ 만큼 우측이동한다.

따라서, 절대소득가설에 따르면 IS 곡선은 $\frac{1}{1-c}\triangle G$ 만큼 우측이동, RET 에 따르면 IS 곡선은 $\triangle G$ 만큼 우측이동하므로 절대소득가설에 따른 경기부양효과가 더 크다.

③ 정부지출 증가를 위한 재원을 조세증가로 충당할 때 (공채발행은 없는 상황)

정부지출에 의해 IS곡선은 $\frac{1}{1-c}\triangle G$ 만큼 우측이동한다. 증세로 인해 IS곡선은 $\frac{-c}{1-c}\triangle T$ 만큼 좌측으로 이동한다. 재정지출로 인한 곡선의 우측이동 폭 보다 조세증가로 인한 소비 감소로 나타나는 IS곡선의 좌측이동폭이 더 작다. 공채 발행은 없으므로 미래의 증세도 없다. 따라서 가외적 저축은 증가하지 않는다. 따라서 균형재정 승수를 고려한 만큼 경기부양효과가 발생한다.

따라서, 절대소득가설과 RET에 따르면 IS곡선은 동일하게 $\triangle G$ 만큼 우측이동할 것이므로 경기부양효과의 차이는 없다.

4) 소비의 미시적 기초 (2기간 모형일 가정할 때의 소비)

2기간만 존재하는 정부의 예산제약식은 $G_1 + \frac{G_2}{1+r} = T_1 + \frac{T_2}{1+r}$ 이다. 리카도 대등정리를 활용하면 소비의 2기간 미시적 기초에 대해 정리가 가능하다. 소비는 다음과 같은 변수들에 의해 변화할 수 있다.

$$C = f(\overset{-}{r}(\text{이자율}),\ \overset{+}{PV_Y}(\text{총소득의 현재가치}))$$

① 이자율

챕터 03-05에서 이자율 상승에 따른 소비의 변화를 분석하였다. 소비자는 초기에 저축자인 경우 소득효과에 의해 소비가 증가하고, 기간간 대체효과에 의해 소비가 감소한다. 이자율은 현재 소비의 기회비용이기 때문이다. 한편 차입자의 경우는 소득효과, 대체효과에 의해 소비가 감소한다. 따라서 이론상으로 이자율의 소비의 관계는 판단이 어렵지만 경험적으로 대체효과가 소득효과보다 크다고 알려져 있다. 이 경우 가계의 현재소비는 실질이자율의 감소함수가 가정할 수 있다.

② 총소득의 현재가치

리카도 대등정리를 활용하면 현재소득 또는 미래소득의 감소는 예산선을 축소시킨다. 따라서 소비는 감소할 것이다. 하지만 단순한 감세정책의 경우는 미래의 증세를 예상하므로 예산선을 변화시키지 않는다. 그러나 정부에 의해 정부지출이 증가하는 경우라면 이는 현재 혹은 미래의 증세를 의미하게 된다. 이 경우 가계의 예산선이 축소된다. 따라서 정부지출의 증가는 현재 소비를 감소시킨다. 이를 고려하여 소비함수를 확장시키면 다음과 같이 나타낼 수 있다.

$$C = C(\overset{-}{r},\ \overset{+}{Y_1},\ \overset{+}{Y_2},\ \overset{-}{G_1},\ \overset{-}{G_2})$$

▶ 1기의 정부지출을 증가시키는 경우라면 2기의 정부지출은 불변인 상황이 가정된다. 같은 논리로 2기의 정부지출 증가가 예정된다면 1기의 정부지출은 불변임을 가정한다.

7. 합리적 소비자를 가정한 소비이론(항상소득가설 및 기타소비이론)의 비판

기본가정

소비자는 합리적이며 세대간 연결성이 완벽함, 미래지향적 …… ①

자본이동성이 완벽함 (즉, 대출이 완벽함) …… ②

(단, 케인즈의 절대소득가설을 제외한 기타 소비이론과 달리 생애주기 가설은 1인의 일생을 기준으로 판단한 소비이론이므로 세대간 연결성은 전제하지 않는다. 또한 합리적 기대와 합리적이라는 용어를 혼동하면 안된다.)

비판1 (①에 대한 반론) : 근시안적 소비자

소비자는 근시안적이므로 합리적이지 않으며 미래 지향적이지도 않고 세대간 연결성도 완벽하지 않다. 소비자는 이기적으로 행동한다.

비판2 (②에 대한 반론) : 유동성 제약 (liquidity constraint)

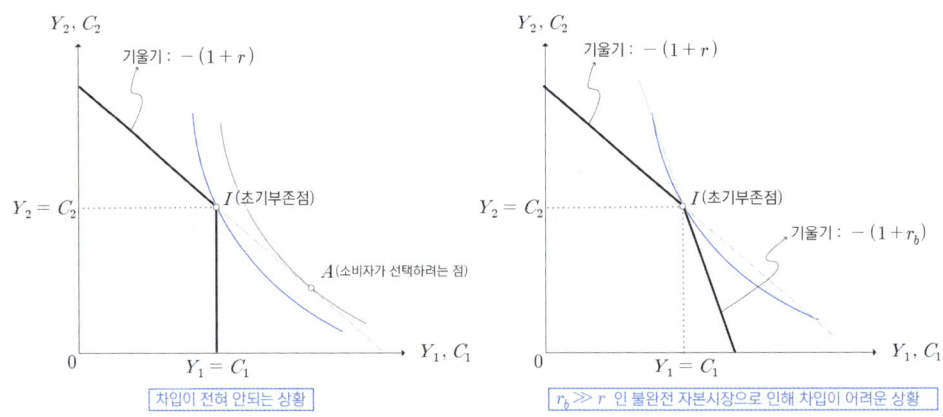

현실적으로 경제 주체들은 대출이 불가능하거나 저축 시 이자율보다 차입 시 이자율이 훨씬 높은 상황(예를 들면 제 2, 3 이상의 금융권과의 거래만 가능한 상황)에 직면해 있을 가능성이 높다. 즉, 현실 경제에서 소비자는 유동성 제약에 빠져있을 가능성이 크다. A에서 소비하려는 소비자는 실질적으로 자신의 2기 소득(Y_2)을 증명할 수 있는 방법이 없을 것이며 은행이나 타인으로부터의 정상적인 대출이 어렵다. 따라서, 자본이동성이 완벽함을 가정한 소비이론의 가정은 현실적이지 않다. 이러한 상황 하에서 소득이 불변임에도 현재 소비가 크게 증가하거나 임시소득에 대해 현재 소비가 크게 반응하는 과잉 민감성, 항상소득의 변화에도 불구하고 현재 소비가 변화하지 않는 과잉 둔감성 등이 발생할 수 있다. 현실 경제에서 자연스러운 것은 오른쪽과 같은 그래프이므로 이를 기준으로 과잉민감성과 과잉둔감성을 간단히 설명한다.

$$\triangle C_t = \lambda \triangle (Y_t - T_t) + (1-\lambda)\varepsilon_t$$

(단, C_t는 t기의 소비, ε_t는 $t-1$기의 정보로 예측할 수 없었던 확률적 오차)

① **과잉민감성** (excessive sensitivity by M. Flavin)

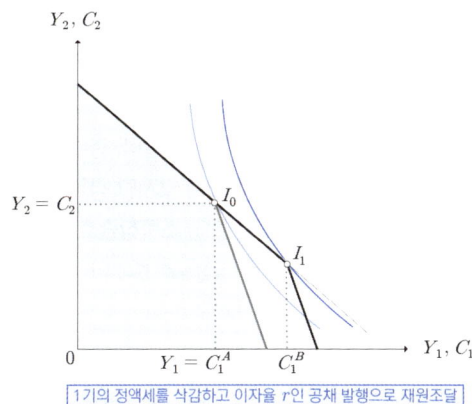
1기의 정액세를 삭감하고 이자율 r인 공채 발행으로 재원조달

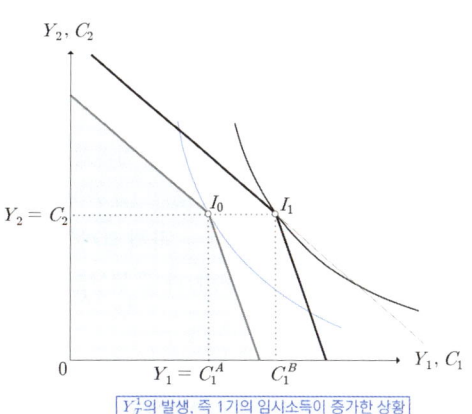
Y_T^1의 발생, 즉 1기의 임시소득이 증가한 상황

프리드먼의 항상소득 가설에 따르면 임시소득(Y_T)의 증가는 현재 소비에 영향을 미치지 못한다. 하지만 유동성제약에 직면한 소비자는 임시소득의 증가에도 민감하게 반응한다. 왼쪽 그림은 미래의 소득 중 일부가 현재 소득의 증가로 실현된 상황을 가정한 것이다. 예를 들면, 정부가 현재의 조세를 감소시키고 그 대신 저축이자율(r)로 공채를 발행하는 경우 RET견해에 따른 초기부존점의 이동을 고려한 경우를 들 수 있다. $\triangle C_1 = \triangle T_1$ 이 된다. 오른쪽 그래프는 복권 당첨 등으로 인해 현재 일시적인 소득 증가가 발생한 경우를 가정한 그래프이다. 이 경우도 임시소득이 모두 현재 소비 증가로 연결된다.

$$\frac{dC_1}{dY_T} = 1$$

▶ 캠벨, 맨큐 등은 실증연구를 통해 λ값을 0.49로 도출하였다. 우리나라의 경우는 0.64에 가깝다고 한다. 실제로 1이라는 숫자는 유동성제약에 빠져 있는 소비자의 개별적인 민감도를 나타내는 것뿐이다. 이 논리에 따르면 이전 page의 λ가 의미하는 것은 유동성제약에 빠져 있는 소비자의 비율이고 $1 - \lambda$는 항상소득가설에 따르는 소비자의 비율이다.

> **tip** 라입슨(David Laibson)에 의해 알려진 즉각적 만족표출가설은 행태경제학적 소비이론으로, 소비자들의 심리적 특징을 강조한다. 사람들마다 시간할인율이 다른데, 많은 사람들은 가까운 미래를 매우 높은 값으로 할인한다. 즉, 시간이 지난 후의 소비보다 현재의 소비에 더 높은 가치를 부여한다. 소비자들은 즉각적인 만족을 주는 현재의 소비에 대해 즉각적인 반응을 보이며(소비의 과잉민감성), 최적선택의 동태적 비일관성을 보인다. 많은 사람들은 저축을 해야 한다고 생각하지만, 실제로는 충분한 저축을 하지 못하는 자기통제(자제력)의 문제에 직면한다. 이들은 유동성이 낮은 자산에 투자하는 방법을 통해 강제로 저축을 할 필요가 있다. 즉각적 만족표출가설은 정부의 강제저축을 옹호한다.

② **과잉둔감성** (too smooth by J. Campbell, A. Deaton)

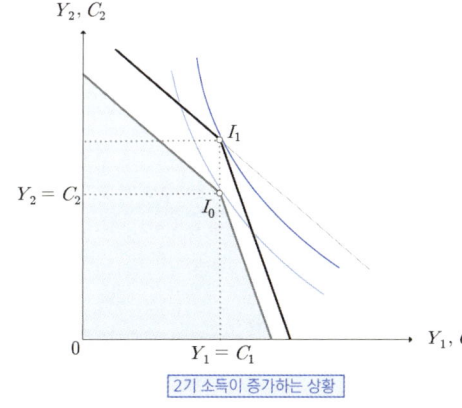
2기 소득이 증가하는 상황

1기 이후의 소득이 영원히 증가한다면 항상소득(Y_P)이 증가한 것이다. 그럼에도 불구하고 현재소비는 변하지 않는다.

$$\frac{dC_1}{dY_P} = 0$$

06 투자이론의 기초

1. 투자

투자란 일정기간 동안 생산된 최종재화 중 기업이 구입한 자본재의 총가치를 말한다. 총수요를 구성하는 중요 항목 중, 투자지출은 GDP에서 차지하는 비율(20~30%)은 별로 크지 않지만 경기변동에 따른 변동성이 크다. 투자는 두 가지 경제적 효과(투자의 이중성)를 갖는데, 이는 ① **소득창출효과**(투자증가 → 총수요증가 → 국민소득증대)와 ② **생산능력 증대효과**(투자증가 → 자본량증가 → 생산능력 증대)이다.

▶ 투자의 증가는 단기적으로는 그 승수(폐쇄경제 기준으로 한계저축성향의 역수)만큼 유효수요를 증가시킨다. 따라서 투자는 총수요와 관련이 있다. 그런데 장기적으로는 자본스톡의 증가분에 자본계수(K/Y)를 곱한 만큼 생산능력을 증가시킨다. 이러한 투자의 특징을 투자의 이중성(dual character of investment)라 한다.

2. 자본과 투자

자본이란 일정시점에서 측정한 공장 및 기계설비의 양을 말하며 저량의 개념이다. 한편, 투자는 일정기간 동안 증가된 공장 및 기계설비의 양을 말하며 유량의 개념이다.

투자는 감가상각률이 적용되어 (생산과정에서 마모되어 없어지는 기계설비, 고정자본의 소모) 사라진 부분을 보전하는 **대체투자**(= 환치투자= 갱신투자)와 순수하게 증가한 부분을 의미하는 **순투자**로 나눌 수 있다. 투자는 순투자와 대체투자의 합이다. 따라서 투자와 자본량 사이의 관계는 다음과 같이 정의된다.

자본축적 방정식: $K_{t+1} = K_t + I_t - D_t = K_t + I_t^n$

(단, $K_t = t$기의 자본량, $K_{t+1} = t+1$기의 자본량, $D_t =$ 대체투자 $=$ 고정자본 소모분 $I_t = t$기의 신규투자, $I_t^n = t$기의 순투자($I_t - D_t$))

▶ 대체투자란 K_t에서 감가되는 부분을 투자한 부분이다. 따라서 $\delta K_t = D_t$이다. 이를 고려하면 $(1-\delta)K_t = K_t - D_t$의 관계가 도출된다. 이를 고려하여 정리하면 $K_{t+1} = (1-\delta)K_t + I_t$이고 이 수식이 일반적으로 거시경제학에 자주 사용된다. 감가상각률을 나타내는 기호로 δ 혹은 d가 많이 사용된다.

3. 투자의 구분

투자는 일반적으로 설비투자, 건설투자, 재고투자로 분류되는데 ① **재고투자**란 기말 재고에서 기초 재고를 감한 후 증가한 재고, 즉 재고의 증가분을 가리키며 생산자의 원재료 재고투자, 제품재고투자, 유통업자의 판매재고투자 등이 있다. ② **설비투자**는 자재의 구입, 기계장비, 운수장비 구입, 노동자에 대한 임금 지급 등이 있으며, 공장·기계가 들어서면 자본 스톡(stock)의 부가분이 되어 생산력을 상승시킨다. ③ **건설투자**는 주택투자와 비주택건설투자(공장, 댐 건설 등)로 나뉜다.

▶ 보통 투자의 비가역성은 재고투자가 아닌 설비투자에서 투자량을 고려할 때 고민해야 할 문제로 보고 있다.

이 외에도 투자의 원인에 따라 소득이나 이자율의 변화와 관계없이 기업가의 심리에 의해 행해지는 독립투자와 소비와 소득의 변화로 인해 유발되는 유발투자로 나누기도 한다. 한편 계획의 유무에 따라 사전에 계획된 사전적 투자와 사후적으로 실현된 투자인 사후적 투자로 나누기도 한다.

07 전통적 투자이론 (r 과 I 와의 반비례 관계 연구)

1. 케인즈학파의 야성적 충동 (animal spirit)

케인즈의 IS 곡선은 수직에 가깝다. 즉, 이자율의 변화에도 불구하고 투자의 변화는 민감하지 않을 것이다. 케인즈는 투자는 전적으로 기업가들의 기대, 심리적 요인에 의한 충동에 달려 있다고 본다.

2. 신고전학파의 자본의 사용자 비용(user cost) 모형

신고전학파의 투자결정이론을 정립한 조르겐슨(D. Jorgenson)에 의하면, 기업은 이윤극대화과정에서 적정자본량을 결정하고 자본량을 적정수준으로 조정하기 위하여 투자가 이루어진다.

비용측면 : UC(user cost)$= P_K \cdot r + P_K \cdot \delta = P_K(r+\delta)$

(투자의 기회비용 = 자본재 보유로 인해 포기해야 하는 이자수입($P_K \cdot r$)
+ 자본재를 보유함으로 인해 사라지는 가치인 감가상각($P_K \cdot \delta$))

수익측면 : $P \cdot MP_K$ = 추가 한 단위의 K 를 사용하여 증가한 생산재 한 단위로부터 얻을 수 있는 가치
(자본의 한계 생산물 가치)

기업은 양자가 일치하는 점에서 자본의 사용량(K^*)을 결정하며 현재 자본량의 수준이 이보다 낮다면 당연히 자본량을 증가시키는 방향으로 행동하게 되고 따라서 투자가 발생하게 된다. 현 기업의 자본보유량이 아래 그림의 K_0 이라면 이자율 R_0 기준 기업들은 K_1 으로 이동하기 위해 투자를 증가시킨다.

Dale Weldeau Jorgenson (1933~)

조르겐슨은 경제이론, 경제성장, 에너지 및 환경, 조세 정책 및 투자, 응용계량경제학에 탁월한 업적을 갖고 있다. 투자 지출의 결정 요인에 대한 장기간 연구로 경제학에서 이론과 실제에 상당한 업적을 인정받는다. 1963년 논문에서 자본의 사용자 비용에 대한 중요한 특징을 소개했다. 그는 지구 온난화를 줄이기 위한 수단으로 온실가스 배출에 대한 탄소세를 지지하는 것으로 알려져 있다. 바실리 레온티에프의 제자이다.

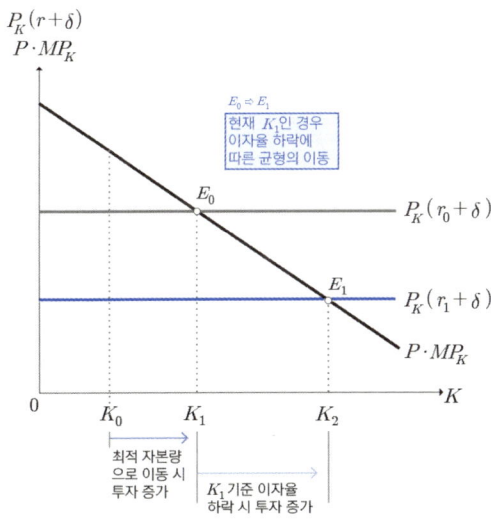

현재 K_1 에서 자본량이 형성되어 있을 때 이자율 하락 시 자본의 사용자 비용인 $P_K(r+\delta)$의 하락으로 최적 균형이 E_0 점에서 E_1 점이 된다. 이 과정에서 투자는 증가한 것이다. 직관적으로 이자율 하락은 자본재 보유로 인해 포기해야 하는 이자수입, 즉 기회비용의 감소로 해석할 수 있으므로 투자의 증가가 나타날 수 있을 것이라는 설명도 가능하다. 따라서 이자율의 변화에 대해 투자는 반비례 관계를 갖는다.

3. 순현재가치법 (net present value method)

순현재가치법은 피셔(I. Fisher)에 의해 제시된 고전학파의 투자결정이론이다.

$$순현재가치(NPV) = B_0 - C_0 + \frac{B_1 - C_1}{1+r} + \cdots + \frac{B_n - C_n}{(1+r)^n} \quad (B_n, C_n \text{는 } n\text{년 뒤의 편익(매출액), 비용})$$

순현재가치가 0보다 크면 투자하고, 0보다 작으면 투자하지 않는다. 일반적으로 비용은 초기에 집중되고 편익은 사업 기간 전반에 걸쳐 분산된다. 따라서 이자율이 상승하면 편익의 감소가 비용의 감소보다 더 클 것이므로 투자는 이자율의 감소함수이다. 객관적인 시장의 이자율에 의해 투자계획을 평가한다. 투자는 이자율과 반비례 관계이고 탄력적이다.

4. 내부수익률법 (internal rate return method)

내부수익률(IRR)법은 케인즈(J. Keynes)에 의해 제시된 투자결정이론으로 순현재가치를 0으로 만들어 주는 내부수익률(θ)을 도출하고 이자율(r)과 비교하여 투자를 결정하는 방법을 의미한다.

$$0 = B_0 - C_0 + \frac{B_1 - C_1}{1+\theta} + \cdots + \frac{B_n - C_n}{(1+\theta)^n} \quad (1\text{기 이후의 편익, 비용의 예상값})$$

> n차 방정식이기 때문에 해가 n개까지 나올 수 있다는 것도 이 모형의 한계 중 하나이다.

$\theta > r$이면 투자하는 것이 은행에서 발행하는 이자율(기회비용)보다 더 큰 이익을 주므로 투자한다. 이자율 상승 시 투자에 대한 기회비용이 커지므로 투자는 감소한다. 다만 이 모형의 C는 객관적으로 주어진 값이고 B는 기업가의 주관적인 평가에 달려 있는 것이므로 θ 역시 기업가의 주관적인 예상수익률이다. 투자가 이자율에 비탄력적이라고 평가하며, 투자는 야성적 충동에 의해 결정되는 것이다.

5. 비용편익분석 ($B/C\ ratio$)

비용편익분석은 비용의 현재가치 대비 매출액의 현재가치를 비교하는 방식이다.

$$B/C\ ratio = \frac{PV_B}{PV_C} = \frac{B_0 + \frac{B_1}{1+r} + \cdots + \frac{B_n}{(1+r)^n}}{C_0 + \frac{C_1}{1+r} + \cdots + \frac{C_n}{(1+r)^n}}$$

이 수치가 높은 사업에 투자한다. 이자율이 높아지면 비용이 초반에 집중됨을 고려해 볼 때 이자율 상승으로 인해 감소하는 비율이 높은 것은 분자이므로 $B/C\ ratio$가 감소하여 투자가 감소할 수 있다.

08 현대적 투자이론 (투자에 대한 새로운 지표)

1. 투자의 미시적 기초 (2기간 모형을 가정할 때의 최적 투자)

투자는 감가상각률이 적용되어 (생산과정에서 마모되어 없어지는 기계설비, 고정자본의 소모) 사라진 부분을 보전하는 대체투자(=환치투자=갱신투자)와 순수하게 증가한 부분을 의미하는 순투자로 나눌 수 있다. 투자는 순투자와 대체투자의 합이다. 2기간을 가정하여 최적 투자의 조건을 판단해 보자.

$K_t = t$기의 자본량, $K_{t+1} = t+1$기의 자본량, $\delta K_t = t$기의 자본의 소모분 $= t$기의 대체투자

$I_t = t$기의 신규투자, $I_t^N = t$기의 순투자($I_t - \delta K_t$), $K_{t+1} = K_t + I_t - \delta K_t = K_t + I_t^N$

위의 수식을 I_t를 기준으로 정리하면 $I_t = K_{t+1} - (1-\delta)K_t$ 이 도출된다. 만약 2기간 모형을 가정하면 $I = K_2 - (1-\delta)K_1$(투자는 1기에만 존재)이다. 2기간을 가정하고 생산함수는 $Y = zf(K, L)$로 1차 동차함수를 가정한다. 각 기간의 이윤을 수식으로 표현하면 다음과 같다.

$$\pi_1 = Y_1 - w_1 L_1 - I = Y_1 - w_1 L_1 - (K_2 - (1-\delta)K_1)$$
$$\pi_2 = Y_2 - w_2 L_2 + (1-\delta)K_2$$

이를 이윤의 현재가치로 표현하면 다음과 같다.

$$PV_\pi = \pi_1 + \frac{\pi_2}{1+r} = Y_1 - w_1 L_1 - (K_2 - (1-\delta)K_1) + \frac{Y_2 - w_2 L_2 + (1-\delta)K_2}{1+r}$$

이미 1기의 K_1은 주어져 있으므로 투자량을 정하는 것은 $Max \ PV_\pi$를 위한 최적 K_2를 정하는 것으로 생각할 수 있다.

$$foc: \frac{\partial PV_\pi}{\partial K_2} = -1 + \frac{\frac{\partial Y_2}{\partial K_2} + (1-\delta)}{1+r} = 0$$

$$\therefore \frac{\partial Y_2}{\partial K_2} + (1-\delta) = 1+r \ \Rightarrow \ MP_{K_2} = r+\delta$$

즉, 이윤 극대화를 위한 최적 투자의 조건은 $r = MP_{K_2} - \delta$이다. $r < MP_{K_2} - \delta$ 인 경우 대출을 받아 투자하면 기업의 이윤이 높아진다. 최적 K_2가 결정되면 현재의 K_1 기준 투자량을 조절하는 것이므로, 이를 고려하여 현재의 투자에 영향을 주는 변수들을 정리하면 다음과 같다.

$$I = I(\overset{-}{r}, \ \overset{+}{z_2}, \ \overset{-}{K_1})$$

▶ 2기에 발생하는 $(1-\delta)K_2$는 남은 자본의 청산가치를 의미한다. 즉, 2기간 모형에서는 2기 종료 후 K_2를 사용하고 감가상각된 이후에 남아있는 자본을 처분하면서 이는 기업의 이윤에 더해지는 것이므로 설정된 수식구조이다.

▶ MP_{K_2}로 표기하는 것이 일반적인 표기법이나 편의상 MP_K^2로 표기해도 같은 의미로 본다.

Chapter 03 소비함수와 투자함수 | 55

James
Tobin
(1918~2002)

토빈은 토빈세의 주창자로 정부의 적극적인 개입을 옹호하는 경제학자였다. 투자와 통화정책, 시장정책에 많은 업적을 남겼다. 제임스 토빈은 금융시장 분석에 관한 업적으로 1981년 노벨경제학상을 수상하였다. 그는 1970년에 토빈세를 주장하였다. 토빈세란 환투기 등 단기적으로 투기적인 국제자본이동을 억제하려는 목적으로 국제자금거래에 소액의 세금을 과세하여 단기적 투기 억제 및 시장의 안정성을 확보하는 것이 필요하다고 주장한다. 토빈의 q이론, 토빈의 자산선택이론(포트폴리오 모형) 등이 잘 알려져 있다.

2. 토빈의 q이론 (Tobin's q)

1) 기본적인 토빈의 q와 투자와의 상관관계

$$q = \frac{\text{주식시장에서 평가되는 기업의 가치(주가)}}{\text{실물자본의 대체비용}}$$

분모의 실물자본의 대체비용은 공장설비의 구입비용으로 해석할 수도 있다. $q<1$이면 [주가<실물자본의 대체비용]인 상황이므로 주식을 매입한 뒤 실물자본을 매각하여 차익거래이익을 낼 수 있다. 이 과정에서 주식수요가 증가하므로 주가는 상승하고 실물자본의 공급이 증가하므로 자본재가격은 하락한다. $q>1$이면 반대로 실물자본을 구입(기업의 설립)하여 주식 매각을 통해 차익거래이익을 낼 것이다. q는 1에 수렴한다.

만약 $q>1$이면 주식시장에서 평가되는 가치가 자본량 증가에 드는 비용(실물자본의 대체비용)보다 더 크므로 투자를 하는 것이 바람직하다.

2) 2기간 모형을 가정할 때의 토빈의 q

2기간을 가정하고 생산함수는 $Y=zf(K, L)$로 1차 동차함수를 가정한다. 분자인 기업의 시장가치는 영업수입과 자본이득의 합의 현재가치로 결정된다. 초기 자본스톡 K_1에 더해진 I로 인한 미래의 영업수입은 $Y_2 - w_2 L_2$이고 자본이득은 $(1-\delta)K_2$이다. 분모의 실물자본 대체비용(replacement cost)은 실물자본의 총 구입가격을 의미한다. 다음 기의 실물자본의 대체비용은 이번 기에 발생하여 다음 기로 전달되는 I와 이번 기에 사용하고 감가상각 후 전달되는 $(1-\delta)K_1$의 합이므로 K_2라 할 수 있다. 이를 고려하여 q를 다시 정리하면 다음과 같다.

$$q = \frac{[Y_2 - w_2 L_2 + (1-\delta)K_2]/1+r}{K_2} = \frac{[zf(K_2, L_2) - w_2 L_2 + (1-\delta)K_2]/1+r}{K_2}$$

$$= \frac{[zf((1-\delta)K_1 + I, L_2) - w_2 L_2 + (1-\delta)K_2]/1+r}{K_2}$$

3) 토빈의 q이론의 한계

① 토빈의 q는 평균 q이다. 사실 $Marginal\ q$(by Hayashi)가 투자 증감을 판단하는 기준으로 적합하다. 한계 q는 분자와 분모를 각각 K_2로 편미분하여 도출할 수 있다.

$$marginal\ q = \frac{[MP_{K_2} + (1-\delta)]/1+r}{1}$$

이때 2기간 투자의 최적조건은 $r=MP_{K_2} - \delta$이므로 한계 q 개념을 활용할 때 기준 투자의 최적조건 역시 한계 $q=1$일 때 달성된다. 다만 구 자본재(old capital)와 신 자본재(new capital)가 섞여 있는 현실 경제에서 $marginal\ q$를 계산할 때에 어떤 자본재를 기준으로 측정할 것인지의 문제가 있으므로 도출이 어렵다.

② 투자변동은 실제로 주가변동만큼 심하지 않다.

③ 주가에는 거품이 존재하며 이를 알고 있는 경제주체들은 주가의 변동에도 투자를 증가시키지 않는 경우가 많다.

④ 현재의 투자는 과거의 q에 의한 경우가 많다. 한편, 기업에 따라서는 미래 예상되는 q를 위해 현재 투자하는 경우도 있다. (투자의 시차, $I = f(r, MP_K^2)$) 따라서, 현재의 q와 현재의 투자 사이에서의 일률적인 관계는 성립되기 어렵다.

⑤ 기업의 신용제약 (특히 중소기업은 투자 증대 시 주식에 의한 자금조달보다 은행 대출에 더 의존함)

⑥ 자본스톡의 조정비용 문제가 발생할 수 있다.

일반적으로 자본재 시장은 효율적이지 않다. 초기 자본이 K_1일 때 새로운 기계, 설비 등을 I만큼 투자하거나 이미 설치된 기계, 설비 등을 I만큼 매각할 때에는 자본조정비용(capital adjustment cost)이 발생한다. 이러한 자본조정비용은 기계, 설비를 구입할 때나 판매할 때 모두 발생하며 토빈 q의 분모에 더해진다. 자본조정비용을 $TC_A(I)$, K_2에 따른 한계 자본조정비용을 $MC_A(I)$라한다면 이를 고려한 q와 한계 q는 다음과 같다.

$$평균\ q = \frac{\left[zf((1-\delta)K_1 + I, L_2) - w_2 L_2 + (1-\delta)K_2\right]/1+r}{K_2 + TC_A(I)}$$

$$한계\ q = \frac{\left[MP_{K_2} + (1-\delta)\right]/1+r}{1 + MC_A(I)}$$

이에 따르면 평균 q는 1보다 작은 경우에도 균형이 유지될 수 있다. 한편, MC_A가 증가한다면 한계 q는 감소하고 투자가 감소할 것이다.

▶ 보통 자본조정비용은 투자가 증가할 때 증가하며 MC_A 역시 증가할 가능성이 높다. 반대로 투자가 감소할 때에도 증가하는데 투자증대시보다 더 빠른 속도로 조정비용이 상승한다.

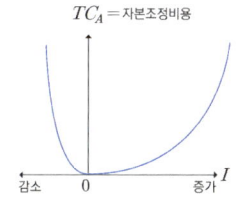

3. 신용시장의 불완전성과 투자

디폴트 프리미엄(default premium)이란 차입이자율(r_b)과 저축이자율(r)의 차이를 의미한다. 앞서 진행한 투자의 미시적기초와 토빈의 q이론에서는 저축이자율과 차입이자율을 동일한 값으로 전제하였다. 하지만 현실적으로 은행은 기업 대출 시 정보비대칭으로 인해 차입이자율과 저축이자율을 동일하게 설정할 수는 없다.

은행은 우량기업(good firm)과 불량기업(bad firm)을 구별할 수 없는 상황에서 차입을 원하는 모든 기업들에게 동일한 차입이자율을 제안할 수 밖에 없다. 우량기업에게 부과된 디폴트 프리미엄이 불량기업의 대출금 충당에 사용되어야 은행은 영업을 유지할 수 있다. 시장이 완벽하다면 $r = MP_{K_2} - \delta$의 조건이 만족될 수 있으나 신용시장이 불완전하므로 우량기업도 다음과 같은 조건에서 대출을 받는다.

$$r_b = MP_{K_2} - \delta \quad \Rightarrow \quad r + DP = MP_{K_2} - \delta \quad \Rightarrow \quad r = MP_{K_2} - \delta - DP\ (디폴트\ 프리미엄)$$

만약 시장의 불량기업이 늘어난다면 디폴트 프리미엄이 늘어나서 대부자금시장에서 기업의 대출수요는 감소하게 되고 시장의 우량기업에 의한 투자는 감소한다.

▶ 만약 시장에 불량기업이 없었다면 '저축이자율 = 차입이자율'로 설정될 수 있었다. 그러나, 현실경제에는 불량기업도 있다. 만약 정보비대칭이 없었다면 은행은 누가 우량기업인지 알 것이므로 우량기업은 저축이자율과 동일하게 차입이자율을 설정(기타 비용을 고려하지 않는 경우)할 수 있었을 것이다. 하지만, 현실적으로 은행은 누가 불량기업인지 모르기 때문에 (정보비대칭이 있기 때문에) 불량기업도 높은 이율로 대출을 받아야 하며 따라서 $r_b = r + dp$ 가 되는 것이다.

Avinash Kamalakar Dixit (1944~)

딕싯은 뭄바이 태생의 미국 경제학자이다. 그는 미시경제학, 게임이론, 공공경제학, 도시경제학, 국제무역, 거시경제학, 국제거시경제학, 경제성장 및 개발 등에 걸쳐 폭넓게 기여한 사람이다. 그의 공헌이 광범위하기 때문에 특정할 수 없다. Robert Pindyck와 협력하여 발행한 투자 불확실성은 투자의 비가역성과 불확실성 세계에서 자본 투자 결정을 내리기 위한 분석방법을 제공한다.

Robert Pindyck (1945~)

핀다이크는 미국 경제 전문가로 MIT 교수로 활동하고 있다. 그는 Avinash Dixit과 함께 불확실성을 고려한 투자의 옵션 접근법에 관한 이론을 발표하였다. 그가 Daniel L. Rubinfeld와 함께 출간한 Microeconomics는 우리나라 뿐 아니라 전 세계적으로 가장 많이 사용되는 미시경제학 교과서 중 하나이다. 계량경제모델과 경제예측, 미시경제 및 산업조직, 천연자원 및 원자재 시장, 금융시장, 자본투자결정, $R\&D$ 경제학, 환경경제학 등에 많은 업적을 남기고 있다.

4. 투자옵션모형 (by A. Dixit, R. Pindyck)

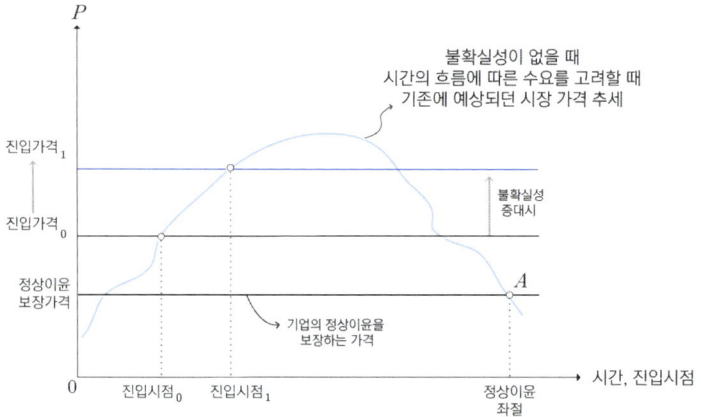

설비투자는 비가역성(irreversibility)을 갖는다. 비가역성이란 투자가 진행된 이후에는 투자 이전의 상황으로 복귀하기 어렵고, 설령 타기업에 판매하더라도 자신의 투입 비용에 비해 훨씬 낮은 가격으로 처분할 수 밖에 없는 특성을 말한다. 따라서, 기업의 투자는 신중하게 이루어지므로 일반적으로 진입가격은 정상이윤을 보장하는 가격보다 높다. 불확실성 증대 시 기업은 진입가격(entry price)을 상승시켜서 투자자금을 보유하며, 보다 좋은 투자 시점이 오기를 기다리는 옵션을 택할 수 있다. 따라서, 불확실성이 증가하면 현 시점에서 발생했어야 할 설비투자는 뒤로 미뤄질 것이다.

만약 진입한 후에 A 점에서 정상이윤이 좌절되는 상황이 된다 하더라도 기업은 사업을 접지 않는다. 일단 시장에서 철수하고 다시 진입하려면 또다시 막대한 고정비용을 부담해야 하기 때문에 가격이 언젠가 오를 수도 있다고 생각된다면 설비투자 된 사업은 잔존할 것이다. 이는 투자를 하지 않고 정상이윤보장가격에서 그대로 유지된 채 A 점에 닿은 경우와 비교해 볼 때 굉장히 큰 차이라 할 수 있는데 딕싯은 이를 통해 투자결정 시 가격 수준 뿐 아니라 시간경로도 중요하다고 보며 투자옵션모형이 투자결정 시 기억효과(hysteresis)를 설명할 수 있다고 본다.

5. 재고투자모형

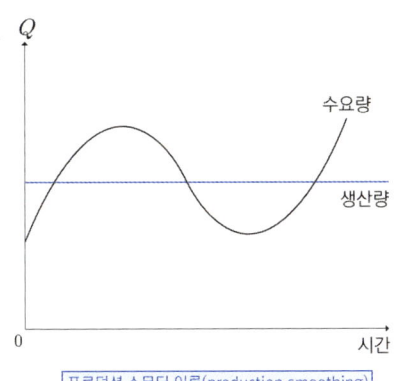
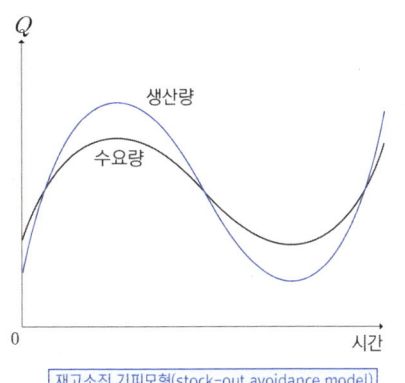

프로덕션 스무딩 이론에 따르면 기업은 생산량을 항상 일정하게 유지시킨다. 따라서 불확실성이 존재하더라도 기업의 재고투자는 변하지 않게 된다. 하지만 재고소진 기피모형에 따르면 불확실성과 재고투자와의 관계는 정의 관계를 갖게 된다. 불확실성 증가 시에 기업이 예측하는 시간의 흐름에 따른 향후 수요의 변동성이 증가하게 된다. 이때 기업들은 미래의 수요 증대 혹은 판매 경쟁 등을 고려하여 재고를 증가시킬 가능성이 있다. 재고소진 기피모형은 이러한 상황을 잘 설명할 수 있다. 여기서 투자는 설비투자가 아니라 (적어도 원금 확보는 충분히 가능한) 재고투자임을 잊어서는 안 된다. 재고소진 기피모형은 생산량의 변동성이 판매량의 변동성보다 크다는 실증연구와 부합한다. 이때 기업이 인식하는 상황은 다음과 같다.

> 재고보유비용으로 인한 손해 < 수요증가 시 미대응으로 인한 손해

따라서 불확실성 증가 시에 투자옵션모형에 따르면 설비투자 측면에서는 투자의 감소를 기대하게 되지만, 재고투자 측면에서는 오히려 투자가 증가할 수도 있다. 각 모형에서 전제로 삼고 있는 투자의 종류에 따라 분석이 다를 수 있음에 유의한다.

6. 가속도 원리 (by A Aftalion, G Clark)

IS 승수와 관련하여 언급된 종류의 투자이다. 생산량의 변화와 그로 인해 유발되는 투자 사이의 관계를 설명하는 이론이다. 소득과 소비의 변화는 비례적인 영향을 받는 것이 아니라 가속도적인 영향을 미친다는 이론으로 모형의 단순화를 위해 대체투자는 없다고 가정한다.

t기의 목표자본량을 K_t^*라 하자. 투자는 목표자본량과 전기의 자본량의 차이에 해당한다. 따라서 t기의 투자는 $K_t^* - K_{t-1}$이 된다. 경제의 자본계수(capital coefficient)를 $v = K/Y$로 나타낸다면 $K = vY$이다. 전년도 자본량은 전년도에 실현된 목표자본량이다. 따라서 $K_{t-1} = K_{t-1}^* = vY_{t-1}$이다.

$$I_t = K_t^* - K_{t-1} = vY_t - vY_{t-1} = v(Y_t - Y_{t-1}) = v\triangle Y$$

자본계수는 일반적으로 1보다 크다. 따라서 소득의 변화는 투자에 가속도적인 영향을 미치게 된다. 다만 특정연도의 목표자본량이 그 해에 모두 실현된다는 가정과 유휴시설이 없는 상태를 가정하는 것은 비현실적이다. 이를 극복하기 위해 $I_t = \lambda(K_t^* - K_{t-1})$ (단, λ는 자본량이 조절되는 속도로 $0 < \lambda < 1$, 실증연구에 따르면 1보다 상당히 작은 값이라 한다. 자본스톡조정모형이라 부르기도 함)로 가정하여 목표자본량과 실제 자본량의 차이가 서서히 메워진다고 가정하는 신축적 가속도 원리(by koyck)도 있다.

▶ 일정 기간 동안의 생산량에 대한 자본의 비율(K/Y)을 자본계수라 하고 반대로 자본계수의 역수(Y/K)를 산출계수 혹은 자본의 평균생산성이라 한다.

▶ 현실경제에서는 자본조정비용의 문제, 신용할당 및 금융제약의 존재, 불확실성과 투자의 비가역성으로 인해 1보다 상당히 작다고 한다.

Chapter 4

화폐금융론

01 화폐와 금융, 금융제도

02 화폐공급 이론

03 고전학파 계열의 화폐수량설

04 케인즈의 화폐수요이론

05 케인즈 학파의 화폐수요이론

06 화폐금융정책

07 자산가격 설정방식(채권, 주식, 부동산)과 금리스프레드

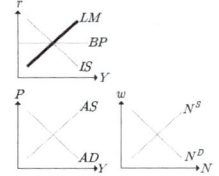

01 화폐와 금융, 금융제도

1. 화폐의 정의와 기능

화폐란 일상적인 거래에 직접 사용할 수 있는 자산(asset)을 말한다. **화폐의 요건**으로 ① 가치의 표준화, ② 거래에서 수용성, ③ 분할가능성, ④ 운반의 용이성 등이 필요하며 ⑤ 부패하지 않아야 한다.

화폐의 기능을 구별하면 우선 ① 교환의 매개수단(medium of exchange)이 되어야 한다. 따라서 유동성(liquidity, 어떤 자산이 다른 재화나 서비스로 교환되기에 용이한 정도)이 확보되어야 한다. 그리고 ② 회계의 단위, ③ 가치저장의 수단, ④ 가치의 척도, 미래지불의 표준 등의 역할을 갖는다.

화폐의 종류는 다음의 두 가지로 구별하는데 ① 내재적 가치(intrinsic value)를 가지고 있는 화폐로 상품화폐(commodity money), 그리고 ② 법령에 의해 화폐로 설정된 화폐로 법화(fiat money)이다.

화폐발행의 제도는 우선 과거에 시행되었던 ① 본위화폐제도를 들 수 있는데 이는 화폐발행량을 금이나 은과 연계하여 그 보유한도 내에서만 화폐의 발행을 인정하는 제도이다. 금본위제도(gold standard)는 금 또는 금과 직접적으로 교환(태환)될 수 있는 지폐를 화폐로 사용하는 제도이다. 화폐발행액이 기본적으로 금의 생산량에 고정되므로 정책당국이 재량적으로 통화량을 증감시킬 수 없어 물가가 안정적으로 유지될 수 있는 반면, 정책의 재량이 제약을 받는다. 하지만 현재의 화폐는 ② 관리통화제도로 중앙은행이 재량적으로 화폐발행액을 결정할 수 있도록 하는 제도가 기준이다. 중앙은행이 재량적으로 통화량을 결정할 수 있어 경제상황의 변화에 능동적으로 대응할 수 있으나, 화폐발행을 억제할 수단이 없어 인플레이션의 위험이 상존한다.

2. 금융과 금융기관

1) 금융

금융이란 자금의 수요자와 공급자 사이에 발생하는 자금거래를 말한다. 금융거래를 통해 개별 경제주체는 시점간 자원배분이 가능해져 사회의 후생이 증가할 수 있다.

금융거래의 형태로 우선 ① 직접금융이란 자금의 공급자로부터 수요자에게 직접 자금이 이전되는 금융거래를 말한다. 본원적 증권이란 자금의 수요자(차입자) 공급자에게 자금을 공급받는 증표로 발행하는 주식, 회사채, 차용증서, 어음 등을 의미하는데, 본원적 증권을 수요자와 직접 매매하는 형태로 이루어진다. ② 간접금융이란 자금의 수요자와 공급자 사이에 금융기관이 개입하여 자금이 이전되는 거래를 말한다. 간접증권은 금융중개기관이 발행하는 예금증서, 예금통장, 보험증서 등을 의미하는데, 간접금융거래는 금융기관이 자금수요자로부터 본원적 증권을 매입하고, 자금공급자에게 간접증권을 판매하는 형태로 이루어진다.

금융시장이란 자금의 수요자와 공급자간의 자금거래가 발생하는 추상적인 공간을 말하는데 **금융시장의 형태**는 우선 ① 거래 참여자를 기준으로 구별하면 직접금융시장(주식시장, 채권시장과 같이 최종자금의 수요자와 공급자 사이에 직접 자금거래가 이루어지는 시장)과 간접금융시장(예금시장과 같이 금융중개기관이 개입하여 수요자와 공급자 사이를 연결시켜주는 금융시장)이 있다. ② 거래되는 기간을 기준으로는 단기금융시장은 통상 만기가 1년 미만인 금융자산이 거래되는 시장으로 콜시장, CP시장, CD시장 등이 있으며, 화폐시장이라고도 한다. 장기금융시장이란 만기가 1년 이상인 채권 및 주식이 거래되는 시장으로 주식시장, 채권시장 등이 있으며 자본시장이라고도 한다.

2) 금융기관

금융기관의 기능은 ① 수요자와 공급자 사이에서 금융거래를 중개하여 거래비용을 절약하는 것, ② 소액의 자금을 모아 분산투자함으로써 위험을 축소하는 것, ③ 유동성이 높은 단기자금을 유동성이 낮은 실물자본으로 전환시키는 역할, 즉 유동성의 제고, ④ 자금 결제수단의 제공, 그리고 ⑤ 금융기관이 대출을 통해 통화량을 증가시키는 형태로 화폐를 공급하는 역할 등이다.

금융기관의 분류는 다음과 같은데, ① 중앙은행(한국은행), ② 예금취급기관(예금은행, 상호저축은행, 투자신탁회사), ③ 보험회사와 연금기금(생명보험회사, 우체국보험, 손해보험회사 등의 보험회사, 공무원연금, 군인연금, 사립학교교원연금 등의 연금기금기관), ④ 기타 금융중개기관(증권회사, 증권투자회사, 리스회사, 신용카드회사), 그리고 ⑤ 금융보조기관(금융중개와 밀접한 관련이 있는 활동이 주 업무, 신용보증기관, 신용평가회사, 자금중개회사)등이다.

3. 중앙은행의 기능

중앙은행은 우선 ① **발권은행**으로 화폐(지폐와 주화)의 발행과 그 양을 조절한다. 그리고 ② **은행의 은행**으로 일반 시중은행을 대상으로 예금을 받거나 대출한다. ③ **정부의 은행** 역할을 수행하는데 국고를 관리하고 정부에 대해 신용을 공여하는 기능을 갖는다. ④ **통화금융정책의 집행**하는데, 정책수단을 동원하여 통화량을 조절하고 자금의 효율적 배분한다. 그리고 ⑤ **외환관리**를 한다. 중앙은행은 국제수지 불균형의 조정, 환율의 안정 등을 위하여 외환관리업무를 맡고 있다.

> **tip** 통화량이란 일정 시점에 시중에 유통되고 있는 화폐의 양을 말한다. 통화량이 많으면 인플레이션의 위험이 있고, 적으면 거래가 위축될 수 있어 적정수준의 통화량을 유지하는 것이 중요하다. 화폐의 분류는 다음과 같다.
>
> ```
> 현금통화 ─ 요구불예금
> 예금통화 ─ 수시입출금식예금
>         └ 결제성 예금      협의의 통화($M_1$)   광의의 통화($M_2$)   금융기관 유동성($Lf$)   광의의 유동성($L$)
> 만기 2년 이하의 단기금융상품
>     ┌ 정기예금, 적금, 부금, 거주자 외화예금, 시장형 금융상품,
>     └ 실적 배당형 금융상품, 금융채, 발행어음, 신탁형 증권저축
> 예금취급기관의 만기 2년 이상의 정기예금, 적금, 금융채, 유가증권, 청약증거금, 만기 2년 이상 장기금전신탁
> 생명보험회사, 증권금융회사 등 기타금융기관의 보험계약준비금, 환매조건부 채권매도, 장단기금융채, 고객예탁금
> 기업어음, 회사채, 정부발행 국공채
> ```

① 협의의 통화(M_1)는 현금통화와 예금통화의 합이다. 여기서 예금통화는 요구불예금과 수시입출금식예금, 결제성예금(1년 미만 단기 금융펀드)의 합이다. 결제성예금은 현금은 아니지만 수표발행 등을 통해 현금화가 가능하므로 유동성이 높다.

② 광의의 통화(M_2)는 M_1과 유동성이 높은 만기 2년 이하의 단기금융상품(정기예금, 적금, 부금, 거주자 외화예금, 시장형 금융상품, 실적 배당형 금융상품, 금융채, 발행어음, 신탁형 증권저축 등 을 포함)

③ 금융기관 유동성(Lf)은 은행과 비은행 금융기관을 포함 전 금융기관의 유동성수준을 파악하기 위한 개발된 지표로 Lf는 M_2에 예금취급기관의 만기 2년 이상 정기예금, 적금 및 금융채, 유가증권 청약증거금, 만기 2년 이상 장기금전신탁, 생명보험회사, 증권금융회사 등 기타금융기관의 보험계약 준비금, 환매조건부 채권매도, 장단기 금융채, 고객예탁금 등을 포함한다.

④ 광의의 유동성은 (L)은 가장포괄적인 지표이다. Lf에 기업어음과 회사채, 정부발행의 국공채를 포함한다.

> ▼ 참고로 신용카드는 지불수단이 아니다. 지불연기수단일 뿐이다. 따라서 신용카드 사용액은 통화량지표에는 집계되지 않는다. 신용카드의 사용이 증가하면 화폐수요의 거래적 동기가 감소할 것이다.

02 화폐공급 이론

1. 중앙은행과 은행의 현금 구성 및 대차대조표

1) 현금 구성

▶ 아무리 복잡하게 많은 정보를 담고 있는 표로 출제가 되더라도 이 박스들을 기억하고 있다면 충분히 풀어낼 수 있으므로 반드시 암기하자.

▶ 지급준비금(reserves)이란 예금은행이 고객의 인출요구에 대비하여 보유하고 있는 현금을 말한다.

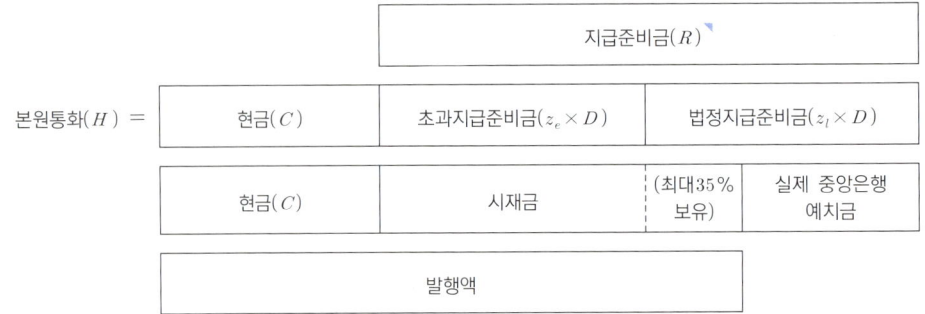

▶ 본원통화는 monetary base 또는 high-power money라 한다. 중앙은행이 실제로 통제할 수 있는 자산이며 본원통화는 중앙은행의 통화성 부채라 한다. 다음과 같은 경우에 본원통화가 증가할 수 있다.

① 정부부문
  재정수지의 적자
② 금융부문
  예금은행의 차입증가
③ 해외부문
  국제수지의 흑자나 차관의 도입으로 외환이 유입되고 이를 원화로 교환
④ 기타
  중앙은행의 유가증권 매입, 건물 토지매입

2) 대차대조표 (balance sheet)

(차변)	중앙은행의 B/S	(대변)
자산		부채
1. 국내여신(DC) ① 대민간여신(시중은행) ② 대정부여신(국공채) 2. 대외순자산(NFA)		1. 본원통화(H) 발행규모 2. 통화안정증권 발행규모

(차변)	시중은행의 B/S	(대변)
자산		자본
1. 유가증권 ① 채권(국공채/기업채) ② 주식 2. 기업대출 3. 준비자산(지급준비금)		부채 1. 예금 2. 중앙은행 차입금 3. 기타은행 차입금

2. 통화승수의 도출

▶ k의 정의에 따라 두 가지 방법으로 통화승수를 구할 수 있다. 물론 예금대비 현금비율만 알면 통화량 대비 현금보유비율도 알 수 있고 반대의 경우도 가능하기는 하므로 둘 중 하나의 방식만 숙지해도 어떻게든 통화승수는 구할 수 있다. 어떤 방법에 따라 구하더라도 하나의 동일한 경제 상황을 가정한다면 두 가지 방법으로 구한 통화승수는 일치해야 한다. 문제에서 제시된 정보에 주어진 k의 정의에 따라 취지에 맞는 방식으로 승수를 도출하는 것을 원칙으로 생각하고 두 가지 방식 모두 연습하자.

1) $k = \dfrac{C}{D}$, $z = \dfrac{R}{D}$ (k는 예금대비 현금보유비율, z는 예금대비 지급준비금 비율(지준율) = 초과지준율 + 법정지준율)

$$M = C + D = kD + D$$
$$H = C + R = kD + zD$$

따라서, 통화승수($m = \dfrac{M}{H}$)는 $\dfrac{k+1}{k+z}$이며, 통화량(M)은 $\dfrac{k+1}{k+z} \times$본원통화(H)이다.

2) $c = \dfrac{C}{M}$, $z = \dfrac{R}{D}$ (c는 통화량대비 현금보유비율, z는 예금대비 지급준비금 비율(지준율) = 초과지준율+법정지준율)

$$M = C + D = cM + D \quad \Rightarrow \quad D = (1-c)M$$
$$H = C + R = cM + zD = cM + z(1-c)M$$

따라서, 통화승수($m = \dfrac{M}{H}$)는 $\dfrac{1}{c+z(1-c)}$이며, 통화량(M)은 $\dfrac{1}{c+z(1-c)} \times$본원통화($H$)이다.

전액지급준비제도(full-reserve banking)은 $z = 1$, 즉 고객이 예금한 금액 전부를 지급준비금으로 보유해야 하는제도를 말한다. 이 경우 통화승수는 1이므로 본원통화와 통화량은 일치한다.

▶ 이어지는 「3) 부분지급준비제도와 예금통화창조」에서 이와 유사한 형태의 승수가 도출된다.

3) 부분지급준비제도와 예금통화창조를 활용한 통화승수의 도출

다음과 같이 가정한다. ① 요구불예금만 존재하며, 저축성예금은 존재하지 않는다. ② 본원통화를 공급받은 민간은 그 중 일부($c \times H$)만을 보유하고 나머지는 저축한다. ③ 예금은행은 다른 투자행위를 하지 않고, 대출형태의 자금운영만 한다. ④ 예금은행은 법정지급준비금($z \times D$)만 보유하고 초과지급준비금은 보유하지 않는다.

부분지급준비제도의 경우 예금을 모두 지급준비금으로 보유하지 않는다. 이 경우 예금통화창조가 가능하게 되는데 예금통화창조과정은 다음과 같다. ① 민간이 보유 현금통화를 **예금**하면, ② 현금통화는 감소하지만 같은 금액만큼의 예금통화가 증가하므로 통화량에는 변화가 없다. ③ 은행이 예금액 중 **일부를 대출**하면 현금통화가 증가하므로 ④ **통화량은 대출금만큼 증가**하게 된다. ⑤ 대출을 하더라도 모든 현금을 가져가지 않는다. ⑥ **이 과정을 반복**할 것이다. 이렇게 ⑦ 은행의 예금을 대출하는 과정에서 통화량이 증가하는 것을 은행의 **예금통화창조**라 한다.

최초에 공급된 본원통화량을 H, 민간의 현금보유비율을 c, 법정지급준비율을 z라 하면, 예금통화창조과정을 거친 후, 총통화량 M는 다음과 같이 결정된다.

	현금(C)	예금(D)	대출
	cH $c(1-z)(1-c)H$ $c(1-z)^2(1-c)^2H$ $\vdots$	$(1-c)H$ $(1-z)(1-c)^2H$ $(1-z)^2(1-c)^3H$ $\vdots$	$(1-z)(1-c)H$ $(1-z)^2(1-c)^2H$ $(1-z)^3(1-c)^3H$ $\vdots$
합계	$\dfrac{cH}{c+z(1-c)}$	$\dfrac{(1-c)H}{c+z(1-c)}$	$\dfrac{(1-z)(1-c)H}{c+z(1-c)}$

총통화량은 다음과 같이 도출한다.

$$M = C + D = \frac{cH}{c+z(1-c)} + \frac{(1-c)H}{c+z(1-c)} = \frac{1}{c+z(1-c)}H$$

따라서 통화승수(money multiplier)는 $\dfrac{M}{H} = \dfrac{1}{c+z(1-c)}$ 이다.

다만 이는 ① 이론적으로 가능한 최대의 금액을 의미할 뿐이다. ② 현실적으로 은행은 초과준비금을 보유하며 다른 투자행위도 한다. 한편 ③ 예금통화 창조과정에서 경제 전체의 유동성이 증가하지만, 대출로 인한 부채도 증가하므로 경제 전체의 부가 증가하는 것은 아니다.

tip		
	금전신탁 (money trust)	은행이 고객의 금전을 예탁받아 운용, 일정기간 후에 원금과 수익을 지급
	양도성예금증서(certificate of deposit)	양도가 가능한 예금증서로 유동성이 높은 상품
	환매조건부채권 (repurchase agreement)	일정기간 후 일정한 가격으로 채권을 매수 또는 매도할 수 있는 채권
	시장금리성 수시입출금식 예금 (money market demand account)	시장실세금리에 의해 고금리가 적용되고 입출금이 자유로우며 이체, 결제기능이 있는 단기상품
	금융채권 (financial bond)	금융기관이 자금을 확보하기 위해 발행한 채권
	예수금 (trusted fund)	금융기관이 고객으로부터 일정한 이자를 지급하는 조건으로 예탁 받아 운용하는 자금
	요구불예금 (demand deposits)	예금주의 요구에 의해 언제나 회수할 수 있는 낮은 금리의 예금
	저축성예금 (savings deposits)	예금주가 일정기간동안 회수하지 않을 것임을 약속하고 일정금액을 은행에 예치하고 은행은 증서 또는 통장을 발행 교부하는 예금

3. 통화승수의 내생성

▶ 정부는 ① 통화승수의 내생성뿐만 아니라 ② 회계상 본원통화량과 사실상 본원통화량의 괴리를 파악하기 어렵고, ③ 통화의 범위가 모호해지고 있는 추세이며, ④ 자본이동성이 완벽히 자유로운 현실경제에서 단기 자본이동의 활성화 등으로 인해 통화량을 정확히 조절하는 것은 사실상 어렵다.

$$통화승수 = \frac{예금대비\ 현금보유비율(k) + 1}{예금대비\ 현금보유비율(k) + 은행의\ 지급준비율(z)}$$

1) 이자율의 변화에 따른 LM곡선의 기울기차이

이자율이 증가하면 예금대비 현금보유비율(k)이 감소하여 통화승수는 커진다. 이 충격이 매우 크면 지급준비율(z)도 감소할 수 있다. 이자율이 증가하는 경우 민간은 불편함에도 불구하고 화폐보유를 줄일 것이기 때문이다. 따라서 실질화폐공급곡선은 우상향하며 LM곡선의 기울기를 완만하게 만든다.

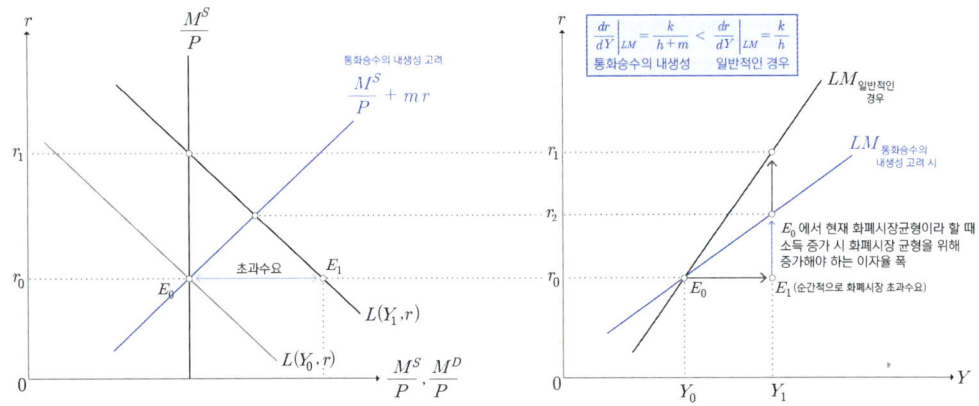

통화승수의 내생성을 고려하면 그렇지 않은 경우와 비교해 볼 때 통화정책과 재정정책의 경기 부양 효과도 달라진다.

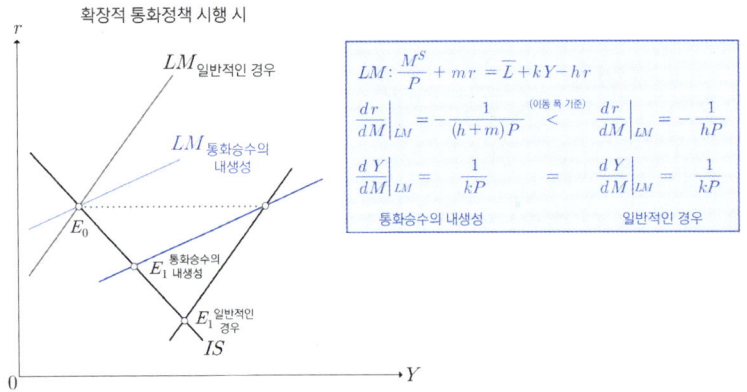

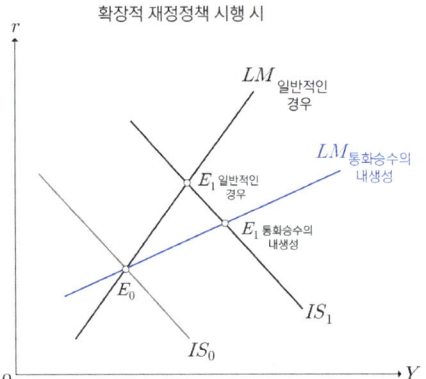

2) 불확실성 증가 시 외생적인 LM곡선의 이동

불확실성이 증가하는 경우 민간은 경제 부도의 가능성을 우려하여 화폐보유성향이 커진다. 통화승수는 분자에 비해 분모가 작으므로, k 증가 시 (분모의 증가율이 높아서) 통화승수는 감소한다. 이러한 경향이 심해지면 은행도 z를 증가시켜야 한다. z의 증가 역시 통화승수를 감소시킨다. 즉, 본원통화의 조절에도 불구하고 통화승수가 민간이나 시중은행에 의해 자율적으로 결정되는 내생성을 띠게 되므로 정부는 통화정책을 정확하게 조절할 수 없는 상황에 직면하기 쉽다. 이 경우 r과 상관없는 외생적인 화폐공급의 감소가 발생하므로 LM곡선은 좌측이동한다.

03 고전학파 계열의 화폐수량설

1. 화폐수요이론 개괄

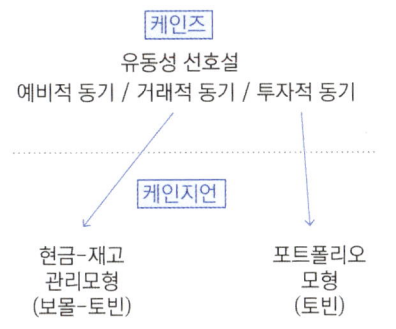
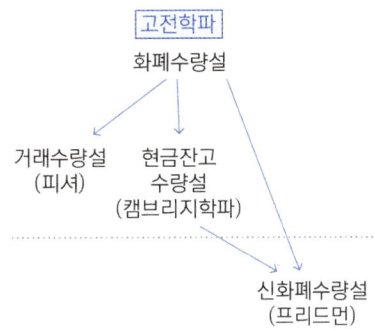

> 시기상으로 고전학파의 화폐수량설이 먼저이고 그 이후에 케인즈의 유동성선호설이 등장한다. 케인지언의 화폐수요이론은 케인즈의 유동성선호설을 세밀하게 다듬은 것이고 그 이후에 프리드먼의 신화폐수량설이 등장한다.

2. 피셔의 거래 수량설 (quantity theory of money)

$$M^S V = PT$$

M:통화량, V:화폐의 거래유통속도(지불습관에 따라 일정함),
P:거래량 한 단위당 가격, T:거래량(고전학파의 경우 완전고용을 가정하므로 일정한 값을 가짐)

이때, V는 거래제도와 관습에 따라 결정되며, 따라서 T도 항상 일정하다.

양변에 $\ln$을 씌우고 시간에 대해 전미분하면(로그근사화)

$$d\ln M^S + \overline{d\ln V} = d\ln P + \overline{d\ln T} \quad (d\ln V = d\ln T = 0,\ d\ln V\text{는 } V\text{의 변화율})$$

$$\therefore \frac{d\ln M^S}{d\ln P} = 1$$

즉, 물가와 통화량 M^S은 정비례 관계를 갖는다.

$$M^S = M^D = \frac{PT}{V}$$

> 좌변의 MV는 일정기간 동안의 총지출액, 우변의 PT는 일정기간 동안의 총거래액을 의미한다. 단기에서 거래량 T와 Y는 일정한 비례관계에 있으므로 PT는 PY와 일치한다.

tip 피셔수량설과 현금잔고 수량설에서 $k = 1/V$을 도출해 낼 수 있다. 피셔수량설과 현금잔고 수량설은 M의 변화율과 P의 변화율이 같다는 매우 유사한 결론을 도출해 내지만 속성에 있어서는 다음과 같은 부분에서 차이를 보인다. 신화폐수량설은 현금잔고수량설의 확장된 내용으로 양자는 유사한 속성을 갖는다.

거래수량설	화폐공급차원에서 화폐수요 도출	화폐는 단지 거래수단	유량(flow)
현금잔고수량설	명시적으로 화폐수요를 다룸	자산으로서의 화폐수요 언급	저량(stock)

Arthur Cecil Pigou (1877~1959)

아서 피구는 신고전파 경제학의 대가다. 특히 복지 경제학의 다양한 분야를 다루었는데 그 뿐 아니라 경기 순환이론, 실업, 공공재정, GDP측정 등 다양한 부문에 기여하였다. 임금과 물가가 내려가면 사람들이 가지고 있는 화폐자산의 실질가치는 올라가고, 그 자산가치의 증가가 소비를 높이고 고용을 증대시킨다는 피구효과는 굉장히 유명하며 이를 토대로 케인즈와 논쟁을 벌였다. 한편, 1920년 〈복지경제학〉으로 외부효과를 치유하기 위해 피구세(Pigouvian tax)를 주장한다. 참고로 피구 클럽(Pigou Club)은 기후 변화 문제를 해결하기 위해 탄소세에 대해 아이디어를 지지하는 근대 경제학자 협회이다.

Alfred Marshall
(1842~1924)

앨프리드 마샬의 1890년 출간된 『경제학의 원칙』에는 수요와 공급, 한계효용, 생산 비용 가치론 등의 개념이 이치에 맞게 설명되어 있다. 영국출신의 마샬은 케임브리지 대학교에 들어가 수학과 물리학을 전공하였다. 그는 경제학의 수학적인 엄밀함을 개선하고 경제학을 보다 과학적으로 만들기 위해 노력한다. 고전학 경제학을 근대화하여 신고전학파의 기초를 닦았으며 케임브리지 학파 경제학의 기초를 세웠다. 마샬－러너 조건, 마샬의 k 등으로 알려져 있다.

3. 캠브리지 학파의 현금잔고 수량설 (cash balance approach by A. Marshall, A. Pigou)

$$Marshallian\ k\ \text{(화폐보유성향)}$$

경제주체들은 거래의 편리함, 안정성을 이유로 자산의 일정부분을 화폐로 보유하려는 성향을 지닌다. 이를 수식으로 나타내면 다음과 같다.

$$M^S = M^D = kPy$$

M^D는 이자율과 상관없이 k에 의해 결정되므로 이자율탄력성은 0이다. 그리고 물가(P)와 실질국민소득(y)탄력성은 모두 1이다. 현실적으로 k와 y(실질소득)는 매우 안정적이다. 따라서 화폐수요와 물가 사이에는 비례적인 관계가 있다. 이 모형은 통화론자의 기본 가정으로 활용된다.

현금잔고수량설은 통화론자의 국제수지 메커니즘을 설명하는 데 큰 역할을 하는데, 이들은 정부의 정책, 외부 충격 등에 의해 현 상태가 $M^S > M^D = kPy$라면 민간은 소비를 증가시켜서 M^S를 하락시킬 것이므로 이 과정에서 수입재 소비도 증가하여 경상수지 적자가 달성되고 통화량의 일부가 몇 기에 걸쳐 해외로 빠져나간다고 보았다. 반대로 $M^S < M^D = kPy$라면 민간은 소비를 감소시켜 M^S를 늘릴 것이므로 이 과정에서 수입재 소비 감소와 함께 경상수지 흑자가 달성된다고 보았다.

4. 프리드먼의 신화폐수량설

$Marshallian\ k$는 상수가 아닌 함수이다. 즉, $k = k(R, \pi^e....)$로 나타낼 수 있다. 이때 R은 화폐수익률(R_M)이라 표현할 수 있다. 화폐수요는 주식수익률(R_E), 채권수익률(R_B), 인플레이션율(π) 등의 수익률과 화폐의 수익률인 R_M과의 상대적인 차이를 고려하여 변화시킬 수 있다. 한편, 화폐수요량을 결정하는 것은 임시소득이 아니라 항상소득(y_p)이다. 이를 수식에 반영하면 다음과 같다.

$$M^S = M^D = k(R, \pi^e) \cdot P \cdot y_p \quad (\text{단},\ M^D = f(R_E - R_M, R_B - R_M, \pi - R_M, Y_P))$$

이 경우 이자율이 상승하면 주식, 채권의 수익률이 상승한다. 이와 동시에 R_M도 상승할 것이므로 k는 상당히 안정적이다. 또한 y_p도 안정적이다. 따라서 M^S와 P의 변화율은 일치할 것이다.

$$M^S V = Py$$
$$V = \frac{Py}{M^S} \quad (M^S = M^D = kPy_p)$$
$$V = \frac{Py}{kPy_p} = \frac{1}{k} \cdot \frac{y}{y_p}$$

프리드먼의 신화폐수량설은 현금잔고 수량설의 k와 y의 특성을 현대적으로 재해석한 것에 불과하다고 보는 견해도 많다. 신화폐수량설에 따르면 케인즈의 주장과는 달리 화폐수요의 이자율탄력성이 매우 낮아 화폐수요함수가 안정적이다. 화폐수요가 안정적이면 통화량의 변화가 명목국민소득에 직접 영향을 미치게 된다.

▶ 화폐수요함수가 안정적이면 통화정책은 매우 강력해진다. 통화론자는 재정정책보다 통화정책의 효과를 더 강하다 주장한다. 물론 신축을 가정하는 경우에는 의미 없는 정책이다.

▶ 신화폐수량설은 그 자체로 한 축을 형성시키지 말고 문제의 뉘앙스를 고려하여 탄력적으로 대응해야 하는 이론이라 볼 수 있다.

04 케인즈의 화폐수요이론

1. 케인즈의 유동성선호설

$L(y,R) = \overline{L} + L(y) + L(R)$ (단, $\overline{L}$ 는 고정수요, 혹은 예비적 동기, $L(y)$는 거래적 동기, $L(R)$은 투기적 동기)

$L(y,R) = \dfrac{M^S}{P} = \overline{L} + ky - hR$

> ① 예비적 동기($\overline{L}$)
> 예상치 못한 지출에 대비하기 위한 화폐의 보유를 말한다.
>
> ② 거래적 동기(ky)
> 재화나 서비스의 구매를 위한 화폐의 보유를 말한다. 즉 거래적 수요가 발생하는 원인은 수입과 지출 사이에 시간적 간격이 있기 때문이다.
>
> ③ 투자적 동기($-hR$)
> 수익성 금융자산에 대한 투자 기회를 노린 일시적 화폐수요이다. 채권의 가격이 아주 높아 가격의 하락이 예상될 때, 가격 하락 이후에 채권을 구입하기 위하여 채권 대신 화폐를 보유하는 것을 투자적 동기에 의한 화폐수요이다.

① 투자적(투기적) 화폐수요와 이자율의 관계

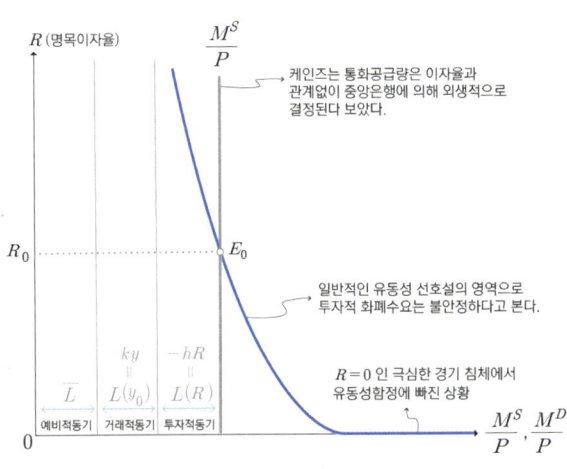

화폐와 채권 두 종류의 자산만이 존재한다고 하자. 화폐는 아무런 수익이 보장되지 않지만, 채권에는 일정한 수익률과 함께 위험이 존재한다. 채권의 수익률인 이자율은 시장 상황에 따라 변화한다. 경제 내에 정상이자율이 존재하여 현실의 이자율은 항상 정상이자율로 복귀하려는 성향이 있다고 믿기 때문에, 사람들은 이자율이 높을 때는 낮아질 것이라 예상하고, 이자율이 낮으면 높아질 것으로 예상한다.

이자율과 채권가격은 반비례하므로, 이자율이 낮아 채권가격이 높을 때 사람들은 이자율이 곧 오르고 채권가격이 하락할 것으로 예상하여, 채권을 팔고 화폐를 보유하고 있다가 이자율이 높아지면 즉 채권가격이 낮아지면 채권을 구입하려 할 것이다. 그러므로 이자율이 낮을 때는 화폐에 대한 수요가 증가하고, 이자율이 높을 때 화폐에 대한 수요는 감소한다. 따라서 화폐에 대한 투자적 수요는 **이자율의 감소함수**이다.

> 추후에 받게 되는 돈을 현재가치화 한 것이 채권의 가격이기 때문이다.

② 소득유통속도

수량방정식에 따르면 $M^S V = Py$ 이므로 $V = \dfrac{P}{M^S} y = \dfrac{P}{M^D} y = \dfrac{y}{L(y,R)}$ 이다.

소득이 증가하면 분자의 y와 분모의 L이 증가한다. 이때 유동성선호설에 따르면 소득이 증가할 때 화폐수요의 소득탄력성이 1보다 작으므로 분자의 증가비율이 더 커서 V의 경기순응성을 설명할 수 있다.

> 교재에 따라 $MV = PY$로 표시하는 경우도 있다. 하지만 이때의 Y는 대문자임에도 실질소득을 나타낸다. 마인드 교재에서는 실질변수는 소문자로 나타내는데, 그럼에도 다른 테마에서 Y가 실질변수임에도 대문자로 적는 경우도 있다. 하지만 화폐시장에서는 이를 구분하는 것이 상당히 중요하다.

> V를 소득유통속도 또는 화폐 유통속도라 하는데 V가 의미하는 것은 경제의 회전속도, 즉 경제의 활성도를 의미한다.

③ 유동성함정(liquidity trap)

명목이자율이 극단적으로 낮은 수준이 되면, 모든 사람들이 장래에 이자율이 상승(채권가격이 하락)할 것으로 생각하여 모든 자산을 화폐로 보유하려 할 것(채권을 매각하려 할 것)이다. 따라서 화폐수요의 이자율 탄력성이 무한대에 가까워져 화폐수요곡선은 수평선이 된다. 이처럼 화폐수요곡선이 수평인 상황을 유동성함정이라 한다. 경제가 유동성함정에 빠져있을 때는 통화량을 증가시켜도 모두 투자적 화폐수요로 흡수되어 이자율에는 영향이 없으며, 유동성함정은 주로 극심한 경기침체기에 주로 나타난다.

> 이 경우 LM 곡선도 $R=0$에서 수평선의 형태로 나타난다.

05 케인즈 학파의 화폐수요이론

1. 보몰 – 토빈(Baumol & Tobin)의 현금재고(inventory) 관리모형

William Jack Baumol
(1922~2017)

보몰의 공헌 가운데 대표적인 이론은 보몰-토빈 모델, 보몰의 비용질환(병리), 판매수익극대화모델 등이다. 참고로 재정학과 관련하여 1960년대에 주장된 보몰의 병리(disease)의 (보몰 효과라 부르기도 함) 내용은 다음과 같다. 제조업 부문의 생산성은 자동화 등의 혁신에 의해 급격히 증대된다. 하지만 인간의 직접적 노동에 의존하는 서비스 분야의 생산성 향상은 불균형적이고 더디다. 따라서 제조업에서 자동화 및 인력 감축으로 인해 남아 있는 노동자는 보수가 늘어나게 된다. 그런데 공공부문의 업무에서는 특히 노동집약적 성격을 띠기 때문에 생산성 증가 비해 보수가 더 빠르게 증가한다. 이로 인해 정부지출규모는 점점 커질 수밖에 없다고 주장한다.

어떤 소비자는 매월 $Y=Py$ 만큼의 명목소득이 통장에 입금된다. 은행이자율은 R, 1회 방문 시 거래비용은 $F=Pf$, 한 달 동안 예금인출 횟수 n이다. 이 소비자는 비용을 극소화하는 n을 결정하려 한다. 한편 n번 인출 시 평균적으로 보유하게 되는 현금잔고는 $\dfrac{Py}{2n}$이고 따라서 화폐수요(M^D)도 $\dfrac{Py}{2n}$이다.

tip 이때 현금잔고는 개인이 직접 보유하는 현금을 의미한다. 명목소득이 100만원일 때 1회 은행 방문을 하면 이 개인은 1일차에 100, 2일차에 97만원, 3일차에 94만원….30일차에 0원(1만원이 남지만 대략적으로 판단함)을 보유하므로 1개월 동안 평균적으로 50만큼의 화폐를 보유한다. 2회 방문 시에는 1일에 50만원 인출하여 15일 동안 평균적으로 25만원 다시 16일에 인출하여 나머지 15일 동안 평균적으로 25만원의 화폐를 보유한다. 그렇기 때문에 평균현금잔고는 $Py/2n$이다. 개인이 부담해야 하는 총비용은 화폐를 보유함으로써 포기해야하는 은행이자부분($PyR/2n$)과 거래비용(nF)의 합이다.

▶ 물론 로그근사화 작업을 통해 전개한 수식이므로 큰 변화에 대해서는 정밀하지 않다. 다만 상대적인 민감도 차이에 미치는 영향력은 비교할 수 있으므로 민감도 차이 정도를 기준으로 활용하는 것이 좋다.

$$\underset{n}{Min}\ TC = \frac{Py}{2n}R + nF$$

$$foc: \frac{dTC}{dn} = -\frac{PyR}{2n^2} + F = 0$$

$$\therefore n^* = \sqrt{\frac{PyR}{2F}}\quad (F=Pf)\ ,\ n^* = \sqrt{\frac{yR}{2f}}$$

물가의 변동은 최적 은행 방문 횟수(n^*)에 영향을 미치지 못한다.

$$M^D = \frac{Py}{2n} = \frac{Py}{2} \times \sqrt{\frac{2F}{PyR}} = \sqrt{\frac{PyF}{2R}}\quad (F=Pf)$$

양변에 ln을 씌우고 전미분하여 로그근사화하면

$$d\ln M^D = \frac{1}{2}(d\ln P + d\ln y + d\ln P + d\ln f - d\ln 2 - d\ln R)$$ 단, $d\ln 2 = 0$이다. 정리하면

▶ 소득이 증가하여 거래규모가 증가할 때 거래적 화폐수요도 증가한다. 하지만 소득의 증가율보다 작게 증가하므로 포기해야 하는 이자비용, 거래비용의 증가율은 소득의 증가율보다 낮다. 이를 화폐보유에 규모의 경제가 존재한다고 표현한다.

$$\frac{dM^D}{M^D} = \frac{dP}{P} + \frac{1}{2}\left(\frac{dy}{y} + \frac{df}{f} - \frac{dR}{R}\right)$$

$$\therefore \frac{d\ln M^D}{d\ln P} = 1,\ \frac{d\ln M^D}{d\ln R} = -\frac{1}{2},\ \frac{d\ln M^D}{d\ln y} = \frac{1}{2},\ \frac{d\ln M^D}{d\ln f} = \frac{1}{2}$$

▶ 보통 실질화폐수요의 크기는 물가에 영향을 받지 않는다고 가정한다. 그 이유는 물가가 상승하면 명목화폐수요도 같은 비율로 상승하기 때문이다.

물가가 상승하면 명목화폐수요도 같은 비율로 상승한다. 실질소득의 증가와 거래비용의 증가는 화폐수요를 상승시키고, 이자율의 증가는 화폐수요를 하락시킨다.

$$M^S V = Py\ ,\quad V = \frac{Py}{M^S} = \frac{Py}{M^D} = \sqrt{\frac{2R}{PyF}}Py = \sqrt{\frac{2RPy}{Pf}} = \sqrt{\frac{2Ry}{f}}$$

이자율이나 실질소득이 상승하면 화폐유통속도는 증가한다. 거래비용이 상승하면 화폐유통속도는 감소하게 된다. 물가의 변동은 화폐유통속도(V)에 영향을 미치지 못한다.

2. 토빈의 포트폴리오 모형 (portfolio model)

① 가정

경제주체는 위험기피적이다.

무위험 무수익 자산으로서의 화폐, 유위험 유수익 자산으로서의 채권 존재

채권보유 시 발생하는 수입은 이자수입과 자본이득

채권의 이자율은 R, 채권 가격의 표준편차 σ_g

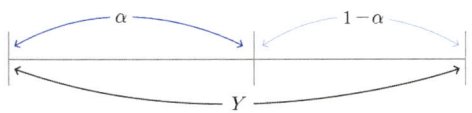

α : 채권보유비율, αY : 채권보유액
$1-\alpha$: 화폐보유비율, $(1-\alpha)Y$: 화폐보유액

② Portfolio의 기대소득 (ER_p)

ER_p(Expected Revenue of Portpolio) = ER (이자소득+자본소득)

= 기대이자소득 + 기대자본소득 (단, 기대자본소득은 0이라 가정한다.) = $R\alpha Y$

③ Portfolio의 표준편차 (σ_P)

$\sigma_P = \alpha Y \cdot \sigma_g$

현재 이 소비자가 선택할 수 있는 기대수익(ER_p)과 위험부담의 정도(σ_P)는 아래 그림처럼 직선으로 나타나는데, 이것이 이 사람의 선택가능집합, 즉 예산선이다. 예산식은 포트폴리오의 표준편차와 기대수익 수식을 αY로 소거하여 도출할 수 있다. 예산선을 그릴 때에는 두 종류의 자산 중 하나에 모든 Y를 투자했을 때 소비자의 상황을 점으로 찍고 직선으로 연결하면 된다.

한편 이 소비자의 효용의 증가 방향을 판단해야 한다. 이 평면에서의 무차별곡선은 기대수익이 높을수록(↑) 포트폴리오의 표준편차가 작을수록(←) 효용의 크기가 더 크므로 좌상향에 위치할수록 더 높은 효용을 의미한다. 왼쪽 그림처럼 표현할 수 있다.

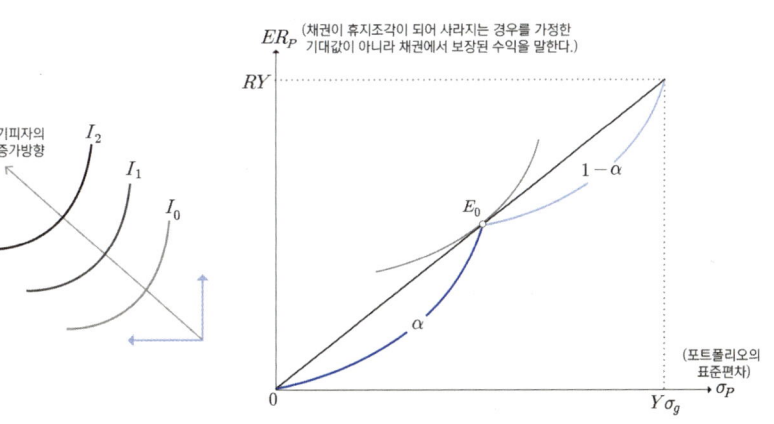

따라서 선택가능집합인 예산선과 효용증가방향을 고려한 무차별곡선을 고려하면 소비자의 효용극대화는 무차별곡선과 예산선(선택 가능점)이 접하는 E_0점이다. 선택가능 집합의 기울기는 $\dfrac{R}{\sigma_g}$인데 이 기울기는 가로축의 위험성을 줄이는 대가로 포기해야 하는 세로축의 기대수익이므로 이를 위험성의 가격(price of risk)라 한다. 현재 소비자는 α만큼 위험자산을 보유하고 $1-\alpha$만큼 안전자산을 보유한다.

④ 외생적 충격에 따른 변화 분석

외부적인 충격이 발생하면 대체효과와 소득효과로 나눠서 분석한다. 대체효과는 기울기의 변화(자산 간 상대적 가치)로 추정할 수 있고 또는 상대적인 매력도를 조금만 생각해 보면 어렵지 않게 판단이 가능하다.

한편 소득효과를 분석하는 것은 조금 어려울 수 있다. 소비자는 아래 그림들의 E_0점에서 위험기피자임에도 불구하고 위험을 일정 비율로 부담하고 있다. 그 이유는 현재의 소득 수준을 고려할 때 소득의 한계효용이 위험을 부담할 때 감수해야 하는 한계효용보다 더 크기 때문에 현 소득보다 더 높은 소득을 확보하기 위한 것이다. 이 소비자는 소득이 증가함에 따라 예전보다 위험을 '덜' 감수하게 된다. 따라서 위험기피자인 소비자에게 소득이 증가하는 충격이 발생한다면 ($R\uparrow$, $Y\uparrow$, $\sigma_g\downarrow$ 또는 기본 모형에서 전제되어 있지 않은 무위험 자산의 수익률 발생 및 증가 등) 기존의 상태에서 동일한 크기의 위험을 부담하는 대가로 증가하는 소득에 대한 상대적인 한계효용이 감소하게 된다. 따라서 이 경우 소득효과는 α를 감소시키는 것으로 작동될 것이다. 반대로 소득이 감소될 것으로 예측되는 충격이 발생한다면 (예를 들면 $\sigma_g\uparrow$ 시에는 위험자산의 확실성 대등액의 감소하므로 사실상 소비자의 소득이 감소하는 충격임) 기존의 상태에서 동일한 크기의 위험을 부담한다면 같은 소득의 증가도 소비자에게는 더 큰 효용의 증가로 다가온다. 따라서 이 경우에는 소득효과에 위해 α의 증가가 나타나는 것이다. 다음은 대표적인 3 가지 유형을 고려하여 접근한 모형이다.

▶ 당연히 부호는 반대로 나타난다. 소득의 증가는 효용을 늘리고 위험의 부담은 효용을 낮추기 때문이다. 여기에서의 서술은 절대값을 기준으로 서술된 것이다.

▶ 쉽게 표현하자면 돈이 많아졌으니 지금 상태에서 돈을 벌기 위해 예전과 같은 위험을 감수할 필요가 없다는 의미이다.

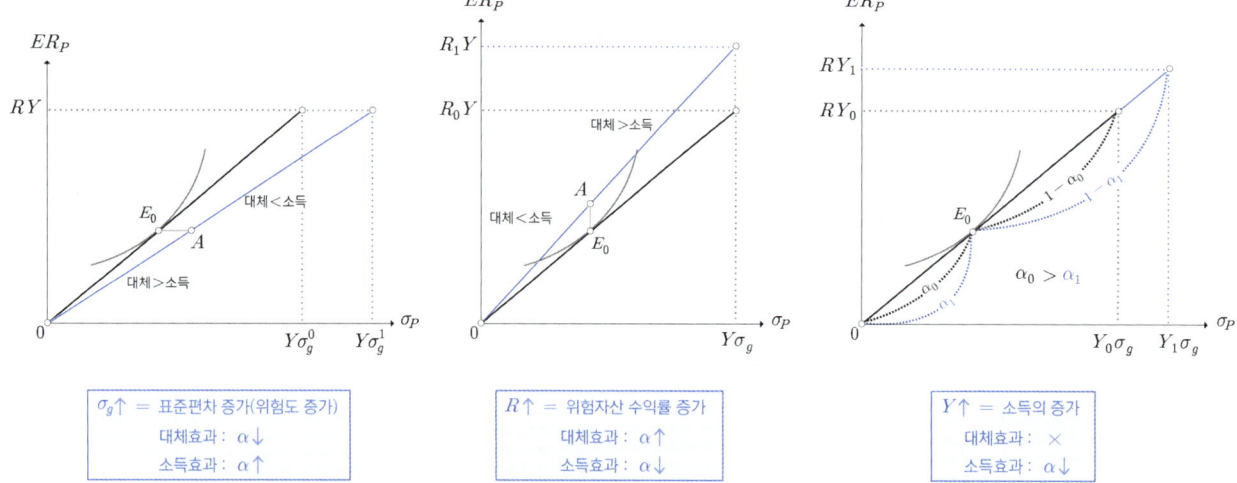

표준편차의 증가와 위험자산 수익률의 증가의 경우 무차별곡선의 형태 및 곡률에 따라, 대체효과가 클 수도 있고 소득효과가 클 수도 있다. 소비자의 선택점이 새로운 예산선 기준 A 점을 기준으로 왼쪽 아래의 영역을 선택한 경우 소비자는 최종적으로 위험자산의 비율($\alpha\downarrow$)을 감소시킨 것이다. 반대로 A 점을 기준으로 오른쪽 위의 영역을 선택한 경우 최종적으로 위험자산의 비율($\alpha\uparrow$)이 증가한 것이다. 한편 소득의 증가가 나타나는 경우 대체효과는 존재하지 않고 소득효과만 존재한다. 이 경우 그림상의 선택점은 여전히 E_0점이다. 하지만 의미는 달라져서 위험자산의 비율은 반드시 감소한 것으로 분석할 수 있다. ($\alpha_0 \to \alpha_1$) 참고로 그림으로 보이지는 않았으나 무수익을 가정하던 안전자산 수익률의 발생(또는 원래 수익률이 있던 경우에 상승) 시에는 예산선의 세로축 절편만 올라가게 되는데 이때 대체효과와 소득효과는 모두 α값을 감소시키는 방향으로 나타난다. 이는 그림을 그려서 스스로 판단해보자.

3. 화폐수요의 미시적 기초

1) 2기간을 가정한 MIU 모형(money in the utility function model)

① 1기

명목민간저축(P_1S)은 두 종류로 구성된다. 하나는 이자수익이 없는 명목화폐(M^D)이고 다른 하나는 이자수익이 발생하는 명목자산(B)으로, 명목정부채권 또는 저축성예금 등이다. 한편, 명목민간저축은 『1기의 명목소득 − 1기의 명목소비 $= P_1Y_1 - P_1C_1$』 이다.

$$P_1S = P_1(B+M^D)\,P_1Y_1 - P_1C_1$$

② 2기

2기에는 2기의 명목소득과 1기의 저축에 이자수익이 추가된 크기만큼 소비할 수 있다. 따라서 2기의 명목소비(P_2C_2)는 『$P_2Y_2 + (1+R)B + M^D$』 이다.

$$P_2C_2 = P_2Y_2 + (1+R)(B+M^D) - RM^D$$

③ 예산제약식

$(B+M^D)$을 기준으로 두 수식을 소거하면 2기간 명목예산제약식이 도출된다.

명목예산제약식 : $P_1C_1 + \dfrac{1}{1+R} \times P_2C_2 + \dfrac{R}{1+R} \times M^D = P_1Y_1 + \dfrac{1}{1+R} \times P_2Y_2$

양변을 P_1으로 나누면 실질예산제약식이 도출된다.

실질예산제약식 : $C_1 + \dfrac{1}{1+R} \times \dfrac{P_2}{P_1} \times C_2 + \dfrac{R}{1+R} \times \dfrac{M^D}{P_1} = Y_1 + \dfrac{1}{1+R} \times \dfrac{P_2}{P_1} \times Y_2$

피셔방정식에 의해 $\dfrac{P_2}{P_1} = 1+\pi = \dfrac{1+R}{1+r}$ 이므로 이를 고려하여 수식을 정리하면 다음과 같다.

실질예산제약식 : $C_1 + \dfrac{1}{1+r} \times C_2 + \dfrac{R}{1+R} \times \dfrac{M^D}{P_1} = Y_1 + \dfrac{1}{1+r} \times Y_2$

실질화폐수요($\dfrac{M^D}{P_1}$)의 가격은 $\dfrac{R}{1+R}$인데, R이 상승하면 분자의 상승률이 더 크므로 $\dfrac{R}{1+R}$은 상승한다. 따라서 명목이자율의 상승은 실질화폐수요를 감소시킨다. 한편, Y_1 또는 Y_2의 증가는 예산을 상승시키므로 실질화폐수요를 증가시킨다. 이를 정리하여 실질화폐수요와 변수와의 관계를 도출하면 다음과 같다.

$$\dfrac{M^D}{P_1} = L(\overset{+}{Y_1}, \overset{+}{Y_2}, \overset{-}{R}) \quad \text{피셔방정식을 고려하면}$$

$$\dfrac{M^D}{P_1} = L(\overset{+}{Y_1}, \overset{+}{Y_2}, \overset{-}{r+\pi^e})$$

2) 다중지급수단 모형

화폐 이외에 신용카드가 존재하는 경우를 가정한다. 신용카드는 화폐가 아니라 지불연기수단이다. 신용카드 사용 시 거래 단위당 부과하는 수수료는 q이다. 은행의 신용카드서비스는 공급량(X^S)이 증가할수록 한계비용이 상승하여 아래 그림과 같이 우상향하는 형태로 가정되어 있다. 소비자의 총지출인 Y에서 신용카드 사용량인 X^D를 제외한 나머지가 화폐수요이다. 화폐수요량은 $Y-X^D$이다.

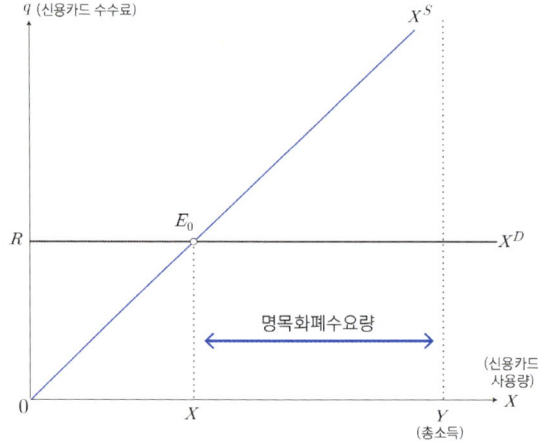

신용카드를 사용하면 지불을 연기할 수 있으므로 연기 시점까지의 명목이자율인 R과 신용카드 수수료인 q를 비교하게 된다. $R>q$이면 신용카드만 사용하고, $R<q$이면 화폐만 수요한다. 따라서 신용카드 수요의 수요량(X^D)은 R에서 수평이다.

명목이자율이 상승하면 X가 증가하여 명목화폐수요량이 감소한다. 한편, 소득이 증가하면 X는 불변이므로 명목화폐수요량이 증가한다. 따라서 명목화폐수요는 Y와 R의 함수이다. P는 재화와 서비스의 가격이자 물가이다.

$$M^D = P\left[Y - X(R)\right]$$

$$\frac{M^D}{P} = L(\overset{+}{Y},\ \overset{-}{R})$$

06 화폐금융정책 (통화량을 조절하는 정책과 이자율을 조절하는 정책과 관련된 논점)

1. 중간목표관리제

중간목표는 기본적으로 통제가능성, 측정가능성, 최종목표와의 안정적(예측적) 상관관계를 가져야 한다. 대표적으로 이자율과 통화량을 들 수 있다.

1) 통화량과 이자율을 동시에 고정시킬 수 없는 이유 (Y 증가로 화폐수요 증대 시)

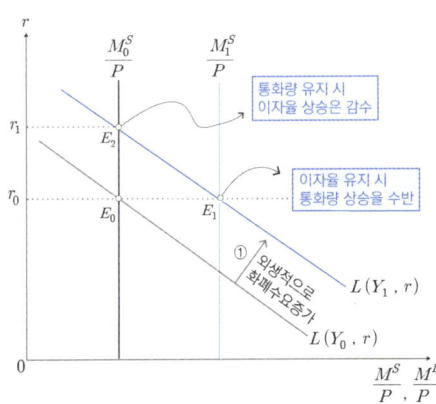

소득의 증대로 화폐수요가 증가한 상황을 가정할 때 통화량을 M_0^S로 고정시키려 한다면 $\frac{M^S}{P}$는 움직일 수 없다. 이때 이자율은 r_0에서 r_1으로 상승할 수밖에 없다. 화폐시장의 균형점은 E_0에서 E_2로 이동하게 된다.

반면 E_1에서 이자율을 r_0로 고정시키기 위해서 통화량은 M_0^S에서 M_1^S으로 늘어야 한다.

케인즈 학파는 금융정책의 목표는 이자율을 변화시켜 투자수요에 영향을 미치는 것이므로 이자율을 중요하게 생각하고 통화론자의 경우는 인플레이션 우려 등을 근거로 통화량 안정을 중요하게 생각한다.

2) 불확실성과 중간목표 (Poole의 모형)

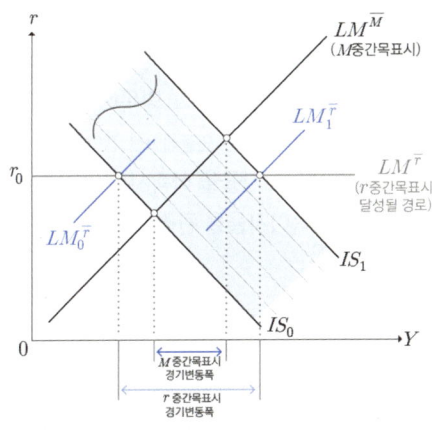
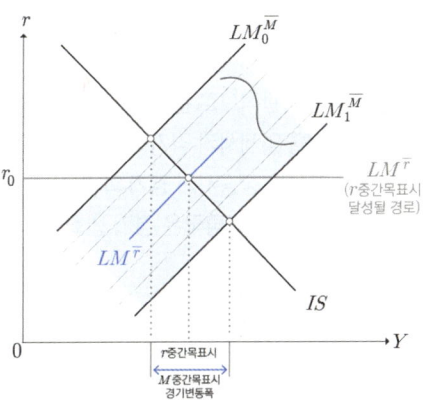

우리나라의 경우 외환위기 이후 자본이동이 자유롭게 되면서 머니마켓펀드(MMF), 뮤추얼펀드(Mutual Fund) 등과 같은 다양한 금융상품의 도입과 외국인 주식보유 한도 폐지 등으로 인해 잦은 화폐이동, 개념상 화폐정의의 어려움, 통화속도의 불안정성(Goodhart의 법칙에 따르면 통화량은 규제하기 시작하자마자 규제 이전의 패턴과는 전혀 다르게 변동함)으로 인한 화폐 시장의 불확실성으로 인해 통화 $targeting$을 포기하고 콜금리로 운영체제를 변경하였다. 최근 금리 중심의 통화 정책 하에서는 콜금리 대신 환매조건부 채권금리(RP 또는 $REPO$)를 사용한다.

▶ 중앙은행이 물가안정, 완전고용, 경제성장, 국제수지균형 등의 정책목표를 달성하기 위하여 실시하는 정책수단이다. 통화정책, 통화금융정책, 화폐금융정책, 통화신용정책 등으로도 불린다. 중간목표관리제와 물가안정목표제로 구분할 수 있다.

▶ 중앙은행이 통화량을 조절하는 방식은 다음과 같다.

① 일반적인 정책수단
- 재할인율 정책 – 중앙은행이 금융기관에 빌려주는 자금의 금리를 낮춤으로써 금융기관이 중앙은행에서 차입하는 자금 규모를 증가(rediscount rate policy)
- 지급준비율 정책 – 법정 지급준비율(cash reserve ratio)의 하락으로 통화승수 증가
- 공개시장 조작 – 금융기관 상대로 채권구매 시 본원통화증가(open market operation)

② 선별적인 정책수단
국내 여신에 대한 대출 한도를 조절하는 방식
- 이자율규제
- 창구규제, 도의적 설득

▶ 머니마켓펀드란 단기금융상품에 집중 투자하여 단기 금리의 등락이 펀드 수익률에 신속히 반영될 수 있도록 하는 초단기 공사채형 금융상품을 말한다. 가입 금액이나 만기가 정해져 있지 않고 하루 뒤 되찾아도 환매수수료가 붙지 않는 수시입출금식 펀드이다.

▶ 뮤추얼펀드란 일반 대중으로부터 주식을 공모하여 조성한 자금으로, 다양한 주식과 채권 등으로 구성된 포트폴리오를 활용하여 투자활동을 하는 투자회사를 의미한다.

2. 통화량 중간목표제 하에서 준칙주의와 재량주의에 의한 반론

통화량을 중간목표로 설정할 경우, 중앙은행이 통화공급량을 어떻게 결정해야 하는가? 매년 일정비율로 통화공급량을 증가시켜야 한다는 견해(준칙)에 대해 살펴본다. 그리고 이 준칙에 대한 반론으로 중앙은행의 재량에 맡겨 경제상황에 신축적으로 대응하자는 견해(재량)의 근거를 살펴보자.

1) EC방식

▶ EC각료회의에서 1972년에 합의한 방식이다.

통화량의 증가 정도를 결정할 때, 교환방정식에 근거를 두는 준칙방식이다. $MV = Py$를 로그근사화하면 $\frac{\Delta M}{M} + \frac{\Delta V}{V} = \frac{\Delta P}{P} + \frac{\Delta y}{y}$ 이므로, $\frac{\Delta M}{M} = \frac{\Delta P}{P} + \frac{\Delta y}{y} - \frac{\Delta V}{V}$를 기준으로 통화량을 조절한다.

2) 고정준칙 (fixed rule)

프리드먼은 경제의 상황과 관계없이 매년 통화량의 증가율을 $k\%$로 일정하게 유지하는 준칙을 주장했는데 이를 $k\%$ 준칙이라 한다.

3) 테일러 준칙 (Taylor's Rule)

John Taylor (1946~)

존 테일러는 금융정책론의 대가로 알려져 있다. 그는 세계에서 가장 유명한 경제학자 중 한 명이다. 기본적으로 정부의 시장개입을 반대하는 입장을 견지하고 있는 테일러는 미국의 양적완화 정책을 꾸준히 비판해왔다. 너무 잦은 정책 개입은 경제를 위태롭게 한다는 입장이다. 그의 이론 중 최근 가장 각광받는 내용은 경제의 실제 상황 또는 예상되는 상황이나 목표에 반응하는 준칙을 설명하는 테일러 준칙이다.

경제의 실제 상황 또는 예상되는 상황이나 목표에 반응하는 준칙(feedback rule)을 정해놓는 경우도 있는데 대표적인 것이 테일러 준칙이다. 미국 등 세계 주요 국가 은행들이 적정 기준금리를 정할 때 쓰는 통화정책의 기본모델로 활용된다. 사전적으로 금리 수준을 인플레이션률에 맞춰 조정하는 것이 경제 안정에 가장 중요하다는 이론이다.

$$R_t = \pi_t + r_t^* + a_Y(Y_t - \overline{Y_t}) + a_\pi(\pi_t - \pi_t^*)$$

테일러의 적정 기준금리 = 전기 물가상승률 + 장기균형 실질금리
+ GDP에 부여하는 가중치 × GDP 갭($\overline{Y_t} = Y_N$ = 잠재생산량)
+ 인플레이션에 부여하는 가중치 × 인플레이션 갭

이를 직관적으로 분석해 보자. 금리는 현재 경기가 과열되면(GDP 갭의 증가) 명목이자율의 상승으로 투자를 억제시켜 경기 과열을 막는다. 또한 인플레이션율이 높아지면(인플레이션 갭의 증가) 역시 명목이자율을 상승시켜 경기 과열을 막는다. 반대의 경우에는 명목이자율을 하락시켜 경기 회복을 유도한다. 즉 통화당국은 경기 변화의 자동 안정화 장치로서 명목이자율을 관리해야 한다는 것이다.

4) 준칙주의에 대한 반론

준칙주의자들은 인플레이션은 화폐적 현상이고 통화량의 지속적 증가만이 인플레이션의 주요 원인이므로, 화폐공급의 자의성을 배제하면 인플레이션은 발생하지 않는다고 주장하였다.

그러나 ① 단기적으로 화폐수요가 불규칙적으로 급변하거나, ② 유가상승 등 외부충격에 의해 경제가 교란되는 경우, ③ 새로운 금융상품의 출현이 잦아 통화량과 산출량 사이에 안정적인 관계가 관측되지 않는 경우에는 화폐공급준칙이 바람직하지 않고 경제의 상황을 고려한 신축적 화폐금융정책이 더 효과적일 수 있다.

3. 확장적 통화정책의 파급경로

1) 통화 중시 견해

① 장단기 금리 경로 $M\uparrow$ → 단기채권수요↑ → 단기채권가격↑ → 단기 이자율 하락
                                       → 장기채권 수요↑ → 장기채권가격↑ → 장기 이자율 하락

② 주가 경로 $M\uparrow$ → 주식시장수요↑ → 주가 상승 → 토빈 q상승 → 투자↑

③ 환율 경로 $M\uparrow$ → 외환수요↑ → $E\uparrow$ → (마샬–러너 조건 만족 시) 순수출↑

④ 부동산 가격 경로 $M\uparrow$ → 부동산 수요↑ → 부동산가격↑ → 소비, 투자↑

⑤ 민간기대심리 $M\uparrow$ → 경기회복 예상 → 소비, 투자↑

2) 신용 중시 견해

① 은행대출경로

(차변)	시중은행의 B/S	(대변)
자산		자본

1. 유가증권
  ① 채권(국공채/기업채)
  ② 주식
2. 기업대출
3. 준비자산(지급준비금)
		부채
		1. 예금
		2. 중앙은행 차입금
		3. 기타은행 차입금

$M\uparrow$ → C(현금), D(예금)↑ → 대변의 D 증가는 차변의 유가증권 또는 기업대출증가로 나타나게 되는데, 이때 양자는 불완전 대체성을 갖는다.

따라서, 예금 증가 중 일부는 안정적으로 대출 증가로 이어질 수 있게 된다.

② 대차대조표 경로 (경기변동을 가속화시키는 금융가속기 역할)

     $M\uparrow$ → 자산시장으로 유동성 유입 → 자산가격↑ → 가계, 기업의 대차대조표상 순자산 규모↑
         → 은행에 긍정적 신호 발송 → 은행 대출↑ → 소비, 투자↑

3) 통화 중시 견해의 한계

어떠한 경제현상이 발생하고 이에 대한 문제가 인식되기까지의 시차를 **인식시차**라 한다. 이를 인식하고 해결하기 위해 정책을 설계하고 정책을 집행하기까지의 시차를 **집행시차** 혹은 시행시차라 한다. 인식시차와 집행시차를 합하여 ① **내부시차**라 한다. 정책이 시행된 이후 실물경제에 효과가 발생하기까지의 시차를 ② **외부시차**라 한다.

일반적으로 재정정책은 시행하기까지의 시차가 길지만 효과는 즉시 발생한다. 하지만 금융정책은 시행하기까지의 시차는 짧으나 시행 후 효과가 발생하기까지의 시차(외부시차)가 길고 가변적인데 그 이유는 통화중시견해의 파급경로는 효과가 발생하기까지는 상당한 시간이 필요하기 때문이다.

4) 신용 중시 견해의 한계

① 레버리지(leverage)와 BIS 자기자본비율 (Bank for International Settlement : 국제결제은행)

은행은 예금을 받고 이를 이용하여 대출을 하거나 지급준비금으로 활용한다. 레버리지란, 자기자본에 차입자본을 더하여 투자함으로써, 자기자본에 대한 수익을 증대시키는 것을 말한다. 레버리지는 은행의 자기자본에 대한 은행총자산의 비율로 측정한다. 케이스 1을 사례로 설명하자면, 기업의 가치가 10 감소할 때 우선 변제권은 예금 및 기타 채무자에 있으므로 자본이 감소하고 레버리지가 상승한다. 따라서 레버리지를 낮추기 위해 부채비율을 줄이고 이는 경기불황을 가속화시킬 수 있게 된다. 호황기에는 은행이 경제를 더 활성화(또는 과열)시킬 수 있는데 이는 경기 과열의 원인이 될 수 있다. 이러한 이유로 레버리지를 금융가속기라 부르기도 한다.

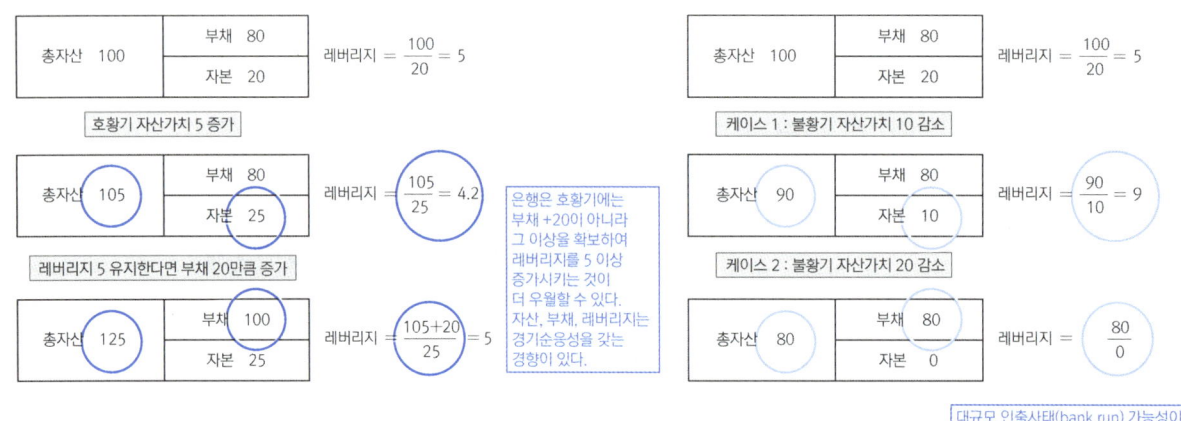

한편, 은행감독기관은 예금자들에 대한 지급능력을 확보하기 위해서 은행들에 대해 충분한 자금을 보호하도록 제약을 부과하고 있다. 현재 국제적인 규범으로 BIS 자기자본비율이 있다.

$$BIS \text{ 자기자본비율} = \frac{\text{자기자본}}{\text{위험가중치 부여 자산규모}} \geq 8\% \text{(일반적으로)}$$

이 조건은 은행에게 굉장히 중요하다. 단기적으로 이 수치를 맞추기 위해서 갑자기 자산구성을 변경하기는 어렵기 때문에 자기자본의 비율을 증가시키는 방법을 생각해 볼 수 있다. 이를 위해서는 신주발행, 기존에 발행한 채권을 주식으로 전환, 영업이익 적립 등의 방법이 있으나 신규대출과 이익이 감소하므로 주주의 반대에 직면할 가능성이 높다. 따라서 일반적으로 (평상시에) 은행은 BIS 자기자본비율을 안정적으로 유지하기 위해 가중치 순위가 높은 대출을 피하려 하며 가중치가 낮은 대출을 선호하게 된다.

가중치는 ① 중앙정부, 중앙은행 발행 채권 0% ② 국내 공공기관 10% ③ 은행 20% ④ 주택담보대출 50% ⑤ 기타 민간 대출금, 주식 100%로 알려져 있다. 즉, 중앙정부 대출은 [대출규모×1]을 분모에 더하고 주택담보대출의 경우는 [대출규모×1.5]를 분모에 더하게 된다.

② 고등급 선호현상 (Flight to quality)

은행 입장에서는 대출이자율(수익률)이 낮더라도 신용도가 높은 국공채나 대기업 대출을 선호하게 되는데 이는 정보 비대칭이 원인이다. 이러한 은행의 선호현상으로 인해 실질적으로 중소기업의 입장에서 원활하게 대출이 일어나지 않는 현상이 발생할 수 있다.

③ **신용할당** (credit rationing) (새케인즈 학파에 의한 신용시장에서의 경직성, 이자율 경로의 장애요인)

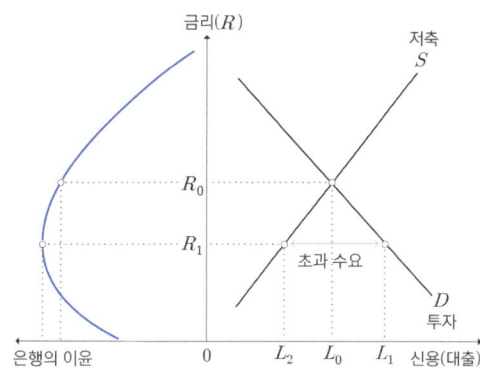

은행은 차입자의 신용도를 정확하게 파악할 수 없어서 상환 가능성을 의심한다. 따라서, 기존의 신용거래 내역이나 담보물의 가치 등을 종합적으로 고려하여 수급을 일치시키는 균형이자율인 R_0을 선택하기보다는 R_1을 선택하는 것이 은행의 이윤을 더 높일 수 있다고 판단한다. 이렇게 균형금리에서 결정되는 적정수준의 대출보다 과소한 수준에서 이미 은행이 대출 규모(신용)를 할당해 놓은 상황 하에서 비가격 심사에 의해 은행대출이 이루어지는 것을 신용할당이라 한다.

| 그림의 좌측은 은행의 이윤을 나타내고 오른쪽은 이자율에 따른 은행의 공급(S)과 민간의 수요(D)를 나타낸다.

4. 물가안정 목표제도 (3±1%, 2015년 이후에는 2%)

통화량을 중간목표로 금융정책을 시행할 경우, 통화량과 실물부문과의 관계가 안정적이어야 정책의 효과가 나타난다. 1980년대 이후 금융자유화와 금융기술의 혁신으로 통화량과 실물부문간의 관계가 불안정해짐에 따라 통화량을 중간목표로 하는 금융정책의 유효성은 하락하게 되었다.

| (1998~1999) 소비자 물가지수 | (2000) 근원인플레이션 | (2007~2009) 소비자 물가지수 |
| (도입초기) | | (최근) |

우리나라는 1980년대 이후 금융자유화와 금융기술의 혁신으로 통화량과 실물부문과의 관계가 불안정해짐에 따라 통화량을 중간목표로 하는 금융정책의 유효성은 하락하였다. 이제는 중간목표(이자율이나 통화량의 고정)는 사용되지 않는다. 1998년 물가안정 목표제도가 도입된 이후 중앙은행의 목표는 물가의 안정이다. 중간에 근원인플레이션을 목표로 설정한 적도 있었다. 위에 연도별 정부의 목표가 된 물가지수를 정리하였다.

참고로 소비자물가지수에서 농산물, 석유제품(공급측 충격) 등을 제외한 것이 근원인플레이션이다. 하지만 이는 체감경기를 반영하지 못하므로 최근 다시 소비자 물가지수로 회귀하였다. 물가안정목표제도 하에서 통화량, 환율, 순수출, 유가, 금리, 자산가격 등은 감시지표로 사용된다. 보통 물가안정목표제는 3년을 단위로 설정되므로 중기물가안정목표라고 한다.

▶ 중앙은행의 목표가 물가안정으로 단일화되면 ① 통화정책의 일관성이 유지되고 정책의 신뢰도 역시 상승한다. 그리고 ② 민간의 예상과 실제 정책이 큰 차이를 보이지 않게 되므로 정책기조의 예기치 못한 변화로 신뢰도에 상처를 입는 경우가 줄어든다. 또한 ③ 중앙은행이 물가안정이라는 확실한 신호를 보내게 됨에 따라 인플레이션율이 하락하는 효과도 기대할 수 있다.

> **tip** 리디노미네이션(redenomination)이란 국가에서 통용되는 모든 화폐에 대해 실질가치를 그대로 유지하면서, 액면가를 더 낮은 비율로 조정하는 화폐개혁을 의미한다. 예를 들면 우리나라의 화폐단위 1000원을 1원으로, 즉 1000대 1의 비율로 조정하는 개혁을 들 수 있다.
>
> 이 경우 장단점이 있는데 우선 장점으로 ① 거래 단위상 표기되는 금액이 감소하면서 **금융거래 시 오류를 줄일 수**(회계장부 상 금액의 감소, 대금결제의 용이)있다. 그리고 ② 외국의 화폐를 구매할 때 1000원을 지급하던 것을 1원만 지급하면 되므로 **자국 통화의 대외적 위상이 높아진다**. 한편, ③ 도입 시에 화폐를 교환해야 하므로 지하경제에 숨겨져 있던 화폐가 모두 수면 위로 드러나게 될 것이므로 **지하자금 양성화, 세수 증대**를 기대해 볼 수 있다.
>
> 하지만 단점으로 ① 초반에는 물가를 안정화시키려는 정부의 의지가 반영되어 일시적인 인플레이션 억제가 예상되나 **시행 이후에는 물가 상승**이 나타날(1800원이 1.8원이 되는 것이 아니라 2원으로 책정되는 상황이 가능) 가능성이 매우 높다. 그리고 ② 새로운 화폐제조, 교환, 시스템 재점검, 가격 적용 등을 위한 **메뉴비용**(menu cost)이 발생할 수 있고 ③ 민간들의 불안심리가 형성될 가능성도 있다. 도입 이후에 안정화되면 ④ 금액 단위의 하락으로 인한 **지하 경제의 확대 가능성**(암거래, 현금거래 시 부피 감소, 불편함 감소)이 있다.

07 자산가격 설정방식(채권, 주식, 부동산)과 금리스프레드

자산시장에서 자산의 미래수익의 현재가치가 가격이다. 주식의 경우 기대 배당금의 현재가치와 매매차익의 예상금액, 부동산의 경우 기대 임대수익의 현재가치 및 매매차익의 예상 금액을 고려하여 가격이 결정된다. 채권(bond)의 경우 그 종류에 따라 이표채와 할인채의 가격설정에 대해 조금 다른 구조를 갖는다.

1. 채권 시장

① **이표채**(coupon bond)

액면가 (만기 시 지급) : F
쿠폰금액 (매기 지급) : C [또는 쿠폰율 : δ]
만기일 : 2032.01.01

▶ 채권의 발행처가 정부라면 국채이고 회사라면 회사채이다. 발행처의 신뢰도가 높다면 채권은 위험도가 낮고 수익률이 낮을 것이다. 상대적으로 신뢰도가 낮은 발행처의 채권은 위험도가 높아서 수익률이 높아야 판매가 가능하다. 채권 중 중앙은행이 발행한 채권이 유일하게 통화량을 조절할 수 있다.

현재 시점이 2022년 1월 2일이어서 10년 만기 채권이라 하자. 쿠폰금액은 다음 기부터 지급되므로 초항은 C가 아니라 $\dfrac{C}{1+r}$ 이다.

$$PV = \frac{C}{1+r} + \frac{C}{(1+r)^2} + \cdots + \frac{C+F}{(1+r)^{10}} \quad \text{또는} \quad PV = \frac{\delta F}{1+r} + \frac{\delta F}{(1+r)^2} + \cdots + \frac{\delta F + F}{(1+r)^{10}}$$

② **할인채**(discount bond) **또는 무이표채**(zero coupon bond) ($C = \delta = 0$)

할인채는 쿠폰금액이나 쿠폰율 없이 만기 시 지급액만 존재하는 채권을 말한다.

$$PV = \frac{F}{(1+r)^{10}}$$

[현재 시장에서 판매되는 채권의 가격 $< PV_{채권}$]이라면 채권의 수요가 증대되어 가격이 상승한다. 이론상으로 채권의 가격은 PV와 일치하는 점에서 결정된다.

③ **영구채**(perpetual bond)

만기가 무한대인 채권으로 원금을 상환하지 않고, 영구적으로 이자를 지급하는 채권으로 채권을 구입한 후 다음 기부터 매기 b의 이자를 영구적으로 지급하는 채권의 가격은 다음과 같다.

$$P_b = \frac{b}{1+r} + \frac{b}{(1+r)^2} + \frac{b}{(1+r)^3} + \cdots . \quad P_b = \frac{\frac{b}{1+r}}{1 - \frac{1}{1+r}} = \frac{b}{r}$$

2. 주식(equity) 시장

▶ 주식은 기업이 소멸하지 않는 이상 유지된다. 다만 주식은 되팔면서 발생하는 자본이득도 있을 수 있는데 이 크기는 구매자의 예측에 근거할 뿐이다. 수식의 오른쪽 두 번째 항의 n을 $n+1$로 바꿔도 큰 차이는 없다. 어차피 배당금을 받고 즉시 주식을 판매할지, 한 기 정도 관망하고 판매할지 여부는 미지수이기 때문이다. 두 번째 항은 다음 page의 주택시장에서의 합리적 거품으로 판단해도 개념상 유사하다.

주식시장이 합리적이고 효율적이어서 주식가격은 기업의 이윤창출능력과 경제적 환경을 고려하여 합리적으로 결정된다고 가정한다. 주식보유로 인한 수익은 자본이득(capital gain)과 배당(dividend)의 합이다. n기에 주식을 매도하며 수익을 올린다는 가정 하에 현 시점에서의 주식의 가격(소비자의 지불의향금액)은 다음과 같다. 단 배당소득은 다음 기부터 발생한다고 가정한다.

$$P = E \sum_{i=1}^{n} \frac{D_i}{(1+r)^i} + \frac{P_n^e}{(1+r)^n} \quad \text{(단, } D\text{는 배당소득, } P_n^e \text{은 } n\text{기의 예상주가)}$$

단, n기의 주가는 오를 수도 있고 떨어질 수도 있다. 따라서 P_n^e은 엄밀히 기대주가가 아니라 n기의 주가에 대한 확실성대등액이어야 한다. 위험을 기피하는 소비자는 부여하는 가치가 상대적으로 낮고 위험을 선호하는 소비자는 부여하는 가치가 상대적으로 높을 것이다.

효율성 논의▼

시장에서 입수된 정보가 즉시 가격에 반영되는 것을 효율적이라 한다. 약형 효율성(weak-form efficient market hypothesis, weak-form EMH)이란 현재 데이터에 과거로부터 연동된 모든 정보가 포함되어 있다는 것을 의미한다. 따라서 주식의 패턴으로부터 미래의 주식시장을 예측해서는 돈을 벌 수 없다. 중강형 효율성(semi strong-form EMH)은 과거의 주식과 관련된 정보 외에도 일반에게 공개된 정보(공식적으로 이용 가능한 정보)가 모두 반영되는 경우를 의미한다. 기업의 영업방침 및 방향성, 이자율, 물가, 국가의 성장률 등과 관련된 정보이다. 이렇게 일반에게 공개된 자료는 주식시장의 변화를 예측할 수 없다. 강형 효율성(strong-form EMH)은 현재의 주식은 일반인에게 공개된 정보 뿐 아니라 내부정보까지 전부 반영되어 있는 경우를 의미한다. 이때 내부정보를 고려해도 (사실상 어떤 정보라 하더라도 이미 현재 주식에 반영됨) 돈을 벌 수 없다.

▼ 주식시장을 기준으로 설명하였으나 환율시장에서도 동일하게 적용할 수 있는 논리이다.

3. 주택시장

자산시장에서 가격을 결정짓는 요인 중 하나는 거품형성이다. 이는 t기에 예측하는 $t+1$기의 가격예측에 일정한 가중치(계수)를 고려하여 이를 자산가격에 고려하는 것으로 이러한 거품이 고착화 된 것을 합리적 거품이라 한다. 일반적으로 주식이나 부동산 가격이 설정될 때에 합리적 거품(확정적 거품, rational bubble)을 고려한 가격이 자산가격의 상승에 반영된다.

$$P = E \sum_{i=1}^{n} \frac{D_i}{(1+r)^i} + \beta b_n^e$$

(단, D는 임대소득, $\beta b_n^e (= \beta E_t b_{t+n})$는 현 시점에 판단하는 n기의 합리적 거품이 포함된 주택가격)

$$\therefore \text{자산가격} = PV_{\text{매기 발생하는 기대소득(예상수입)}} + \text{합리적 거품}(b_t = \beta E_t b_{t+1})$$

4. 금리 스프레드 (spread)

① 기대이론

$$\frac{r_{0,1} + f_{1,1}}{2} = r_{0,2} \text{ 좀 더 일반화시키면 } r_{t,n} = \frac{r_{t,1} + r^e_{t+1,1} + r^e_{t+2,1} \cdots + r^e_{t+n-1,1}}{n}$$

$r_{0,1}$는 현재(0기) 1년 만기 채권 이율을 의미하고, $r_{0,2}$는 현재(0기) 2년 만기 채권을 의미한다. 기대이론은 채권 간 완전한 대체성을 가정할 때 다음 기(1기)의 1년 만기 채권이율에 대한 수익률 기대치($f_{1,1}$)를 고려하여 장단기의 금리차가 발생한다는 이론이다. 오른쪽 수식 중 $r^e_{t+1,1}$은 $t+1$기에 예상되는 1년 만기 채권의 수익률을 말한다.

▶ 경기침체 직전에 단기수익률이 장기수익률보다 높아져 수익률곡선(yield curve)이 우하향하게 될 수 있다. 기대이론에 따르면 이 상황이 경기침체가 예상되는 상황이라고 한다. 우선 미래의 소비, 투자 감소(IS곡선의 좌측이동)가 예상된다. 따라서, 중앙은행이 경기침체에 대응하여 확장적 화폐금융정책을 펼 것(LM곡선의 우측이동)도 예상된다. 즉, 미래의 이자율 하락이 나타날 것이므로 현재의 장기수익률이 하락하게 된 것이라 해석한다.
반대로 수익률곡선이 우상향한다면 이는 경제의 불확실성이 해소된다는 의미를 갖는다.

② 시장분리이론

투자자들이나 차입자들은 각각 자신이 필요로 하는 만기로 형성된 채권시장에만 참여한다. 즉, 장기와 단기의 채권시장은 별개의 수요와 공급에 따른 이자율이 반영된 것이라는 이론이다.

③ 선호서식지 이론 (preferred habitat theory)

투자자나 차입자는 자신이 선호하는 만기가 있지만 어느 정도는 대체성을 갖고 있다는 것을 인정하는 이론이다. 이에 따르면 선호도가 높은 만기 채권의 이자율은 낮아지게 된다.

④ 유동성 프리미엄 이론 (수익률에 $k_{t,n}$을 반영)

$$r_{t,n} = k_{t,n} + \frac{r_{t,1} + r^e_{t+1,1} + r^e_{t+2,1} \cdots + r^e_{t+n-1,1}}{n}$$

단기 채권에 비해 장기 채권의 경우 만기가 늦어서 자금을 단기에는 융통시킬 수 없다는 단점, 즉 유동성 측면에서 불리하며 이를 감안하여 만기의 이율이 더 높아질 수 있다.

⑤ 위험 프리미엄 이론

위험 프리미엄은 경제의 불확실성의 정도에 따라 더 높아질 수도 있고 더 낮아질 수도 있다. 만약 경제의 불확실성이 커지면 그림과 같이 장기에 더 높은 수익률을 보장해 줘야 하므로 수익률곡선은 가팔라진다. 유동성 프리미엄에 위험 프리미엄을 포함시키는 경우로 해석되기도 한다.

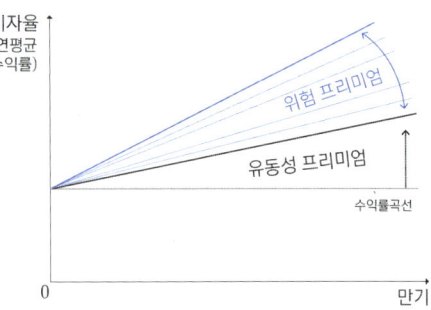

⑥ 금리 스프레드의 변동성 심화가 갖는 함의

스프레드 변동성 증가는 불확실성이 커지는 것을 의미한다. 위험 프리미엄이 이론에 따르면 위험 프리미엄의 변동성 심화, 기대이론에 따르면 미래 금리의 예상의 어려움이 금리스프레드의 변동성 증가이기 때문이다. 단기 금리는 그대로인데 장기금리만 상승하는 상황(금리 스프레드가 커지는 상황)이라면 ① 기대이론에 의하면 불확실성의 해소 ② 위험 프리미엄 이론에 의하면 경제의 위험도 심화, 즉 불확실성의 심화로 해석할 수 있다. 보통 기대이론에 의한 힘이 더 강하다고 한다.

Chapter 5
실업과 인플레이션

01 노동공급과 노동수요의 미시적 기초
02 실업
03 물가와 인플레이션
04 필립스곡선

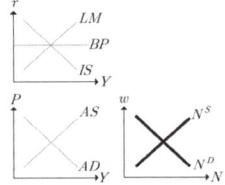

▶ 단, 배당이윤은 노동자의 행동으로 변화시킬 수 없음을 가정한다. 노동자에게 배당이윤은 상수이다.

01 노동공급과 노동수요의 미시적 기초 (2기간 모형을 가정)

1. 노동공급곡선

노동자의 효용함수는 $Max\ U(C_1, l_1, C_2, l_2) = u(C_1, l_1) + u(C_2, l_2)$ 로 소비(C)와 여가(l)의 함수이다. 각 기간별 여가 혹은 노동할 수 있는 시간을 편의상 1(1대신 가용시간 H로 가정해도 상관없음)로 가정한다면 $L = 1 - l$이다. 노동자는 매기 노동소득(wL)을 얻고, 기업의 주주로 배당이윤(π)도 얻는다. 단, 1기에는 초기자본(a_0)도 갖는다. 각 기의 조세(T)는 정액세를 가정한다. 1기에는 소비(C_1)와 저축(S)이 이루어지고 2기에는 소비(C_2)만 발생한다. 이를 고려하여 이번 기와 다음 기의 예산식을 정리하면 다음과 같다.

$$C_1 + S = a_0 + w_1(1-l_1) + \pi_1 - T_1, \quad C_2 = w_2(1-l_2) + (1+r)S + \pi_2 - T_2$$

저축은 1기에만 발생가능하고 2기에는 발생하지 않는다. 저축(S)을 기준으로 두 식을 소거하여 도출한 소비자의 제약식은 다음과 같다.

$$s.t.\ C_1 + \frac{C_2}{1+r} = a_0 + w_1(1-l_1) + \pi_1 - T_1 + \frac{w_2(1-l_2) + \pi_2 - T_2}{1+r}$$

미래소비(C_2)의 가격은 $\frac{1}{1+r}$ 이고, 현재 여가(l_1)의 가격은 w_1이다. 미래 여가(l_2)의 가격은 $\frac{w_2}{1+r}$ 이다. 미시경제학에서 다룬 기간내 효용극대화 조건은 $MRS_{l_1 C_1} = w_1$으로, w_1 상승 시 ① 기간내 대체효과로 여가의 기회비용이 상승하여 l_1이 감소하므로 현재 노동공급은 증가($L_1^S \uparrow$)한다. 한편 ② 소득효과는 여가(l)가 정상재일 때 소득의 증가로 여가소비를 증대시켜 노동공급을 감소($L_1^S \downarrow$)시킨다. ③ 기간간 대체효과(intertemporal substitution effect)를 추가로 고려한다. 기간간(이번기와 다음 기의) 여가의 상대가격은 $\frac{w_1(1+r)}{w_2}$ 이다. 기간간 여가의 한계대체율과 기간간 여가의 상대가격이 일치해야 하므로 $MRS_{l_1 l_2} = \frac{w_1(1+r)}{w_2}$ 가 만족되어야 한다.

▶ 미시에서 도출한 노동공급곡선은 기간내의 변화만을 고려하였다. 하지만 거시에서는 중요한 것 중 하나가 기간간 대체효과를 반영해야 한다는 것이다. 현재의 임금이 증가하면 미래의 노동보다 현재의 노동이 더 유리하다. 따라서 노동자들은 미래에 일할 계획 중 일부를 현재로 돌릴 것이므로 현재의 노동공급량은 증가하게 된다.

일반적으로 많은 노동자의 경우 상대적으로 누리는 여가에 비해 소득이 많지 않으며, 따라서 상대적으로 소득의 증가를 수반하는 여가(l_1)를 줄이는 대체효과(①+③)의 크기가 소득의 감소를 수반하는 여가(l_1)를 늘리는 소득효과(②)의 크기보다 더 크다. 따라서 종합적으로 w_1이 상승할 때 현재의 여가(l_1)는 감소하고 현재의 노동공급(L_1^S)이 증가할 것이며 노동공급곡선은 우상향한다.

$$L^S = L^S(\overset{+}{w_1}, \overset{-}{w_2}, \overset{+}{r}, \overset{+}{G})$$

2. 노동수요곡선

노동자를 수요하는 것은 기업이다. 기업은 이윤극대화를 추구하는 과정에서 노동자를 수요하려 할 것이다. 챕터 03-06에서 도출한 기업 이윤의 현재가치를 극대화하는 과정을 통해 정리한다.

$$\underset{L_1, L_2}{Max}\ PV_\pi = \pi_1 + \frac{\pi_2}{1+r} = Y_1 - w_1 L_1 - (K_2 - (1-\delta)K_1) + \frac{Y_2 - w_2 L_2 + (1-\delta)K_2}{1+r}$$

$$foc: \frac{\partial PV\pi}{\partial L_1} = \frac{\partial Y_1}{\partial L_1} - w_1 = MP_{L_1} - w_1 = 0$$

$$\frac{\partial PV\pi}{\partial L_2} = \left(\frac{1}{1+r}\right)\frac{\partial Y_2}{\partial L_2} - \left(\frac{1}{1+r}\right)w_2 = \left(\frac{1}{1+r}\right)(MP_{L_2} - w_2) = 0$$

> 2기간 모형에서 투자는 1기에만 발생한다. 1기의 투자는 이윤에서 빼줘야 하는 변수이다. 한편 2기에는 이 기업이 보유하던 자본에서 감가상각이 된 부분을 제외하고 나머지는 처분할 것이므로 $(1-\delta)K_2$는 2기의 이윤에 더해진다.

현재의 노동수요곡선을 결정하는 것은 현재의 MP_L 이다. 미래의 한계생산성은 현재의 노동수요곡선에 영향을 주지 않는다.

$$L^D = L^D(\overset{-}{w_1},\ \overset{+}{z_1},\ \overset{+}{K})$$

3. 요소시장 경쟁 가정 시 시장균형

일반적으로 MP_L 은 체감하는 것이 전제되므로 노동수요곡선은 우하향한다. 일반적으로 시장의 청산을 가정한다면 노동수요곡선과 노동공급곡선이 교점이 균형이다.

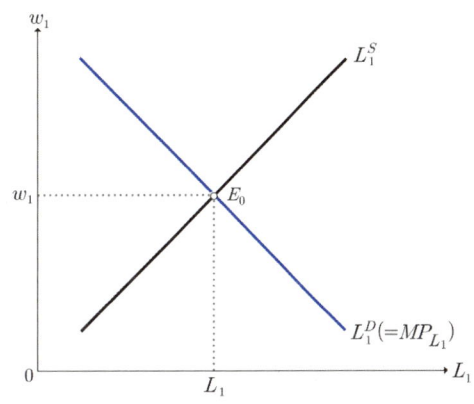

| 세로축은 실질임금이고 가로축은 노동량으로 나타낸 그래프이다. 세로축을 명목임금으로 나타낼 때와 실질임금으로 나타낼 때의 곡선의 이동은 반대가 되니 주의해야 한다.

02 실업 (unemployment)

1. 실업의 개념

자발적 실업   경제활동 인구 중에서 현재의 임금 하에서 일할 의사가 없는 사람들의 집합 (voluntary U.)

비자발적 실업   시장에 의해 형성된 현재의 임금 하에서 일할 의사가 있으나 일자리를 얻지 못해 발생하는 실업 (unvoluntary U.)

> 보통 노동시장의 가로축은 일하는 사람 수가 아니라 노동을 제공한 시간의 합으로 가정하는 것이 맞다. 다만 이 테마에서는 편의상 인구수를 기준으로 그래프가 형성될 수 있음을 전제하였다. 일반적으로 많은 모형들에서 노동시장의 균형을 N^D와 N^S의 교점을 기준으로 전제하는 경우가 많으나 실제로는 그림처럼 비자발적 실업이 존재하는 경제를 가정하는 것이 자연스럽다.

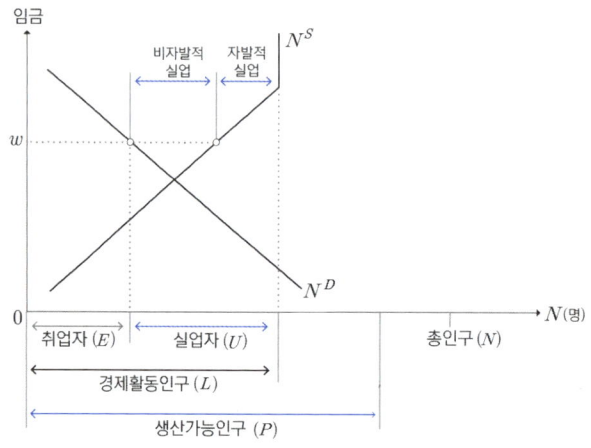

경기적 실업   경기 상황에 따른 실업 (cyclical U.)

구조적 실업   산업구조의 변화에 따른 노동의 수급 불일치로 발생하는 실업 (structural U.)

마찰적 실업   구직 과정에서 노동자와 기업 상호간 기대 수준 불일치로 탐색과정에서 발생하는 실업 (frictional U.)

계절적 실업   건축, 농어업 등에서 계절에 따라 발생하는 실업 (seasonal U.)

자연실업률   경제가 장기로 수렴해가는 실업률로 안정적인 값 (natural rate of U.)

> 경제에 사라지지 않고 지속적으로 존재하는 실업률, 10년 이상 수년간 실제 실업률의 평균치, 완전고용상태의 실업률, 가격변수가 완전 신축적이고 민간의 기대가 정확한 상황에서 나타나는 실업률 등으로 정의되기도 한다.

자연실업률(natural rate of unemployment)은 단기적인 경기변동과 관계없이 정상적인 상태에서 노동시장의 작용과 그 변화에 따라 결정되는 실업으로 정의된다. 보통 구조적 실업과 마찰적 실업의 합을 말한다. 실제로 측정이 어렵고 장기적인 평균실업률을 자연실업률로 정의하는 경우가 일반적이다.

> 자연실업률이라는 개념을 처음 제시한 사람은 프리드먼인데 프리드먼은 자연실업률이 왈라스 균형의 해가 되는 실업률이라 하였다.

모딜리아니(Modigliani)가 제시한 약어인 $NAIRU$ (Non-Accelerating Inflation Rate of Unemployment)의 개념으로도 자연실업률을 이해할 수 있다. 이는 인플레이션을 가속화시키지 않는 실업률을 의미하며 필립스곡선과 관련지어 설명이 가능하다.

2. 실업률(unemployment rate)과 고용률, 비취업률

실업률이란 경제활동인구 중 실업자수를 의미한다. 실직률(separating job rate)을 s, 구직률(finding job rate)을 f라 하고 현재 실업률이 자연실업률로 판단될 때, 실업률을 이 두 변수로만 나타내면 다음과 같다.

$$경제활동인구(L) = 취업자수(E) + 실업자수(U)$$

$$실업률 = \frac{U}{L} = \frac{U}{U+E}$$

실직률(s) × 취업자수(E) = 구직률(f) × 실업자수(U)일 때 실업률은 변화하지 않는다. 만약 왼쪽이 더 크면 실업률은 상승할 것이고, 오른쪽이 더 크면 실업률은 감소할 것이다. 현재 일정하게 유지되고 있는 실업률을 구하는 것이 목표이므로

$$E = \frac{f}{s} U$$

노동시장 균제상태에서의 실업률을 자연실업률(U_N)이라 한다면

$$자연실업률(U_N) = \frac{U}{U+E} \quad (단, E = \frac{f}{s}U)$$

$$= \frac{U}{U + \frac{f}{s}U} = \frac{s}{s+f} = \frac{실직률}{실직률 + 구직률}$$

우리나라의 경우 실업률이 선진국에 비해 낮다. 이는 실업률의 통계상에 기인한 것인데, ① 주당 1시간 이상 근로자(수입획득을 목적)와 ② 주당 18시간 이상 일한 무급 가족 종사자, ③ 일정한 직장이나 사업장을 가지고 있으나 일시적 질병, 일기불순(날씨가 고르지 못함), 휴가, 노사분규 등의 사유로 조사기간 중 일을 못한 사람들이 취업자로 간주되고(취업자의 과잉추정) ④ 실망실업자의 비경제활동 인구 집단으로 이동(실업률의 정의에 따른 문제)이 주요원인이다. 이러한 통계상 괴리의 해소를 위해 최근 고용률 및 비취업율이라는 개념이 국가 간의 적절한 비교가 가능하다는 점에서 각광을 받고 있다. 일반적으로 선진국의 경우 실망실업자 비율을 10% 남짓으로 잡고 있지만 우리나라의 경우는 30% 이상으로 설정한다.

$$고용률 = \frac{취업자수(E)}{생산가능인구(P)} = 1 - 비취업률$$

우리나라는 통계상으로 실업률이 낮은 국가이다. 일반적으로 실업률이 낮으면 고용률은 높아야 한다. 그런데 우리나라는 실업률도 낮고 고용률도 낮다고 한다. 이를 수식으로 간단히 분석해 보면 다음과 같다. 백분율은 무시하고 고용률과 실업률과의 관계를 도출하였다.

$$고용률 = \frac{E}{P} = \frac{L}{P} \times \frac{E}{L} = \frac{L}{P} \times \left(1 - \frac{U}{L}\right) = 경제활동 참가율 \times (1 - 실업률)$$

수식만 고려해 볼 때 실업률이 낮으면 고용률이 높아야 한다. 하지만 우리나라는 전통적으로 ① 가사노동을 하는 여성의 비율이 높고 ② 스펙 및 취업 지연으로 인한 대학생들의 휴학이 빈번하며 ③ 대학생 자체도 많고 공무원 시험을 준비하는 비율이 높으며 ④ 국가 특수성을 고려하여 군복무 인원을 고려할 때 경제활동 참가율 자체가 상당히 낮다. 따라서 OECD 가입국에서 보통 나타나지 않는 '실업률과 고용률이 동시에 낮은 이상 현상'이 발생할 수 있는 것이다.

3. 실업에 따른 비용

1) 오쿤의 법칙 (Okun's law)

Arthur Melvin Okun
(1928~1980)

오쿤은 실업률이 1%p 증가할 때마다 한 국가의 GDP가 잠재 GDP보다 2~3%p 더 낮을 것이라는 관측된 관계인 오쿤의 법칙을 공표한 것으로 유명하다. 1968년부터 1969년까지 미국의 경제 자문위원회 의장을 겪었다. 그는 케인즈주의 경제이론에 대한 확고한 지지자로 재정 정책이 통화정책보다 경제에 영향을 미치는 더 좋은 수단이라 믿었다. 소비자물가 상승률과 실업률을 합한 경제고통지수라는 개념을 착안하기도 하였다.

$$\frac{Y^f - Y}{Y^f} = a(u - u_N) \quad \text{또는} \quad u = u_N + \frac{1}{\alpha}\left(\frac{Y^f - Y}{Y^f}\right)$$

실업률과 산출량과의 관계를 나타낸 식이다. 우리나라는 경험적으로 실업률이 자연실업률에서 1%p 상승할 때 산출량이 약 2.5%p 정도 하락하는 것으로 알려져 있다.

a의 크기는 국가별로 다르지만 모든 국가에서 $a > 1$이다. RBC에 따르면 고용변동과 기술충격이 동시에 발생한다. 새케인즈학파에 의하면 노동저장(labor hoarding)에 의해 a는 1보다 크고, 때로는 불황 시에 실망실업자가 늘어나면 실제 실업률이 낮아질수도 있다.

▶ 잠재생산량이 고정된 값인 경우에는 $\frac{Y^f - Y}{Y^f} = a(u - u_N)$의 형태로 나타내지만 잠재경제성장속도를 g^f로 나타낼 때에는 안정적인 실업률 하에서 경제의 Y가 멈춰 있는 것은 아니기 때문에 $g^f - g = a(u - u_N)$의 형태로 표현하기도 한다.

2) 사회적 비용

실업은 경제적인 측면에서의 비용 뿐 아니라 개인적 차원에서 심리적, 정신적 고통을 유발하며 실업은 실업 상태에 있는 당사자에게 직접 영향을 미친다. 실업률이 상승할 때에 범죄, 자살 등 사회적 측면에서의 비용도 크게 증가한다.

4. 실업에 따른 학파별 견해 (챕터 6의 학파별 비교를 통해 자세히 다룰 모형들이다.)

1) 고전학파 계열

노동과 수요의 공급은 모두 실질임금의 함수이다. 명목임금은 완전히 신축적이다. 따라서 노동시장에서 항상 두 곡선의 교점에서 균형이 나타날 것이다. 따라서 경제에 비자발적 실업은 존재하지 않는다. 고전학파의 경제에서 실업자는 모두 자발적 실업자이므로 실업률을 낮추기 위해 재량적인 정책을 시행하는 것은 바람직하지 않다.

2) 케인즈 계열

케인즈는 명목임금 하방경직성을 주장하였다. 노동수요곡선이 좌측으로 이동하면 임금이 하락하는 것은 아니므로 비자발적 실업이 발생할 수 있다. 한편, 정부가 설정하는 최저임금제 역시 명목임금이 경직적이거나 높은 수준에서 유지될 수 있는 근거가 된다.

한편, 실질임금도 경직으로 비자발적 실업이 생길 수 있다고 본다. 노동조합에 의한 높은 실질임금의 유지(내부자-외부자 모형), 기업의 이윤을 극대화하기 위해 실질임금을 높게 설정하는 효율성 임금 가설, 암묵적 계약 이론에 의해서 실질임금이 경직적일 수 있다.

5. 마찰적 실업과 탐색모형 (search theory by Peter Diamond)

마찰적 실업이란 직장을 그만두고 새롭게 탐색하는 과정에서 발생하는 실업이다. 취업자(근로자)가 되기 위해서는 실업상태의 효용보다 근로상태의 효용이 더 높아야 한다.

Peter Arthur Diamond (1940~)

피터 다이아몬드는 미국 사회보장정책에 대한 분석과 1980년대 그리고 1990년대 사회보장협의회의 고문으로 일한 미국의 경제학자이다. 그는 2010년 검색마찰을 연구해 정부의 경제정책과 규제가 실업과 구인, 임금에 미치는 영향을 분석할 수 있게 해준 공로로 노벨 경제학상을 수상하였다. 정부부채 및 자본축적, 자본시장 및 위험분배, 최적과세, 노동시장의 검색 및 매칭, 사회보험 등 다양한 분야에 기여하였다.

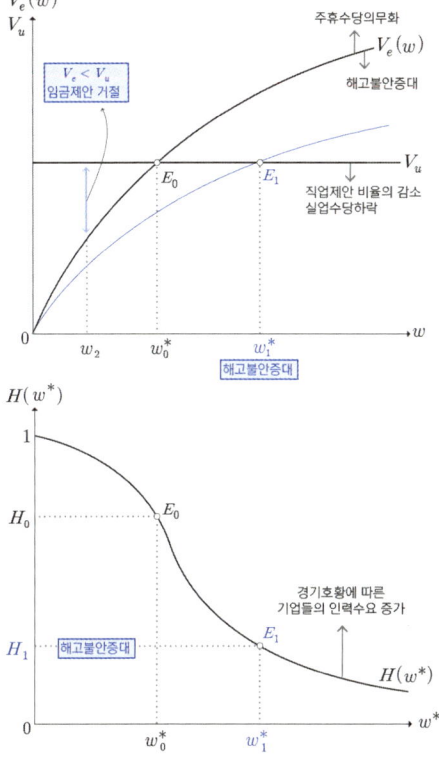

실직자의 기대효용(V_u)은 실질임금과 관계없이 동일하므로 수평이고 취업자의 기대효용(V_e)은 실질임금에 따라 증가하지만 실질임금에 따른 한계 효용은 체감하는 보편적인 상황을 가정한다. 양자가 일치할 때 유보임금(w^*)이 결정된다. 유보임금(reservation wage)이란 특정 직업의 수락과 거절을 결정하는 임금수준으로 수락임금(acceptance wage)이라고도 한다.

제안을 받은 임금이 유보임금보다 높으면 취업자의 효용이 높으므로 실업자는 제안을 수락하며 유보임금보다 낮으면 실업자의 효용이 더 높으므로 수락하지 않는다.

$H(w^*)$는 w^* 이상의 임금을 제안 받는 실업자의 비율이다. w_0^*보다 더 높은 임금인 w_1^*이상을 제안 받는 실업자의 비율이 더 낮을 것이며 따라서 $H(w^*)$는 유보임금(실질임금)의 감소함수이다. w^* 이상을 제안 받는 사람만 수락할 것이므로 이 비율이 수락비율이다.

▶ 마찰적 실업은 노동자가 직장을 탐색하는 과정에서 발생하는 자연스러운 현상이다. 탐색이론은 이러한 자발적인 실업의 발생을 설명하는 모형이다. 각각의 그래프에서 곡선의 이동을 유발시키는 원인을 중심으로 이해하면 된다. 탐색모형은 시사적인 실업률 비교 문제를 해결할 때 굉장히 유용한 모형으로 알려져 있다.

실직률(s) × 취업자의 비율($1-u$)
= 실업자의 비율(u) × 직업제안비율(p) × w^* 이상(수락 기준) 제안 받는 비율($H(w^*)$)

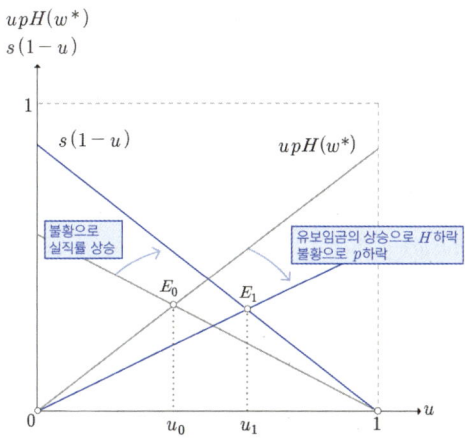

위의 식과 같이 장기균형에서 경제활동인구 중 실직을 하는 사람의 비율과 구직을 하는 사람의 비율이 일치하면 실업률은 안정적이며 이때 실업률이 안정적으로 유지되는 마찰적 실업이다. 이를 수식으로 정리하면 다음과 같다.

$$s(1-u) = upH(w^*)$$

이에 따라 균형실업률은 u_0이다. 각 수치는 비율을 나타내므로 1을 넘지 못하며, 그래프에서 실업률은 균형에서의 가로축 좌표이다.

┃ 그림의 상황은 불황이 와서 실업이 증가하고 기업들은 인력수요를 감소시키는 상황을 전제한 것이다. 이 경우 해고 불안으로 인해 유보금이 상승하고 H가 하락하는 동시에 s의 상승 및 p의 하락으로 실업률을 상승할 것이다.

Dale Tomas Mortensen
(1939~2014)

모텐센은 노동경제학, 거시경제학 및 경제 이론에 중점을 두고 연구해온 미국의 경제학자이다. 그는 Northwestern University의 교수로 재직해 왔고 피사리데스, 다이아몬드와 함께 2010년 노벨경제학상을 수상하였다.

Christopher Antoniou Pissarides
(1948~)

피사리데스는 영국의 경제학자이다. 그는 런던 경제스쿨의 정치학과교수이자 경제학교수이다. 모텐센과 함께 검색 및 매칭이론에 대한 공헌으로 유명하다. 그는 2010년 모텐센, 다이아몬드와 함께 노벨경제학상을 수상하였다.

6. 균형노동탐색모형 (by D. Mortensen, C. Pissarides)

검색 및 매칭모형이라 부르기도 한다. 우선 용어를 정리하면 다음과 같다.

Q : 구직자수, A : 비용 k를 들여 구인광고를 하는 기업의 수(기업은 고용 시 1명을 고용한다.)

$\frac{A}{Q}$: 노동탐색의 수급상태, M : 기업, 노동자간 성공적인 매치수

P_c : 구직자 중 구직될 확률을 의미한다. 따라서 $P_c = \frac{M}{Q}$로 나타낼 수 있다.

P_f : 기업이 일자리에 맞는 노동자를 찾을 확률, 따라서 $P_f = \frac{M}{A}$로 나타낼 수 있다.

e : 기업과 노동자 매칭의 효율성, 인터넷 광고 등 일자리 탐색기술의 증가는 e를 증가시킨다.

b : 실업수당, w: 임금, y: 자본투입 없이 노동자 한 사람에 의해 생산된 산출량

a : 노동자의 협상력, $1-a$:기업의 협상력

우선 매치수를 나타내는 함수는 $M = e \cdot m(Q, A)$로 나타낼 수 있으며, $m(Q,A)$는 규모수익불변(CRS)의 1차 동차함수로 가정한다. 기업은 경쟁이다.

1) 노동탐색의 공급곡선

$P_c = \frac{M}{Q} = \frac{e \cdot m(Q,A)}{Q}$ 이다. 1차 동차함수이므로 $e \cdot m(1, \frac{A}{Q}) = e \cdot m(\frac{A}{Q})$라 할 수 있다.

구직자의 기대수익은 구직한 경우 임금(w)을 통해, 구직에 실패했다면 실업수당(b)을 통해 달성된다.

$$\pi^e \text{ 구직자} = P_c \cdot w + (1 - P_c) \cdot b$$

$$= b + P_c(w - b)$$

$$= b + e \cdot m(\frac{A}{Q}) \cdot (w - b)$$

2) 노동탐색의 수요측면

$P_f = \frac{M}{A} = \frac{e \cdot m(Q,A)}{A}$ 이다. 1차 동차함수이므로 $e \cdot m(\frac{Q}{A}, 1) = e \cdot m(\frac{Q}{A})$라 할 수 있다.

노동자를 고용한다면 이 노동자 한 명은 y를 생산할 것이고 노동자에게 w의 보수가 지급된다. 구인광고를 하면 무조건 k의 비용이 발생할 것임을 고려하여 기업의 기대수익을 도출하면 다음과 같다.

$$\pi^e \text{ 기업} = P_f(y - w) - k$$

기업이 경쟁이라면 기업의 기대이윤(π^e)은 0이다. 따라서 $P_f(y - w) - k = 0$ 되는 곳에서 균형일 것이다. 따라서 수식을 정리하여 노동탐색의 수요측면을 나타내는 관계식을 도출하면 다음과 같다.

$$e \cdot m(\frac{Q}{A}) = \frac{k}{y - w}$$

3) 노동탐색균형의 도출

노동자와 기업은 협상을 한다. 협상력에 의해 둘이 만들 수 있는 잉여를 나눠 갖게 될 것이다. 노동자의 잉여와 기업의 잉여를 합하면 $y-b$ 이다.

$$\text{노동자의 잉여}(w-b) \;+\; \text{기업의 잉여}(y-w) \;=\; \text{사회적 잉여}(y-b)$$

① **노동자의 협상력은 a이다.**

$$w-b=a(y-b) \;\Rightarrow\; \pi^e_{\text{구직자}} = b + e \cdot m\!\left(\frac{A}{Q}\right) \cdot (w-b) \;=\; b + e \cdot m\!\left(\frac{A}{Q}\right) \cdot a(y-b)$$

수급상태($\frac{A}{Q}$)가 좋아지면 노동자가 원하는 일자리를 찾을 확률이 높아지므로 일자리를 탐색하는 노동자도 늘어나고 그 결과 구직자 수도 증가(Q)한다.

② **기업의 협상력은 $1-a$ 이다.**

$$y-w=(1-a)(y-b) \;\Rightarrow\; e \cdot m\!\left(\frac{Q}{A}\right) = \frac{k}{y-w} = \frac{k}{(1-a)(y-b)}$$

기업의 기업잉여 대비 구인광고비용인 $\dfrac{k}{(1-a)(y-b)}$ 가 작아질수록 더 많은 기업들이 구인광고를 낼 것이므로 노동탐색의 수급상태($\frac{A}{Q}$)는 좋아진다.

4) 비자발적 실업률 (u), 구인률 (v), $\triangle GDP$

$$u = \frac{Q(1-P_c)}{Q} = 1 - P_c$$
$$= 1 - e \cdot m\!\left(\frac{A}{Q}\right)$$

수급상태가 좋아질수록 실업률은 하락한다.

$$v = \frac{A(1-P_f)}{A}$$
$$= 1 - e \cdot m\!\left(\frac{Q}{A}\right)$$

수급상태가 좋아질수록 구인률은 상승한다.

$$\triangle GDP = M \cdot y$$
$$= e \cdot m(Q, A) \cdot y$$
$$= Q \cdot e \cdot m\!\left(\frac{A}{Q}\right) \cdot y$$

구직자수(Q)가 늘어날수록, 수급상태가 좋아질수록 총산출량은 증가한다.

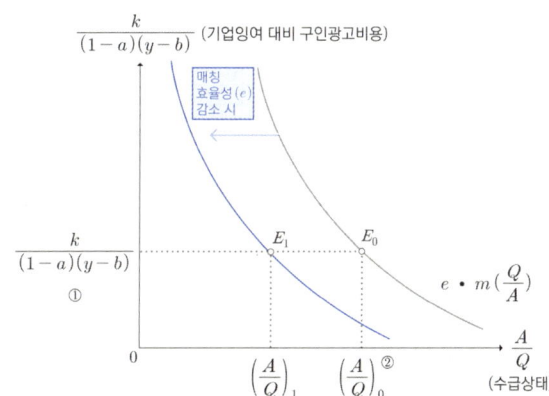

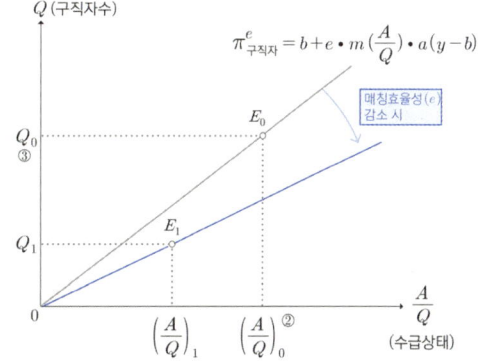

▶ 총잉여(total surplus) 중 노동자와 기업이 가져가는 몫은 상대적 협상력에 비례하여 결정된다는 내용을 담는 협상에 관련된 경제이론을 내쉬 협상이론이라 한다.

▶ 구인률(vacancy rate)이란 기업이 공고한 일자리 중 채워지지 않은 일자리 비중을 말한다.

7. $WS-PS$ 모형

1) 모형의 설정

▶ 모형을 설정할 때 조금 다른 형태로 가정이 되기도 하고 그래프의 평면의 가로축이 실업률(u)로 설정되기도 한다. 문제에서 주어진 상황을 반영하는 답안을 작성해야 한다.

WS의 행태방정식은 노동조합의 단체협상력(collective bargaining power)에 의한 명목임금 결정 능력을 고려하여 도출하며 다음과 같다. 이때 명목임금은 다음과 같다.

$$\text{명목임금} = \text{물가(제품의 가격)} \times \text{협상력} \rightarrow W = P \times B(N, Z)$$

(단, 협상력은 균형고용량 N의 정의 함수이고, 제도적 요인 Z(고용보호, 실업보호, 강성노조의 존재)의 함수)

한편, PS는 $mark-up\ pricing$을 가정하고 K는 상수(N의 감소함수일 수 있음)임을 전제한다.

$$\text{물가(제품의 가격)} \times \text{한 사람당 생산한 제품 수} \times (1-\mu) = \text{명목임금} \rightarrow P \times K \times (1-\mu) = W$$

(단, μ는 한 사람당 매출액 대비 마진비율이고 K는 사실상 MP_N이다.)

2) 그래프의 도출

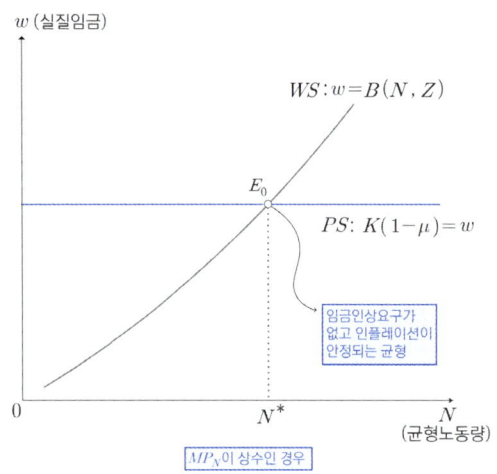

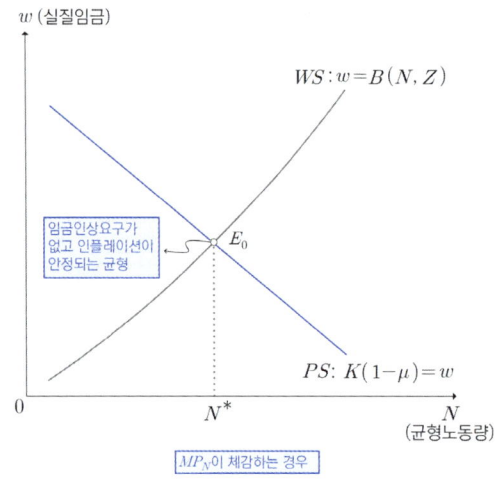

위의 수식을 실질임금(w)-노동(N) 평면에 나타낸 그래프이다. 우선 WS 곡선의 경우 균형노동량이 증가하면 노조의 힘도 커지므로 협상력이 커질 것이며 이에 따라 설정하려는 실질임금도 높을 것이다. 따라서 WS는 실질임금 평면에서 우상향하는 형태이다. 노조가 실질임금에 더 많이 신경을 쓰는 경우 WS는 상방이동하고, 균형노동량에 더 많이 신경을 쓰는 경우 WS는 하방이동한다.

한편, PS의 경우는 MP_N이 상수로 일정하여 K값이 상수로 고정된 경우는 위의 그래프처럼 수평인 PS가 도출되며 한계생산성이 체감하는 즉, MP_N이 체감하는 생산함수를 가정하는 경우 K와 N은 반비례 관계일 것이므로 아래 그래프처럼 우하향하는 수요곡선이 도출된다. 우하향하는 수요곡선일 때에는 호황일 때 PS는 우측이동하고 불황일 때에는 좌측으로 이동한다. 일반적으로 수평인 PS를 가정하여 분석하지만 경우에 따라 우하향하는 형태를 가정하도록 한다.

모형이 복잡해 보이지만 수식설정 및 활용이 단순하다. 다음 몇 사례들을 점검해보자.

3) $WS - PS$ 모형의 응용

이하 그래프들의 교점이 반드시 신속하게 달성되는 것은 아니다. 균형점은 임금인상요구가 없고 인플레이션이 안정되는 균형일 뿐 노동조합과 기업 사이의 대립이 유지되는 경우 교점이 아닌 곳에서 지속될 수 있다. 따라서 바람직하지 않은 균형에서 오래 지속될 가능성이 보인다면 정부는 개입을 통해 이를 해결해야 한다.

① 내부자 - 외부자(insider-outsider) 모형 가정 시

내부자는 불황 중에 해고되지 않은 경우 자신의 가치를 높은 실질임금으로 보상받고 싶어한다. 이 경우 WS는 상승할 수도 있다. 이 경우 경제는 불황이 지속될 수도 있으므로 빨리, 적극적으로 노조를 압박하여 상승한 WS를 하방이동 시켜야 한다고 본다. (이러한 가정 하에서는 우하향하는 필립스곡선에 의한 경제의 균형이 단기 뿐 아니라 중기에도 성립한다.)

② 생산성의 증가로 K값이 상승하는 경우

생산성의 증가가 중립적 기술진보에 의한 것이라면 K가 증가하므로 PS는 상방이동한다. 이때 실업률은 감소하고 실질임금은 상승할 것으로 판단된다. 하지만 현실경제의 데이터에 의하면 노동생산성이 증가하는 기간에 반드시 실업률이 감소하는 것은 아니라는 것을 목격할 수 있는데 이에 대해 다음과 같은 두 가지 추가적인 영향력을 생각해볼 수 있다. 우선 ① 노동자들이 생산성이 증가했음을 인지하고 몸값 상승을 요구하여 WS가 상방이동할 수도 있다는 것(물론 이전 page의 수식에는 WS가 K의 함수일 수 있다는 것은 반영되어 있지 않음) 있다. 한편 ② 생산성의 증가가 자본집약적인 기술진보에 의한 부분이 더 컸다면 기업은 오히려 노동을 줄일 것이므로 PS가 하락했을 수도 있다는 것이다.

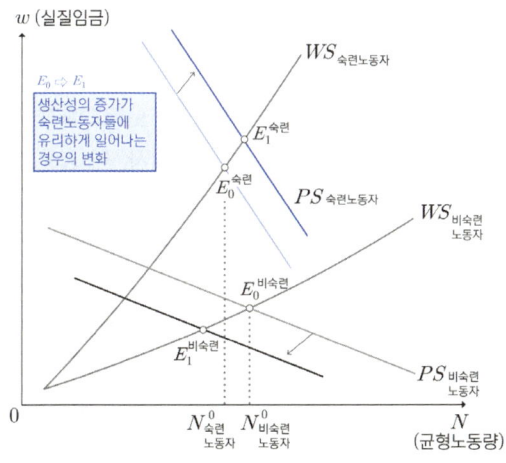

왼쪽 그래프는 한계생산성이 체감하는 경우를 가정한 PS 곡선을 가정한 것이다. 우선 숙련노동자의 경우는 이를 대체할 수 있을만한 인력이 많지 않으므로 노동수요곡선이 가파르다. 비숙련노동자의 경우는 대체가능성이 높으므로 완만하다. 이를 고려하면 양 산업의 양극화를 설명할 수 있다. 게다가 노동생산성이 증가한 것이라 하더라도 현실경제에서 생산성 증가는 숙련노동자들에게 유리하게(skilled labor biased technology progress) 일어날 가능성이 높다고 하면 숙련노동자의 PS는 상승하고 비숙련노동자의 PS는 하락하게 되므로 양극화를 심화시킬 수 있다.

③ 노동조합의 집권화에 따른 영향

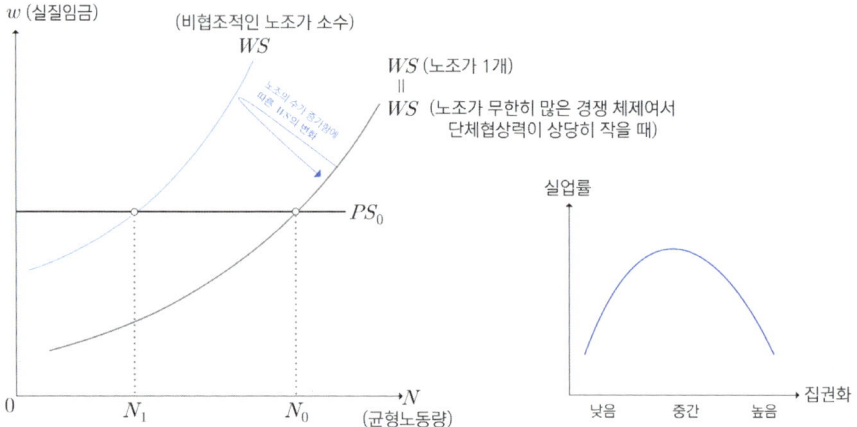

PS가 수평인 상황이 전제되었다. 노동조합이 딱 하나만 있다면(또는 노조들의 협조가 원활하여 마치 하나의 노조가 있는 것처럼 행동할 수 있다면) 이들은 자신의 임금상승도 중요하다고 생각한다. 하지만 동시에 자신들의 임금인상이 인플레이션과 총수요 위축으로 연결될 것이라는 것도 믿는다. 따라서 WS는 상당히 아래에 위치하게 된다. 노조가 무한히 많은 경우에는 단체협상력이 별로 없다. 따라서 이 경우도 WS는 상당히 아래에 위치한다. 하지만 규모가 큰 소수의 노동조합이 있고 각 노동조합이 서로 비협조적으로 행동한다면 WS는 상당히 위에 위치하고 유지될 것이다. 이 경우에는 사회적 영향력이 큰 조직이 이기적인 행동이 사회적 불이익으로 이어질 수 있으므로 정부개입이 필요하다.

이와 같이 노동조합의 의사결정이 집권화 되어 있는 정도가 커짐에 따라 균형노동량은 감소하다 다시 상승하게 되는데 이를 Calmfors-Driffill 가설이라 한다. 위의 오른쪽 그래프의 집권화가 낮다는 것은 무수히 많은 노조가 존재한다는 것이고, 집권화가 높다는 것은 오히려 하나의 노조만 존재하게 되는 상황을 의미하게 된다.

④ 세금이 증가하는 경우

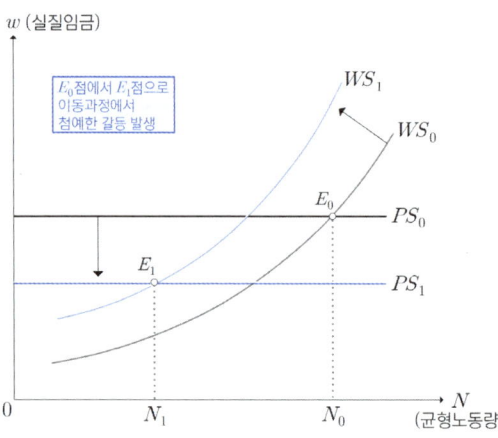

기업에게, 그리고 노동자에게 세금을 증가시켰다 가정하자. 이 경우 국민들이 당연한 심정으로 세금을 내고 기꺼이 정부 서비스를 구매하겠다고 생각하고 받아들이는 상황이 가정된다면 두 곡선은 불변이다. 하지만 세금으로 더 높은 소득을 달성하려는 (자신의 소득 중 일부를 빼앗겼다 생각하는) 경제주체들을 가정한다면 노조의 경우 임금을 높여야 하므로 WS는 상방이동하고 기업 역시 마진율을 상승($\mu\uparrow$)시킬 것이므로 PS는 하방이동한다. 경기불황이 올 수 있다.

⑤ **실업의 분화**(dispersion)

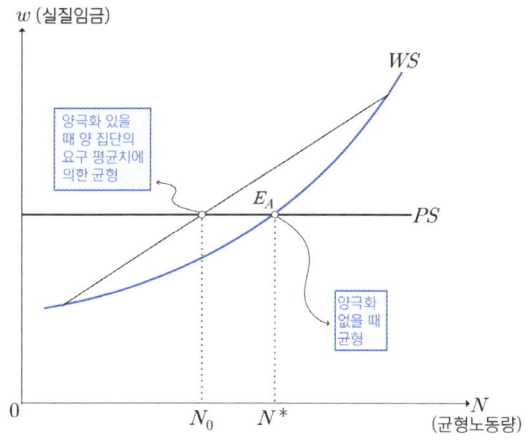

경제에 만약 노조가 두 개 있다고 하자. 하나는 저임금 노동조합(WS가 완만한 영역)이고 하나는 고임금노동조합(WS가 가파른 영역)이다. 이 경우 WS 곡선은 왼쪽 그림과 같이 볼록성을 갖게 된다. 두 집단이 원하는 평균에서 균형이 달성되면 양극화가 없는 E_A점에서보다 균형노동량이 더 작아져 경제의 성장잠재력에 악영향을 미칠 수 있게 된다. 지역 균형발전이 필요하다는 논리의 근거가 되기도 한다.

⑥ **생산능력 및 부도의 문제**(capital scrapping)

불황 시(제품수요감소)에는 유휴자본이 존재하게 되고 이 중 시간이 지나도 원래의 기능을 갖추지 못하는 자본(안 쓰던 기계는 망가질 수 있음)이 발생하게 되어 불황 자체가 경제의 생산능력을 감퇴시킬 수 있다. 이 경우 오른쪽 그림과 같이 마진률을 높여서 원상복귀를 시키려 한다. 이 경우 기업들은 상대기업이 가격을 낮추기를 바라며 책임을 미루다 불황이 길어질 수 있는데 이를 총수요외부효과라 부른다.

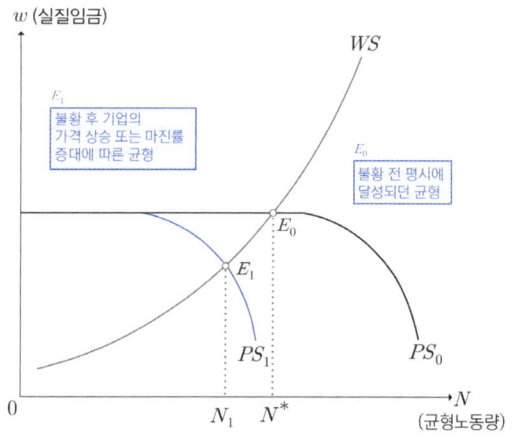

⑦ **야성적충동, 투자옵션모형에 따른 다수의 균형**

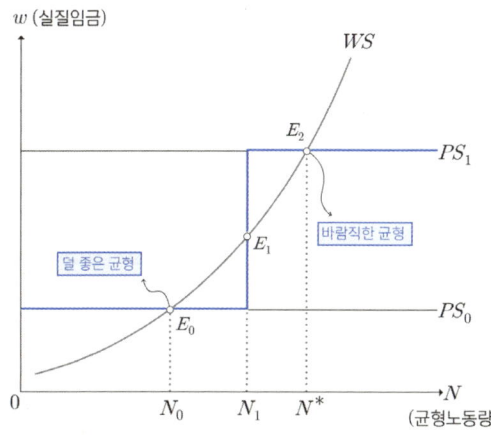

신규투자계획을 갖고 있던 기업이 정부의 경제에 대한 (긍정적인) 홍보에 넘어가 야성적충동에 의해 마진율을 낮추거나 추후의 높은 가격 경쟁력을 고려하여 (PS 곡선의 상방이동) 생산을 증대시키려 한다. 넘어가지 않는 기업들은 원래의 PS를 고수한다. 따라서 경제의 PS는 (동태적인 면을 고려할 때) 왼쪽 그림처럼 교점이 3개가 되는 PS를 갖는 것으로 볼 수 있다. 정부가 N_1 이상의 균형노동량이 달성될 수 있도록 단기적인 사업을 추진하는 것도 바람직한 균형으로 보내기 위한 의미가 생긴다.

03 물가와 인플레이션

1. 물가

물가란 시장에서 거래되는 재화와 서비스가격을 일정기준으로 가중평균한 종합적 가격수준을 말한다. 물가지수란 물가변동을 알기 위해 기준시점을 100으로 비교시점의 물가수준을 나타낸 지수이다.

① 화폐의 구매력 $= \dfrac{1}{\text{물가지수}} \times 100$

② 경기판단의 지표로 활용한다. 경기상승 시에는 수요증가로 물가지수는 증가한다.

③ 실질변수 $= \dfrac{\text{명목변수}}{\text{물가지수}}$, $w = \dfrac{W}{P}$, $y = \dfrac{Y}{P}$

2. 물가지수의 종류와 산정

① **소비자물가지수** (Consumer Price Index = CPI)

이는 소비자들이 일상생활에서 구입, 소비하는 재화와 서비스의 가격변동을 알아보기 위하여 작성되는 물가지수로 가계의 소비지출에서 차지하는 비중이 0.0001% 이상인 재화와 서비스 중 460개 품목(2015년 기준)으로 도출된다.

$$CPI = \dfrac{\sum P_t Q_0}{\sum P_0 Q_0} \times 100 \quad \text{(라스파이레스 방식)}$$

② **생산자물가지수** (Producer Price Index = PPI)

이는 국내시장의 제 1차 거래단계에서 기업 상호간에 거래되는 재화와 서비스의 평균적인 가격변동을 알기 위해 작성하는 지표이다. 대상품목의 범위가 넓어 전체적인 상품의 수급동향을 잘 반영한다. 거래액이 국내시장 총 상품거래액의 0.0001% 이상(서비스의 경우 0.005% 이상)인 884개 품목을 대상으로, 한국은행이 생산자 출하가격(공장도 가격)을 조사하여, 작성 및 발표한다. 라스파이레스 방식이다.

③ GDP **디플레이터**

이는 명목 GDP를 실질 GDP로 나눈 값이다. 직접 계산하는 방식이 아니라 GDP 통계로부터 사후적으로 계산된다.

$$GDP\text{디플레이터} = \dfrac{\sum P_t Q_t}{\sum P_0 Q_t} \times 100 \quad \text{(파아세 방식)}$$

재화와 서비스의 국내거래가격과 수출입가격의 변동도 포함되어 가장 포괄적인 물가지수로 GDP산정에 포함되는 모든 재화와 서비스가 대상품목이고, 한국은행에서 작성하여 발표한다.

④ **수출물가지수, 수입물가지수**

수출입물가지수는 수출 및 수입 상품의 종합적인 가격수준을 측정하여 지수화한 것으로 교역조건(TOT;terms of trade), 수출채산성변동, 수입원가부담 등을 측정하는 라스파이레스 방식의 지수이다. 한국은행에서 조사하여 발표한다.

▶ 소비자의 구입 가격을 통계청에서 매월 조사하여 작성하고 발표하는 지수인데 CPI는 ① 물가가 오르면 더 저렴한 물건으로 대체효과가 발생하고 ② 할인점을 적극적으로 이용하게 되는 민간의 행태 ③ 품질개선, 신제품 개발 등으로 인한 효용증대분이 미반영된 지수이므로 과대평가된 지수라 말할 수 있다.

참고로 소비자 물가지수와 체감물가와의 괴리를 해소하기 위해 도입되어 발표되는 생활물가지수(CPI for living necessaries)란 460개의 상품 및 서비스 품목 중 체감물가를 설명하기 위해 구입 빈도가 높고 지출 비중이 높아 가격변동을 민감하게 느끼는 141개 품목을 대상으로 작성한 지수이다.

한편 농산물 및 석유류 제외지수를 근원 인플레이션(underlying inflation, core inflation rate)이라 하는데, 장마와 같은 계절적 요인이나 석유파동 등 일시적인 충격에 의한 물가변동분을 제거하고 장기적인 추세를 파악하기 위해 곡물 외의 농산물, 석유류 품목을 제외한 407개 품목으로 작성한 지수를 말한다.

▶ GDP 디플레이터는 CPI와 달리 비교년도를 기준으로 측정하므로 대용품간 대체적 소비형태를 고려하지만 이러한 대체효과에서 나타나는 후생손실을 측정하지 못하므로 과소평가된다.

CPI가 과대평가되는 지수임을 고려하여 피셔는 다음과 같은 피셔지수(fisher formular)를 제안하였다.

$$\sqrt{\dfrac{\sum P_t Q_0}{\sum P_0 Q_0} \times \dfrac{\sum P_t Q_t}{\sum P_0 Q_t}}$$

3. 인플레이션(inflation)

물가의 상승률을 인플레이션(π)이라 한다. 물가가 불변이면 인플레이션율을 0이다.

$$\pi_t = \frac{P_{t+1} - P_t}{P_t}, \quad \pi_t^e = \frac{P_{t+1}^e - P_t}{P_t}$$

4. 인플레이션 비용

일반적으로 예상된 인플레이션에 의하면 ① 인플레이션 발생 시 현금보유를 줄이려는 과정에서 은행 방문 횟수가 증가하기 때문에 발생하는 마찰적 비용인 **구두창비용**(shoeleather cost)이 있다. ② **메뉴비용**(menu cost)은 인플레이션이 잦을수록 인플레이션율이 높을수록 가격의 조정이 빈번하고, 이로 인한 다양한 비용이 발생하여 자원의 생산적 활용을 방해한다. ③ 인플레이션이 발생하면 가격조정빈도와 조정 폭이 기업별로 상이하여 상대가격의 왜곡을 초래하므로 자원배분을 왜곡시킨다. **상대가격체계의 왜곡**(distortion of relative price)이라 한다. ④ **조세부담증가와 생산 및 저축의 감소**가 나타난다. 누진세율로 조세부담이 증가하고, 세후 실질이자율이 하락하므로 저축이 감소하며, 장기적으로 성장잠재력을 하락(unfair tax treatment)시킨다. ⑤ 인플레이션은 경제주체들의 다기간에 걸친 수입, 비용, 이윤 등의 측정을 어렵게 하여 **혼란과 불편**(general inconvenience)을 초래한다.

예상하지 못한 인플레이션의 사회적 비용은 위의 인플레이션 비용 외에 3가지 정도를 생각해 볼 수 있다. ① 예상된 인플레이션의 경우 경제주체들은 사전에 합리적으로 조정하여 대응할 수 있지만, 예상하지 못한 인플레이션인 경우, 채권-채무관계에서 경제주체들의 필요, 의사, 능력과는 상관없이 **자의적으로 부가 재분배**(arbitrary redistribution of purchasing power)된다. 그러므로 금융거래, 투자 등이 위축되고, 장기적 성장을 저해할 수 있다. 한편 ② **불확실성이 증대**(increased uncertainty)될 수 있는데 인플레이션이 높을수록 경제의 변동성이 증가하여 예측은 어려워지고 불확실성은 증가하므로, 위험기피적 경제주체들의 후생은 감소하고, 부의 자의적 재분배는 심화된다. ③ 예상하지 못한 인플레이션이 발생하면, 노동자들은 명목임금의 상승을 실질임금의 상승으로 착각하여 노동공급을 증가시키고 기업들은 일반물가의 상승을 상대가격의 상승으로 오인하여 생산량을 변화시킨다. 이러한 **착각의 결과 경기변동이 발생**할 수 있고, 사회후생이 감소하는 등 경제에 부정적인 영향을 미칠 수 있다.

- 예상된 인플레이션의 비용
  ① 구두창비용
  ② 메뉴비용
  ③ 상대가격의 왜곡
  ④ 조세부담증가와 저축의 감소
  ⑤ 혼란과 불편
- 예상치 못한 인플레이션의 사회적 비용
  ① 자의적 부의 재분배
  ② 불확실성 증가, 재분배 악화
  ③ 착각과 경기변동

5. 초인플레이션

하이퍼인플레이션(초인플레이션) 월 평균 50% 이상의 인플레이션(통상적인 견해)을 의미하는데 정부재정의 건전성과 신뢰성을 회복하지 못할 때 나타난다. 하이퍼 인플레이션의 종식은 재정개혁을 통한 정부의 신뢰도 확보(세뇨리지의 필요성 제거)를 통해 달성될 수 있다. 프리드먼이 언급한 '인플레이션은 언제 어디서나 화폐적 현상'이라는 명언의 예외가 된다. 상단에 정리된 인플레이션 비용 하이퍼 인플레이션과 같은 극단적인 상황이 아니라 일반적인 인플레이션의 비용을 말하는 것이다.

6. 재정적자의 해소를 위한 인플레이션 유발 가능성

1) 본원적 재정적자식 (GDP 대비 정부부채 비율의 변화)

(D_t : t기 정부부채, r : 이자율, g : 경제성장률, $G_t - T_t$: t기의 본원적 재정적자)

$$t \text{ 기의 재정적자} = D_t - D_{t-1} = rD_{t-1} + G_t - T_t$$

$$\frac{D_t}{Y_t} = (1+r)\frac{D_{t-1}}{Y_{t-1}} \cdot \frac{Y_{t-1}}{Y_t} + \frac{G_t - T_t}{Y_t} \qquad \left(\frac{Y_{t-1}}{Y_t} = \frac{1}{1+g}\right)$$

$$\fallingdotseq (1+r-g)\frac{D_{t-1}}{Y_{t-1}} + \frac{G_t - T_t}{Y_t} \quad \left[\text{단}, \frac{1+r}{1+g} = \frac{(1+r)(1-g)}{(1+g)(1-g)} = \frac{1+r-g-rg}{1-g^2} \fallingdotseq 1+r-g\right]$$

$$\therefore \frac{D_t}{Y_t} - \frac{D_{t-1}}{Y_{t-1}} \fallingdotseq (r-g)\frac{D_{t-1}}{Y_{t-1}} + \frac{G_t - T_t}{Y_t}$$

▶ 한편, 역으로 최근 경제성장률의 하락이 재정의 부담을 심화시킬 수 있다는 사실을 수식으로 증명할 때 활용할 수도 있다.

재정적자 발생 시 이를 줄이기 위해 $r\downarrow$ $g\uparrow$ $G_t\downarrow$ $T_t\uparrow$ 등의 정책이 가능하다. 이때 이자율을 하락시키기 위해서 통화량을 증가시켜 인플레이션이 발생할 수도 있다.

2) 화폐주조차익 (Seigniorage)

$$\text{실질조세수입} = \frac{\Delta M}{P} = \frac{\Delta M}{M} \cdot \frac{M}{P} = \pi \cdot \frac{M}{P} = \pi \cdot L(Y, r+\pi^e)$$

▶ 현실경제에서는 조세만 있는 것이 아니라 정부가 발행한 공채도 있다. 이러한 관점에서 인플레이션은 현금 및 공채를 보유한 민간으로부터 그 발행자인 정부에게로 부를 이전시킨다. 이런 의미에서 인플레이션은 화폐에 부과된 조세(inflation tax)라고도 볼 수 있다.

블라인더(A. Blinder) 교수는 '우리는 인플레이션의 해악에 대해서는 지나치게 과장하여 설명하는 반면 실업의 해악에 대해서는 너무 과소평가한다'고 이야기한 적이 있다. 인플레이션의 경우 채권자에서 채무자로 부를 이전시킬 수 있으므로 어떻게 보면 제로섬 게임이며 어느 정도는 형평성을 회복시킬 수도 있다. 또한, 채권자는 상대적으로 부유층일 가능성이 높으므로 자산가격이 인플레이션을 따라가지 못한다면 인플레이션이 어느 정도는 공평성을 회복시킬 수 있다고 본다. 하지만 실업으로 인한 피해는 능력이나 인적자본 측면에서 열위에 놓은 계층에 집중될 가능성이 높다.

이때 ΔM은 화폐를 주조하여 채권 등의 빚을 갚거나 국내 여신을 증가시키기 때문에 조세수입이라 말할 수 있으며 이 과정에서 물가(P)의 상승으로 인해 정부의 명목조세수입의 상대적 감소(받을 돈은 그대로인데 물가가 올랐음)가 나타나므로 분모까지 고려하여 실질조세수입이다. 오른쪽 변형된 수식에 의하면 사실상 π는 세율을 나타내며 $\frac{M}{P}$은 세원을 나타낸다. 즉, 정부는 화폐주조차익을 확보하기 위해(실질 부채를 감소시키기 위해) 인플레이션을 유도하는 정책을 쓸 수 있다. $\pi = \pi^e$라는 가정 하에 정부의 조세수입을 극대화하기 위해 다음과 같은 문제를 풀 수 있다.

$$\underset{\pi}{Max} \ \pi(ky - h(r+\pi)) = -h\pi^2 + (ky - hr)\pi \quad (\text{단}, L(Y, r+\pi) = ky - h(r+\pi) \text{라 가정한다.})$$

$$foc : \frac{d\text{실질조세수입}}{d\pi}$$

$$= -2h\pi + (ky - hr) = 0$$

$$\therefore \pi^* = \frac{ky - hr}{2h}$$

즉, 최대의 화폐주조차익을 얻기 위해 달성시켜야 하는 인플레이션율은 $\frac{ky-hr}{2h}$이다.

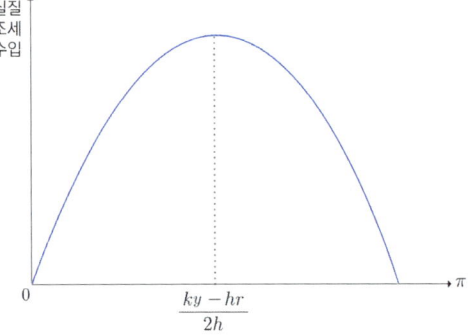

7. 인플레이션(물가상승)이 경기($Y\uparrow$ or $Y\downarrow$)에 미치는 효과

1) 전통적 견해 ($Y\downarrow$)

① **이자율효과**(케인즈) $P\uparrow$ LM좌측이동 → $Y\downarrow$

② **자산효과**(피구) $C(\frac{A}{P})$ $C\downarrow$ → $Y\downarrow$

③ **환율효과**(먼델-플레밍) $NX(\frac{EP^f}{P})$ $NX\downarrow$ → $Y\downarrow$

2) 새로운 견해 ($Y\uparrow$)

① **먼델 토빈 효과**($\pi^e\uparrow$, 예상된 인플레이션)

$$IS: Y = C + I(R - \pi^e) + G + NX$$
$$LM: \frac{M^S}{P} = L(Y, R)$$

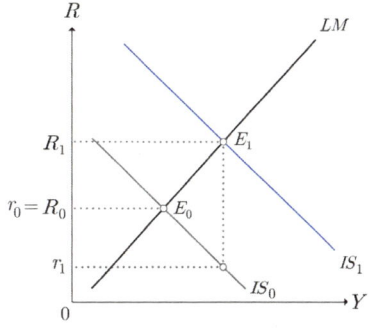

예상된 인플레이션이 발생한다면 명목이자율 평면 기준 IS곡선의 우측상방이동이 발생한다.

② **채권자, 채무자의 부의 이전** (예상치 못한 인플레이션)

예상치못한 인플레이션이 발생하면 인플레이션의 상승분을 명목이자율에 미리 반영하지 못했을 것이므로 채권자의 부가 채무자에게로 이전된다. 이때 채권자의 소비는 줄고, 채무자의 소비는 늘어나게 되는데 채권자보다는 채무자의 한계소비성향이 더 큰 경우가 일반적이다. $C\uparrow$ → $Y\uparrow$

③ **신용경색**(credit crunch)**의 해소** $I, C\uparrow$ → $Y\uparrow$

④ **자산가치 상승효과** 주식, 부동산가격 $\uparrow$ $C\uparrow$ (생애주기가설) $I\uparrow$ (토빈 q) → $Y\uparrow$

⑤ **소비자 기대심리 회복**(불확실성 해소) $C\uparrow$ (랜덤워크, 예비적저축가설) $I\uparrow$ (투자옵션모형) → $Y\uparrow$

8. 물가 오버슈팅

통화량 증대 시에 인플레이션 발생하면 실질잔고의 감소를 유발하게 된다. 따라서 통화증가율보다 인플레이션율의 상승속도가 높은 구간이 반드시 존재한다. 특히, $\frac{M^S}{P} = L$에서 경기침체를 겪던 국가가 확장적 통화정책으로 M^S를 증가시킬 때 민간의 π^e가 상승하여 민간의 화폐수요가 감소한다면 P는 M^S보다 더 빠른 속도로 상승하게 된다.

Alban William Pillips
(1914~1975)

필립스는 힉스, 모디글리아니, 사무엘슨 등과 함께 신케인즈주의(neo-Keynesian) 경제학자로 알려져 있다. 신케인즈주의란 케인즈 경제학의 정태분석을 동태분석으로 발전시킨 경제이론으로 신고전파종합으로 발전한다. 그는 영국의 데이터에 초점을 맞춰서 진행되었는데 실업률이 높은 해에 임금이 하락하고 실업률이 낮은 해에는 임금이 상승하는 것을 관찰하였다. 이러한 특성은 어빙 피셔에 의해 일찍이 발견되었다고 한다. 1958년 필립스는 필립스 곡선으로 설명된 인플레이션과 실업 간의 상충관계에 대한 자신의 연구를 발표하여 거시경제학에 큰 영향력을 발휘하게 된다. 폴 사뮤엘슨과 로버트 솔로우는 그의 필립스곡선에 제시한 가능성을 긍정적으로 설명하는 내용을 언급한 바 있다. 그가 오래 살았다면 충분히 노벨경제학상의 가치가 있었을 것으로 평가된다.

04 필립스 곡선(Phillips curve)

1. 필립스 곡선

거시경제의 주요 목표 중 하나는 단기적인 경기변동 과정에서 나타나는 실업과 인플레이션의 원인을 규명하고 정책적 대응을 강구하는 것이다. 필립스곡선은 인플레이션율과 실업률 사이에 존재하는 역의 상관관계(trade-off)를 나타내는 곡선으로 이에 따르면 물가안정과 고용이라는 거시경제의 목표는 동시에 달성될 수 없다.

보통 문제에서 출제가 될 때에는 필립스 곡선을 직선으로 가정한다. 다만, 현실적으로 도출된 필립스 곡선의 경우 실업률이 높을 때는 필립스곡선의 기울기가 완만하고, 실업률이 낮을 때는 기울기가 급하다. 즉 실업률이 높을 때보다 실업률이 낮을 때 실업을 줄이기 위해 희생해야 할 물가상승률의 증가가 훨씬 크다.

2. 스태그플레이션과 우하향하는 필립스곡선과 관련한 논쟁

케인즈학파는 우하향하는 필립스곡선의 안정성을 근거로 재량적 정책 주장한다. 그런데 1970년대 이후 스태그플레이션으로 필립스곡선의 안정성에 의문이 제기되었다. 케인즈학파는 필립스곡선은 총수요변동에 의해 유발된 인플레이션과 실업률사이의 관계를 설명하는 이론인데, 1970년대의 인플레이션은 주로 비용인상형 인플레이션이므로 이 시기의 경험만으로 필립스곡선의 안정성을 비판하는 것은 타당하지 못하다고 하였고, 프리드만은 필립스곡선의 안정성에 의문을 제기하고 자연실업률가설을 제시하였다. 스태그플레이션은 필립스곡선 자체가 우상방으로 이동하는 것으로 해석된다.

3. 기대가 부가된 필립스 곡선(단기와 장기의 필립스곡선)

1) 기대가 부가된 필립스곡선의 도출

$w = \dfrac{W}{P}$ 를 로그근사화하자. (단, $\hat{w} = \dfrac{dw}{w}$, $\pi = \dfrac{dP}{P}$)

$\hat{w} = \hat{W} - \pi$ 으로 도출될 것이며 기대를 고려하면 $\hat{w}^e = \hat{W} - \pi^e$ 이다.

노동자는 임금계약 시 실질임금 변화율($\hat{w}$)을 0으로 만들기 위해 기대인플레이션율을 반영하는 명목임금 변화율($\hat{W}$)을 요구한다. 한편, 완전 고용상태를 가정할 때 실업률이 자연실업률을 넘어서 상승하게 되면 노동자는 경기침체로 실질임금 하락을 예상하게 된다. 따라서 기대 실질임금은 실업률과 자연실업률의 차이($u - u_N$)의 감소함수이다.

$$\hat{w}^e = \hat{W} - \pi^e = -\beta(u - u_N) \quad (\beta > 0)$$
$$\hat{W} = \pi^e - \beta(u - u_N) \cdots (1)$$

한편 노동시장의 수요자인 기업은 $w = \frac{W}{P} = MP_N$에서 노동수요를 결정하므로 이를 전미분하면 $\widehat{W} - \pi = \widehat{MP_N}$ 과 같이 나타낼 수 있다. 이 때 MP_N은 일반적으로 외생적인 요인에 의해 변화하는 것으로 보아 $\widehat{MP_N}$을 0으로 가정하는 것이 일반적이다. 따라서 생략되는 경우가 많다. 다만 생략하지 않고 전개해야 하는 경우를 대비하여 이하 수식에서는 이를 생략하지 않고 전개한다.

$$\widehat{W} - \pi = \widehat{MP_N} \quad \cdots\cdots (2)$$

노동시장에서 기업이 상승시키는 명목임금의 변화율과 노동자가 지급받는 명목임금의 변화율은 반드시 일치한다. 따라서, (1) (2)식으로부터 $\pi = \pi^e - \beta(u - u_N) - \widehat{MP_N}$, ($\beta > 0$ 기대가 부가된 필립스곡선식) 을 도출할 수 있다.

2) 기대가 부가된 필립스곡선과 총공급곡선과의 관계

오쿤의 법칙 $\frac{Y^f - Y}{Y^f} = a(u - u_N)$과 기대가 부가된 필립스곡선인 $\pi = \pi^e - \beta(u - u_N) - \widehat{MP_N}$을 결합하면 총공급곡선을 도출할 수 있으며 $Y - \pi$평면에서 우상향하며 기대인플레이션 상승 시에 π 절편이 상승한다.

$$\pi = \pi^e - \beta\left(\frac{1}{a} \cdot \frac{Y^f - Y}{Y^f}\right) - \widehat{MP_N} = \pi^e - \frac{\beta}{\alpha}\left(\frac{Y^f - Y}{Y^f}\right) - \widehat{MP_N} \quad \cdots\cdots SRAS$$

같은 방식으로 총공급곡선이 제시된다면 오쿤의 법칙과 결합하여 필립스 곡선을 도출할 수 있다.

3) 단기필립스곡선과 장기 필립스곡선

단기에는 $\pi = \pi^e$라는 보장이 없다. 물론 그림과 같이 일치할 수도 있으나 민간의 π^e은 π_0에서 고정되어 있는 것이므로 실제 인플레이션율이 변화하는 경우 $\pi \neq \pi^e$의 경우가 나타날 수 있다. 즉, π와 π^e을 별개의 변수로 취급하여 정리한 것이 단기 필립스곡선 수식이다. 그렇지만 장기에는 민간의 실제 π와 민간이 인지하는 π^e이 다르면 민간은 π^e을 조정하여 곡선의 위치를 바꾸고 자연실업률이 달성되도록 할 것이므로 항상 $\pi = \pi^e$을 가정할 수 있다.

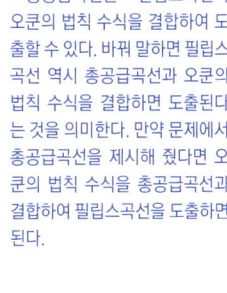

SPC : $\pi = \pi^e - \beta(u - u_N) - \widehat{MP_N}$
LPC : $u = u_N - \widehat{MP_N}/\beta$

단기의 경우 $\pi \neq \pi^e$의 가능성이 있으므로 (물론 단기에 일치할 수도 있음) SPC는 우하향한다. 장기에는 항상 $\pi = \pi^e$이 성립하므로 LPC는 자연실업률 기준 수직이다.

> 총공급곡선은 필립스곡선과 오쿤의 법칙 수식을 결합하여 도출할 수 있다. 바꿔 말하면 필립스곡선 역시 총공급곡선과 오쿤의 법칙 수식을 결합하면 도출된다는 것을 의미한다. 만약 문제에서 총공급곡선을 제시해 줬다면 오쿤의 법칙 수식을 총공급곡선과 결합하여 필립스곡선을 도출하면 된다.

> 인플레이션의 원인으로 우선 ① 수요견인 인플레이션이 있다 이는 투자, 정부지출, 소비 증가 화폐시장 충격 등으로 인해 그래프의 세로축 수치인 π를 변화시키는 것으로 SPC곡선 위의 운동을 유발시킨다. 그리고 ② 비용인상 인플레이션이란 원유가 상승, 요소단가 상승 등의 충격으로 MP_N을 하락시키는 부정적인 충격이 나타나는 것이다. 이는 SPC 곡선 자체의 상방이동을 유발시킨다. 또는 ③ π^e 상승으로 인한 인플레이션이 있다. 이 역시 SPC 곡선을 상방으로 이동시키며 기대에 의해 실제로 인플레이션이 발생하는 것으로 자기실현적 인플레이션이다.

> 참고로 이에 더하여 디플레이션의 원인은 ① 생산성 향상이 원인일 수 있고, ② 투자위축, 통화공급 감소, 신용경색(디레버리징) 등이 원인이 될 수 있다.

4. 자연실업률 가설(natural rate of unemployment hypothesis)과 $NAIRU$

1) AD곡선을 π로 대신하는 경우(중앙은행은 π을 유지하는 일반적인 경우)

필립스 곡선에서 자연실업률이란 잠재생산량에 대응되는 실업률로 총수요변동과는 관계없는 구조적, 마찰적 요인에 의해 결정되는 실업률 또는 공급측면에 교란요인이 없을 때 장기적으로 인플레이션을 유발하지 않는 수준의 실업률(non-accelerating inflation rate of unemployment)을 의미한다. 자연실업률 가설이란 현재 경제의 π가 민간의 π^e 과 일치하지 않아서 SPC위의 u_N을 벗어난 점에서 일시적으로 균형이 달성되고 있다면 민간은 π^e을 조정하여 SPC곡선을 주어진 π 기준 자연실업률이 달성될 수 있도록 위치시킨다는 것을 말한다.

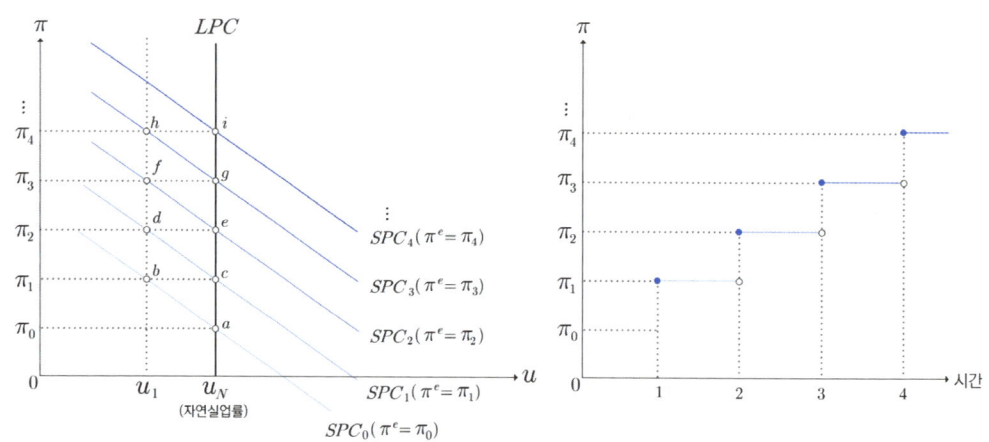

현재 SPC_0의 a점에서 인플레이션율이 π_0이다. 만약 정부가 자연실업률을 u_N이 아니라 u_1으로 인식하고 정책을 펼친다면 인플레이션율을 π_1으로 상승시켜 b점으로 보내야 한다. 민간은 $\pi^e = \pi_0 \neq \pi_1$이므로 π^e를 π_1으로 조정하여 SPC_1으로 곡선이 상방이동한다. 이때 균형은 c점이다. 정부는 u_1을 고수하기 위해 다시 π_2로 인플레이션율을 인상시켜 d점으로 이동시킨다. 민간은 SPC_2로 곡선을 상방이동시켜 e점이 균형이 된다. 이 과정이 반복되면 $a-b-c-d-e-f$....로 진행되며 인플레이션율이 가속화된다. 따라서 u_1은 $NAIRU$가 아니다. 만약 정부가 자연실업률을 u_N보다 높다고 판단해서 정책을 수행한다면 오히려 인플레이션율은 음수가 되어 음의 가속화가 발생할 것이다. 현재 인플레이션율을 가속화시키지 않는 $NAIRU$는 그래프의 u_N뿐이고, 이 u_N을 $NAIRU$이자 자연실업률이라 한다.

> 통화론자 모형은 적응적 기대와 신축적인 경제를 가정한다. 새고전학파의 경우 합리적 기대와 신축을 가정하고 새케인즈학파의 경우 합리적 기대와 경직을 가정하나 최근 모형에서 적응적 기대를 가정하는 경향이 있다.

tip **적응적 기대**란 과거의 변수값에 기초하여 미래 경제상태를 예측하는 방식으로 기대를 형성하는 방식으로, 예측오류를 부분적으로 수정하면서 미래예상치를 수정한다. $P_t^e = P_{t-1}^e + \alpha(P_{t-1} - P_{t-1}^e)$의 형태가 대표적인 형태인데 이 경우 체계적 오류가 발생할 수 있다. 적응적 기대의 한 사례로 가장 극단적인 기대형성방식은 **정태적 기대**이다. 이는 현재의 경제상태가 미래에도 그대로 유지될 것으로 예상하여 기대를 형성하는 방법으로, 적응적 기대에서 $\alpha = 1$인 특수한 경우 $P_t^e = P_{t-1}$이다. **합리적 기대**란 과거와 현재의 이용가능한 모든 정보를 활용하여 미래변수의 기대를 형성하는 방식이다. $P_t^e = E[P_t | \Omega_{t-1}]$로 표현한다. 이때, Ω_{t-1}은 $t-1$기에 이용가능한 모든 정보를 말한다. 합리적으로 기대를 형성하면 체계적 오류는 발생하지 않는다. 참고로 완전예견이란 미래의 변수값을 항상 정확하게 예견하는 것, 즉 $P_t^e = P_t$ 인데 이는 현실적으로 불가능하다.

2) 우상향하는 AD 곡선을 가정하는 경우(중앙은행은 AD 곡선을 이동시킨 후 이를 유지함)

$u-\pi$ 평면에서 우상향하는 AD 곡선을 가정할 수 있다. AD 곡선은 P와 Y 사이의 상충관계를 나타내는데 이 수식을 변형 및 오쿤의 법칙을 결합하면 π와 u의 정의 관계를 설명할 수 있기 때문이다. 이 경우 $NAIRU$에 대해 분석한다면 어떠한 그래프 분석상 차이가 있을지 연습해본다.

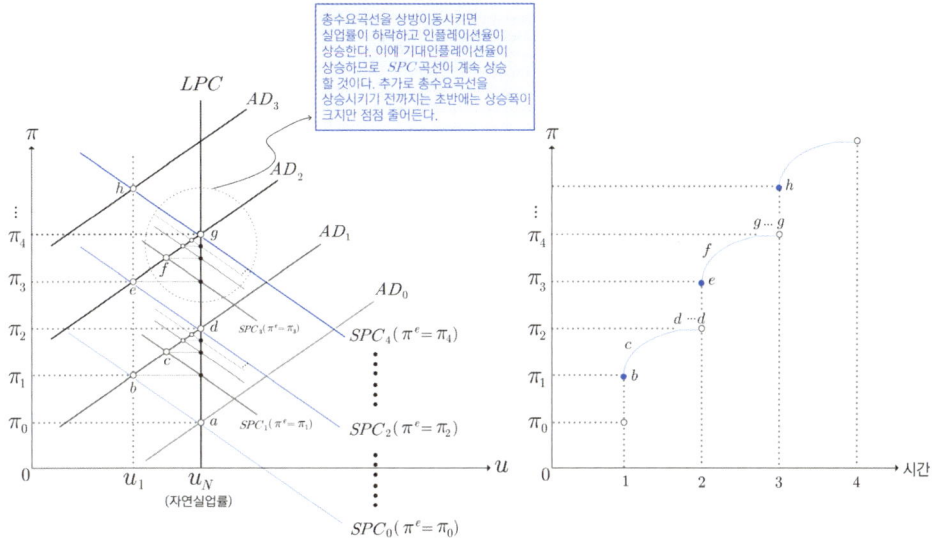

초기에 a점에 있다고 하자. 정부가 u_1을 자연실업률로 생각하면 AD곡선을 AD_1으로 이동시켜야 한다. 균형은 a점이다. 그러면 시간이 지나면 π_1에 근거하여 SPC 곡선이 상방이동한다. 이때 실제로 나타나는 균형은 c점이다. 이 과정이 반복되면서 AD_1을 따라 c에서 d로 이동할 것이다. d점이 달성되면 π은 유지된다. 그 직후 중앙은행은 실업률을 u_1으로 하락시키기 위해 AD 곡선을 AD_2로 이동시킨다. 경제의 균형은 e 점에서 달성되며 위와 동일한 과정 하에 $f....g....h....$의 경로로 이동한다. 인플레이션율을 가속화시킨다.

3) 자연실업률가설과 화폐의 장기적 초중립성

케인즈학파는 이처럼 실업률이 자연실업률보다 낮아지는 경우 인플레이션율이 가속화될 수 있고, 반대의 경우는 인플레이션율이 지속적으로 하락할 수 있다고 점에 주목하였다. 인플레이션 변화 압박이 없을 때의 실업률을 $NAIRU$라 하는 것이다.

프리드먼으로 대표되는 통화론자들의 경우 적응적기대를 갖는 경제주체들이 인플레이션을 완전히 예상하지 못하는 단기에는 $u < u_N$이 가능하다. 하지만 적응적 기대 하에서도 시간이 지나면서 기대인플레이션율은 실제인플레이션율을 점진적으로 따라잡고, 이 둘 사이의 격차가 0이 되는 장기에는 자연실업률이 달성된다. 즉, 화폐가 장기적으로 초중립적(superneutrality of money)이라는 것이다.

5. 이력현상 (hysteresis)

> 이력현상이란 물리나 경제 체계에서 쓰이는 용어로 강한 비선형 현상을 말한다. 어떤 물리량이 그때의 물리 조건만으로는 일의적으로 결정되지 않고 그 이전에 그 물질이 경과해 온 상태의 변화과정에 의존하는 현상을 이력현상이라 한다.

이력현상은 1970~80년 사이 유럽의 침체기 이후 자연실업률로 복귀된 것이라는 기대와 달리 장기 실업률로 회귀되지 못하는 고실업, 저성장 현상을 분석하기 위한 이론(유럽의 동맥경화증)이다. 자연실업률 가설에 대응하는 새케인즈학파의 도전이라고도 불린다. 고실업 지속이라는 현상이 나타난 이후에 이를 설명하기 위해 나온 사후적 이론이며 아래의 이력현상의 근거들은 새롭다고 할 것은 없다.

> 이력현상을 기억효과라고도 한다. 지나치게 높은 실업률이 형성되면 원래대로 다시 돌아오지 못하는 상황을 의미하는데 그래프의 $LPC_{이력현상}$ 좌상향의 영역까지 증명된 적은 없다.

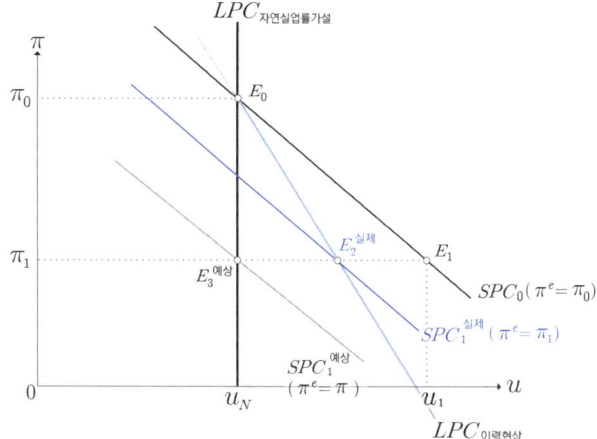

원래 균형인 E_0에서 불황 시에 E_1점으로 이동하게 되었다고 볼 때, 시간이 흐름에 따라 $E_3^{예상}$점으로 회귀하여 자연실업률(u_N)로 이동할 것이라는 예측과 달리 $E_2^{실제}$점에서 균형이 형성된다. 이에 따라 장기 필립스 곡선도 그림의 $LPC_{이력현상}$처럼 우하향할 수 있다. 이력현상의 원인을 설명하기 위한 대표적 근거로 다음과 같은 세 가지를 들 수 있다.

① 내부자 – 외부자 이론 (insider-outsider model)

불황으로 인한 실업률의 상승에도 불구하고 내부에 남아있던 노동자들의 위상, 또는 노동조합 등의 존재로 협상력을 갖는다. 이에 내부자는 높은 실질임금을 요구하게 되는데 고용주의 경우 외부자와의 정보 비대칭으로 인한 역선택, 재고용 시 교육 비용, 교육 후 이직의 위험 등으로 인해 외부자보다 내부자를 선택하게 된다.

② 신호이론 (stigma effect)

불황기에 해고된 근로자들은 고용주 입장에서 생산성, 근무태도 등에서 해고 사실만으로 고용주에게 불리한 신호를 발송하게 된다. 실제로 실업자가 되면 기술을 배울 기회와 유지할 기회를 박탈당하므로 노동자의 생산성이 떨어질 수 있다.

③ 실망실업자(discouraged worker) 이론 및 실업에의 적응

실업자들의 경우, 구직의사 및 시도에 불구하고 실업 상태가 지속되면 구직의사 자체를 상실하게 되어(또는 실업에 따른 혜택에 적응하여) 실망실업자가 된다. 정부가 실업보험을 과다하게 책정하는 경우에도 실망실업자는 늘어날 수 있다. 이를 제대로 통계로 잡았다면 실업률 역시 감소했다고 통계를 낼 수 있었을 것이지만 이를 전혀 고려하지 않으면 실업률을 과다측정하게 된다.

> 사실 원인이라기보다는 통계상의 오류로 볼 수 있는 내용이다. '실망실업자가 늘었는데 정부가 왜 이를 통계로 잡아서 실업률이 하락했음을 인지하지 못하고 고실업이라 생각하는 것인가'라는 아이디어로 접근하는 개념이다.

이력현상이 발생하는 경우 희생률은 무한대이다. 희생률을 계산할 때에는 변화한 자연실업률을 기준으로 판단하는 것이 아니라 기존의 자연실업률, 즉 u_N^0에 근거하여 도출하기 때문이다. 이력현상이 발생하면 u_N^0로 돌아오지 못하므로 분자에 매기 한 번씩 영원히 실업률을 더해야 한다.

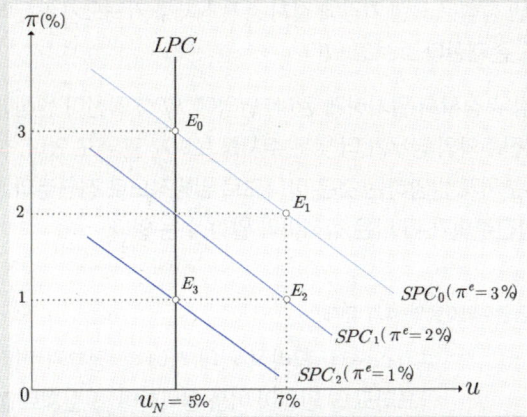

> **tip** 희생률 = $\dfrac{\text{누적}GDP \text{ 감소 \%p}}{\text{인플레이션율 감소 \%p}} = a \times \dfrac{\text{누적실업률 증가 \%p}}{\text{인플레이션율 감소 \%p}}$

희생률(sacrifice ratio)은 일정한 기간 동안 인플레이션율을 1%p(포인트) 낮추기 위해 감수해야 하는 누적 GDP 감소율의 %p를 의미한다. 희생률을 계산할 때 분자에 숫자를 계산할 때에는 1기간 동안 GDP감소의 크기가 지속되건 일시적으로 순간 나타나건 1기간 기준 한 번만 더한다. 즉, 희생률은 고통의 지속성을 반영하지 못하는 지표이다.

경제 상태를 나타내는 경로가 $E_0 - E_1 - E_2 - E_3$라고 할 때 누적 실업률로 표현한다면 (2%p+2%p)/2%이므로 2이며 여기에 a를 곱하여 누적 GDP 감소로 나타내면 희생률은 $2a$이다.

참고로 **고통지수**(misery index)란 인플레이션율과 실업률의 합 $m = \pi + u$으로 계산된다. 이에 따르면 실업률 1%p와 인플레이션 1%p가 같은 정도의 고통을 유발한다고 가정되는데 일반적으로 연구조사에 의하면 실업률 1%p는 인플레이션율 1.7%p의 상승과 같은 정도의 고통을 가져오는 것으로 알려져 있다. 하지만 이 역시 단조적으로 판단할 수 있는 문제는 아니다. 최근에는 실업의 경우 실업률에 비례하여 사회후생의 감소를 유발하는데 비해, 인플레이션율은 낮은 수준에서는 후생상실이 크지 않지만 높을 경우 급격한 후생상실을 초래하는 것을 고려하여 손실함수를 도입한다. 가장 대표적인 손실함수는 $L = u + \beta \pi^2$ 의 형태이며 재량과 준칙을 논할 때 활용한다.

6. 점진주의(gradualism)와 급랭주의(cold turkey)

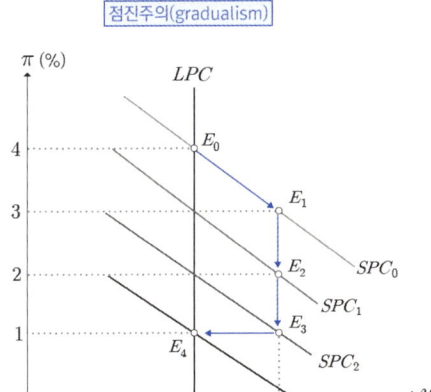
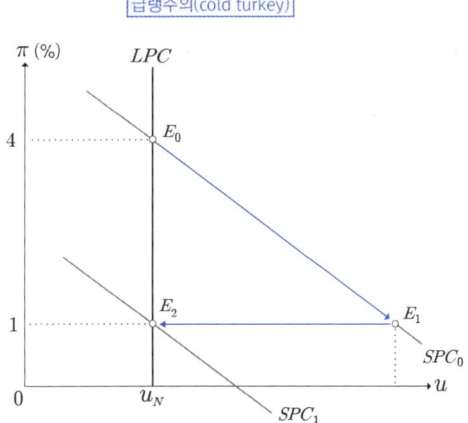

경직을 가정하는 학파는 일정 %p의 인플레이션율을 낮추기 위해서 단계별로(점진적으로) 정책을 펼쳐야 경제 내 실업률이 지나치게 높아지지 않는다고 말하며, 디스인플레이션을 목적으로 할 때, **점진주의**(gradualism)를 주장한다. 이들이 급랭주의 정책에 대해 비판할 때에는 두 가지 정도를 근거로 비판하는데 하나는 급랭주의의 정책을 사용할 때 지나치게 높은 고실업이 너무 오래 유지되는 경향이 생길 수 있다는 것이고, 다른 하나는 이력현상의 가능성도 있을 수 있다는 것이다.

반면 신축성을 가정하는 학파의 경우 단번에 인플레이션율을 낮춰도 경제는 급속도로 장기실업률로 안정적으로 이동할 수 있게 됨을 근거로 한 번에 정부의 목표대로 정책을 시행해도 된다는 **급랭주의**(cold turkey)를 주장한다. 또한 이들은 점진적인 정책은 오랜 기간에 걸쳐 경기 침체를 가져오기 때문에 중간에 정책 자체를 포기할 수 있는 가능성도 존재한다고 보고 있다.

SPC 곡선이 직선이라면 희생률은 양자의 경우 정확히 일치하게 된다. 만약에 SPC 곡선이 원점에 대해 볼록하다면 희생률 자체만 놓고 보면 점진주의의 경우가 더 낮은 수치를 보이게 될 수도 있다. 하지만 희생률이 경기 침체의 지속성이라는 부분까지 반영하는 것은 아니므로 일방적으로 점진주의에서의 희생률이 더 낮게 측정된다 하더라도 점진주의가 더 나은 정책이라 말할 수는 없다.

7. 무비용 반인플레이션 (고통없는 디스인플레이션, 급랭주의자들의 추가 견해)

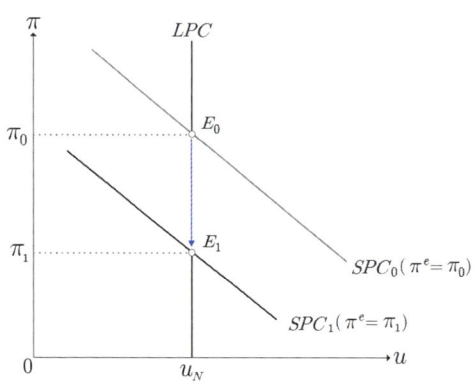

루카스는 ① 합리적 기대 하에 ② 정부가 미리 공표하고 ③ 민간이 이를 신뢰하며 ④ 실제로 정부가 공표한 대로 시행하게 되면 왼쪽 그림의 화살표 방향으로 '직접적으로 이동이 가능'하다고 본다. 이러한 궤적으로 이동하기 위해 가장 중요한 것은 민간의 정책에 대한 신뢰도(credibility of policy)이다. 이를 무비용 반인플레이션 또는 고통없는 디스인플레이션(painless disinflation)이라 한다. 이 경우 희생률은 0이다.

▶ 디스인플레이션은 인플레이션율을 하락시키는 것으로 반인플레이션 혹은 인플레이션저감이라 한다.

고통없는 디스인플레이션의 가정인 ① 정부가 미리 공표 ② 민간의 신뢰 ③ 정부가 공표한대로 시행한다는 내용(기본적으로 합리적 기대를 가정)들은 루카스의 정책무력성 명제에서의 가정과 동일하다. 고통없는 디스인플레이션과 정책무력성 명제는 둘 다 새고전학파인 루카스의 주장이다. 두 가지 개념은 상호간 상당히 유사한 측면이 있다.

물론 이는 이론상으로만 가능할 뿐 현실경제에서도 달성이 가능하다고 보는 사람은 없다. 루카스나 사전트(Sargent)와 같은 새고전학파들 역시 경제적 비용을 전혀 치르지 않고 디스인플레이션이 가능하다 보지 않는다. 단지 이러한 이론적 내용을 근거로 디스인플레이션, 즉 물가안정(디스인플레이션) 정책으로 인한 경제적 비용이 상당히 작을 수 있음을 주장할 뿐이다.

8. 재량과 준칙

1) 최적정책의 동태적 비일관성

현재 시점에서 수립된 최선의 미래정책이 미래가 도래했을 때에도 최선의 정책이라면 이 정책은 동태적 일관성이 있다. 하지만 미래에 도래했을 때 기존에 수립된 정책이 더 이상 최적 정책이 아니게 되어 중앙은행이 이를 바꾸려는 유인을 갖게 된다면 이 경우는 최적정책의 동태적 비일관성(dynamic inconsistency of optimal policy)이라고 한다.

▶ 중앙은행이 물가안정, 고용안정 두 가지 정책목표를 추구하는 과정에서 최적정책(사전공표)에 대한 사전적 구속장치가 없을 때 가능하다. 재량정책이다.

2) $L = u + \alpha \pi^2$의 손실함수를 가정할 때의 분석

이 손실함수에 따르면 실업률에 비례하여 사회후생의 감소를 유발되며 인플레이션율은 낮은 수준에서는 후생 상실이 크지 않지만 높을 경우 급격한 후생 상실을 초래한다. 이 식은 정책적 판단에 의해 변화할 수 있다. 기대가 부가된 필립스 곡선은 $\pi = \pi^e - \beta(u - u_N)$의 형태로 부정적인 공급충격은 발생하지 않고 있음을 가정한다.

현재 LPC 위에 등손실곡선과 SPC 곡선이 그림의 E_0처럼 접해있는 상태라 가정한다. E_0점은 SPC_0를 기준으로 등손실곡선과 접해 있는 초기 선택점이며 현재 정부의 손실은 L_0이다. 이제 정부는 민간에게 다음 기의 인플레이션율을 현재의 π_0에서 0으로 낮출 것이라는 것을 공표하고 민간은 이를 신뢰하여 정책발표에 대응하여 $SPC_0(\pi_0^e = \pi_0)$를 $SPC_1(\pi_1^e = 0)$으로 이동시켰다고 하자.

▶ 이 모형은 기본적으로 초기 상태를 항상 등손실곡선과 SPC 곡선이 LPC 위에 접해 있는 상태를 가정한다.

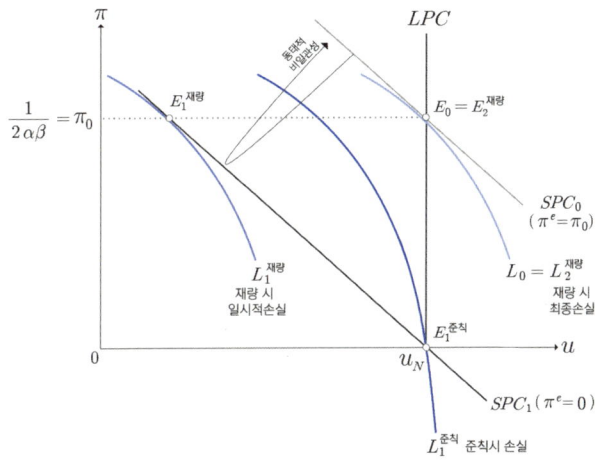

등손실곡선은 그래프 상에서 정부에 동일한 손실을 가져다주는 주는 인플레이션과 실업률의 조합들을 의미하므로 등손실곡선 위에서 정부손실의 크기는 동일하다. 중앙은행에게 재량이 주어져 있다면 중앙은행은 현재 주어진 SPC_1이라는 선택 가능 영역 중에서 최대한 원점에 등손실곡선을 가깝게 보내는 것을 목표로 한다. 이를 해결하기 위해 등손실곡선의 기울기 함수를 도출해야 한다.

▶ 현실경제에서는 인플레이션율이 0인 것은 매우 불안하다. 보통 목표 인플레이션율 π^*을 정하고 적어도 양수값을 유지하는 것이 자연스럽기 때문에 정부의 손실함수를 $L = u + \gamma(\pi - \pi^*)^2$의 형태로 설정하고, 정부가 π^*로 낮출 것이라는 가정 하에 상황을 전개하는 것도 가능하다.

참고로, 우리나라는 물가안정목표제 하에서 목표인플레이션율을 $\pi^* = 2\%p > 0$로 잡고 있다.

① 등손실곡선의 기울기함수

$\overline{L} = u + \alpha\pi^2$ u로 전미분하면

$0 = 1 + 2\alpha\pi \dfrac{d\pi}{du}$ 정리하면

$\left.\dfrac{d\pi}{du}\right|_L = -\dfrac{1}{2\alpha\pi}$

즉 등손실곡선의 접선의 기울기는 u와 상관없이(그리고 현재 어떤 손실값이냐와 상관없이) π에 의해서만 결정된다. 즉, 등손실곡선의 접선의 기울기는 π가 같다면 모두 일정한 값을 갖는다. 이를 역으로 생

각해보면 처음부터 E_0점에 접해 있었음을 가정했으므로 새롭게 바뀐 SPC_1곡선 위에서 등손실곡선이 접하는 점은 그림의 $E_1^{재량}$점이다. 따라서 재량정책 시에 정부는 이 점에서의 균형을 달성시키기 위해서는 원래의 인플레이션율인 π_0를 유지해야 한다. 재량정책 시에 정부의 선택점은 $E_1^{재량}$이다. 참고로 손실은 등손실곡선이 원점에 가까울수록 작다.

② 동태적 비일관성과 관련된 논점

하지만 $E_1^{재량}$점에서 민간의 기대인플레이션율($\pi^e=0$)과 실제 달성되는 인플레이션율($\pi=\pi_0$)은 다르다. 따라서 경제의 균형은 $E_1^{재량}$점에 머물러 있을 수가 없으며 민간은 오차를 수정($\pi^e=0 \rightarrow \pi^e=\pi_0$)하고 이에 따라 SPC_0로 되돌아가게 되며 경제의 균형은 $E_0=E_2^{재량}$점으로 돌아가고 초기의 손실과 동일한 손실값으로 되돌아간다. 따라서, 재량정책은 동태적으로 유지될 수 없는 점이다. 이를 보고 신축을 전제로 준칙을 주장하는 학파들은 동태적 비일관성의 문제 또는 시간 비일관성(time inconsistency)의 문제라 한다. 이러한 측면을 고려할 때 신축을 가정하는 학파는 $E_0 \rightarrow E_1^{재량} \rightarrow E_2^{재량}$과정이 신축적으로 작동되므로 $E_1^{준칙}$점에서 유지되는 준칙정책이 더욱 우월하다고 주장한다. 경직을 가정하는 학파의 경우 $E_1^{재량} \rightarrow E_2^{재량}$으로 돌아가는 과정이 느리기 때문에 $E_1^{재량}$점에 머물러 있는 동안 충분히 이득이 존재하며 따라서 재량정책이 우월할 수 있음을 주장한다.

---

tip

재량정책

$\underset{\pi}{Min}\ L = u + \alpha\pi^2 \quad s.t: SPC(\pi^e=0)$

$\qquad u = u_N - \frac{1}{\beta}(\pi-\pi^e)$

$\underset{\pi}{Min}\ L = u_N - \frac{1}{\beta}(\pi-\pi^e) + \alpha\pi^2$

$foc: \frac{dL}{d\pi} = -\frac{1}{\beta} + 2\alpha\pi = 0$

$\therefore \pi^* = \frac{1}{2\alpha\beta}$

SPC곡선의 위치와 상관없이 정부의 손실을 극소화하는 π는 이미 정해져 있다. 즉, 어떤 곳에 위치하는 SPC를 가정하더라도 등손실곡선이 접하는 곳은 $\pi = \frac{1}{2\alpha\beta}$일 때이다. 따라서 SPC_0에 접해있음을 가정했을 때의 π도 $\frac{1}{2\alpha\beta}$이고 SPC_1을 기준으로도 접할 때의 π는 $\frac{1}{2\alpha\beta}$이다. 그림상으로 접하는 좌표가 답일 때에만 미분을 활용하여 최적 π를 도출할 수 있다.

준칙정책

$\underset{\pi}{Min}\ L = u + \alpha\pi^2 \quad s.t: SPC(\pi^{e_1}), \pi=\pi$

$\qquad u = u_N - \frac{1}{\beta}(\pi-\pi^e), \pi = \pi^e$

$\underset{\pi}{Min}\ L = u_N + \alpha\pi^2$

위의 수식을 근거로 미분을 통해 1계 조건을 도출하려 하면 $\frac{dL}{d\pi} = 2\alpha\pi = 0$이다. 하지만 이렇게 미분을 통해 전개하는 것은 의미가 없다. 그림의 E_1준칙점이 준칙균형인데 이 점은 SPC곡선과 등손실곡선이 접하는 점이 아니기 때문이다. 따라서 위의 손실극소화 수식을 세워서 정부의 목표를 보여주는 것은 상관이 없지만 막상 답을 도출할 때에는 '제약조건의 $\pi = \pi^e$이며 $\pi^e = 0$이므로 준칙정책 시 정부의 선택은 $\pi^* = 0$이다.'라고 봐야 한다. 미분으로 답을 도출할 수 없는 상황에는 개념으로 풀어내면 된다.

③ 준칙과 신뢰성 보강장치 신뢰할 수 있도록 하는 구속장치(정태적 기대를 가정한다.)

평판(재량 하에서 민간의 기대인플레이션의 상승이라는 처벌을 고려하는 방식)

t기의 손실함수(L_t)는 $L_t = u_N - \frac{1}{\beta}(\pi_t - \pi_t^e) + \alpha\pi_t^2$이다. 2기간을 가정한다면 정부의 목표는 $L_1 + \frac{1}{1+\rho}L_2$을 극소화하는 것이다. 중앙은행의 공표 및 신뢰에 의해 1기는 $\pi^e = 0$이며, 사전적 구속장치가 없으므로 1기에 재량 혹은 준칙을 선택할 수 있다. 다만 2기에는 다음기가 없으므로 반드시 $\pi = \frac{1}{2\alpha\beta}$ 를 선택할 것이다. 정태적 기대를 가정한다.

1기에 준칙을 선택하는 경우: $E_1^{준칙} \to E_1^{재량}$

이 경우 중앙은행은 1기에는 $\pi_1^e = 0$ 에서 $\pi_1 = 0$, 2기에는 $\pi_2^e = 0$ 에서 $\pi_2 = \frac{1}{2\alpha\beta}$ 를 선택할 것이다. 손실값은 $[u_n] + \frac{1}{1+\rho}[u_n - \frac{1}{4\alpha\beta^2}]$ 이다.

1기에 재량을 선택하는 경우: $E_1^{재량} \to E_2^{재량}$

이 경우 중앙은행은 1기에는 $\pi_1^e = 0$ 에서 $\pi_1 = \frac{1}{2\alpha\beta}$, 2기에는 $\pi_2^e = \frac{1}{2\alpha\beta}$ 에서 $\pi_2 = \frac{1}{2\alpha\beta}$ 를 선택할 것이다. 손실값은 $[u_n - \frac{1}{4\alpha\beta^2}] + \frac{1}{1+\rho}[u_n + \frac{1}{4\alpha\beta^2}]$ 이다.

$[u_n] + \frac{1}{1+\rho}[u_n - \frac{1}{4\alpha\beta^2}] > [u_n - \frac{1}{4\alpha\beta^2}] + \frac{1}{1+\rho}[u_n + \frac{1}{4\alpha\beta^2}]$ 인 경우 재량을 선택한다. 양변에서 $u_n + \frac{1}{1+\rho}u_n$을 제거하고 남은 부분만을 고려하여 ρ의 범위를 도출하면 다음과 같다.

$$-\frac{1}{1+\rho} \times \frac{1}{4\alpha\beta^2} > -\frac{1}{4\alpha\beta^2} + \frac{1}{1+\rho} \times \frac{1}{4\alpha\beta^2}$$

$$\frac{1}{1+\rho} \times \frac{1}{4\alpha\beta^2} < \frac{1+\rho}{1+\rho} \times \frac{1}{4\alpha\beta^2} - \frac{1}{1+\rho} \times \frac{1}{4\alpha\beta^2} = \frac{\rho}{1+\rho} \times \frac{1}{4\alpha\beta^2} \quad \Rightarrow \quad \rho > 1$$

따라서 $\rho > 1$인 경우 재량을 선택할 것이고, $\rho < 1$인 경우 준칙을 선택할 것이다. 만약 $\rho = R$이고 명목이자율 $R < 1$인 경우 준칙을 선택할 것이므로, 이는 중앙은행이 준칙을 따라야 하는 일종의 내생적인 구속장치가 될 수 있다. 이를 평판적 접근방식(reputational approach)이라 한다.

물론 고려하는 기간을 2기간 이상으로 늘리는 경우에는 시간할인요소($\frac{1}{1+\rho}$)의 크기와 민간의 π^e 반응 등을 고려해야 하므로 일률적으로 단정하기 어렵다. 하지만 일관성 있는 정책이 재량보다 더 우월할 수 있음을 보인다는 면에서 의미가 있다.

입법과 계약

입법적 접근방식(legislative approach)은 독립된 중앙은행을 법에 의해 설립하고 정책목표를 물가안정으로 단일화하여 명시함으로써 준칙을 준수하게 만드는 방식이다. 계약적 접근방식(contractual approach)은 정부가 주인, 중앙은행이 대리인이 되어 대리인인 중앙은행의 보수체계를 물가안정과 연계시키는 방식이다.

3) $L = u^2 + \alpha \pi^2$의 손실함수를 가정할 때의 분석

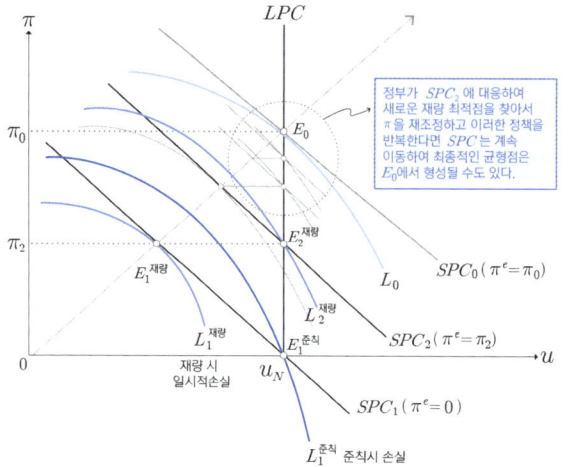

등손실함수의 기울기

$\overline{L} = u^2 + \alpha \pi^2$ u로 전미분

$0 = 2u + 2\alpha\pi \dfrac{d\pi}{du}$

$\left.\dfrac{d\pi}{du}\right|_L = -\dfrac{u}{\alpha\pi}$

즉, 이 손실함수는 원점에서 나오는 직선 위에서 접하는 기울기가 모두 같음을 의미한다. 이때 새롭게 바뀐 SPC_1에서 재량정책은 $E_1^{재량}$점을 선택하게 되지만 현재의 인플레이션인 π_2과 사람들이 예상했던 인플레이션인 $\pi^e = 0$이 같지 않음을 인식한다. 결국 장기적으로는 $SPC_2(\pi^e = \pi_2)$로 곡선을 이동시키게 된다. 따라서 경제의 균형은 $E_2^{재량}$로 이동하게 되는 동태적 비일관성의 문제가 발생하게 된다. 계속적으로 재량정책을 수행한다면 E_0점으로 돌아간다.

4) $L = u^2 + \alpha \pi$ 의 손실함수를 가정할 때의 분석

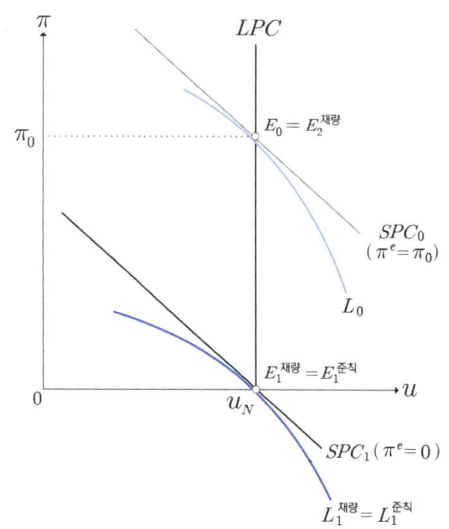

등손실함수의 기울기

$\overline{L} = u^2 + \alpha\pi$ u로 전미분

$0 = 2u + \alpha \dfrac{d\pi}{du}$

$\left.\dfrac{d\pi}{du}\right|_L = -\dfrac{2u}{\alpha}$

즉, 이 손실함수는 수직선 위에서 등손실곡선의 접선의 기울기가 같다. 따라서 준칙에 의해 선택되는 점이 재량에 의해서도 최적이 된다. 이때 $\pi^e = 0$과 실제 $\pi = 0$가 일치하므로 동태적 비일관성의 문제는 발생하지 않는다.

Chapter 6
학파별 비교

01 고전학파와 케인즈
02 케인즈학파와 통화주의학파
03 새고전학파와 새케인즈학파
04 학파별 정리

01 고전학파와 케인즈

1. 고전학파

A. Smith
A. Marshall
A. C. Pigou
J. S. Mill
L. Walras
D. Ricardo

고전학파는 1929년 대공황(시장실패) 이전까지 시장이 가장 효율적이라고 생각되던 시기의 경제학이다. 야경국가, 자유방임주의를 표명하던 시절의 흐름처럼 가장 효율적인 것은 시장이다. 거시경제의 균형은 모두 일반균형이며 이를 만드는 것은 시장이다. 아담 스미스의 '보이지 않는 손'에 의해 왈라스 균형이 달성되었다. 이후 고전학파의 기본전제는 통화론자, 공급주의경제학, 새고전학파 등으로 이어진다. 가장 중요한 것은 실질 GDP는 총생산함수로부터 도출된다는 점과 명목변수와 실질변수가 완전히 분리되어 있다는 고전적 이분법이다.

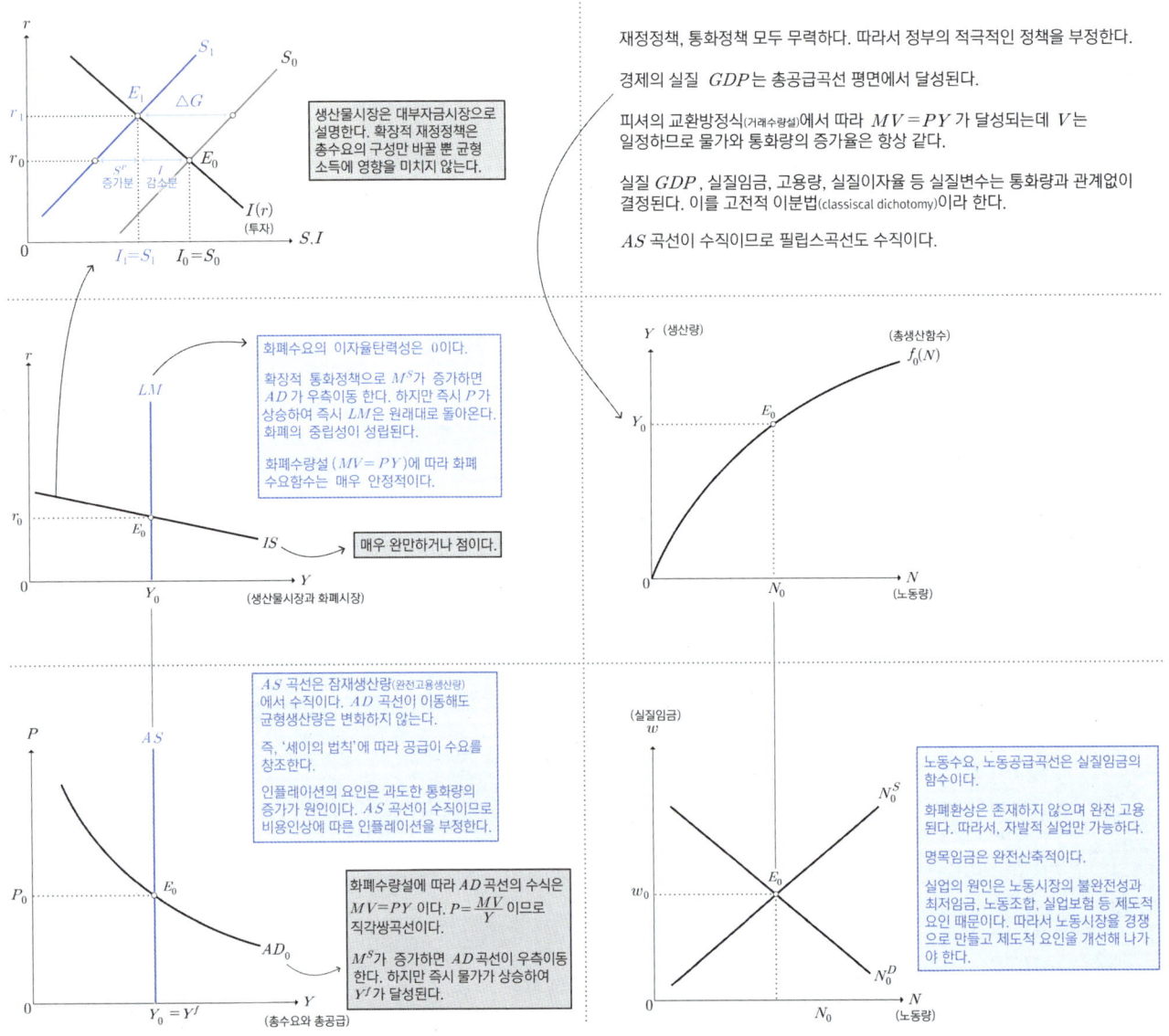

2. 케인즈

케인즈는 1929년 대공황(시장실패) 이후의 경제상황을 잘 설명한다. 1930년대의 대공황기에 발표된 케인즈의『고용, 이자 및 화폐에 관한 일반이론』은 보이지 않는 손이 제대로 기능하지 않고 고실업이 지속되어 고전학파적 정책처방이 설득력을 잃게 된 시대적 상황에 어울린다. 고전학파가 주장하는 임금과 가격의 신축성 및 시장의 즉각적인 조정능력을 부정하고, 적어도 단기적으로는 경직적(rigid)이라고 가정한다. 이후 케인즈학파들의 경제학에 큰 기준을 부여한다.

▶ 이하 소개되어 있는 그래프의 형태는 케인즈학파가 아니라 대공황 시절의 상황을 설명하는 케인즈의 경제이다. 케인즈학파는 이 기조는 유지하지만 극단적으로 수직이나 수평인 곡선을 가정하지는 않았다.

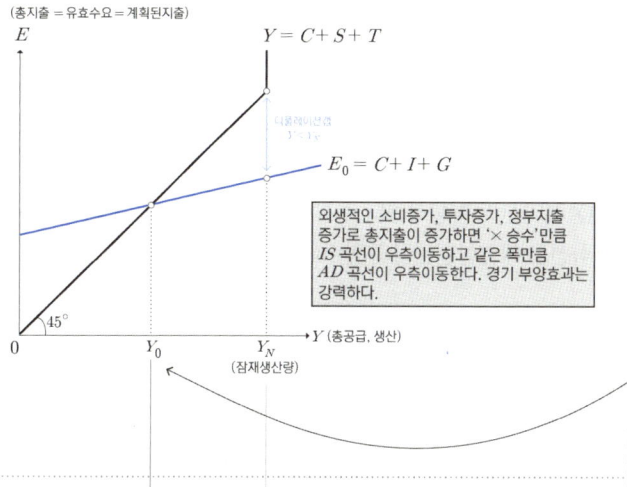

외생적인 소비증가, 투자증가, 정부지출 증가로 총지출이 증가하면 '×승수'만큼 IS 곡선이 우측이동하고 같은 폭만큼 AD 곡선이 우측이동한다. 경기 부양효과는 강력하다.

통화정책은 무력하다. 재정정책은 강력하다. 다만 대공황 시기 정부의 여력이 부족하여 확장적 재정정책을 펼치기 어려운 상황이었다.

경제의 실질 GDP는 케인즈의 교차점모형 평면에서 달성된다.

경기를 회복시키려면 유효수요가 증가해야 한다. 따라서 민간소비, 민간투자의 증대가 필요하다. 소비가 미덕이다.

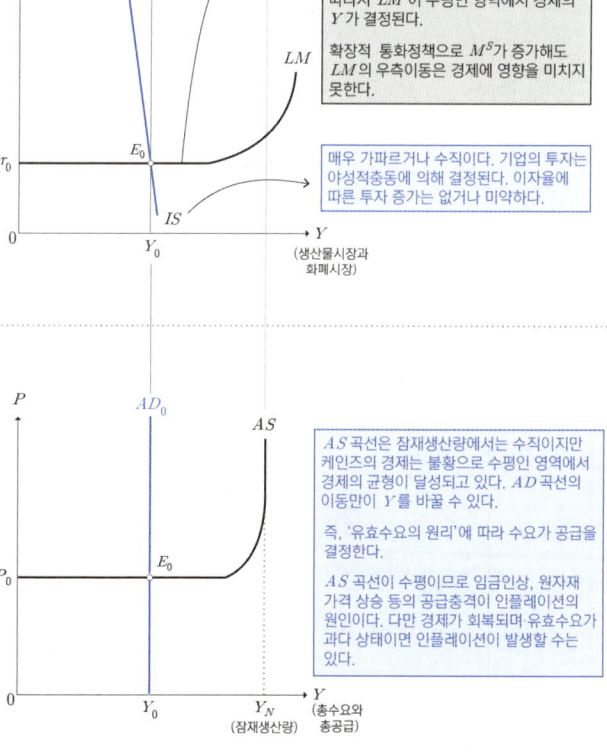

화폐수요의 이자율탄력성은 무한대이다. 따라서 LM이 수평인 영역에서 경제의 Y가 결정된다.
확장적 통화정책으로 M^S가 증가해도 LM의 우측이동은 경제에 영향을 미치지 못한다.

매우 가파르거나 수직이다. 기업의 투자는 야성적충동에 의해 결정된다. 이자율에 따른 투자 증가는 없거나 미약하다.

AS 곡선은 잠재생산량에서는 수직이지만 케인즈의 경제는 불황으로 수평인 영역에서 경제의 균형이 달성되고 있다. AD 곡선의 이동만이 Y를 바꿀 수 있다.
즉, '유효수요의 원리'에 따라 수요가 공급을 결정한다.
AS 곡선이 수평이므로 임금인상, 원자재 가격 상승 등의 공급충격이 인플레이션의 원인이다. 다만 경제가 회복되며 유효수요가 과다 상태이면 인플레이션이 발생할 수는 있다.

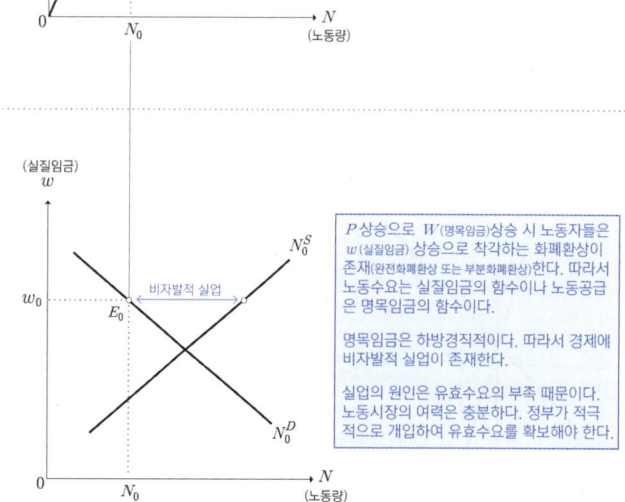

P 상승으로 W(명목임금)상승 시 노동자들은 w(실질임금) 상승으로 착각하는 화폐환상이 존재(완전화폐환상 또는 부분화폐환상)한다. 따라서 노동수요는 실질임금의 함수이나 노동공급은 명목임금의 함수이다.

명목임금은 하방경직적이다. 따라서 경제에 비자발적 실업이 존재한다.

실업의 원인은 유효수요의 부족 때문이다. 노동시장의 여력은 충분하다. 정부가 적극적으로 개입하여 유효수요를 확보해야 한다.

02 케인즈학파와 통화주의학파

▶ P. A. Samuelson
J. Tobin
R. Solow
A. Hansen
F. Modigliani
J. Hicks

▶ M. Friedman
A. Shhwartz
K. Brunner
A. Meltzer

케인즈학파에서 가정된 경제는 앞의 케인즈의 모형과 크게 다르지 않다. 다만 극단적으로 곡선이 수직이거나 수평인 상황을 가정하지 않고 그래도 현실적인 민감도를 반영하여 접근한다. 케인즈학파에 의해 제시된 케인즈 이론은 단기적인 경기변동을 설명하는데 적합하다. 노동공급곡선이 명목임금의 함수라고 말한 케인즈와 달리 이들은 예상실질임금의 함수라고 보았다.

통화주의학파는 1950년대 후반에 인플레이션이 심화되면서 케인즈 경제학의 현실설명력에 대한 반문과 함께 등장한다. 특히 1970년대의 석유파동으로 인한 인플레이션과 실업(스태그플레이션)에 대해 케인즈이론이 적절한 처방을 제시하지 못한 시대적 흐름이 반영된다. 이러한 시대적 배경 하에서 고전학파의 이론을 계승 발전시켜 체계화한 프리드만을 비롯한 학자들의 견해를 통화주의학파라고 한다. 이들은 일관성 없는 통화정책에 의해 인플레이션이 발생하였다 주장하며 케인즈학파와 달리 화폐공급의 중요성을 매우 강조한다. 노동공급곡선은 예상실질임금의 함수이며, 균형재정과 작은 정부가 바람직하다고 보았다.

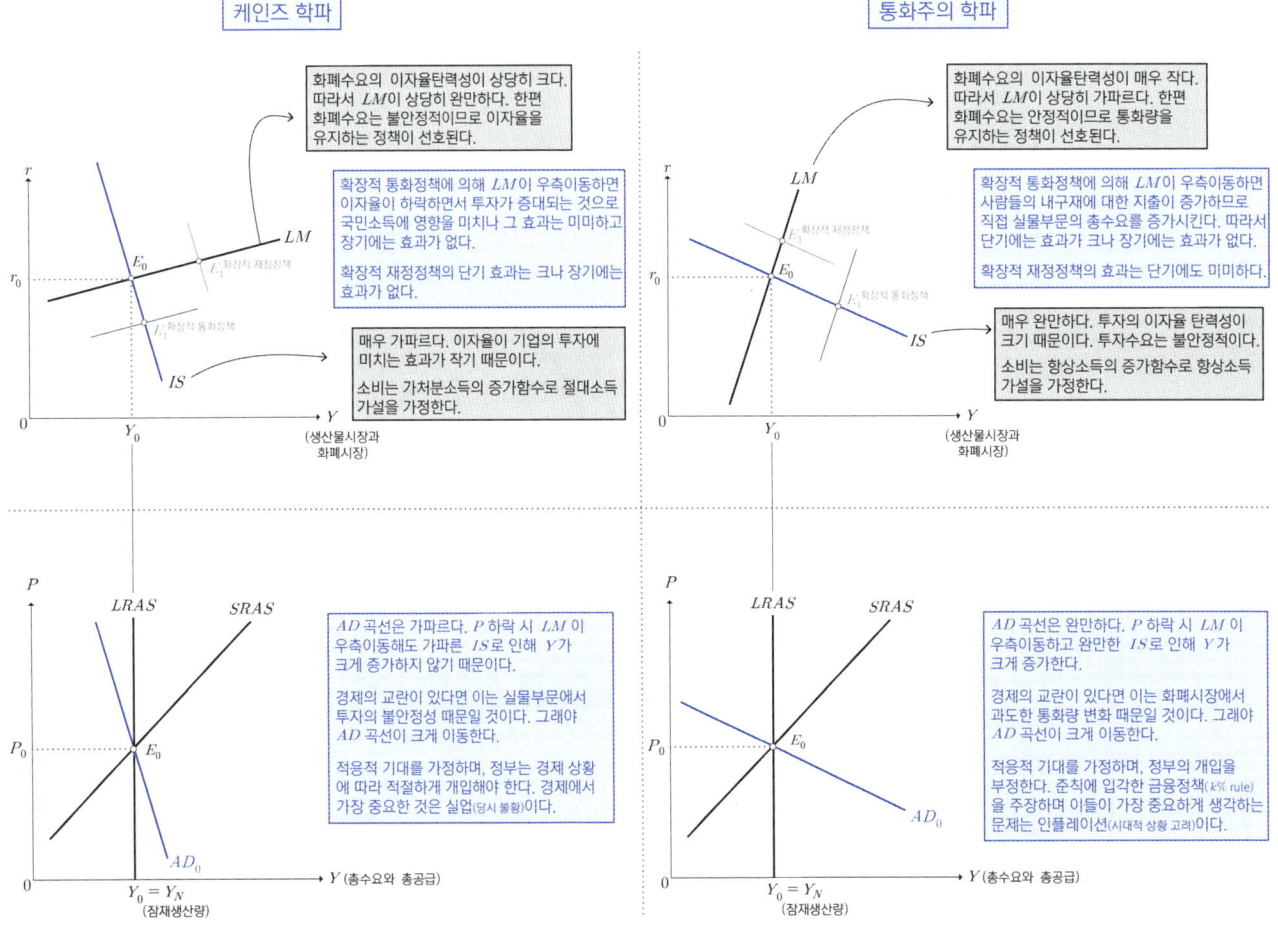

03 새고전학파와 새케인즈학파

이들의 아이디어는 교재 곳곳에서 정리되어 있다. 두 학파 모두 합리적 기대를 가정한다. 또한 미시경제학적인 토대 위에서 거시경제학적 이론을 전개한다는 공통점이 있다. 하지만 이들의 견해에서 가장 중요한 차이점을 보이는 것은 바로 신축성이다. 새고전학파는 경제의 장기 균형(잠재생산량)으로 이동하는 속도는 매우 빠르다고 한 것에 비해 새케인즈학파는 현실적인 이유로 장기 균형으로 이동하는 속도가 느리다고 하였다. 앞의 학파별 비교에서는 그래프의 기울기 차이 등에서 비교가 필요했으므로 $IS-LM$, $AD-AS$ 모형 등을 활용하여 비교하였으나 이들은 기본적으로 $SRAS$에서 비교를 한 것처럼 청산 속도의 차이가 비교 대상이므로 해당 평면의 그래프는 고려하지 않고 신축과 경직성의 근거를 보이는 것으로 충분히 비교가 가능하다.

1. 새고전학파 (루카스 공급곡선을 가정하여 접근이 가능하다.)

1970년대의 경제학은 케인즈학파에 대한 도전으로 요약할 수 있다. 우하향하는 필립스곡선과 총수요를 중시하는 케인즈학파는 스태그플레이션을 설명하지 못한다. 합리적 기대론자들은 케인즈학파의 경제이론이 사람들의 합리적 기대를 무시한다고 비판하였고, 이러한 흐름 속에서 통화론자에 이어 1970년대 이후 고전학파계열의 일련의 이론들이 등장하였다. 대표적으로 새고전학파와 공급중시경제학을 들 수 있다.

합리적 기대를 가정한다. 따라서 $SRAS$ 곡선은 실제 경제의 상황이 변화하지 않더라도 민간의 예측에 의해 사전적으로 이동이 가능하며 곡선의 이동속도는 매우 빠르다. 따라서 예상된 정책의 경우 정책무력성 명제가 성립될 수 있다. 예상되지 않은 정책이라도 $SRAS$ 곡선이 Y_N 수준이 달성되는 방향으로 즉시 이동하므로 (아주 일시적으로는 Y의 변동 효과가 있으나) 사실상 효과가 없으며, 정부의 신뢰도 감소와 경제의 불확실성 증대로 인해 바람직하지 않다고 주장한다. 재량보다는 준칙에 입각한 정책이 더 바람직하다.

한편, 스태그플레이션 발생 시 정책딜레마를 근거로 정부의 적극적인 정책을 부정한다.

케인즈학파에 따르면 소비성향(내수재에 대한 소비성향, 수입재에 대한 소비성향), 저축성향, 투자성향 등이 일정하다고 가정한다. 하지만 경제 정책의 변화에 따라 민간경제주체들의 기대가 변화하면서 이 변수들은 변화할 수 있다. 따라서 이러한 가정 하의 분석은 타당하지 않다고 주장하는 것이 루카스 비판(Lucas critique)이다.

이들의 주장은 개별경제주체가 항상 합리적 기대를 이용하여 경제변수를 예측하는 것도 불가능하지만 항상 시장이 빠른 속도로 청산된다는 것도 비현실적인 가정이라는 비판을 받는다.

2. 새케인즈학파

새케인즈학파의 경제도 합리적 기대를 가정한다. 하지만 가격변수가 경직적이므로 시장청산이 이루어지지 않는다. 이들은 다양한 시장에서의 시장청산이 성립하지 않음을 증명하는 것으로 경직성을 설명하고 경제의 안정화정책이 적어도 단기적으로는 (상당한 시간 동안 지속 가능) 효과적일 수 있음을 설명한다. 명목임금, 실질임금, 재화시장의 경직성, 대부자금시장의 경직성 등에 대해 검토한다.

1) 명목임금 경직성 모형

① 중첩임금계약모형 (stagged wage contracts model by J. Taylor)

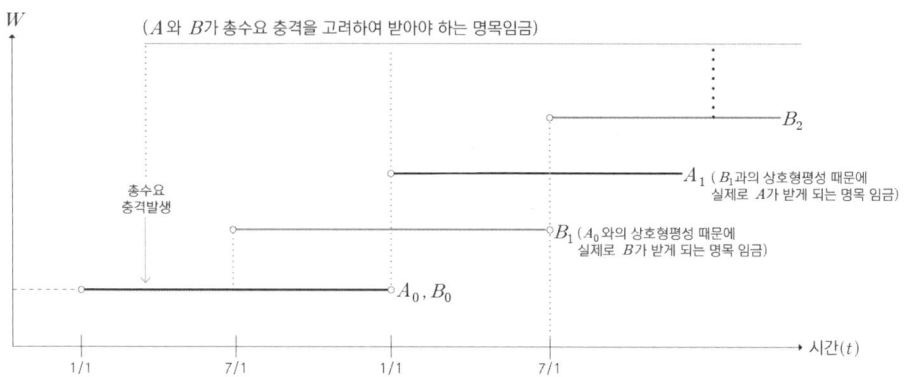

A와 B는 현재의 물가(기존의 계약 시 물가수준)를 고려하여 일정한 실질임금을 보장받기 위한 명목임금을 설정하고 이를 보장받기 위한 계약을 한 상태이다. 1/1은 A의 임금계약일, 7/1은 B의 임금계약일로 A와 B는 계약일이 같지 않다. 현재 상태에서 A의 명목임금 계약 직후 총수요 충격으로 물가가 상승하게 되었다면 A와 B는 명목임금을 높게 받아야 함에도 불구하고 계약 만료일까지 명목임금이 경직적으로 유지될 수밖에 없다. 더욱이 7/1일이 되어도 B는 A와의 상호간 상대적인 차이, 즉 임금 형평성을 무시할 수는 없으므로 B의 요구보다 더 낮은 명목임금으로 재계약하게 된다. 이와 같은 현상이 반복되면 이 경제는 상당히 오랜 기간 동안 명목임금이 경직적으로 변화하게 되며 이 기간 동안 기업의 실질임금은 기존의 실질임금에 비해 낮은 상태가 된다. 이와 같은 현실적인 기업의 상황을 명목임금 경직성을 설명하는 데에 활용하는데 이를 중첩임금모형이라 한다.

만약 현재 노동시장의 균형이 비자발적 실업이 없는 상태를 가정할 때 중첩임금계약모형의 메커니즘을 적용하면 물가가 하락하는 충격이 발생하는 경우에도 동일한 방법으로 명목임금이 경직적으로 하락할 것이므로 비자발적 실업이 상당한 기간동안 유지될 수 있다. 이 모형에 따르면 하방경직성 뿐 아니라 상방경직성도 설명할 수 있다.

② 장기임금계약이론

일반적으로 기업이 노동자를 고용할 때, 노동자가 직장을 선택할 때에는 비용이 발생한다. 따라서 이 둘은 장기임금계약을 통해 장기적인 고용관계를 유지하는 것을 선호할 수 있으며 이 경우 상당 기간 동안 명목임금이 경직적일 수 있다.

2) 실질임금 경직성 모형

① 효율성 임금가설 (efficiency wage hypothesis)

효율성 임금가설이란 실질임금이 노동자의 생산성과 근로의욕을 결정하므로, 비자발적 실업이 존재해도 균형실질임금 이상의 실질임금을 유지하는 것이 기업의 이윤극대화와 일치할 수 있다는 이론을 말한다. 고용주와 근로자 사이에서는 정보비대칭이 존재하며, 실질임금이 근로자의 근무 태도 및 생산성을 변화시킨다. 이에 기업은 실질임금이 노동유인이라는 전제 하에 이윤을 극대화 할 수 있는 실질임금과 노동량을 결정하여 노동을 수요하게 되며, 기업은 실질임금과 노동량을 노동 수요곡선 위에서 선택하고 조절할 수 있다고 볼 수 있다. 효율성 임금가설은 이론 자체의 정리도 중요하지만 계산문제로 출제될 가능성도 높은 테마이다. 이하 기업은 생산물 시장에서 완전경쟁기업이며 재화의 가격은 편의상 1이라 가정한다.

$$\underset{N,w}{Max}\ \pi = f(e \cdot N) - wN - rK \qquad s.t: e = e(w)$$

$$foc: \frac{\partial \pi}{\partial N} = \frac{\partial e \cdot N}{\partial N} \cdot \frac{\partial f(e \cdot N)}{\partial e \cdot N} - w = ef' - w = 0 \qquad f' = \frac{w}{e}$$

$$\frac{\partial \pi}{\partial w} = \frac{\partial e \cdot N}{\partial w} \cdot \frac{\partial f(e \cdot N)}{\partial e \cdot N} - N = N \cdot \frac{\partial e}{\partial w} \cdot f' - N = 0 \qquad f' = \frac{\partial w}{\partial e}$$

$$\therefore \frac{e}{w} = \frac{de}{dw} \quad \ldots\ Solow\ condition$$

그래프의 균형점에서 원점에서의 기울기가 e/w이고 접선의 기울기가 de/dw이다. B와 같은 점에서는 $e/w < de/dw$이므로 접선의 기울기가 더 가파르며, 따라서 이러한 점에서는 $Solow\ condition$을 달성하지 못한다. 반면, A와 같은 점에서는 $e/w = de/dw$로 조건이 달성되며 이때 실질임금(w^*)이 기업의 이윤을 극대화하기 위한 최적 실질임금이다.

$$A: \frac{e}{w} = \frac{de}{dw} \qquad B: \frac{e}{w} < \frac{de}{dw}$$

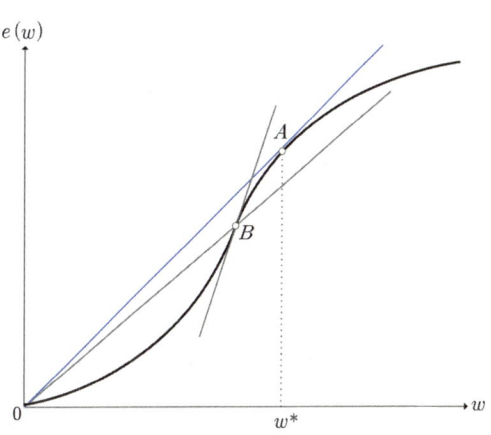

tip 현재 비자발적 실업이 나타나고 있다. 만약 지금 상태에서 노동자 수의 증가, 현재 이자율의 상승으로 인한 기간간 대체효과의 발생, 미래 예상 임금의 하락으로 인한 현재 노동의 증가, 정부의 정책으로 인해 현재 노동에 대한 가중적인 임금 보상 책정 등으로 인해 현재의 노동공급곡선(N^S)이 우측이동해도 효율성 임금 및 기타 실질임금 경직성 모형 하에서는 비자발적 실업의 규모만 증가하고 균형 노동량은 증가하지 않아서 노동시장으로부터 실물경제로 파급되는 변화는 없다. 특히 현재 이자율이 상승하더라도 생산량이 불변임을 고려한다면 RAS곡선이 수직인 영역이 존재할 수 있음을 설명할 수 있다.

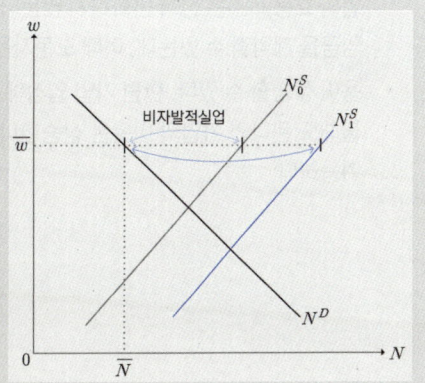

▶ 효율성 임금가설의 근거로 4가지 정도를 들 수 있다.

① 영양모형
주로 저개발국 등에서 설득력이 있는데, 높은 실질임금이 노동자의 양호한 영양상태를 유지시켜 높은 생산성으로 이어진다.

② 노동이직모형
높은 보수와 쾌적한 근무환경을 찾아 숙련노동자들이 이직할 경우, 모집광고와 선별, 교육 등에 비용이 발생하므로, 기업은 노동이직비용을 최소화하기 위해 균형임금보다 높은 실질임금을 지급하여 이직유인을 감소시키려 하며, 높은 실질임금이 이직률을 낮출 수 있다.

③ 태업방지모형
상시감시는 어렵다. 불시 감시와 태업 적발 시 해고라는 원칙을 정한다면, 노동자의 입장에서 태업으로 인한 해고로 초래되는 손실은 임금이며 높은 임금을 지불할수록 노동자의 태업의 기회비용은 커진다. 따라서 균형실질임금보다 높은 임금을 지불한다면 노동자의 태업유인은 그만큼 감소한다. 높은 실질임금이 도덕적 해이를 억제하기 위한 유인체계로 작용한다.

④ 역선택모형
개별노동자의 생산성을 정확하게 파악하지 못하는 기업이 평균적인 생산성에 따라 실질임금을 지불한다면, 평균 실질임금 이상의 생산성을 지닌 노동자들은 직장을 옮기려 할 것이고, 평균 실질임금이하의 생산성을 지닌 노동자만이 남게 될 것이다. 결국 기업은 평균 실질임금을 지불하고 평균 이하의 생산성을 지닌 노동자만 확보하게 되는 셈이다. 따라서 정보의 비대칭성에 노출되어 있는 기업이 양질의 노동을 계속 확보하기 위해서는 평균 실질임금 보다 높은 수준의 효율성 임금을 지급해야 한다. 즉 노동 생산성에 대한 정보가 비대칭적으로 존재할 때, 효율성임금이 노동의 평균적인 질을 향상시킬 수 있다.

② **내부자 - 외부자 모형** (insider-outsider model)

내부자 - 외부자 모형이란 노동조합의 독점적 협상력에 의해 균형실질임금보다 높은 수준의 실질임금이 경직적으로 유지된다고 설명하는 이론이다. 내부자는 노동조합 등과 관련된 협상력의 보유자이며 단체협약에서 외부자의 이해를 고려할 필요가 없으므로 자신들의 높은 생산성에 알맞은 높은 실질임금을 기업에 요구할 것이다. 적어도 노조는 상당한 협상적 지위를 갖는다. 기업 입장에서는 내부자의 생산성이 외부자보다 높을 가능성이 크며(적어도 기업은 그렇게 생각함) 고용자(기업)는 이직비용, 교육비용 등을 고려할 때 내부자와의 관계 지속을 원하며, 이에 따라 높은 실질임금을 수용하게 되므로 실질임금이 경직적으로 운영될 수 있다.

▶ 단순한 모형이지만 비자발적 실업의 존재를 설명하기 위해서라면 가장 간단하고 명쾌한 모형이기도 하다. 미시경제학의 생산요소시장 파트에서 요소공급독점을 간단히 보일 수 있으면 좋다.

③ **암묵적**(묵시적) **계약이론** (implicit contract hypothesis)

미시의 기대효용이론(폰 노이만-모겐스턴 함수)을 응용한 이론이다. 명목임금을 계약하면 경제의 총수요 충격(위험, 물가의 변동) 발생 시 근로자는 물가 변동에 따른 실질임금 변화라는 위험을 부담하게 된다. 따라서, 노동자 입장에서 안정적이라 할 수 없다. 암묵적 계약이론은 $COLA$ 계약처럼 물가와 명목임금은 연동시키는 실질임금 계약의 실익을 설명하는 모형이다.

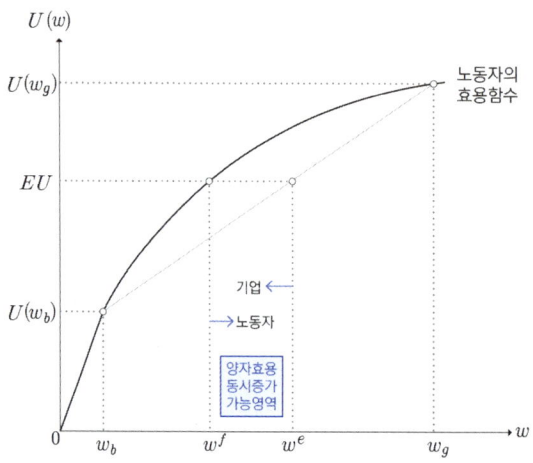

근로자는 위험기피자, 기업(고용주)은 위험 중립자이다. 불황(p)시 w_b, 호황($1-p$)시 w_g의 임금을 받는 상황이라 가정한다. 이때 명목임금이 고정금으로 지급되면 물가의 변화에 따라 불황과 호황 시 수취하게 되는 실질임금은 높을 수도 낮을 수도 있다.

노동자의 기대효용(EU) $= pU(w_b) + (1-p)U(w_g)$

현재 노동자가 누리는 기대효용의 크기는 확실한 실질임금 w^f(확실성 대등액)를 보장받는 경우의 효용 크기와 동일하다. 기업은 위험중립자이므로 w^e만큼의 확실한 실질임금을 지불하는 경우에도 기업의 효용(이윤)은 전혀 변화하지 않는다. 따라서 양자는 협상에 의해 $w^f \sim w^e$ 사이에서 확실한 실질임금을 계약할 수 있는데, 이때 노동자는 확실성 대등액(w^f)보다 높은 실질임금을 보장 받게 되면 효용이 상승할 수 있다. 한편 기업 입장에서 위험중립자인 기업은 w^e보다 낮게 보장된 실질임금만 지불해도 된다면 기업의 이윤은 상승한다. 따라서, 암묵적 임금계약 하에서 양자 모두 효용의 증대가 가능하다.

3) 재화가격 경직성 모형

① 메뉴비용(menu cost)이론 (by G. Mankiw)

메뉴비용(menu cost)이란 기업이 가격을 변화시키기 위해 필요한 마찰적 비용을 의미한다. 예를 들면 식당의 메뉴와 가격표를 바꾼다던가, 악세서리 제품의 가격택(tag)을 모두 변경할 때 발생하는 비용들을 의미한다. 정가제를 기본 전제로 하는 경우 특정 판매 업종의 경우는 무시하기 어려울 만큼 많은 노력과 비용을 필요로 할 것임을 쉽게 떠올릴 수 있고 이를 메뉴비용이라 한다. 순수독점기업을 가정하고 편의상 고정비용은 없다고 하자.

Nicholas
Gregory
Mankiw
(1958~)

맨큐는 『맨큐의 경제학』 입문서로 유명하다. 그 전에 메뉴비용 (menu cost) 연구에 중요한 공헌을 한 것으로 알려져 있다. 새케인즈 학파의 일원으로 유명하지만 통화정책의 유효성에 한정된 이야기이고, 대부분 이슈에 대해 시장 효율성을 강조한다. 보호무역주의를 강조하는 도널드 트럼프에 상당히 비판적이다. 26세의 나이로 MIT에서 경제학 박사 학위를 받았고 그 이듬해인 1985년부터 하버드 대학교의 경제학 교수로 재직중이다.

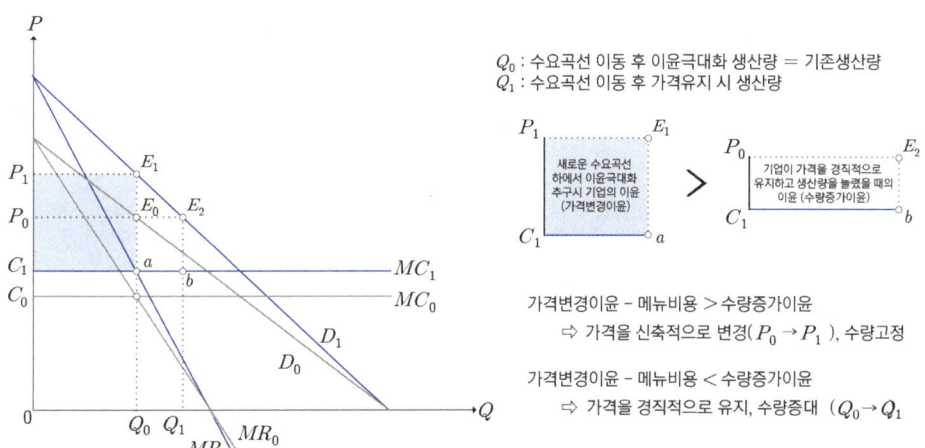

Q_0 : 수요곡선 이동 후 이윤극대화 생산량 = 기존생산량
Q_1 : 수요곡선 이동 후 가격유지 시 생산량

가격변경이윤 - 메뉴비용 > 수량증가이윤
⇒ 가격을 신축적으로 변경($P_0 \to P_1$), 수량고정

가격변경이윤 - 메뉴비용 < 수량증가이윤
⇒ 가격을 경직적으로 유지, 수량증대 ($Q_0 \to Q_1$)

그림의 세로축은 물가가 아니라 기업 제품의 가격을 의미한다. 물가 상승 시 수요곡선과 MC 곡선은 상방이동 한다. 그래프 상 수요곡선과 MR곡선, MC곡선의 상승 폭은 원래 교차점 기준 동일한 물가 상승률에 의한 것이므로 동일한 비율로 올라간다고 볼 수 있다. 따라서, 물가 상승 이후의 이윤극대화 생산량은 기존의 MC곡선과 MR곡선이 만나는 점에서 선택했던 Q_0과 동일하다. 한편, 이윤극대화를 위한 가격은 P_1인데 가격을 P_0로 고수하면 E_2점에서 Q_1만큼 더 많은 양을 판매할 수 있다. 이 둘의 크기를 비교하여 가격을 변화시킬 것이다.

② 중첩가격설정모형

이는 중첩임금설정모형과 유사하다. 재화의 가격을 동시에 조정하는 것이 아니다. 그런데 가격을 변경하더라도 기존에 가격을 이미 (같은 이유로 조금만) 변경했거나 유지하고 있는 기업들 대비 너무 높은 가격을 설정하기 힘들다. 즉, 기업별로 가격 조정이 시차를 두고 이루어진다면 물가 수준에 따른 가격변동은 점진적으로 발생할 것이다.

③ 조정실패모형

경기가 침체기일 때에 모든 기업이 가격을 인하한다면 경기가 회복되면서 모두의 이윤이 증가한다. 하지만 일부 기업만 가격을 인하하면 경기 회복이 이루어지지 않으므로 가격을 인하한 기업만 손해를 보게 될 것이다. 따라서 모든 기업들의 합의가 이루어지지 않는다면 가격이 한 번에 하락하지는 않을 것이므로 가격은 경직적일 수 있다.

4) 대부자금시장의 경직성

신용할당에 의해 대부자금시장 역시 초과수요가 나타나는 상태에서 경직적일 수 있다. 챕터 04-06의 내용과 그래프로 설명을 대체한다.

▶ 물가 상승 시 수요곡선은 그림처럼 상방 회전이동한다. 직관적으로 물가가 상승했을 때 사람들은 기존 가격 하에서는 더 많은 제품을 구매할 의사가 생겼기 때문이라 설명할 수도 있고, 일정 소비량 기준 소비자가 부여하는 편익의 크기가 물가 상승률만큼 증가했기 때문이다.

물가 상승 시 일반적으로 비용도 물가 상승률만큼 오를 가능성이 크다고 할 수 있다. 비용의 증가 원인은 제품의 원자재 가격과 임금 상승 등이다.

만약 물가가 매우 크게 올라서 한계비용이 기존 가격 이상으로 상승하면 가격을 유지하는 기업은 없다.

04 학파별 정리 (주요 자세한 내용은 앞에서 점검할 것)

	생산물시장과 화폐시장	총공급곡선	노동시장, 정부정책에 대한 관점, 기타 내용들	

고전학파	1. 투자의 이자율탄력성 무한대
	2. 재정정책무력
	3. 고전적 이분법
	  즉, 통화정책무력(화폐의 중립성)
	4. 물가의 신축성
	5. 세이의 법칙
		1. 완전예견(완전기대)
		2. 따라서 항상 $P^e = P_{실제}$
		3. 물가의 완전신축성
		4. 완전고용달성
		5. 정책효과는 없음
		6. 세이의 법칙
			1. 임금의 완전신축
			2. 노동수요는 실질임금의 함수
			  노동공급은 실질임금의 함수
			3. 완전고용이 달성되므로
			  자발적 실업만 존재
				5. 총수요곡선은 $MV=PY$
				6. 시장을 맹신함
				7. 정부개입부정
				8. 저축이 미덕
				9. 통화량 증가가 인플레이션의
				  원인, 비용인상 인플레이션 부정

케인즈	1. 투자의 이자율탄력성 0
	  즉, 투자는 야성적 충동
	2. 화폐수요의 이자율탄력성 무한대
	  즉, 유동성함정
	  따라서, 통화정책 무력
	3. 재정정책 효과 강력
	4. 유효수요의 원리
	5. 통화정책무력(유동성함정)
		1. 물가고정
		2. 또는 정태적 기대, 즉 $P^e = P_{전기}$
		3. 경제에 유휴시설이 항상 존재
		4. 재정정책효과 강력
		  즉, 유효수요의 원리
		5. 장기 $LRAS$ 사실상 없음
			1. 명목임금 하방경직성
			2. 화폐환상
			3. 노동수요는 실질임금의 함수
			  노동공급은 명목임금의 함수
			4. 불완전고용이 존재하므로
			  비자발적 실업도 존재
				5. 총수요곡선은 수직
				6. 시장을 불신함
				7. 정부개입인정
				8. 소비가 미덕(절약의 역설)

케인즈학파	1. 투자의 이자율탄력성 매우 작음
	  즉, 투자는 야성적 충동 요인이 큼
	2. 재정정책 효과 강력
	3. 통화정책은 효과가 작음
		1. 정태적 기대 $P^e = P_{전기}$
		2. 잠재생산량 미달성
		3. 재정정책효과 강력
		4. 물가의 경직성
		  즉, 경직적인 경제
		5. 장기 $LRAS$ 사실상 없음
			1. 명목임금 하방경직성
			2. 화폐환상
			3. 노동수요는 실질임금의 함수
			  노동공급은 예상실질임금의
			  함수
			4. 불완전고용이 존재하므로
			  비자발적 실업도 존재
				5. 총수요곡선은 $IS-LM$에서 도출
				6. 시장을 불신함
				7. 적극적인 정부의 개입 필요
				  즉, 구입효과 강조
				8. 소비가 미덕(절약의 역설)
				9. 실업문제 해결이 중요

통화론자	1. 투자의 이자율탄력성 매우 큼
	2. 재정정책 효과 약함
	3. 통화정책의 단기적 효과는 큼
	4. 하지만 신축성을 가정하므로
	  빠르게 장기가 됨
		1. 적응적 기대
		  $P^e_t = P^e_{t-1} + \alpha(P_{t-1} - P^e_{t-1})$
		  즉, 체계적 오류 발생
		2. 따라서, 단기에는 $P^e \neq P_{실제}$
		  즉, 단기적으로 정책효과 있음
		  그런데 신축적인 경제를 가정
		3. 장기에는 $P^e = P_{실제}$ 정책효과 없음
		  자연실업률 가설 성립함
			1. 노동수요는 실질임금의 함수
			  노동공급은 예상실질임금의
			  함수
			2. 단기에는 필립스곡선 우하향
			  장기에는 필립스곡선 수직
				3. k%룰에 따른 준칙정책
				4. 재정정책 효과 없음(구축효과)
				5. 균형재정과 적응적 기대
				6. 인플레이션 문제가 중요
				7. 자동안정장치 강조
				8. 정부개입부정

새고전학파	1. 재정정책, 통화정책 단기 효과적
	  하지만 물가가 신축적이므로
	  빠르게 잠재생산량으로 복귀
	  사실상 효과 없음
		1. 합리적 기대
		  즉, 체계적 오류는 발생하지 않음
		2. 예상되지 않은 정책은 $P^e \neq P_{실제}$
		  즉, 우상향하는 $SRAS$ 가능
		  단기적으로 정책효과 있음
		  그런데 신축적인 경제를 가정
		  빠르게 잠재생산량 달성
		3. 예상된 정책은 $P^e = P_{실제}$ 이므로
		  정책무력성 명제
			1. 루카스의 불완전정보모형
			2. 시장청산모형
			3. 매우 신축적
				4. 경기변동은 균형으로의 이탈이
				  아니라 균형 자체의 이동이며
				  화폐적 실물적 충격에 의해
				  발생하는 것임
				5. 정부의 적극적인 개입 부정

새케인즈학파	1. 재정정책, 통화정책 단기 효과적
	  물가가 경직적이므로 상당한
	  기간동안 효과가 지속된 후에
	  시간이 제법 지난 후에 잠재
	  생산량으로복귀
		1. 합리적 기대
		  즉, 체계적 오류는 발생하지 않음
		2. 그럼에도 메뉴비용 등으로 인한
		  가격의 경직성 가정함. 따라서
		  적어도 단기에는 $SRAS$은
		  우상향하며 정책의 효과 발생
		3. 예상된 정책이라도 시간이
		  촉박하면 정책의 효과가 발생
		4. 장기에는 잠재생산량 달성
			1. 재화가격 경직성 모형 등
			  시장의 경직을 가정함
			2. 시장비청산모형
			3. 경직적
			4. 비자발적 실업의 존재
				5. 경기변동은 균형으로부터의
				  이탈을 의미
				  수요측 충격에 의해 발생하는 것
				6. 정부의 적극적 개입 인정

Chapter 7

경기변동론

01 경기변동 개념과 주요지수
02 실물경기변동론자의 경기변동이론
03 화폐적 경기변동이론
04 새케인즈학파의 경기변동론
05 새고전학파(RBC)와 새케인즈학파의 대립

01 경기변동(business cycle) 개념과 주요지수

1. 경기변동이란

Joseph Alois Schumpeter
(1883~1950)

슘페터는 빈 대학에서 1906년 경제학 박사 학위를 얻었다. 슘페터는 창조적 파괴(참고로 창조적 파괴라는 단어를 처음 창시한 사람은 독일의 사회학자인 베르너 좀바르트)라는 단어로 유명하다. 기술의 발전이 끝없이 기존의 기술체계를 부수고 새로운 체계를 쌓아가는 과정이라도 본다. 마르크스는 창조적 파괴를 자본주의에서 부가 쌓이고 소멸되는 과정이라 규정했으나 슘페터는 이를 경제혁신과 경기변동주의의 원인을 설명하기 위한 개념으로 이용한다. 즉, 경기변동의 원인은 기술혁신이라고 주장하였다.

경기변동이란 실질 GDP, 소비, 투자, 고용 등의 집계변수들이 장기 추세선을 중심으로 상승과 하락을 반복하는 현상을 의미한다. 거시경제의 주요 연구대상은 경기변동의 원인과 그 파급경로를 규명하고, 경기변동에 따른 후생손실을 줄이기 위한 거시경제정책의 역할을 정립하는 것이다.

슘페터의 분류에 따르면 경기변동의 종류는 3가지이다. 우선 ① **키친순환**(Kitchen cycle)은 축적된 재고의 변동에 따라 비교적 단기인 약 40개월의 주기로 발생하는 경기순환이다. ② **쥬글러순환**(Juglar cycle)은 평균 9년 반을 주기로 기계발명과 같은 개별적 기술혁신에 의해 영향을 받아 발생하는 중기의 경기순환을 말한다. 설비투자와 관련이 높다. 마지막으로 ③ **콘드라티에프파동**(Kondratieff wave)이란 약 50년의 기간을 통해 관찰되는 철도, 전기 등과 같은 대발명에 기인하는 경기순환을 말한다. 이와 별개로 ④ **쿠즈네츠파동**(Kuznets wave)은 약 20년 주기로 인구증가율의 변화와 그에 따른 경제성장률의 변화 등에 의해 발생하는 파동을 말한다.

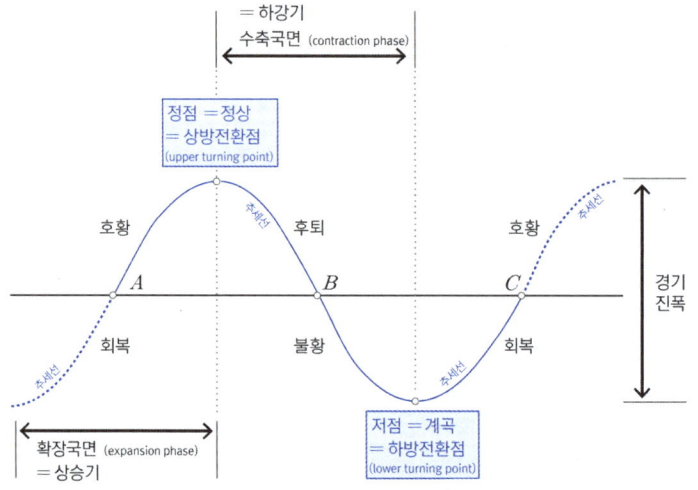

① 전통적 경기변동이론
  태양흑점설(Jevons)
  심리설(Pigou)
  순수화폐적 경기변동(Hawtrey)
  과잉투자설(Aftalion)
  과소소비설(Malthus)
  혁신설(Schumpeter)

② 현대적 경기변동이론
  승수-가속도원리(Samuelson)
  순환제약모형(Hicks)
  실물적경기변동이론
  (Kydland, Prescott)
  화폐적경기변동이론(Lucas)
  불균형경기변동이론

2. 경기변동의 대표적인 지표들

거시 경제 변수들 중 기준지표인 실질 GDP와 같은 방향으로 변화하는 속성을 경기순행이라고 하고, 반대방향으로 변화하는 속성을 경기역행이라한다. 아무런 상관관계를 갖지 않는다면 경기비순행이라 한다. 실질 GDP보다 먼저 변화하는 경우를 경기선행이라 하고, 동일한 시기에 변화하면 경기동행, GDP보다 늦게 변화하면 경기후행이라 한다.

경기변동과 관련된 변수를 선행, 후행, 동행지수로 구분하고, 경제활동의 변화방향, 전환점, 진폭을 동시에 나타내어 주는 종합적인 지수를 **경기종합지수**(CI = Composite Index)라 한다. 다음은 경기종합지수를 구성하는 여러 지표들을 정리한 것이다.

선행종합지수	동행종합지수	후행종합지수
① 구인구직비율	① 비농가 취업자 수	① 이직자수(제조업)
② 재고순환지표(제조업)	② 산업생산지수	② 상용근로자수
③ 소비자기대지수	③ 제조업 가동률지수	③ 생산자제품재고지수
④ 국내기계수주액	④ 건설기성액	④ 도시가계소비지출
⑤ 자본재수입액	⑤ 서비스업활동지수	⑤ 소비재수입액
⑥ 건설수주액	⑥ 도소매판매액지수	⑥ 회사채유통수익률
⑦ 종합주가지수	⑦ 내수출하지수	
⑧ 금융기관유동성	⑧ 수입액	
⑨ 장단기금리차		
⑩ 순상품교역조건		

▶ 가장 대표적인 지수로 통계청에서 매월 작성, 발표한다.

▶ 건설기성액이란 같은 회계연도 내에 완성한 건설액을 의미한다.

경기동향에 대한 기업가의 의견을 직접 조사하여 작성한 지수로 **기업실사지수**(BSI = Business Surveying Index)가 있는데 $0 \leq BSI \leq 200$이며, $BSI \geq 100$이면 경기상승국면, $BSI \leq 100$이면 경기후퇴국면으로 인식한다.

$$BSI = 100 + \frac{상승응답업체수 - 하락응답업체수}{전체응답업체수} \times 100$$

이와 함께 현재 및 미래의 생활수준, 소비지출과 경기수준 등과 관련한 소비자의 주관적인 인식과 판단을 반영하여 지수화한 **소비자체감지수**(CSI = Consumer Sentiment Index)는 다음과 같다.

$$CSI = 100 + \frac{매우긍정 \times 1.0 + 다소긍정 \times 0.5 - 다소부정 \times 0.5 - 매우부정 \times 1.0}{전체응답가구수} \times 100$$

▶ 이 외에도 한국은행이 작성하여 발표하는 소비자동향지수, 통계청이 작성하여 발표하는 소비자기대지수와 소비자평가지수, 삼성경제연구소가 작성하여 발표하는 소비자 태도지수 등이 있다.

3. 학파별 경기변동관련 견해차 정리

| | 케인즈학파 | 새고전학파 | | 새케인즈학파 |
		화폐적 경기변동이론(MBC)	실물적 경기변동이론(RBC)	
경기변동의 원인	수요측 요인 (독립투자)	예상치 못한 통화량 변동	공급측 요인 (기술, 총요소생산성 변화와 같은 실물적 요인)	거시경제에 대한 자기실현적인 낙관론과 비관론의 예상의 결과
지속되는 이유	승수효과와 가속도원리의 상호작용	오차 반영 시 원래 균형으로 복귀	노동시장에서 기간 간 노동대체로 인한 변화는 지속적, 투자변화 시 지속(건설기간)	전략적 보완성 또는 메뉴비용으로 인한 조정실패와 복수균형
경기변동의 성격	총수요측 교란요인에 의한 불균형 현상	개별경제주체의 동태적 최적화와 시장청산의 결과로 나타나는 최적화 균형, 후생비용이 크지 않으며 균형은 유일하다.		균형국민소득수준으로부터의 이탈현상, (고생산 – 저실업 균형과 저생산 – 고실업 균형)
		균형총생산 자체가 잠재적 총생산 수준으로부터 이탈과 회복을 반복하는 현상	잠재적 총생산 수준 자체가 내생적으로 변화하면서 발생하는 경제현상	
정부개입에 대한 태도	총수요관리정책	최적화의 결과		정부개입은 바람직한 균형으로 이동유도. 경기변동을 줄이거나 완전히 제거할 수도 있음
		자의적 정책개입은 경기교란의 요인, 예상치 못한 통화량의 변동이 발생하지 않도록 주의하는 정도로 개입	자의적 정책개입은 경기교란의 요인으로 작용. 따라서 부정적	
이론의 한계	루카스 정책무력성 명제, 주기적이고 반복적인 경기순환 설명 어려움, 공급측면의 충격에 대한 대응 어려움	대규모 경기변동을 협소한 물가예상의 오차로 설명하기 어려움, 경기변동의 지속성 설명 어려움	기술에 대한 지나친 포괄적 정의, 화폐부문을 너무 간과	자기실현적 예상은 관측이 불가능

02 실물경기변동론자의 경기변동이론 (real business cycle theory: RBC)

새고전학파는 실물경기변동론자와 화폐경기변동론자로 나뉜다. 이들은 정부의 자율적인 개입은 필요하지 않다고 본다. 문제의 주어진 상황을 고려하여 RAD곡선과 RAS곡선의 이동을 보이고 이 과정에서 발생한 이자율과 소득의 변화를 노동시장과 화폐시장에 반영하여 문제를 해결한다. 이들은 균형의 유일성을 주장한다. 외부충격으로 잠시 균형을 이탈하더라도 신축적인 가격기구의 조정으로 경제는 항상 완전고용 균형상태로 회복한다. 이들에 의하면 경기변동의 원인은 공급충격이다. 우선 모형을 설정하고 일시적 원유가 상승충격과 영구적 원유가 상승충격이 경기 변수에 미치는 효과를 비교분석해 본다.

▶ 다만 이 균형을 잠재생산량으로의 복귀라 하지는 않는다. 이 균형은 새롭게 형성된 파레토 최적일 뿐이다. RBC의 모형은 잠재생산량(자연생산량) 자체의 변화를 설명하는 모형이다. 따라서 딱히 Y^f를 표시하지 않는다. 개방경제를 가정하는 경우라면 구매력평가설을 가정하므로 단기의 환율 변화 및 파급효과를 설명하기 어려운 모형이다.

▶ 실질이자율이 경기역행적이라 보는 소수설도 있다. 실제로 제시된 모든 모형이 실질이자율의 경기 역행성을 지지하는 것을 볼 수 있다. 하지만 일반적으로 전 세계적인 통계를 볼 때 약하게 경기순응적이라 보는 것이 정설이다. 이론적으로도 자본의 한계생산성을 의미하는 실질이자율이 경기역행적이기 어렵다. 이렇게 통일되어 있지 않은 견해는 시험에서 묻지 않을 가능성이 높다. 특히 새케인즈학파의 경기변동론은 어떠한 충격인지 여부에 따라 결과가 달라지기 때문에 모형 자체에 정해진 결론도 없다.

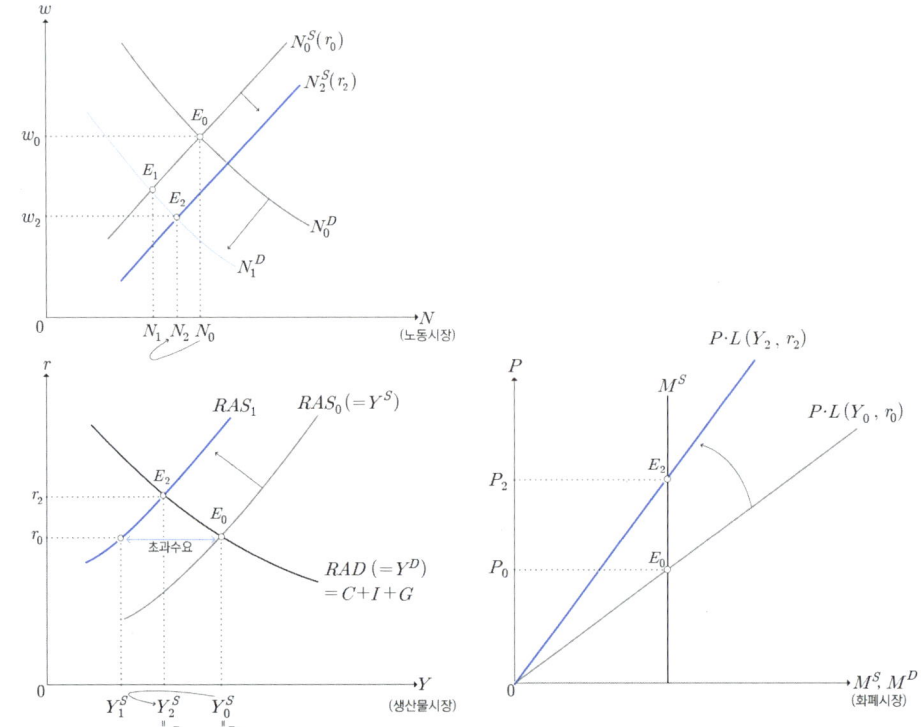

tip

거시경제 지표	정형화된 사실(데이터)	화폐환상 모형	RBC	MBC	가격경직성 모형 (기준목표금리와 기준목표물가의 유지 가정)		
					기준목표금리하락	투자 증가	z 증대
소비	경기순응적	경기순응적	경기순응적	경기순응적	경기순응적	경기순응적	경기비순응적
투자	경기순응적	경기순응적	경기순응적	경기순응적	경기순응적	경기순응적	경기비순응적
고용	경기순응적	경기순응적	경기순응적	경기순응적	경기순응적	경기순응적	경기역행적
실질임금	경기순응적	경기역행적	경기순응적	경기역행적	경기순응적	경기순응적	경기역행적
실질이자율	약하게 경기순응적	경기역행적	경기역행적	경기역행적	경기역행적	경기비순응적	경기비순응적
물가수준	경기역행적	경기순응적	경기역행적	경기순응적	경기비순응적	경기비순응적	경기비순응적
통화공급	경기순응적	경기순응적	경기비순응적	경기순응적	경기순응적	경기순응적	경기비순응적

1. 노동시장과 화폐시장의 가정

노동시장으로부터 RAS곡선을 도출한다. 이자율이 상승하는 경우를 가정할 때, 노동시장의 노동공급자들은 나중에 일하는 것보다 현재 일을 더 열심히 하여 저축을 하면 더 이익(2기의 노동을 대폭 줄일 수 있음)이므로 기간 간 대체효과가 발생하여 현재의 노동을 증대(N^s의 우측이동)시킨다. 소득효과의 경우 현재 경제 주체들이 대출자인지 차입자인지에 따라서 소득의 증감이 반대방향으로 나타나므로 노동을 증감시키는 방향도 다르다. 즉, 소득효과에 의한 노동의 변화는 상쇄되거나 아주 작은 값으로 무시할 수 있다. 따라서 이자율 상승 시 균형노동량의 상승으로 생산량의 증대가 나타나므로 RAS 곡선은 우상향 한다.

화폐시장에서는 화폐의 중립성을 가정하여 통화공급량의 증가는 물가만 상승시키고 실물 변수들에 영향을 미치지 못한다. 화폐의 중립성에 대한 자세한 설명은 후술한다.

2. 경기 변동 메커니즘의 이해 (일시적인 유가 상승 시)

1) 상황의 적용을 통한 RAS곡선과 RAD곡선의 외생적인 이동 판단

① 실질총공급 충격

일시적인 유가상승은 현재의 생산함수를 회전하방이동(그리지 않았음)시키며 노동의 한계생산성을 감소($MP_{N_1}\downarrow$)시킨다. 따라서 노동수요곡선이 하방 이동하므로 일시적으로 균형은 노동시장에서 E_1점이 되며 RAS곡선은 좌측이동(이자율의 변화로 인한 것이 아닌 외생적인 총공급의 감소이므로 곡선 자체의 이동)한다. 일시적인 소득의 감소이므로 노동자에게 N^S를 증가시키는 소득효과는 발생하지 않는다.

> 이 논리대로라면 영구적인 공급충격인 경우에는 N^S곡선의 우측이동이 발생해야 한다. 하지만 영구적인 충격임에도 경험적으로 모형의 예측에 큰 영향을 미치지 않는다고 가정하며 무시하는 경향이 있다.

② 실질총공급 충격

한편 일시적인 유가상승은 항상소득(Y_P)의 변화를 유발하지 못하므로 소비는 불변이며 다음 기의 자본의 한계생산성(MP_{K_2})도 불변이므로 투자도 불변이다. 정부지출은 변화했다고 볼 근거가 없으므로 RAD곡선은 불변이다.

현재 이자율 하에서 초과수요가 발생하므로 이자율이 상승하며 새롭게 바뀐 RAS와 RAD의 균형달성과정에서 균형은 E_0에서 E_2 점으로 이동하며 이자율은 상승, 소득은 감소하게 된다.

> 이 역시 같은 논리대로라면 영구적인 유가상승은 항상소득의 변화를 유발시켜 소비가 감소해야 한다. 본 교재에서는 중요하게 고려하여 반영할 것이지만 교재에 따라 경험적으로 크지 않은 충격이므로 작게 반영하는 경우도 있다.

2) 실질총수요와 실질총공급의 균형달성에 따른 각 시장의 변화

① 노동시장

이자율 상승($r\uparrow$)으로 인한 기간 간 대체효과가 발생하여 노동공급 증가($N_0^S \to N_2^S$)가 발생한다.

② 화폐시장

소득이 감소함에 따라 화폐수요는 감소하고, 이자율이 상승함에 따라 화폐수요는 감소한다. 화폐시장에 명목화폐수요를 나타내는 함수는 $M^D = PL(Y, r)$이므로 곡선의 기울기는 $1/L$이다. 기울기가 가팔라지면서 물가가 상승한다.

> 경험적으로 소득과 이자율이 화폐수요를 상이한 방향으로 변화시키는 경우에는 소득에 의한 변화가 더 크다고 한다.

3. 지속적인 공급충격을 고려할 때와 비교

RBC 이론에 의하면 RAD는 다음과 같은 식으로 구성된다. 단, 중요한 포인트만 정리하였다.

$$Y^D(RAD) = C(Y_P) + I(r, MP_{K_2}) + G$$

소비는 항상소득의 함수이며 투자는 이자율 및 2기(넓게 잡으면 1기를 제외한 모든 다음 기)의 자본의 한계생산성, 즉 MP_{K_2}의 함수이다. RBC에 의하면 일시적인 공급충격은 항상소득(Y_P)에 영향을 미치지 못한다. 그리고 동시에 다음 기의 MP_{K_2}를 변화시키지 못하므로 RAD곡선은 앞에서 분석한 바와 같이 이동하지 않는다. 하지만 지속적이고 영구적인 공급충격은 항상소득(Y_P)의 감소와 다음 기의 MP_{K_2} 감소를 유발시킨다. 따라서 소비와 투자의 감소로 RAD는 좌측 이동한다.

이에 따라 노동공급곡선의 경우 기간간 대체효과에 의한(이자율의 상승폭이 더 낮으므로) 우측 이동 폭이 작아져 노동은 더욱 감소하게 되며, 실질임금의 하락폭(w_0기준)은 일시적 충격에 비해 작다. 화폐시장의 경우 소득에 의한 화폐수요의 감소가 더욱 크게 나타나므로 (균형소득의 하락폭이 더 크므로) 화폐수요곡선의 좌측 회전이동 정도가 더 커지게 되며 물가는 더 많이 상승한다. 이자율에 의한 충격과 소득에 의한 충격이 (또는 충격의 변화 정도가 달라서) 화폐수요에 미치는 방향이 애매할 때에는 소득 쪽을 따라가면 된다.

새케인즈의 모형과 달리 RBC 이론에 따라 분석하는 경우에는 반드시 근본적인 충격이 (여기에서는 원유가 상승이라는 공급충격이) 일시적 충격인지 영구적 충격인지 나눠서 판단하는 것이 핵심이다. 아래 그림은 두 경우 달성되는 균형점을 비교하기 위해 최대한 단순하게 나타낸 그래프이다.

▶ RBC 모형은 사실 교재별로 약간의 가정 차이가 있다. 여기에서는 지속적인 원유가 공급충격으로 인한 소득의 감소에도 불구하고 소비의 변동은 크지 않음을 가정하였으므로 RAD곡선의 좌측이동폭이 RAS의 좌측이동폭보다 더 작다고 가정하였으므로 이자율이 오른다고 본 것이다. 교재에 따라서는 RAD곡선의 좌측이동은 소비만으로 RAS의 이동폭과 일치하고 이에 더하여 투자의 감소도 추가로 발생하므로 RAD곡선의 이동폭이 더 커서 아래 그림의 A와 같은 점에서 균형이 달성된다고 보는 견해도 있다. 어떠한 견해로 따라가건 중요한 논점만 비교할 수 있으면 충분하다.

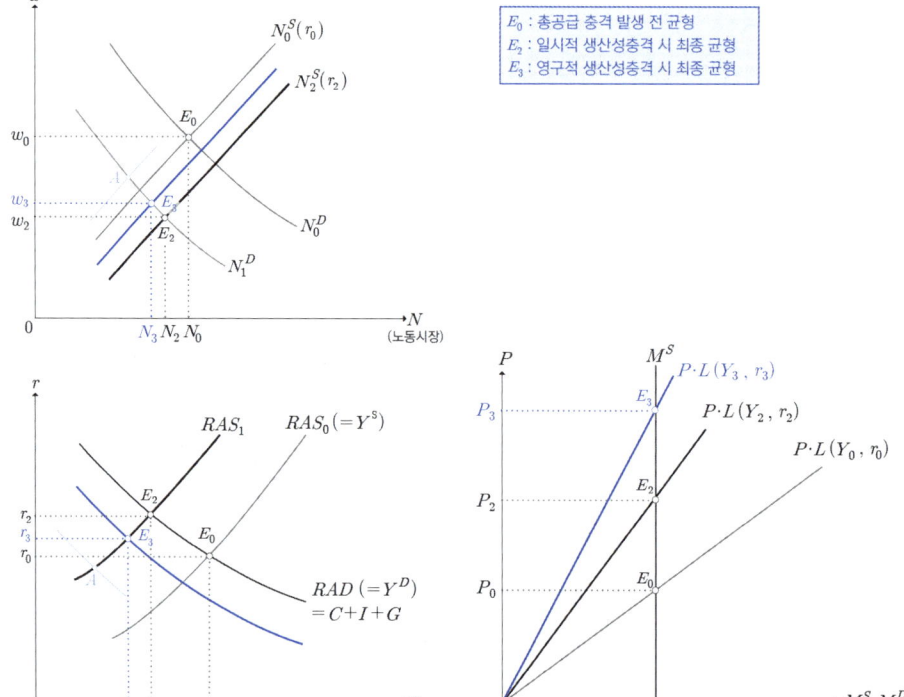

E_0 : 총공급 충격 발생 전 균형
E_2 : 일시적 생산성충격 시 최종 균형
E_3 : 영구적 생산성충격 시 최종 균형

4. 실물경기변동론자 이론의 한계

실물적 경기변동이론이 현실설명력을 가지기 위해서는 지속적이고 변동성이 큰 기술 충격이 전제되어야 한다. 즉 사례 문제에서는 기술 충격의 크기가 클 수도 작을 수도 있으며, 음의 값을 가질 수도 있는 것으로 가정되기도 하지만, 현실경제에서는 ① 기술 퇴보를 의미하는 음의 기술 충격이 지속적으로 존재한다고 보기도 어렵고 ② 기술 진보의 점진성을 고려할 때 단기적으로 대규모의 기술 충격을 경험하기도 어렵다. 따라서 RBC는 기술충격의 정의에 따른 문제를 갖는다. 또한 RBC는 화폐 단기적 비중립성을 설명하지 못한다.

5. 화폐의 중립성 (money neutrality)과 초중립성

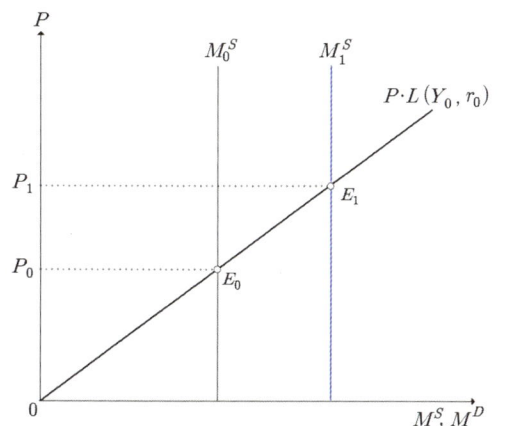

예상된 통화량의 일회적 변화($M_0^S \rightarrow M_1^S$)는 물가상승($P_0 \rightarrow P_1$)만 일으킬 뿐 실물경기에 영향을 미치지 못한다. 이를 화폐의 중립성이라 한다.

$$\frac{d\ln P}{d\ln M^S}=1$$

▶ 고전학파의 화폐에 대한 견해는 고전적 이분성과 화폐의 중립성으로 요약된다. 고전적 이분성이란 고전학파가 상정한 모형에서 노동시장과 상품시장으로 대표되는 경제의 실물부문과 화폐시장으로 대표되는 화폐부문이 이론적으로 분리됨을 말한다. 경제의 두 부문은 아무런 관계가 없다는 의미가 아니라 실물부문은 화폐부문과 상관없이 독자적으로 움직인다는 것이며, 실물부문은 화폐부문에 일방적인 영향을 미치지만 화폐부문은 실물부문에 아무런 영향을 미치지 못한다는 의미이다. 즉, 실질변수들은 화폐시장과 관계없이 실물부문에서 결정되고, 만약 실문부문에 변화가 없다면 명목변수들은 실물부문과 관계없이 화폐시장에서 결정된다. 이렇게 실질변수와 명목변수가 이론적으로 완전히 분리됨을 주장하는 것이 고전적 이분성(Classical Dichotomy)이다. 화폐는 실물을 따라다니는 베일(veil)에 불과하므로 화폐 베일관이라고도 한다.

화폐의 중립성은 통화량의 변화는 실질변수에 아무런 영향을 미치지 못하고 명목변수만 변화시킨다는 것을 말한다.

화폐의 초중립성 (money super-neutrality)

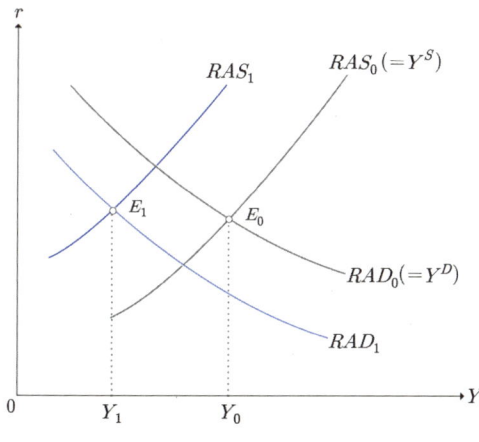

통화량이 매기 일정 비율로 영원히 증가하는 경우 물가는 지속적으로 상승할 것이므로 현재 노동의 가치가 하락하게 된다. 지금(이번 기) 받는 임금 중 사용하고 남은 저축의 크기는 물가가 상승하는 경우 다음 기에 물가 상승률을 따라 잡지 못한다. 이를 따라 잡기 위해서는 물가와 함께 명목가치가 상승하는 자산을 보유해야 하는데 물가연동 자산 상품이 많은 것도 아니고 이를 보유하고 있던 민간이 시장에 공급할 것으로 예상되지 않는다. 따라서 노동자들의 현재 노동공급의지의 감소로 노동의 감소와 여가의 증가가 나타난다.

▶ 화폐의 초중립성을 정의하면 '지속적인 통화증가도 실물경기에 영향을 미칠 수 없다'인데, 결론적으로 화폐의 초중립성은 성립하지 않는다. 용어적으로 혼동하지 말자.

한편 여가의 증가로 인해 현금재화의 소비와 여가 사이의 대체가 일어나게 되므로 소비가 감소한다. RAD가 좌측으로 이동하고 RAS도 현재 노동공급의 감소로 좌측이동이 일어난다. 그렇다면 지속적인 통화량 증가에 대해 실질변수인 소비, 산출량, 고용량 등의 변화가 발생할 것이므로 화폐는 초중립성은 성립되지 않는다.

03 화폐적 경기변동이론 (monetary business cycle theory: MBC)

이들은 경기변동의 원인을 통화량의 변동으로 판단하고 있다. 루카스는 예상치 못한 통화량 변동으로 경기변동이 나타날 수 있다고 보았다. 루카스의 불완전 정보모형 및 프리드먼의 노동자 오인모형이 그 근거가 된다. 이하 프리드먼의 노동자 오인모형을 가정하여 MBC의 이론을 간단히 설명한다.

▶ RBC 경제학자들은 일시적인 통화량의 증가에 대하여 화폐의 중립성을 주장한다. 하지만 이와 달리 MBC는 예상치 못한 통화량 증가의 경우 경기에 영향을 미칠 수 있다고 본다.

이들은 통화론자(통화주의자)와 다르므로 확실히 구별해야 한다.

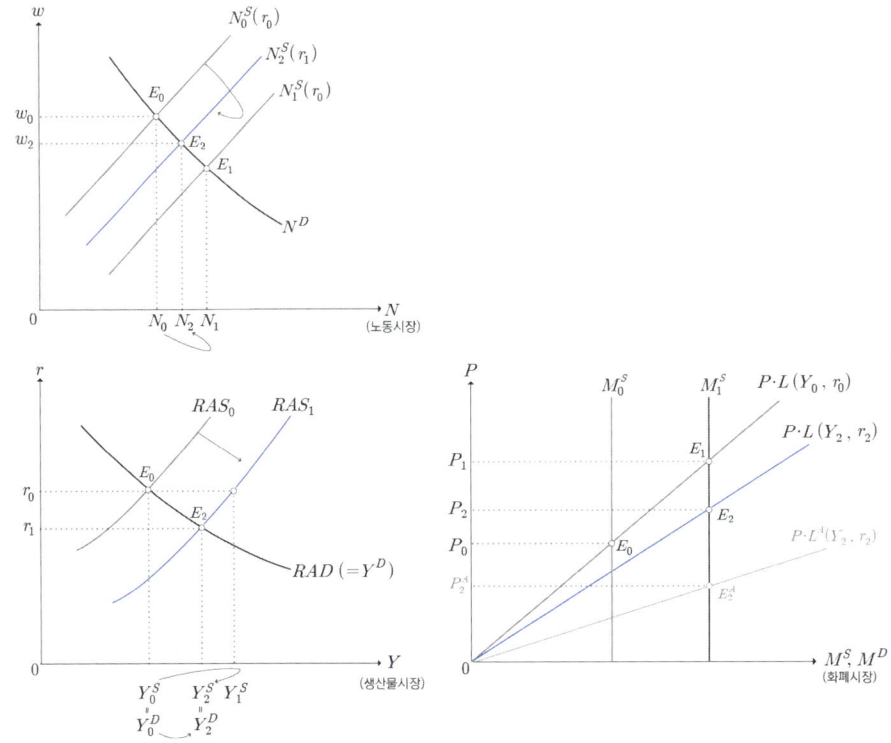

1. 예상치 못한 통화량의 증대 효과 분석

예상치 못한 통화량의 증대 → 예상치 못한 물가 상승($P_0 \to P_1$) → 기업은 실질임금을 보전하기 위해 명목임금을 상승시켜주지만 노동자들은 물가 상승에 따른 명목임금 상승을 실질임금 상승으로 오인 → 노동 의사의 증대($N_0^S \to N_1^S$) 및 균형노동량의 증대로 RAS곡선의 우측이동 발생 → RAD는 불변이므로 이를 고려하면 RAD와 RAS의 균형달성과정에서 소득증대 및 이자율 하락(Y_2, r_2 달성)

2. RAD와 RAS의 균형달성에 따른 각 시장의 변화

노동시장 : $r\downarrow$ → 기간 간 대체효과에 의해 노동 공급의 감소($N_1^S \to N_2^S$)

화폐시장 : $Y\uparrow \to L\uparrow$, $r\downarrow \to L\uparrow$ 화폐수요 증가

이때 화폐시장에서 소득과 이자율이 화폐수요에 미치는 탄력성에 따라 물가는 상승할 수도(P_2), 하락할 수도(P_2^A) 있다. 일반적으로 화폐수요의 변화는 통화량 증대라는 직접적인 충격으로부터 파생된 것이므로 상대적으로 작을 것이며 통화량이 증가했는데 물가가 하락하는 상황이 나타나기는 어려울 것임을 고려할 때 물가는 상승한다고 판단하는 것이 자연스럽다.

▶ MBC 이론가들은 민간이 예상하지 못한 통화량 변동이 경기변동을 일으킨다고 주장한다. 그렇다고 해서 정부가 자율적으로 통화량을 조절하여 경기변동을 발생시켜야 한다고 주장하는 것은 아니다. 이들은 통화량의 변화가 경기변동을 일으키기 때문에 통화량의 변동을 최소화시켜야 한다고 본다. 이들 역시 정부 개입을 불필요(사실상 안정적으로 통화량을 유지하는 정도 선에서 최소화하는 것이 바람직)하다고 보는 새고전학파이다.

04 새케인즈학파의 경기변동론 (불균형경기변동이론)

새케인즈학파는 거시경제학의 미시적 기초와 합리적 기대를 수용한다. 동시에 케인즈학파가 중시해 온 임금과 가격의 경직성 그리고 승수효과를 계승한다. 합리적 기대를 가정하더라도 노동시장, 재화시장 및 서비스시장의 가격이 경직적이므로 정부의 거시경제정책 및 다양한 충격이 경기변동에 영향을 미친다고 해석한다. 새케인즈학파는 시장가격의 경직성을 활용하여 경기변동을 설명한다. ① 임금경직성의 명목임금경직성은 중첩임금계약모형으로, 실질임금경직성은 효율성임금가설, 내부자-외부자 모형, 암묵적 계약이론으로 설명한 바 있다. 한편 ② 재화가격경직성 모형의 경우 메뉴비용을 근거로 경제의 경직성을 설명한다. 즉, 이미 우리는 새케인즈학파의 경기변동론에 대해 살펴본 것이나 마찬가지이다. 이번 챕터에서는 나열식으로 간단히 정리해 보고 실질임금경직성을 가정할 때의 RAS곡선의 모형 형태가 어떻게 바뀌는지 살펴보는 것, 그리고 추가로 $RAS-RAD$ 평면에서의 복수균형모형을 점검해 보는 것을 목표로 한다.

▶ 새케인즈학파의 경기변동론은 새고전학파의 경기변동론처럼 '경기변동의 원인이 이것이다'라고 딱 집어서 말할 수 있는 것이 아니다. 경제에 나타날 수 있는 모든 충격이 경기변동의 원인이고, 그럴 수 있는 이유는 임금 혹은 가격경직성 때문인 것이다.

1. 메뉴비용과 경기변동론

화폐시장에서 통화의 증대가 발생하면 물가가 상승한다. 메뉴비용으로 인해 기업들 중에는 가격을 조정하지 못하는 기업이 존재(물가는 상승 제품가격은 그대로)할 것이고, 이 경우 생산량의 증가가 발생하므로 N^D의 증가가 나타날 것이다. 따라서 RAS의 우측이동이 발생하므로 경기변동에 영향을 미친다.

2. 중첩가격설정과 경기변동론

물가 상승 시 기업들은 중첩적으로 가격설정을 할 것이다. 즉, 상호간 가격의 차이를 고려(혼자 많이 올리면 안팔림)하여 서서히 가격을 올린다. 따라서 가격이 덜 올라가는 시기에 생산량이 증가할 것이므로 N^D의 증가와 RAS의 우측이동이 발생한다.

3. 실질임금 경직성과 RAS의 형태

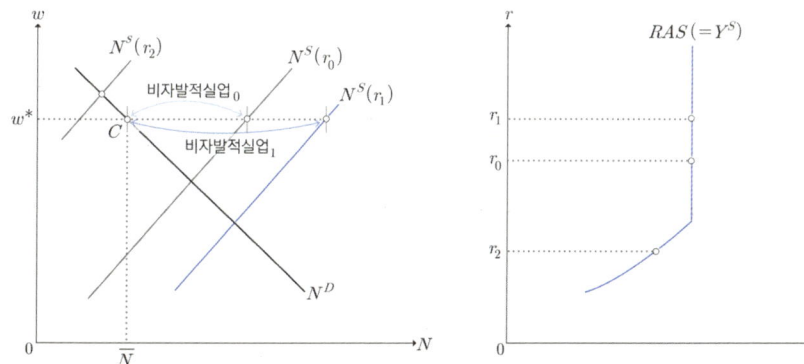

물가 RAS 곡선을 도출하기 위해 이자율 상승 시 노동 시장에서 노동 균형의 변화를 살펴보면 된다. 이자율 상승 시 기간간 대체효과(소득효과는 상쇄 또는 무시)가 발생하여 노동 시장에서 노동공급곡선이 우측으로 이동한다. 하지만 균형노동량은 여전히 수요곡선 상에서 정해질 것이므로 이러한 이자율 상승은 비자발적 실업만 증가시키고 균형노동량 및 균형생산량은 변화가 없다. 따라서 이 영역에서 RAS

곡선은 수직이다. 다만 이자율이 크게 감소하여 r_2 정도로 크게 하락한다면 노동공급곡선이 좌측으로 계속 이동할 것이고 C점을 지나가면 실질임금을 유지할 수가 없기 때문에 이 영역에서 RAS 곡선은 우상향(좌하향)할 수 있다. 물론 모형의 취지상 비자발적 실업이 존재하는 상태를 가정하므로 C점 오른쪽에서 균형이 나타날 것이다. 이 경우 재정정책은 RAS위의 이동을 유발시키므로 정책의 효과가 없다. 이렇게 RAS 곡선을 도출한 후에 경기현상을 설명하면 된다.

▶ 통화량을 증가시키면 물가가 상승하게 되는데 이 때 기업은 실질임금을 그대로 유지할 것이므로 명목임금을 통화량 증가율과 같은 증가율로 상승시킨다. 따라서 실질임금은 불변이고 고용량, 산출량도 불변이다. 따라서 화폐는 중립적이다.

4. 조정실패모형(coordination failure model)과 경기변동

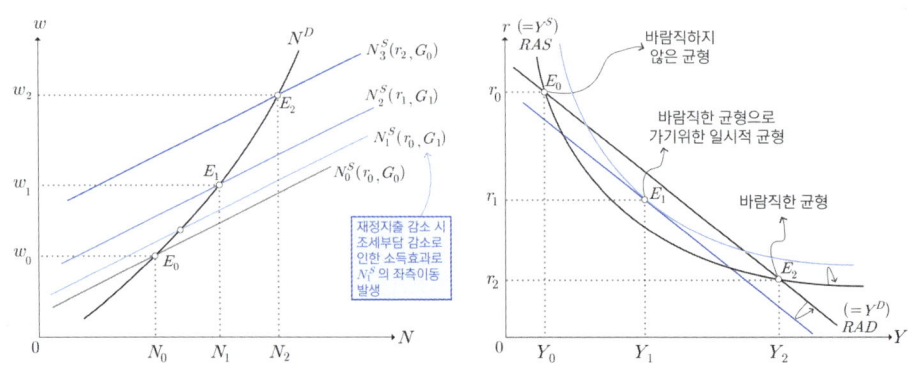

민간부문의 경제주체들이 경제행위를 서로 조정하기 어려운 상황 하에서 시장에 전략적 보완성(strategic complementarities)이 존재한다면 한 기업의 생산량 증대는 다른 기업의 생산량 증대에 긍정적인 영향을 미치게 될 수 있고 사회 전체적으로 볼 때 MP_N은 오히려 체증할 수 있다. 이때 노동수요곡선이 노동공급곡선보다 가파르다면 이자율 상승 시에 노동공급곡선이 우측 이동하더라도 균형노동량은 감소할 수 있다. 따라서 우하향하는 RAS곡선이 나타날 수 있다.

▶ 전략적 보완성이란 어떤 경제행위에 대한 개별 경제주체의 선택이 다른 경제주체들의 선택에 의존하는 현상을 말한다. 예를 들면 컴퓨터 하드웨어 제조업체와 소프트웨어 제조업체 간의 관계를 들 수 있다. 다만 이러한 특성을 산업 전체로 확장시키는 것은 무리가 있다. 편의상 이 모형의 설정을 위한 가정이라 생각할 것

이러한 RAS를 가정할 때 오른쪽 그림과 같이 경제에는 안 좋은 균형과 바람직한 균형 두 개가 존재할 수 있게 된다. 일반적으로 전략적 보완성이 있는 기업들 간에 생산 및 판매에 관한 조정이 없는 경우 어느 한 기업의 판매량 감소는 다른 기업의 생산량을 감소시켜 경제 전체의 산출량이 낮아지는 저생산균형이 있을 수 있고, 반대로 고생산균형도 존재할 수 있다. 경기변동은 경제에 대한 낙관론과 비관론에 따라 고생산균형과 저생산균형사이를 이동하면서 발생하는 단기 변동을 의미한다.

정부 입장에서는 현재 경제가 E_0점에 있다면 E_0점에서 E_2점으로 보내는 것이 정책목표가 된다. 만약 정부가 재정지출을 감소시킨다면 RAD 곡선은 좌측 이동한다. 이 때 재정지출의 감소는 일시적이며 이번 기의 조세감소를 수반하지 않는다. 그렇다면 재정지출의 감소는 경제의 주체들에게 미래 조세의 현재가치를 감소시키는 예측을 유발시키게 될 것이다. 따라서 노동자들은 소득 증가를 고려하여 소득효과에 의해 노동공급을 감소(좌측이동)시킬 것이다.

이러한 충격은 오히려 균형노동량을 N_0에서 N_1으로 증가시키며 RAS곡선을 우측 이동시키며 재정지출의 규모를 잘 조절하면 경제의 균형은 E_1점에서 형성된다. 향후 정부는 서서히 원래의 균형으로 회복될 수 있도록 재정지출 수준을 돌려놓을 때 경제 주체에 낙관적인 기대를 불러일으킬 수 있다면 바람직한 균형인 E_2점으로 움직이게 할 수 있다. 즉, 조정실패모형은 정부의 정책 개입 정당성을 뒷받침하는 이론이다. 이러한 모형을 조정실패모형 또는 복수균형모형이라 한다.

05 새고전학파(RBC)와 새케인즈학파의 대립(사실 첨예한 대립이 일어나는 것은 아님)

1. 솔로우 잔차항(residuals)에 대한 이론

$$Y = zK^\alpha N^{(1-\alpha)} \qquad \frac{\dot{Y}}{Y} = \frac{\dot{z}}{z} + \alpha\frac{\dot{K}}{K} + (1-\alpha)\frac{\dot{N}}{N}$$

새고전학파(RBC)는 z가 기술 또는 생산성 충격에 의한 것이라 주장한다. 새케인즈학파는 z에는 기술, 생산성 충격 뿐 아니라 정치, 정책, 제도, 기후조건, 규제 등이 모두 포함된다고 본다. 이러한 견해에 대해 RBC는 이에 대해 기술충격이 새케인즈학파가 제시한 모든 요소들을 포함한다고 반론하기도 한다.

한편 새케인즈학파는 노동저장(labor hoarding)이론으로 RBC를 비판하는데, 기업은 침체기에 생산을 줄이는 과정에서 근로자를 해고하지 않고 유지하여 고용관계를 유지(채용비용 및 교육비용을 고려)하려 한다는 것이다. 조금 부연설명하면 새케인즈 학파는 노동저장이론에 따르면 실제 기업가들은 z의 변화시키지 않을 것이며 (함수의 z가 변하면 MP_N이 변화하게 되어 노동수요곡선을 움직여야 하더라도 이들의 z는 실무적으로 결정됨) 노동수요곡선을 움직이지 않는다고 주장한다. 즉 z에는 생산성 충격 등으로 인한 실제 발생한 경제의 사실만 반영되는 게 아니라 기업의 사정이 반영되어 있으므로 새고전학파가 주장하는 미시적 기초에 근거한 단순한 논리는 기업의 노동수요 메커니즘에 적용될 수 없다고 주장한다.

> 이때 z를 솔로우 잔차, $\frac{\dot{z}}{z}$를 솔로우 잔차항이라 한다. AP_N은 경기에 순응한다고 보는 것이 정형화된 사실이다. 즉, z의 상승에 의해 노동의 평균생산성과 경기의 부양 방향은 같은데 이를 설명하려 하는 것이 곧 솔로우 잔차항의 해석이라 할 수 있다.

2. 화폐의 중립성 문제 (역의 인과관계 논쟁)

RBC는 화폐의 중립성을 가정하지만 새케인즈 학파는 이를 비판하는데 경험적으로 확장적 통화정책은 경기를 부양 시키므로 화폐의 중립성은 성립하지 못한다고 주장한다. RBC는 이를 반박하는데 이를 설명하면 다음과 같다. 긍정적인 기술충격으로 경제의 균형소득이 증가하고 이로 인해 화폐수요가 증가하여 E_0점에서 E_1점으로 균형이 이동하여 물가가 하락할 수 있다고 본다. 통화당국은 P_0를 유지하기 위해 선제적으로 통화량을 이동시킨 것이며, 이를 역의 인과관계라 한다.

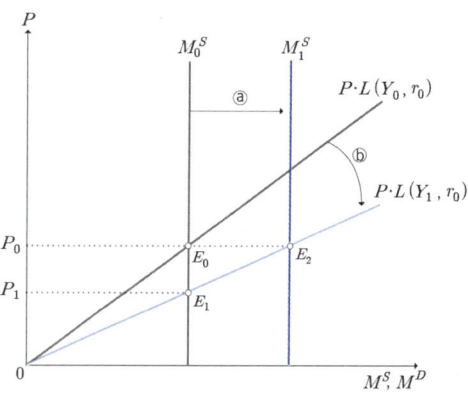

> 즉 이 논쟁은 그래프에서 ⓐ가 ⓑ의 원인이냐, ⓑ가 ⓐ의 원인이냐에 대한 논의인 셈이다.

3. 노동공급곡선

RBC는 경기변동의 원인이 생산성 충격이므로 이로 인해 노동시장에서 달성되는 균형노동량의 변화가 커야 한다. 따라서 완만한 N^S곡선을 필요로 한다. N^S곡선이 완만하지 않으면 N^D곡선이 외생적으로 이동하더라도 노동량의 변화가 작아 경제에 미치는 영향이 작아서(Y^S곡선의 이동이 작으므로) 광범위한 경기변동을 설명할 수가 없기 때문이다. 하지만 새케인즈 학파는 현실적으로(실증분석 결과) 노동공급의 실질임금 탄력성은 매우 낮게 나타나며 이로 인해 경제의 N^S곡선이 가파르다 주장하여 RBC 이론을 비판한다. 이에 RBC는 새케인즈 학파의 실증연구는 개별 노동자에 대한 것이며 개개인의 노동공급곡선을 수평합하면 완만한 노동공급곡선(N^S)이 도출된다고 재반박한다.

거시경제학 마인드

MACROECONOMICS

Chapter 8

경제성장론

01 경제성장과 관련한 정형화된 사실과 성장회계방정식
02 외생적 성장이론
03 내생적 성장이론

01 경제성장과 관련한 정형화된 사실과 성장회계방정식

1. 경제성장과 관련된 정형화된 사실

Nicholas Kaldor
(1908~1986)

칼도는 캠브리지 학파의 경제학자이다. 그의 대표적인 업적으로 칼도-힉스 보상기준을 들 수 있는데 이는 어떠한 변화를 통해 얻는 사람에 의해 평가된 이득의 화폐가치가 손해를 보는 사람에 의해 평가된 손해의 화폐가치보다 더 클 때 그 변화를 개선이라고 평가할 수 있다는 개념이다. 미시경제학에 등장하는 거미집 모형을 도출한 바 있다. 그는 1966년 캠브리지 대학의 경제학 교수가 되었다.

칼도(N. Kaldor)의 연구결과 경제성장과정에서 발견되는 사실들을 정형화하면 다음과 같다. ① 1인당 소득과 자본량이 지속적으로 증가하며, 생산성 증가율은 감소하지 않는다. ② 자본계수는 대체로 일정하다. 1인당 소득과 투자율 사이에 양의 상관관계가 있으며, 양의 상관관계가 높을수록 부유한 나라가 많다. ③ 1인당 소득과 인구성장률은 역의 상관관계에 있다.

2. 국가 간 경제성장의 수렴성 여부에 관한 정형화된 사실

① 1800~1950년까지 국가별 1인당 소득수준의 차이가 지속적으로 증가했고, 선진국과 나머지 국가들 간의 소득격차가 특히 증가했다. 1960년 이후 1인당 실질소득과 경제성장률 사이에는 상관관계가 없다. 즉, 선진국(부국)과 후진국(빈국) 사이에 1인당 소득수준이 수렴하지 않았다. 예외적으로 선진국 사이에서는 1인당 소득수준이 수렴하는 경향을 보이며, 1960년 이후 동아시아와 남미의 일부 국가들은 선진국들과의 소득격차를 줄였다. ② 총소득 중 노동소득과 자본소득이 차지하는 비중은 대체로 일정하다. ③ 국가 간 생산성 증가율에는 큰 차이가 있다.

▶ 칼도 이후의 추가적인 연구의 결과들은 경제성장요인 분석에서 전통적인 성장요인으로 간주되어 온 자본, 노동, 총요소생산성 이외에 인적자본에 대한 투자, 즉 평균 교육수준이 그 나라의 1인당 실질소득과 강한 양의 상관관계를 갖는 점에 주목하고 있다.

3. 성장회계(growth accounting) 방정식

$$Y = zF(K, N) = zK^{\alpha}N^{(1-\alpha)}$$

양변에 ln을 씌우고 시간에 대해 전미분하면(로그근사화)

$$d\ln Y = d\ln z + \alpha d\ln K + (1-\alpha) d\ln N$$

$$\frac{\dot{Y}}{Y} = \frac{\dot{z}}{z} + \alpha \frac{\dot{K}}{K} + (1-\alpha)\frac{\dot{N}}{N}$$

이 식을 통해 K가 10% 증가하면 Y는 $\alpha \times 10\%$만큼 증가하게 된다는 것을 알 수 있으며 마찬가지로 N이 10% 증가하면 Y는 $(1-\alpha) \times 10\%$만큼 증가하게 된다는 것을 확인할 수 있다. 성장회계방정식을 통해 각 변수들의 변화율 관계를 구할 수 있다.

▶ 로그근사화를 통해 ln 및 전미분을 통해 변화율의 관계를 구할 때에는 이 공식 자체가 '근사화'라는 것을 잊어서는 안 된다. 변화율이 큰 차이로 나타나는 경우 정확도가 크게 떨어진다.

경제성장의 첫 번째 요인은 자본, 노동 등의 요소투입 증가이고, 두 번째 요인은 총요소생산성(TFP = total factor productivity)의 증가(기술진보)이다. 요소투입의 증가는 경제의 총생산을 증가시키기는 하지만, 요소의 부존량에 한계가 있으므로 그 증가에는 한계가 있다. 그러므로 경제성장의 중요한 원동력으로 총요소생산성이 강조된다. 총요소생산성의 증가에 의한 경제성장은 인간의 창의적인 경제활동의 결과이므로 지속적으로 이루어 질 수 있다. $\dot{z}/z$ 에는 자본과 노동투입 이외에 경제성장에 기여하는 기술수준, 산업구조, 경제제도 등이 포함되며, 이러한 요인들은 자본과 노동의 생산성에 공통적으로 영향을 미친다. 이러한 의미에서 z를 총요소생산성이라 한다. 한편 $\dot{Y}, \dot{K}, \dot{L}$ 은 모두 측정 가능하지만 $\dot{z}$는 측정이 어렵다. 그래서 기술진보율은 총생산증가율로부터 자본과 노동투입성장률을 뺀 잔여항으로 측정된다. 이런 의미에서 z를 솔로우잔차(residuals), $\dot{z}/z$를 솔로우 잔차항이라 하는 것이다.

▶ 성장회계의 실증적 분석에 따르면, 2차 대전 후 서유럽국가에서 기술진보가 경제성장의 35% 이상 기여하는 요인으로 관찰된 반면 동아시아 국가들의 고성장과정에서 총요소생산성의 기여도는 매우 낮으며, 경제성장의 대부분이 노동과 자본의 양적, 질적 기여도에 기인한 것으로 분석되었다.

02 외생적 성장이론

1. 해로드 – 도마(Harrod–Domar) 모형

이는 솔로우모형 이전의 주류 성장이론으로 케인즈이론을 동태화하여 자본주의 경제가 장기적으로 어떠한 성장경로를 밟게 될지 규명하려 한 이론이다.

이 모형은 ① 경제 내의 재화는 1가지, ② 인구증가율은 n으로 일정, ③ $S = sY$, $S = I$, ④ 생산함수는 레온티에프 형태로 $Y = \min\left(\dfrac{K}{v}, \dfrac{L}{\alpha}\right)$임을 가정한다.

효율적인 요소들의 완전고용이 달성된다면 $Y = \dfrac{K}{v} = \dfrac{L}{\alpha}$인데, 전미분하면 $\triangle Y = \dfrac{\triangle K}{v} = \dfrac{\triangle L}{\alpha}$이다. 이때 자본의 변화량을 나타내는 $\triangle K$는 I(투자)와 일치한다. 우선 $\triangle Y = \dfrac{\triangle L}{\alpha}$을 $Y = \dfrac{L}{\alpha}$으로 나누면 (좌변은 좌변으로 우변은 우변으로 각각 나눔) $\dfrac{\triangle Y}{Y} = \dfrac{\triangle L}{\alpha} \times \dfrac{\alpha}{L} = n$ 이 도출된다. 노동의 완전고용조건이 만족된다면 경제성장률은 인구증가율과 일치한다.

한편, 자본의 완전고용조건을 활용하여 $\triangle Y = \dfrac{\triangle K}{v}$을 $Y = \dfrac{K}{v}$으로 나누면 $\dfrac{\triangle Y}{Y} = \dfrac{\triangle K}{K}$이 도출된다. 그런데 $\triangle K = I = S = sY$이므로 $\dfrac{\triangle Y}{Y} = \dfrac{\triangle K}{K} = \dfrac{sY}{K} = \dfrac{s}{K/Y} = \dfrac{s}{v}$가 도출된다.

경제의 모든 요소시장에서 완전고용이 유지되기 위해서는 $\dfrac{\triangle Y}{Y} = n = \dfrac{s}{v}$가 만족되어야 한다. 이때 v를 자본계수(K/Y)라 한다. 그런데 n, s, v 모두 외생적으로 결정된다. 따라서 기본방정식이 충족되기 어렵고 경제의 성장 과정에서 적어도 하나의 요소시장은 불완전고용 상태인 것이 일반적이다. 실제 성장률이 적정성장률로부터 벗어나면 균형으로 회복이 어렵고 불안정적(Knife–edge equilibrium)이다.

▶ 노동자 한 사람당 기술진보가 발생한다면 $n \to n + g$로 변화하고 경제의 감가상각이 존재함을 가정하면 $\dfrac{s}{v} \to \dfrac{s}{v} - \delta$로 수식이 변화한다. 그 이유는 후술될 솔로우 모형의 자본축적방정식에서 간단히 점검이 가능하다.

> **tip** 솔로우모형 이전의 주류 성장이론으로는 케인즈의 총수요이론을 동태화시킨 해로드–도마(Harrod–Domar)모형이 있었다. 해로드–도마모형에 따르면 자본과 노동 간 대체가 불가능하다는 가정 하에, 완전고용에서의 균형성장이 어렵다. 즉 균형에서 이탈 시 회복이 어렵기 때문에 자본주의 경제의 성장경로가 기본적으로 불안정하다. 그러나 경험적으로 자본주의 경제는 이 모형의 결론과 달리 불안정한 상태를 경험하지 않고 있어서, 자본주의 경제를 안정적 성장경로로 이끄는 어떤 내재적 힘이 작용하고 있다는 인식이 생기게 되었다. 솔로우모형은 그러한 내재적인 힘을 자본과 노동 등 생산요소간의 기술적 대체가능성(CRS함수를 가정)과 생산요소가격의 신축적 조정에서 찾았다. 즉 솔로우는 해로드–도마모형에서 불안정한 성장경로를 유도하는 자본과 노동간 대체불가능의 전제가 장기적으로 성장하는 경제에서 타당하지 않을 것으로 보고, 생산요소 간 대체가능성과 한계수확체감의 법칙이라는 신고전학파적 전제를 수용하여 경제성장을 생산요소가격의 신축적 조정에 따른 완전고용성장의 결과로 설명한 것이다.

Robert Merton Solow
(1924~)

솔로우는 하버드 대학교를 졸업하고 1949년 MIT에서 교수직을 제안받았고 이를 수용하였다. 계량경제학과 통계학을 가르쳤다. 이후 거시경제학에 관심을 갖기 시작하여 이후 40여년 간 폴 사뮤앨슨과 여러 가지 유명한 이론들을 연구하였다. 1953년에는 폰노이먼 경제성장이론, 1956년에는 자본론, 1958년에는 선형 계획법, 1960년에는 필립스 곡선을 주로 연구하였다. 1962년 대통령 경제 자문위원회에 있었다. 1987년 노벨 경제학상을 받았다. 레온티에프의 제자이고 그의 제자로 다이아몬드, 스티글리츠, 딕싯 등이 있다.

▶ 엄밀하게 구별하자면 노동자수와 인구수는 당연히 다르다. 그럼에도 기본 모형 틀에서는 이를 특별히 구별하지 않는 경향이 있다. 노동자는 L, 인구는 N으로 나타내고 인구 대비 노동자 비율(L/N)은 항상 동일하다 가정하면 인구증가율과 노동자 증가율은 항상 일치한다. 이렇게 구별하더라도 인구증가율, 노동자증가율을 나타내는 n은 구별할 필요가 없는 것이다. 하지만 압도적으로 높은 비율로 노동자와 인구가 동일함을 가정하는 문제가 많다. 따라서 이에 대해 고민하지 말고 노동자수와 인구수를 동일시하여 문제를 해결하면 된다.

▶ 경제의 총 생산함수는 규모수익불변과 한계수확체감, 요소간 대체가 가능한 1차 동차함수의 특성을 가지는 것으로 가정한다.

2. 솔로우(Solow) 모형의 기본 가정과 자본축적방정식, 균제상태

1) 기본가정

무한기간을 사는 소비자(혹은 유한기간을 사는 소비자들의 연속세대)를 가정한다.

n : 인구증가율($\frac{\dot{N}}{N}$), 단, $n > -1$이다. δ : 감가상각률

$C = cY$, $S = Y - C$, $c = (1-s)$

재정지출과 조세의 크기는 0이라 가정한다. ($G = T = 0$)

2) 자본축적방정식

노동시장은 균형이다. $Y = zf(N, K)$ 양변을 N으로 나누면 생산함수는 규모수익 불변(CRS)이므로 $\frac{Y}{N} = zf(1, \frac{K}{N})$이며 1인당 생산함수는 $y = zf(k)$로 나타낼 수 있다. 자본시장은 $I = S = sY$에서 균형이 달성된다.

① 도출방법 1

총자본량은 $K_{t+1} = (1-\delta)K_t + I_t$이다. 즉, 현재의 총자본량($K_{t+1}$)은 전기의 총자본량($K_t$)에서 감가상각률을 제한 부분과 이전 기의 투자(I_t)를 더한 만큼이 된다.

$$I_t = K_{t+1} - (1-\delta)K_t$$

소비의 경우 $C_t = cY_t = (1-s)Y_t$이다. 노동시장과 자본시장이 균형을 이루면 왈라스 법칙에 의해 생산물시장도 균형이 달성된다. 이제 생산물 시장의 균형인 $Y_t = C_t + I_t$를 위에서 구한 식들을 대입하면 다음과 같다.

$$zf(N_t, K_t) = (1-s)zf(N_t, K_t) + K_{t+1} - (1-\delta)K_t$$

좌변을 $t+1$기의 자본으로 우변을 나머지 t기의 변수들로 정리하면

$$K_{t+1} = szf(N_t, K_t) + (1-\delta)K_t$$

양변을 N_t로 나누면

$$\frac{K_{t+1}}{N_{t+1}} \cdot \frac{N_{t+1}}{N_t} = \frac{sz_t f(N_t, K_t)}{N_t} + \frac{(1-\delta)K_t}{N_t}$$

정리하면

$$k_{t+1}(1+n) = sz_t f(k_t) + (1-\delta)k_t$$

$$k_{t+1} - k_t = sz_t f(k_t) - nk_{t+1} - \delta k_t$$

단, 솔로우 균제상태로 접근하면서 k_t와 k_{t+1}이 가까워지고 결국 $k_{t+1} = k_t$일 것이므로 이를 고려하면

$$\dot{k} = sz_t f(k_t) - (n+\delta)k$$

② **도출방법 2**

총자본량은 $K_{t+1} = (1-\delta)K_t + I_t$ 이므로 (단, 경제의 총투자와 총 저축은 일치하므로 $I = S = sY$)

$$\dot{K} = I - \delta K = sY - \delta K$$

양변을 K로 나누면

$$\frac{\dot{K}}{K} = s\frac{Y}{K} - \delta = s\frac{Y/N}{K/N} - \delta = \frac{sy}{k} - \delta$$

한편 $\frac{K}{N} = k$에 ln을 씌우고 로그근사화(로그근사화 과정이 포함되어 있으므로 약간의 오차가 있음)하면

$$\frac{\dot{k}}{k} = \frac{\dot{K}}{K} - \frac{\dot{N}}{N}$$

여기에 $\frac{\dot{K}}{K} = \frac{sy}{k} - \delta$를 대입하고 $\frac{\dot{N}}{N} = n$임을 고려하여 수식을 정리하면

$$\frac{\dot{k}}{k} = s\frac{y}{k} - (n+\delta)$$

이 수식은 1인당 자본축적 속도를 나타내는 운동방정식이다. 양변에 k를 곱하면

$$\dot{k} = sy - (n+\delta)k$$

3) 솔로우 균제상태 (솔로우 균형상태)

솔로우 모형에서 일인당 생산함수는 한계생산이 체감하는 형태를 가정한다. 그렇기 때문에 솔로우 균형(균제상태)에서 $k_{t+1} = k_t$, 즉 $\dot{k} = 0$이다. 이는 다음 page에서 확인이 가능하다.

$$\dot{k} = sy - (n+\delta)k = 0 \text{ 이므로}$$

$$sy = (n+\delta)k$$

> **tip** 자본축적방정식 $\dot{k} = sy - (n+\delta)k$는 솔로우 모형에서만 사용되는 것이 아니다. 내생적 성장이론의 AK모형이나 $R\&D$모형, 그리고 효율성이 부과된 노동 즉, EN을 고려하는 모형($Y = zK^\alpha(EN)^{1-\alpha}$) 등에서 광범위하게 활용이 된다. 한편, 생산함수가 변형된 형태로 설정된 문제(정부지출과 조세가 0이 아닌 경우)를 해결하기 위한 경우라면 기본적으로 도출방법 1을 통해 주어진 변수를 변형 적용하는 것이 가장 바람직한 방법이다. 실전에서 문제를 풀 때 단순히 자본축적방정식만 필요로 하는 상황이라고 생각된다면 두 번째 도출방법을 통해 하는 게 시간 대비 효율 측면에서 더 적절한 방법이다. 상황에 맞는 방법을 선택하고 활용하는 것이 중요하다.

3. 단기에서 장기로 이동하는 과정에서의 분석

1) $\dot{k} = sy - (n+\delta)k$ 를 나타낸 그래프

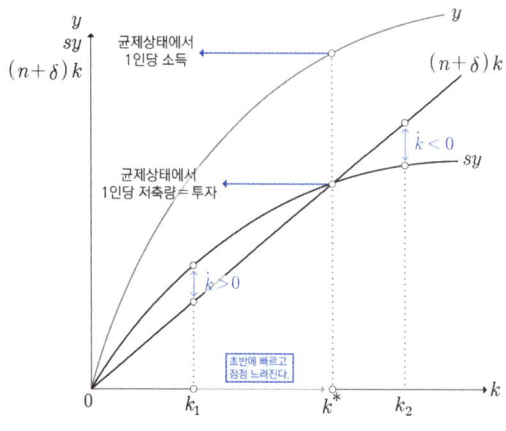

이때 $I/N = S/N = sY/N = sy$이며 sy는 실제 1인당 저축량이자 1인당 실제투자량이다. 자본축적 방정식을 고려해 볼 때 sy에서 $(n+\delta)k$을 제외하고 남은 부분이 1인당 축적된 자본량이므로 $(n+\delta)k$는 1인당 요구 자본량이다. $\dot{k} = sy - (n+\delta)k$의 크기를 고려하여 다음 기의 1인당 자본량으로 전달된다.

$(n+\delta)k > sy$ (즉, $k > k^*$)인 경우 ($\dot{k} < 0$)
: 1인당 자본량과 1인당 소득이 감소한다. $k\downarrow$

$(n+\delta)k < sy$ (즉, $k < k^*$)인 경우 ($\dot{k} > 0$)
: 1인당 자본량과 1인당 소득이 증가한다. $k\uparrow$

2) $\dfrac{\dot{k}}{k} = s\dfrac{y}{k} - (n+\delta)$ 를 나타낸 그래프 ($\dfrac{\dot{k}}{k}$ 는 자본축적속도(성장속도)를 의미한다.)

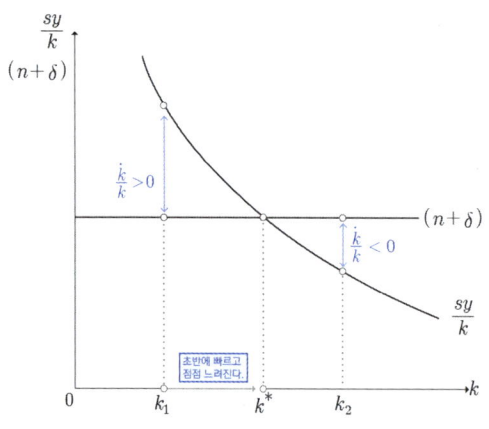

| 질문이 속도에 포커스가 맞춰져 있다고 판단된다면 이 그림을 우선적으로 활용하고, 변수의 크기 및 위치에 포커스가 맞춰져 있다면 위의 그래프를 활용한다. 다만 모든 경우에 이런 식으로 활용할 그래프가 결정되는 것은 아니므로 원칙적으로는 문제의 상황에 가장 어울리는 그래프를 고민해보아야 한다.

$\dfrac{\dot{k}}{k} = s\dfrac{y}{k} - (n+\delta)$을 활용하여 왼쪽과 같은 그림을 통해서도 같은 설명이 가능하다. 기본적인 내용은 위의 그림에서 설명과 같으나 여기서의 세로축의 폭은 속도의 의미가 있으므로 이를 잘 고려하여 활용하면 된다.

$(n+\delta) > \dfrac{sy}{k}$ (즉, $k > k^*$)인 경우 ($\dfrac{\dot{k}}{k} < 0$)
: 1인당 자본량과 1인당 소득이 감소한다. $k\downarrow$

$(n+\delta) < \dfrac{sy}{k}$ (즉, $k < k^*$)인 경우 ($\dfrac{\dot{k}}{k} > 0$)
: 1인당 자본량과 1인당 소득이 증가한다. $k\uparrow$

> **tip** $y = \dfrac{Y}{N}$을 로그근사화하면 $\dfrac{\dot{Y}}{Y} = \dfrac{\dot{y}}{y} + n$이다. 대표적인 1인당 생산함수를 가정하면 $y = zk^\alpha$인데 이를 로그근사화하면 $\dfrac{\dot{y}}{y} = \dfrac{\dot{z}}{z} + \alpha\dfrac{\dot{k}}{k}$ 이다. 운동방정식은 $\dfrac{\dot{k}}{k} = s\dfrac{y}{k} - (n+\delta)$이므로 $\dfrac{\dot{y}}{y} = \dfrac{\dot{z}}{z} + \alpha\left[\dfrac{(sy)_0}{k} - (n+\delta)\right]$ 이다. 이 수식을 통해 단기의 1인당 GDP 증가율을 판단할 수 있다. 이 수식을 고려하여 $\dfrac{\dot{Y}}{Y}$을 정리하면 $\dfrac{\dot{Y}}{Y} = \dfrac{\dot{z}}{z} + \alpha\left[\dfrac{(sy)_0}{k} - (n+\delta)\right] + n = \dfrac{\dot{z}}{z} + \alpha\dfrac{(sy)_0}{k} + (1-\alpha)n - \alpha\delta$ 이다. 이는 단기적인 전체 GDP 증가율을 판단할 때 사용할 수 있는 수식이다.

4. 장기 균형의 변화 (저축률의 증가를 가정하여 균제상태에서 충격 발생 시 새로운 균제상태로 이행하는 과정 분석)

저축률이 증가하면 sy곡선만 회전상방이동한다. 이를 고려하여 시간경로를 나타내면 다음과 같다.

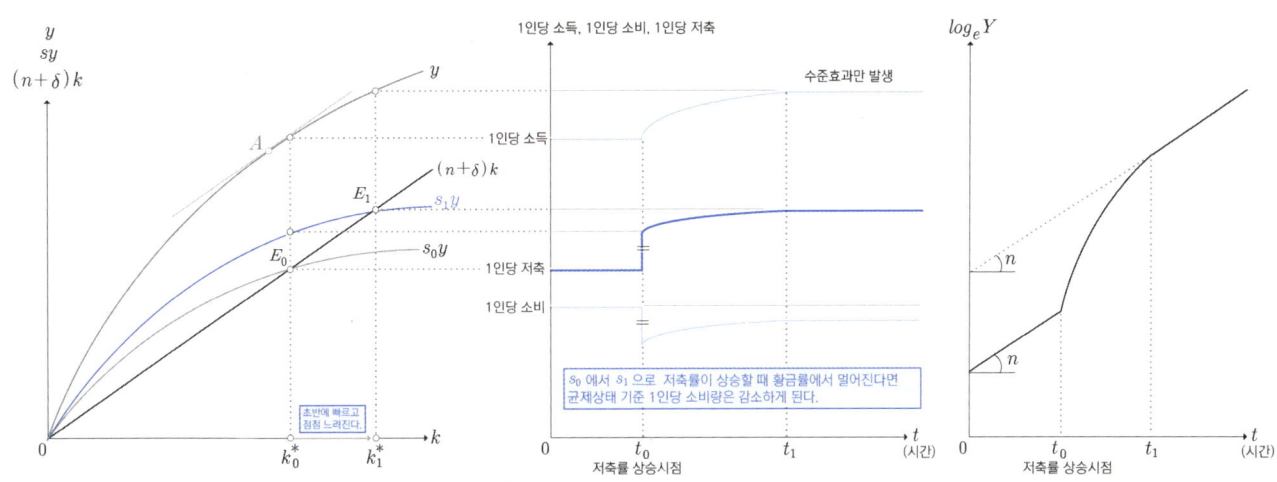

솔로우 모형에 따르면 저축률의 증가는 일시적으로 1인당 경제성장률에 영향을 줄 순 있으나 장기적으로 경제의 균제상태에서 1인당 소득은 불변이다. 솔로우 모형에서는 저축률의 증가가 발생하는 경우 수준효과(level effect)는 나타나지만 성장효과(growth effect)는 나타나지 않는다.

▼ 수준효과는 y 자체의 변화를 의미하고 성장효과는 y의 변화율을 의미한다. 이 두 용어는 균제상태에서 새로운 균제상태로 이동하여 두 개의 균제상태가 목격될 때 새로운 균제상태에서의 1인당 소득에서만 사용하는 용어이다.

5. 황금률 (golden rule)

솔로우 모형에 따르면 어차피 균제상태에서 인구증가율과 경제성장률이 일치하게 되며 1인당 자본량 및 1인당 소득은 유지되므로 이왕이면 소비를 극대화하는 점에서 균제상태가 달성되도록 저축률을 조정하는 것이 낫다. 단, 1인당 소비를 $C = y - sy$로 나타낸다. 아래의 수식을 통해 이를 살펴보자.

$$\underset{k}{Max}\ C = y - sy \quad\quad s.t\ sy = (n+\delta)k$$
$$= y - (n+\delta)k$$

$$foc: \frac{dC}{dk} = \frac{dy}{dk} - (n+\delta) = 0$$

$\therefore MP_K = n + \delta$ 달성되도록 황금률(k_{gr}^*)결정

1인당 생산함수가 $y = zk^\alpha$ 라면

$MP_K = \alpha z k^{\alpha - 1} = n + \delta$

이므로 $k_{gr}* = \left(\frac{n+\delta}{\alpha z}\right)^{\frac{1}{\alpha-1}} = \left(\frac{\alpha z}{n+\delta}\right)^{\frac{1}{1-\alpha}}$ 이다.

$sy = (n+\delta)k$ 에서 $s_{gr}* = \frac{(n+\delta)k_{gr}*}{y(k_{gr}*)} = \frac{(n+\delta)k_{gr}*^{1-\alpha}}{z} = \frac{n+\delta}{z}\left[\left(\frac{\alpha z}{n+\delta}\right)^{\frac{1}{1-\alpha}}\right]^{1-\alpha} = \alpha$

황금률을 달성하기 위해 저축률($s_{gr}*$)은 α이다.

6. 노동부가적 기술진보를 도입한 생산함수에서 자본축적 방정식과 황금률

노동자의 수를 N으로 나타내자. 이때 실제로 생산함수의 투입되는 변수는 N이 아니라 EN로 노동자 한 사람당 효율성을 고려하는 생산함수를 가정한다. 따라서 생산함수의 형태는 $Y = zK^\alpha(EN)^{1-\alpha}$이다. 이때 EN을 효율적 노동자(또는 유효노동자)라 한다.

단, 효율적 노동자 1인당 소득과 1인당 자본량을 각각 $y = \dfrac{Y}{EN}$, $k = \dfrac{K}{EN}$으로 가정한다. $e = \dfrac{\dot{E}}{E}$ 이다.

총자본량은 $K_{t+1} = (1-\delta)K_t + I_t$
(단, $I = S = sY$)

$$\dot{K} = I - \delta K = sY - \delta K$$

양변을 K로 나누면

$$\begin{aligned}\dfrac{\dot{K}}{K} &= s\dfrac{Y}{K} - \delta \\ &= s\dfrac{Y/EN}{K/EN} - \delta \\ &= \dfrac{sy}{k} - \delta\end{aligned}$$

한편 $\dfrac{K}{EN} = k$ 에 ln을 씌우고 시간에 대해 전미분(로그근사화)하면 $\dfrac{\dot{k}}{k} = \dfrac{\dot{K}}{K} - \dfrac{\dot{E}}{E} - \dfrac{\dot{N}}{N}$ 이다.

여기에 $\dfrac{\dot{K}}{K} = \dfrac{sy}{k} - \delta$를 대입하고 $\dfrac{\dot{N}}{N} = n$, $\dfrac{\dot{E}}{E} = e$임을 고려하여 수식을 정리하면

$$\dfrac{\dot{k}}{k} = s\dfrac{y}{k} - (n+\delta+e)$$

이 수식은 효율적 노동자 1인당 자본축적 속도를 나타내는 운동방정식이다. 양변에 k를 곱하면

$$\dot{k} = sy - (n+\delta+e)k$$

솔로우 모형에 따르면 어차피 균제상태에서 $n+e$와 경제성장률이 일치하게 되며 효율적 노동자 1인당 자본량 및 효율적 노동자 1인당 소득은 유지된다. 이 경우에도 1인당 소비를 극대화하는 점에서 균제상태가 달성되도록 저축률을 조정하는 것이 낫다. 단, 효율적 노동자 1인당 소비는 $y-sy$이고 1인당 소비는 $E(y-sy)$이다. 이때 E는 상수가 아니라 내생적으로 변화하는 변수이다. 그럼에도 $y-sy$를 극대화시키는 k를 찾으면 이때 효율적 노동자 1인당 소비뿐 아니라 1인당 소비도 극대화할 수 있음을 고려하여 황금률을 도출한다.

$$\underset{k}{Max}\ C = y - sy \qquad s.t\ sy = (n+\delta+e)k$$
$$= y - (n+\delta+e)k$$

$$foc: \dfrac{dc}{dk} = \dfrac{dy}{dk} - (n+\delta+e) = 0$$

$\therefore MP_K = n+\delta+e$ 달성되도록 황금률(k_{gr}^*)결정

$$\alpha z k^{\alpha-1} = n+\delta+e$$

$$k_{gr} = \left(\dfrac{n+\delta+e}{\alpha z}\right)^{\frac{1}{\alpha-1}} = \left(\dfrac{\alpha z}{n+\delta+e}\right)^{\frac{1}{1-\alpha}}$$

이 수식을 제약조건에 대입하면

$$\begin{aligned}s &= \dfrac{(n+\delta+e)k}{zk^\alpha} = \dfrac{(n+\delta+e)}{z} \times k^{1-\alpha} \\ &= \dfrac{(n+\delta+e)}{z} \times \left[\left(\dfrac{\alpha z}{n+\delta+e}\right)^{\frac{1}{1-\alpha}}\right]^{1-\alpha} = \alpha\end{aligned}$$

7. 동태적 효율성 논의

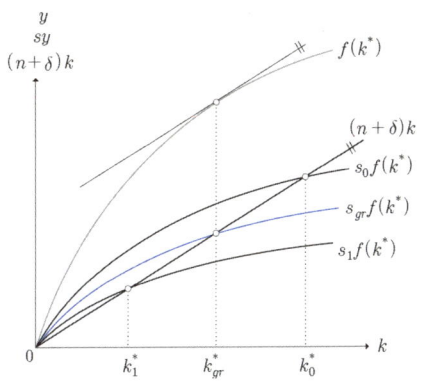

현재 황금저축률이 아니라면 장기적인 관점에서 저축률의 변화를 유도하는 것이 좋다. 황금률 정책이란 정부에 의해 현재의 저축률을 황금저축률로 변화시키는 것을 말한다. 이를 위해 ① 현재 저축률이 황금저축률보다 높아서 현재의 저축은 과다저축이므로 저축률을 감소시켜야 하는 경우($s_0 f(k^*)$, 아래의 왼쪽 그래프)와 ② 현재의 저축률이 황금저축률보다 낮아서 현재의 저축은 과소저축이므로 저축률을 증가시켜야 하는 경우($s_1 f(k^*)$, 아래 오른쪽 그래프)로 나눠서 분석해 볼 수 있다.

현 상태가 황금저축률보다 높다면 황금저축률로 이동하기 위해 저축률을 낮춰야 하고 현재의 소비자는 효용이 상승한다. 미래의 소비자도 예정된 소비보다 더 상승할 것이기 때문에 효용이 상승한다. 따라서 황금률 정책에 의해 현재와 미래의 소비자가 모두 효용이 올라간다면 이는 파레토 개념을 활용한다면 파레토 개선이고, 원래의 현 상태는 파레토 비효율적인 상태이다. 다만 이는 동 시점의 소비자에 대한 논의가 아니기 때문에 용어를 달리하여, 현 상태는 동태적 비효율적이라고 표현(아래 그래프의 왼쪽 상황)한다. 오른쪽 케이스는 황금률 달성을 위해 저축률을 증가시키므로 현재 소비자의 효용감소 없이 미래 소비를 증대시킬 수 없다. 현재 상태는 동태적 효율적인 상태이다.

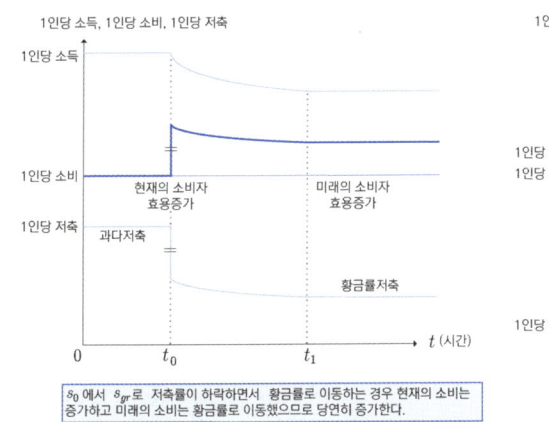

s_0에서 s_{gr}로 저축률이 하락하면서 황금률로 이동하는 경우 현재의 소비는 증가하고 미래의 소비는 황금률로 이동했으므로 당연히 증가한다.

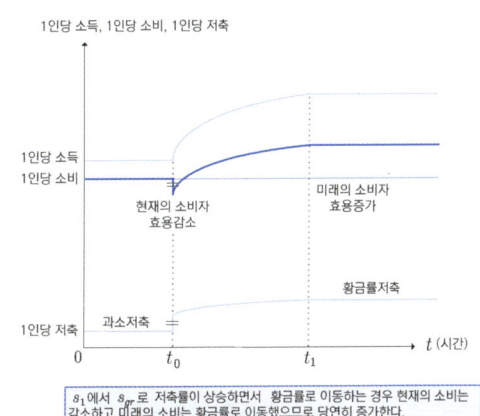

s_1에서 s_{gr}로 저축률이 상승하면서 황금률로 이동하는 경우 현재의 소비는 감소하고 미래의 소비는 황금률로 이동했으므로 당연히 증가한다.

8. 한계와 극복이론들

가정 및 한계		한계를 극복하기 위한 이론
MP_K를 체감한다고 가정	→	MP_K 체감 부정 (AK모형)
기술수준의 외생변수화	→	MP_K 체감을 수용하되 기술수준의 내생변수화 ($R \& D$모형)
경험적 불일치	→	조건부 수렴가설

AK모형과 $R \& D$모형은 내생적 성장이론이다. 즉, 이론적 측면에서의 한계를 극복하기 위한 이론들이다. 한편 조건부 수렴가설(conditional convergence)은 적어도 경제기초여건 및 구조가 비슷한 국가들 간에는 소득이 수렴한다는 이론으로 솔로우 모형의 현실적 비적합성을 극복해 내려는 논의 중 하나이다.

▶ 내생적 성장이라는 표현이 가장 잘 어울리는 모형이 $R \& D$ 모형으로 생각될 수 있다. 하지만 AK모형 역시 한계생산성이 체감하지 않는 이유에 내생적인 성장 가능성이 포함되어 있다.

03 내생적 성장이론

1. AK 모형

AK 모형에서는 자본(K)에 물적자본, 지식자본, 인적자본 등을 모두 포함시켜 직선인 1인당 생산함수를 도출해 낸다.

$Y = AK$ 양변을 인구수(N)로 나누면

$y = Ak$

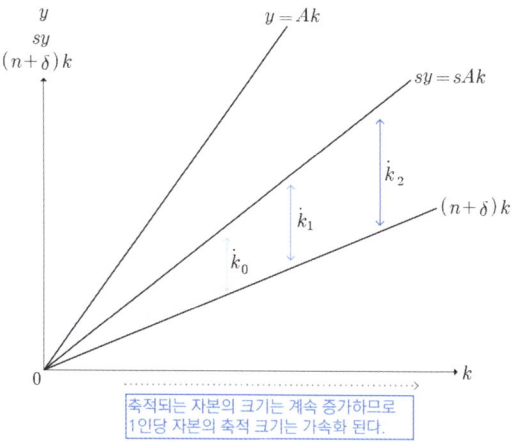

축적되는 자본의 크기는 계속 증가하므로 1인당 자본의 축적 크기는 가속화 된다.

앞에서 도출한 자본축적 방정식에 AK모형에서의 1인당 생산함수를 대입하면 다음과 같다.

$\dot{k} = sy - (n+\delta)k$ $y = Ak$ 이므로

$\dot{k} = sAk - (n+\delta)k$

$\therefore \dot{k} = [sA - (n+\delta)]k$

즉, $sA > n + \delta$의 조건 하에서 1인당 자본 축적량은 지속적으로 증가한다는 것을 의미한다. 저축률이 증가하는 경우 1인당 소득수준도 상승하는 수준효과(level effect) 뿐 아니라 경제성장률이 상승하는 성장효과(growth effect) 모두 발생한다.

$\dfrac{\dot{Y}}{Y} = \dfrac{\dot{y}}{y} + n$ 과 $\dfrac{\dot{y}}{y} = \dfrac{\dot{A}}{A} + \dfrac{\dot{k}}{k}$ 는 각각 $y = \dfrac{Y}{N}$ 와 $y = Ak$(1인당 생산함수)를 ln을 씌우고 전미분해서 도출할 수 있다. 여기서 A는 상수이므로 $\dfrac{\dot{A}}{A} = 0$임을 고려하여 정리하면 다음과 같다.

$$\therefore \dfrac{\dot{Y}}{Y} = \dfrac{\dot{y}}{y} + n = \dfrac{\dot{k}}{k} + n = \dfrac{sy}{k} - (n+\delta) + n = sA - \delta$$

하지만 MP_K가 체감하지 않는다는 가정 때문에 직면하는 비판도 존재한다. 주어진 산업 전체의 생산식 $Y = AK$에서 자본의 소득 분배율이 1이 됨을 알 수 있는데, 이는 이 경제에 노동자가 전혀 존재하지 않는다는 것을 의미한다. 하지만 현실적으로 일용직 노동자 또는 기초 인력(아르바이트) 등의 노동이 경제에는 존재하기 마련이며, 따라서 자본의 소유자에게 귀속되는 소득의 비율이 100%라 보기는 어렵다.

> **tip** 자본의 소득 분배율 $= \dfrac{r \cdot K}{Y} = \dfrac{MP_K \cdot K}{Y}$, 노동의 소득 분배율 $= \dfrac{w \cdot L}{Y} = \dfrac{MP_L \cdot L}{Y}$
> 클라크–윅스티드의 완전분배 정리에 따르면 자본 소득분배율과 노동소득분배율의 합은 1이다. 오일러의 정리를 고려하면 1차 동차함수에서 $w = MP_L$, $r = MP_K$로 분배가 가능하다.

2. AK모형의 사례

1) 물적, 인적자본의 동시축적모형

$y = h^{0.5}k^{0.5}$라 가정한다ㄴ. 이때 h는 인적자본이고, k는 물적자본이다. 감가상각률은 0이라 하자.

$k_{t+1} = k_t + sy_t$이고 $h_{t+1} = h_t + gy_t$이다. (단, s는 물적자본투자비율, g는 인적자본투자비율, $1-s-g$는 소비에 사용되는 비율) 이 두 수식의 양변을 각각 k_t, h_t로 나눠서 정리하면

$$\frac{k_{t+1}}{k_t} = 1 + s\frac{y_t}{k_t} = 1 + s\frac{h_t^{0.5}k_t^{0.5}}{k_t} = 1 + s\left(\frac{h_t}{k_t}\right)^{0.5} \cdots\cdots (1)$$

$$\frac{h_{t+1}}{h_t} = 1 + g\frac{y_t}{h_t} = 1 + g\frac{h_t^{0.5}k_t^{0.5}}{h_t} = 1 + g\left(\frac{k_t}{h_t}\right)^{0.5} \cdots\cdots (2)$$

이때 $\frac{k_{t+1}}{k_t} = \frac{h_{t+1}}{h_t}$이므로 $s\left(\frac{h_t}{k_t}\right)^{0.5} = g\left(\frac{k_t}{h_t}\right)^{0.5}$이다. 이를 정리하면 $\frac{h_t}{k_t} = \frac{g}{s}$이다. 이를 (1), (2) 식에 대입한다.

$$\frac{k_{t+1}}{k_t} = 1 + (sg)^{0.5} = \frac{h_{t+1}}{h_t} = \frac{y_{t+1}}{y_t}$$

▼ 1인당 실질소득(y), 물적자본(k), 인적자본(h)이 각각 일정비율로 성장한다고 전제된다.

솔로우모형과는 달리 1인당 자본량이 지속적으로 증가함을 알 수 있다. 생산투입요소인 물적자본과 인적자본에 대한 한계수확체감의 법칙이 작용하지 않으므로 1인당 자본량과 1인당소득의 지속적 성장이 가능해진다.

첫 번째 식을 $k_t - k_{t+1}$ 평면에 나타내면, 원점을 지나며 기울기가 $[1 + (sg)^{0.5}] > 1$인 직선이 된다. 솔로우모형에서 원점에 대해 오목한 모양의 자본축적 과정과는 달리 1인당 자본량이 지속적으로 증가함을 알 수 있다. 즉 생산투입요소인 물적자본과 인적자본에 대한 한계수확체감의 법칙이 작용하지 않으므로 1인당 자본량과 소득의 지속적 성장이 가능해 진다.

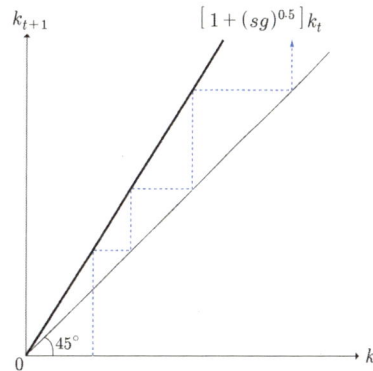

2) 실행학습모형

$h = y^\theta k^{1-\theta}$ (h는 실행학습을 통해 습득하는 인적자본이고 k는 물적자본이다.)

$Y = zf(K, hL) = zK^\alpha (hL)^{1-\alpha}$ 양변을 L로 나누면

$y = zk^\alpha h^{1-\alpha} = zk^\alpha (y^\theta k^{1-\theta})^{1-\alpha}$ 정리하면

$y = zk^\alpha y^{\theta(1-\alpha)} k^{(1-\theta)(1-\alpha)}$

$y^{(1-\theta+\alpha\theta)} = zk^{(\alpha+1-\theta-\alpha+\alpha\theta)}$ 따라서

$y = z^{\left(\frac{1}{1-\theta+\alpha\theta}\right)} k$ 이다. 즉, $A = z^{\left(\frac{1}{1-\theta+\alpha\theta}\right)}$ 로 상수가 되어 한계생산성이 체감하지 않는다.

3) 루카스의 인적자본(human capital) 모형 (AK모형의 사례, 지식(인적)자본의 외부효과)

노동자는 소비자이다. 노동자는 일한만큼 소비할 것이므로 $c = wuh$에서 결정된다. $w - uh$ 평면에서 우상향한다. 기업은 $y = zuh$를 생산함수로 인지하고 있다. 이때 z는 상수로 가정되므로 $w - uh$평면에서 수평선의 형태이다. 기업은 경쟁을 가정하기 때문에 기업의 이윤인 $\pi = zuh - wuh$는 0에서 달성된다. 따라서 결과적으로 항상 $y = zuh$가 달성된다. (단, c는 소비, w는 실질임금, h는 인적자본, u는 근로시간, $(1-u)$는 교육시간)

$$h_{t+1} = b(1-u)h_t \quad \Rightarrow \quad \frac{h_{t+1}}{h_t} = b(1-u)$$

$y_{t+1} = zuh_{t+1}$을 $y_t = zuh_t$로 나누면 $\dfrac{y_{t+1}}{y_t} = \dfrac{zuh_{t+1}}{zuh_t} = \dfrac{h_{t+1}}{h_t}$ 이다.

$c_{t+1} = wuh_{t+1}$을 $c_t = wuh_t$로 나누면 $\dfrac{c_{t+1}}{c_t} = \dfrac{wuh_{t+1}}{wuh_t} = \dfrac{h_{t+1}}{h_t}$ 이다.

$$\therefore \frac{h_{t+1}}{h_t} = \frac{y_{t+1}}{y_t} = \frac{c_{t+1}}{c_t} = b(1-u)$$

따라서, $b(1-u) > 1$이면 1인당 소득 지속적 성장가능이 가능하다.

> 이번 기의 h_t에 비해 다음 기의 h_{t+1}이 항상 크다. b는 인적자본을 축적하는 노하우, 시스템 등을 고려해 주는 변수이다. 선진국이 b가 더 높을 가능성이 높다. 이에 더하여 $(1-u)$ 역시 선진국이 더 높을 가능성이 크다면 선진국과 후진국의 경제성장격차를 설명할 수 있는 모형이 된다.

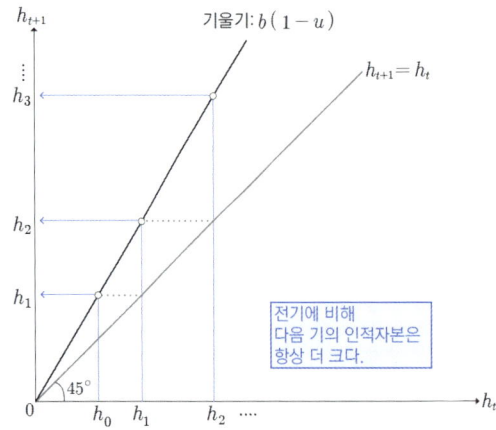

$b(1-u)$의 값은 국가들마다 다를 가능성이 높다. 선진국 또는 국가 특성상 교육열이 높은 경우 $b(1-u)$값은 매우 크고, 후진국의 경우 1에 가깝거나 오히려 1보다 작은 경우도 발생할 수 있다. 이때 $b(1-u)$는 국가별 성향에 따라서도 큰 차이를 보일 수 있다.

이렇기 때문에 루카스의 인적자본모형은 후술될 $R\&D$ 모형에서 설명하기 힘든 광범위하고 지속적인 국가 간 성장률 격차를 설명하기 적합하다는 평가를 받는 이론이다.

3. $R\&D$(research & development) 모형

노동(N) 및 자본(K) 중 α는 $R\&D$ 부문에 투입되고, 나머지 $(1-\alpha)$는 실제 생산에 투입한다.

$Y = A(1-\alpha)f(N,K)$ 양변을 N으로 나누면 (1차 동차함수임을 고려할 때)

$y = A(1-\alpha)f(k)$

$\therefore \dfrac{\dot{A}}{A} = g(\alpha N, \alpha K)$

이때 $\dfrac{\dot{A}}{A}$는 $R\&D$에 투여되는 노동과 자본의 함수이다. α를 지속적으로 유지할 때 A는 계속 증가 할 수 있게 되어 지속적인 경제성장을 설명할 수 있게 된다.

즉, 한계수확체감과 경제성장의 원동력으로 기술진보를 인정하는 것은 솔로우 모형과 같지만 $R\&D$이론은 기술진보를 내생변수로 보아 지속적인 성장가능성을 설명하는 이론이다. 그림에는 생산함수(y)의 구체적인 수식의 표기는 생략하였다.

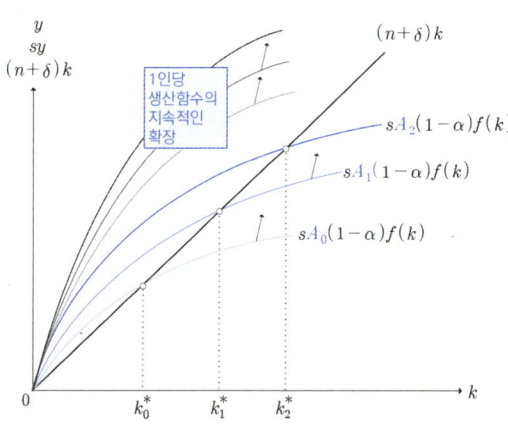

> 1인당 생산함수가 지속적으로 증가하는 형태라면 저축률이 불변일 때 저축률곡선도 지속적으로 상승한다. 1인당 실제투자곡선의 상승으로 균제상태의 기준인 k^*가 상승하므로 지속적인 경제성장이 나타나게 된다.

하지만 $R\&D$이론은 지식부문은 공개되면 비경합성, 즉 이를 공유하는데 비용이 들지 않는 성격을 배제하였다는 비판을 받는다. 이러한 비경합성 때문에 $R\&D$ 모형은 지속적인 선진국과 후진국간의 경제성장 격차를 설명할 수가 없다.

이 밖에도 정부투자로 인한 비효율성의 발생 가능성, 지식산업 분야에 산업 구조의 왜곡 발생 가능성, 현실적인 정보 부족 등으로 인한 투자실패라는 불안요소 등의 한계를 갖는다.

> ▶ 지식 전달과정에서 비용이 들지 않는다면 후발주자들의 경제성장속도는 선진국보다 더 빨라야 한다. 이러한 부분을 해결할 수 없는 것이 기본 $R\&D$ 모형의 한계이다.

4. $R\&D$ 모형의 사례

$y = Af(k) = Ak^\alpha$ 인 1인당 생산함수를 가정한다.

$\dfrac{A_{t+1} - A_t}{A_t} = a(L_{At}, K_{At})$ 편의상 L_{At} 만 고려해서 직관적인 분석을 한다.

다음 기에 전달되는 A 는 다음과 같은 식에 의존한다.

$A_{t+1} = L_{At}^\lambda A_t^\varnothing$ ....(1)

λ : 연구인력의 생산성 + 연구노력의 중복효과(stepping-on-toes-effect)
$\varnothing$: 기존 지식의 파급효과(축적된 양(A_t)이 많을수록 다음 기로 전달되는 정도가 늘어난다.)

한편 t기의 생산함수 및 $t+1$기의 생산함수를 반영하면 $\dfrac{y_{t+1}}{y_t} = \dfrac{A_{t+1}}{A_t}\left(\dfrac{k_{t+1}}{k_t}\right)^\alpha$ 라 할 수 있다. 이때 $\dfrac{y_{t+1}}{y_t} = \dfrac{k_{t+1}}{k_t} = 1+g$ 이라 가정한다. 이때 g는 1인당 소득 성장률이자 자본스톡증가율이다. 한편 $\dfrac{A_{t+1}}{A_t} = 1+a$ 이고 이때 a는 기술진보율(=지식스톡증가율)이다. 이를 고려하여 수식을 변형하면 $1+g = (1+a)(1+g)^\alpha$ 이다. $(1+g)^{1-\alpha} = 1+a$ 이므로 $1+g = (1+a)^{\frac{1}{1-\alpha}}$ 이다. 즉, 이 경제의 1인당 경제성장률은 a에 달려있다.

▶ 수식에 a도 있고 α도 있다. 이 모형을 활용한 교과서에서 활용된 문자를 그대로 활용한 것인데 혼동될 수 있으므로 주의해서 정리할 필요가 있다. .

(1)식을 로그근사화하면 $d\ln A_{t+1} = \lambda d\ln L_{At} + \varnothing d\ln A_t$ 이다. 이때 $d\ln A_{t+1} \doteqdot d\ln A_t$ 이므로 $(1-\varnothing)\dfrac{dA}{A} = \lambda d\ln L_{At}$ 이고 $a = \dfrac{dA}{A} = \dfrac{\lambda(dL_A/L_A)}{1-\varnothing} = \dfrac{\lambda n}{1-\varnothing}$ 이다.

MACROECONOMICS

Chapter 9

개방경제

01 국제거래의 종류와 국제경제학의 이해
02 국가간 자본의 이동
03 환율 결정론
04 국제수지방정식 (사후적항등식 국민소득결정방정식)
05 환율과 순수출과의 관계
06 $IS-LM-BP$ 모형 (먼델-플레밍 모형)
07 $IS-LM-IRP$ 모형
08 $DD-AA$ 모형
09 환율제도와 국제통화제도의 변천
10 불태화정책
11 외환보유고 누적에 따른 효과
12 쌍둥이 적자
13 최적통화지역이론
14 출구전략 : 양적완화의 종결

01 국제거래의 종류와 국제경제학의 이해

1. 국제거래의 종류 (P. Krugman의 분류)

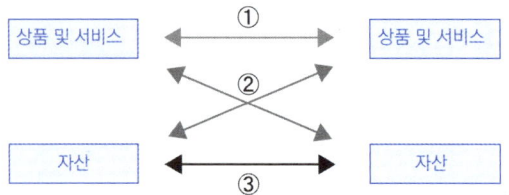

① 상품 및 서비스간의 무역은 특화와 교환에 의한 이익이 발생한다. 비교우위, 규모의 경제, 독점적 왜곡의 제거 등으로 인한 이익 등이 여기에 해당한다. ② 상품 및 서비스와 자산 간의 무역은 사실상 기간 간 교역의 이익이라 판단이 가능하다. 경상수지의 흑자 또는 적자를 통해 소비의 평준화를 달성할 수 있다. ③ 자산 간의 무역은 포트폴리오의 분산도를 키움으로써 위험을 분산시킬 수 있는 효과를 갖는다.

2. 국제무역론과 국제금융론

국제무역론은 상품 및 서비스간의 무역을 중심으로 무역의 패턴 및 무역의 이익, 소득재분배의 문제, 정부 개입으로 인한 손실의 문제 등을 미시적인 치밀한 분석을 통해 다루게 된다. **국제금융론**은 단순한 상품 및 서비스 등의 재화 간의 거래뿐 아니라 환율, 경상수지, 고용과 관련된 개념, 자본의 흐름, 외환시장의 이해 등 거시적인 접근을 시도하는 부분이다.

3. 산업간 무역과 산업내 무역

산업간 무역

산업간 무역이란 서로 다른 산업 간에 발생하는 재화 간 교환 개념의 무역을 의미한다. 국제무역론에서 (이론상으로) 상당히 큰 비중을 차지하는 무역이다. 주로 선진국과 후진국 사이에서 (즉 경제 격차가 큰 국가들끼리) 또는 기본자원의 차이가 큰 국가들끼리 발생한다.

산업내 무역

동일 산업이라 하더라도 국내에 유통되는 재화는 다양한 국가들의 물건들이 존재할 수 있다. 특히 소비자들의 기호와 관련되어 있는 산업(자동차, 의류, 식료품 등)에서 발생한다. 주로 선진국 간 발생 빈도가 높은 편이다. 이들 국가들 사이에는 무역의 규모가 클 가능성이 높으며 산업간 무역에 비해 산업내 무역이 (최근에는 현실적으로) 점점 더 큰 비중을 차지하는 추세이다.

▶ 선진국들의 산업 규모가 크기 때문에 선진국끼리의 무역의 규모도 더 크다. 최근 국제무역의 이익이 선진국에 집중되어 세계적 양극화가 발생한다는 이야기를 하기도 한다.

4. 수출, 수입재를 결정하는 기본 논리

무역은 자국의 이익이 나타날 수 있기 때문에 발생하는 것이다. 본국에서 거래할 때 벌어들일 수 있는 재화의 가격보다 해외에서 판매할 때 더 큰 돈을 벌어들일 수 있다면 이 재화는 수출재가 된다. 만약 해외에서 더 저렴하게 조달할 수 있다면 이 재화는 수입재가 된다. 물론 같은 화폐단위로 비교해야 하므로 가격비교 시에는 환율을 고려한다. 만약 특정재화의 가격이 국내에서 1,000원이고 해외에서는 1.2\$에 판매되는데 환율이 1,000₩/\$이고 수송비, 관세 등 추가비용이 없다고 가정한다면 국내에 팔 때 1,000원, 해외에 팔 때 1,200원을 벌 수 있으므로 이 재화는 수출재가 되는 것이다.

▶ 다만 환율 등 절대적인 가격을 고려하지 않는 상태에서 두 재화를 가정할 때에는 상대가격을 비교하게 되는데 상대적으로 비싼 재화를 수출하는 것이 원칙이다. 무역론의 대부분은 환율을 언급하지 않고 상대가격을 비교하여 수출재와 수입재를 결정한다. 환율은 금융론에서는 대단히 중요한 변수이다.

5. 교역조건

교역조건(TOT: terms of trade)이란 산업간 무역 시에 수출재와 수입재의 교환비율을 의미한다. X재를 수출하고 Y재를 수입하는 국가를 가정하자. X재와 Y재의 상대가격을 우리는 P_X/P_Y라고 표현한다. 이 상대가격이 X재를 수출하는 국가 입장에서는 교역조건이 된다. 예를 들어 P_X는 4이고 P_Y는 2라고 하자. 본국이 X재를 하나 수출하여 얻을 수 있는 현금은 4이다. 이를 Y재를 구매하는데 사용한다면 2개를 수입할 수 있다. 따라서 우리나라의 교역조건은 2이다. P_X는 4이고 P_Y는 2라고 하였으므로 P_X/P_Y는 2이고, 따라서 우리는 교역조건을 P_X/P_Y라고 표현할 수 있게 된다.

조심해야 하는 것은 외국 입장에서는 Y재를 수출하고 X재를 수입하므로 이 국가 입장에서 교역조건은 P_Y/P_X가 된다는 것을 이해해야 하는 것이다. 만약 본국이 Y재를 수출한다면 본국의 교역조건은 P_X/P_Y가 아닌 P_Y/P_X이다. 이러한 상대적인 관계를 고려해 볼 때, 한 국가의 교역조건 개선은 무역 상대국의 교역조건 악화를 수반하게 된다고 볼 수 있다.

▶ 무역은 상대국이 있어야 진행할 수 있는 것이며 산업간 무역에서 우리나라의 수출재는 반대편의 국가에 수입재이다. 따라서 교역조건 역시 상대적인 개념이다. 문제를 읽을 때에는 어떤 재화를 수출하는 상황인지 확실하게 판단해야 한다.

X재와 Y재 국내 상대가격은 $\left(\dfrac{P_X}{P_Y}\right)$이고 해외의 상대가격은 $\left(\dfrac{P_X}{P_Y}\right)^*$라 하자. 해외의 상대가격이 더 높다고 한다. 이런 경우 양국의 산업간 무역이 발생하기 위해 달성되어야 하는 가격체계와 무역의 방향을 판단하는 것과 양국 모두에 무역의 이익이 발생할 조건을 판단하는 것은 다르다.

우선 무역이 발생할 조건은 $\left(\dfrac{P_X}{P_Y}\right) \leq \left(\dfrac{P_X}{P_Y}\right)i \leq \left(\dfrac{P_X}{P_Y}\right)^*$ 이다. 세계상대가격이 본국의 상대가격과 일치한다고 전제하자. 그렇다면 본국의 상대가격과 세계가격이 일치하므로 본국은 무역을 제안하지 않는다. 무역의 이익이 없기 때문이다. 하지만 이렇더라도 외국은 무역을 제안해 올 수 있다. 본국은 무역의 이익은 없지만 손해가 발생하는 것도 아니기 때문에 무역 자체는 발생할 수 있다고 본다. 따라서 무역발생조건에는 등식이 포함된다. 이와 달리, 무역으로 인해 양국 모두에게 무역의 이익이 발생할 조건은 $\left(\dfrac{P_X}{P_Y}\right) < \left(\dfrac{P_X}{P_Y}\right)i < \left(\dfrac{P_X}{P_Y}\right)^*$인 것이다.

수송비가 재화당 t만큼 발생하고 수출국과 수입국에 이 수송비의 부담이 반반씩 발생한다면 본국의 무역발생조건은 $\left(\dfrac{P_X}{P_Y}\right) \leq \left(\dfrac{P_X-t/2}{P_Y+t/2}\right)i$ 이고 외국의 무역발생조건은 $\left(\dfrac{P_X+t/2}{P_Y-t/2}\right)i \leq \left(\dfrac{P_X}{P_Y}\right)^*$ 이다.

▶ 본국은 여전히 X재를 수출하고 외국은 Y재를 수출한다는 가정은 그대로 유지된 체 수송비만을 고려한 조건이다.

02 국가간 자본의 이동

국가간 자본의 이동을 가장 잘 설명하는 것은 이자율평가설이다. 이어지는 챕터 08-03의 환율결정론의 일부이기도 한 내용이므로 여기에서는 국가간 자본 이동에 따른 효과에 초점을 맞추고 이자율평가설은 후술되는 내용에서 점검한다.

1. 직접투자

직접투자(FDI : foreign direct investment, 투하된 자본에 대한 관리권을 보유하므로 국제자본이동과 기업의 해외진출이 동시에 가능)는 주로 타국에 자회사를 설립하거나 현지 기업의 지분 일부를 인수하는 다국적 기업의 진출형태로 이루어진다. 투자대상국 입장에서 기술과 경영 능력이 이전된다는 점에서 긍정적이지만 투자국이 직접투자를 통해 투자대상국의 현지 시장을 지배할 수 있을 뿐 아니라 투자대상국의 주권을 손상시키거나, 경제 정책의 효율성을 좌절시킬 수 있다는 점 등의 반대 유인도 존재한다.

> ▶ 미국의 경우 외국 기업이 주식 지분의 10% 이상을 소유한다면 지배력을 갖는 직접투자로 본다.

① 수직적 FDI

기획, 개발 ⇨ 부품생산 ⇨ 단순조립 ⇨ 마케팅기획 ⇨ 영업, 판매의 과정을 생산사슬이라 한다. 이 생산사슬을 분해하고 이 중 일부를 외국의 자회사로 이동시키기 위한 기업의 의사가 반영되는 직접투자를 의미한다. 임대료 및 인건비가 저렴해도 다국적 기업에 대한 조세, 규제 정책 등에 의해 무한정 해외로 이전하지는 못한다. 만약 해외에서 생산하는 것이 더 이익일 때에 기업은 수직적 FDI를 진행하게 된다. 만약에 별개의 독립적인 기업에 의해 제품을 조달하는 것이 더 매력적이라면 기업은 FDI를 진행하지 않고 단순하게 해외조달(foreign outsourcing)할 것이다.

② 수평적 FDI

기업은 일반적인 수출을 할 수도 있고 FDI의 형식을 통해 해외에서 생산을 할 수도 있다. 만약 기업이 자사 스스로 생산하고 연구하는 집중에 더 큰 의미를 부여한다면 FDI를 진행하지 않고 국내에서 생산하여 수출할 것이고, 만약 해외에서 판매해야 하는 재화를 복제하는 것이 더 큰 의미를 갖는다면 수평적 FDI는 증가하게 될 것이다.

FTA 와 FDI

일반적으로 무역을 하는 상대국을 고려하여 관세, 물류비용, 행정규제 등을 줄이기 위해 ① 수평적 통합이 많이 발생하고 인건비절감, 원자재절감, 인프라구축 측면에서 ② 수직적 통합이 많이 발생한다. 한편 무역 상대국가의 선호도를 고려해야 하므로 ③ 제품다양성이 증가한다.

2. 간접투자

간접투자(관리권 미보유)는 주로 일국의 통화로 표시된 금융자산을 타국에서 구입하는 증권투자 형태나 국가 간 대부와 차입을 행하는 형태로 이루어진다. 부족한 자본을 확보할 수 있다는 측면에서 긍정적으로 볼 수 있지만 실제로 공격적이고 일시적인 자본 회수가 가능하므로 특히 경제의 기초변수가 부족한 개발도상국 위주로 금융 위기의 유발 가능성이 크다는 위험(스페니쉬 질병)이 존재한다.

> ▶ 따라서 기초변수가 취약한 후발국가들의 경우 자유무역이 허용되더라도 간접투자는 허용되지 않는 경우가 많다.

3. 자본 자유화에 따른 효과(변동환율제도를 가정하고 자본이 유입되는 상황을 설정한다.)

보통 자본 자유화가 발생한 국가는 자본 유입이 우선 발생할 가능성이 높다. 이하 변동환율제도를 가정하고 자본의 유입이 발생하는 상황을 가정한다.

① 긍정적 효과

해외자본 유입 시 국내통화 증가 압력에 따른 이자율의 하락으로 인한 투자 증대 효과
새로운 금융상품의 등장으로 경제주체들의 선택폭 확장, 수익률 상승 및 비체계적 위험의 제거 (*)
$E\downarrow$에 따라 수입원자재 가격 하락

    교역조건(TOT: terms of trade)의 개선
    원화가치 상승으로 대외 신임도 개선
    외화로 표시된 외채의 실질적인 부담 감소
    수입 상품의 가격 하락으로 인한 물가 하락 가능

소비평준화 (*)

② 부정적 효과

국내 통화량 증대로 인한 물가 상승 압박 증대
단기 자본유출, 유입에 따른 국내 금융시장 교란 및 불확실성 증대(*)
환투기의 위험 증대(*)
$E\downarrow$에 따라 수출재의 가격 경쟁력 악화로 인한 수출 감소와 경기 침체의 가능성
스페니쉬 질병(*)

> **tip** 위의 내용 중 (*)표시가 되어 있는 내용이 자본자유화에 따른 긍정적 및 부정적 효과이고 나머지 내용은 자본이 유출되는 경우에는 반대로 작동된다. 스페니쉬 질병이란 글로벌 유동성(달러)이 신흥국 경제로 흘러 들어 오면서 이러한 자본이 주식 및 부동산 등의 자산시장으로 흘러들어 거품을 형성하게 되는데, 이러한 단기 투기 자금은 외부충격 발생 시 일시에 급격하게 유출되고 이러한 상황이 신흥국 경제에 부정적 영향을 형성하게 되는 것을 의미한다.

03 환율 결정론

1. 환율 관련 기초 용어의 정리

1) 외환시장의 특징

외환시장은 장소나 공간을 지칭하는 것이 아니라 총괄적인 거래 메커니즘 및 거래양태를 의미한다. 외환시장은 ① 범세계적 시장이다. 다양한 곳에서 거래가 가능하다. 그리고 ② 24시간 시장이다. ③ 대부분 장외거래(특정장소가 아닌 전화나 컴퓨터를 통해)를 통한 거래방식으로 진행되고 ④ 제로섬(zero sum) 시장이다. ⑤ 도매거래 위주로 진행되는 특징을 갖는다.

▶ 영합게임이라 부르기도 한다.

2) 환율과 관련된 기본 개념

직접표시법 – ₩/$
간접표시법 – $/₩

명목환율 – E

실질환율 – $\dfrac{EP^f}{P}$

실효환율(I)

$$= \prod_{i=1}^{n} (E_i)^{W_i}$$

실질실효환율(J)

$$= \prod_{i=1}^{n} \left(\dfrac{E_i P_i}{P_0}\right)^{W_i}$$

단, E_i : i국 통화와의 환율 W_i : i국과의 교역 가중치 $\prod_{i=1}^{n}(a_i) = a_1 \times a_1 \times \cdots \times a_n$

3) 선물환 거래의 동기

① **헤지거래**(Hedging) – 무역거래에서 발생하는 리스크를 제거하기 위해 미리 선물계약을 하는 것

현재 환율이 1,000₩/$이다. 10$를 3개월 뒤에 받기로 한 수출기업은 10,000₩의 수익을 예상한다. 하지만 환율이 하락한다면 더 낮은 수익으로 손해가 날 수도 있다. 그래서 기업은 3개월 뒤에 10$를 10,000₩과 바꾸는 선물계약을 통해 리스크를 제거한다.

② **차익거래**(Arbitrage) – 일시적으로 발생하는 환차익을 확보하기 위한 거래

현재 한국과 미국의 환율은 1,000₩/$이다. 3개월 뒤의 선물환율은 1,200₩/$이다. 따라서 현재 1,000₩을 보유하는 사람은 지금 1$로 바꾸고 3개월 뒤에 1$ → 1,200₩으로 바꿀 수 있는 선물을 계약하여 200₩의 수익을 발생시킨다.

③ **투기거래**(Speculation) – 미래에 대한 환율의 예상에 의해 투기이익을 노리는 거래

3개월 뒤의 선물환율은 1,000₩/$이다. A는 3개월 뒤에 환율을 1,200₩/$로 예상한다. A는 미래에 1,000₩을 주고 1$를 받는 선물계약을 체결한다. A의 예상대로 환율이 1,200₩/$라고 한다면 3개월 뒤에 A는 1,000₩으로 1$를 받고 이 돈을 즉각 1,200₩으로 바꿈으로써 이익을 남길 수 있다. 하지만 만약 예상과 달리 환율이 800₩/$라면 A는 손해를 본다.

> **tip** 삼각 차익거래(triangular arbitrage transaction)란 세 개의 화폐 단위에서 수익을 올리기 위한 차익거래를 의미한다. 현재 한국과 미국의 환율은 1,000₩/$이다. 일본과 미국의 환율은 100¥/$이다. 현재 우리나라와 일본과의 환율이 1,200₩/100¥이라고 한다면 한국의 A는 1,000₩ → 1$ → 100¥ → 1,200₩의 방향으로 자본을 회전시킴으로써 200₩의 수익을 올릴 수 있다.

2. 외환시장 (foreign exchange market)

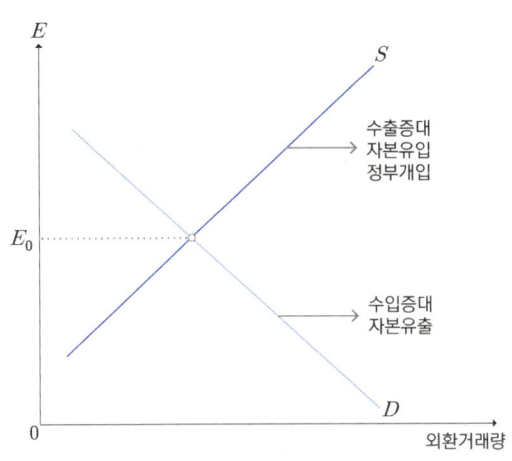

외환시장은 정부, 기타 민간시장들과 별개로 독립된 시장이라 이해하면 쉽다. 수출 증대로 인한 경상수지 흑자 또는 자본유입으로 인한 자본수지 흑자가 발생할 때 경제주체들은 외환을 유입하여 이를 외환시장에서 국내화폐로 바꾸려 할 것이므로 공급이 증대된다. 반면에 수입 증대로 경상수지 적자 또는 자본유출로 자본수지 적자가 나타난다면 외환의 수요가 증대된다. 한편 정부가 환율을 낮추고 싶으면 외환매각량을 늘릴 것이다. 이 과정에서 외환공급곡선은 우측이동하고 통화량은 감소한다. 만약, 정부가 환율을 올리고 싶으면 외환매입량을 늘린다. 이때 외환수요곡선이 우측이동하고 통화량은 증가한다.

외환시장에서 공급과 수요는 유량 개념이다. 예를 들어 경상수지만 고려 시 수출과 수입은 동시에 발생하게 되는데 현재 상태가 양자가 일치하는 상태로 균형이라면 수출과 수입은 동시에 발생하며 그 크기가 동일한 상태가 되는 것이다. 만약 수출이 수입보다 많을 때에 외환공급이 외환수요보다 더 많으므로 현재 환율 기준 외환의 초과공급상태(환율의 하락요인)가 되는 것으로 보면 되며 외환수요가 외환공급보다 많은 경우 외환의 초과수요상태(환율의 상승요인)가 된다. 이 외환시장에서 공급곡선은 수출업자들에 의해 (환율 상승 시 수출증대로 더 많은 외환을 시장에 공급) 수요 곡선은 수입업자들에 의해 (환율 상승 시 수입 감소로 더 적은 외환을 시장에서 수요) 결정되는 것이다. 자본수지의 경우도 비슷한 맥락에서 이해가 가능하다.

> **tip** 정부의 외환시장 개입은 환율을 변화시킨다. 환율이 변화하는 경로를 크게 4 가지 정도로 나눌 수 있는데 이는 다음과 같다. ① **외환시장 효과**란 외환당국이 외환을 매매하여 외환 수급에 직접 영향을 미치는 것을 말한다. ② **통화효과**란 시장개입의 방향에 따라 통화량 변동 유발, 이에 따라 이자율에 영향을 미치게 되고, 자본의 유출입에 따른 환율변동이 발생하는 것을 의미한다. ③ **기대효과, 신호효과**에 따라 환율이 변화할 수 있다. 정부에 의해 통화량 변동 시, 이후의 통화정책에 따른 민간의 기대변화로 나타나는 효과를 기대효과라고 하며 불완전한 민간의 정보를 보충하게 되어 예상환율을 변화시켜 현재 환율에 자기실현적 기대현상이 나타나는 것을 신호효과라 한다. ④ **포트폴리오 효과**란 환율변화를 위해 불태화정책 수행 시 발생하는 민간의 자산구성(포트폴리오)의 변화에 대해 부족하거나 증가한 외환을 매입 또는 매각함으로써 발생하는 환율변화를 의미한다.

▶ 외환시장과 관련하여 ① 역풍개입방식(Leaning against the wind)이란 최근 추세와 반대방향으로 환율이 변화하도록 개입하는 방식이다. 장기적 환율변동추세는 시장에 맡기고 단기적 환율변동폭을 줄인다.

② 순풍개입방식(Leaning with the wind)이란 현재의 환율변동의 추세를 뒷받침하는 개입방식이다. 이 두 방식은 개입 전략 누출 시 환투기를 유발한다.

이밖에 ③ 목표환율대개입방식은 설정한 상하한의 한계를 벗어날 우려가 있는 경우 중앙은행이 개입하는 방식을 말한다.

3. 구매력 평가설

1) 절대적 구매력 평가설 (absolute purchasing-power parity doctrine)

동일한 재화와 동일한 상품묶음은 하나의 가격으로 거래되며 완전한 정보를 보유하고 이에 따라 일물일가의 법칙(law of one price)이 성립한다면 $P=EP^f$이다.

$$\therefore E = \frac{P}{P^f}$$

2) 상대적 구매력 평가설 (relative purchasing-power parity doctrine)

현실적으로 운송비, 차별적인 관세부과 등으로 인해 동일한 재화의 가격 차이가 양국 간에 현저하여 이러한 가격차이가 상당기간 지속되는 등 일물일가의 법칙은 성립되지 않는 경우가 일반적이다. 상대적 구매력 평가설은 이러한 현실을 인정한다. 하지만 이러한 경우에도 양국의 물가상승률과 환율사이에는 안정적인 관계가 있다. $P = \alpha E P^f$라 보는 것을 의미하며, 이때 α는 일물일가의 법칙이 성립되지 않는다는 가정 하에 여러 변수들을 고려한 계수를 의미한다. 양변에 ln을 씌우고 시간에 대해 전미분하면 다음과 같이 나타낼 수 있다.

$$d\ln P = \overline{d\ln\alpha} + d\ln E + d\ln P^f \quad (단, \ d\ln A = \frac{\dot{A}}{A})$$

$$\therefore \frac{\dot{E}}{E} = \frac{\dot{P}}{P} - \frac{\dot{P^f}}{P^f}$$

3) 비교역재 고려 시

$Q = Q_T + Q_N$ (단, Q_T는 교역재 총량, Q_N은 비교역재 총량)일때 물가는 교역재와 비교역재의 물가상승률을 가중평균한 것이다.

$$\pi = \frac{Q_N}{Q}\pi_N + \left(1 - \frac{Q_N}{Q}\right)\pi_T = \pi_T + \frac{Q_N}{Q}(\pi_N - \pi_T)$$

(단, π는 전체 인플레이션율, π_T는 교역재 인플레이션율, π_N은 비교역재 인플레이션율)

$Mark-up\ pricing$을 가정하면 $\pi_T = \hat{w} - l_T$, $\pi_N = \hat{w} - l_N$로 나타낼 수 있다. 이때 $\hat{w}$는 임금상승률로 양 산업에서 일치하며, l_T와 l_N은 각각 교역재 부문과 비교역재 부문에서의 노동의 생산성 증가율이다. 임금이 상승한다면 이는 물가를 상승시키는 요인이 되지만 생산성이 증가하는 것은 생산비용을 감소시킨다고 해석하여 물가를 하락시키는 요인이 된다. 물론 약간의 오차는 무시한 접근법이다.

$$\therefore \pi = \pi_T + \frac{Q_N}{Q}(l_T - l_N)$$

경제의 물가상승률은 π이다. 하지만 환율에 관여하는 물가는 비교역재가 아닌 교역재 뿐이므로 π_T이다. 즉, 비교역재의 존재를 고려하게 되면 상대적 구매력 평가설도 성립하지 않을 수 있다. 직관적으로 국내의 물가는 비교역재와 교역재 모두를 가중평균하여 달성되지만 환율은 교역재만을 고려하여 결정되기 때문이다. 이러한 환율과 국내 물가와의 괴리는 아마도 아직 교역재 부문에서 성장의 여지가 충분히 남아있는 개발도상국 등에서 더 강하게 발생할 가능성이 높다.

4. 이자율 평가설

1) 유위험 이자율 평가설 (uncovered interest rate parity theory)

국내투자 수익률과 해외투자 수익률이 일치하는 점에서 자본이동의 균형이 달성된다.

$$\therefore 1+r = \frac{E^e}{E}(1+r^f) \quad r = r^f + \frac{E^e - E}{E}$$

(단, $r^f \times \frac{E^e}{E} = r^f \times \frac{E^e - E + E}{E} = r^f \times \frac{E^e - E}{E} + r^f \fallingdotseq r^f$)

이에 따라 국내수익률(r)과 해외 수익률 $r^f + \frac{E^e - E}{E}$ 이 일치하는 곳에서 환율이 결정된다. 이때 E^e은 미래환율에 대한 불편향적인 추정치(unbiased estimator)를 의미한다. 유위험 이자율 평가설을 국제피셔관계(international Fisher relation)라고 한다. 한편 본 수식에 ln을 씌워서 도출하는 방법도 있다.

2) 무위험 이자율 평가설 (covered interest rate parity theory)

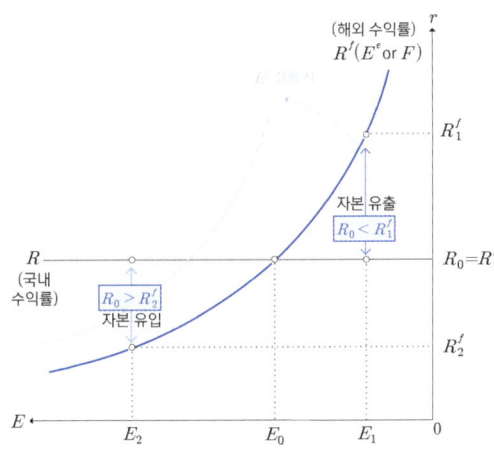

E^e을 선물환율(F)로 대체하여 위험을 제거한 경우를 가정하여 수식으로 정리한 것을 무위험 이자율 평가설이라 한다.

$$r = r^f + \frac{F - E}{E}$$

유위험 이자율 평가설에서는 불확실한 환율에 대한 예측에 의해 양국의 수익률 차이를 인지하는 것에 비해 무위험 이자율 평가설에서는 시장에 이미 결정되어 있는 선물 환율을 고려하여 자본의 이동이 발생하는 것이므로 위험이 제거되고 자본의 이동은 일방향으로만 발생하게 된다.

3) 실질이자율평가설

$E^e = E_{t+1}$이라 전제하고, 상대적 구매력 평가설과 자기실현적 기대가 성립한다고 가정한다면 다음과 같이 수식을 변형할 수 있다.

$$\frac{E^e - E}{E} = \frac{E_{t+1} - E_t}{E_t} = \frac{\dot{E}}{E} = \frac{\dot{P}}{P} - \frac{\dot{P^f}}{P^f} = \pi - \pi^f \quad \text{이를 유위험 이자율평가설에 대입하면}$$

$$R = R^f + \pi - \pi^f \quad \Rightarrow \quad (R - \pi) - (R^f - \pi^f) = 0 \quad \text{피셔방정식을 고려하여 실질이자율의 함수로 변형하면}$$

$$r - r^f = 0 \quad \Rightarrow \quad r = r^f$$

다만 ① 법적 제도적으로 국가간 완전한 자본이동성이 가정되더라도 심리적으로 자국화폐편향성, 포트폴리오 구성, 자본공급탄력성의 제약 등에 의해 자본이동성이 완전하지 않다면 이자율평가설은 성립하지 않는다. 또한 국가신용도 등 국가 간 자산의 위험프리미엄(rp)의 격차 고려 시 수익률의 차이가 발생하는 경우도 성립하지 않을 수 있다. 또한 ② 국가 간 무역이동이 완전하지 않고 비교역재 등이 존재 등의 이유로 인해 상대적 구매력 평가설이 성립하지 않거나 외환시장의 불안정성으로 자기실현적 기대가 정확히 성립하지 않는다면 실질이자율평가설은 성립하지 않는다.

5. 유량접근법

1) 탄력성 이론 : 케인즈 모형 (BP곡선이 수직인 상황과 유사)

탄력성 이론에 의하면 경상거래만을 자율적 거래로 보고 경상수지에 의해서만 국제수지 균형이 결정된다. 따라서 균형환율은 경상수지가 균형이 되는 수준에서 결정된다.

$$BP = NX(\frac{EP^f}{P}, Y, Y^f) = X(\frac{EP^f}{P}, Y^f) - IM(\frac{EP^f}{P}, Y) = 0$$
$$\quad\quad\quad\quad\quad + \;\; - \;\; + \quad\quad - \quad\quad -$$
$$E = f(P, P^f, Y, Y^f, R - R^f, ...)$$

마샬-러너 조건이 만족된다면 물가와 환율과의 관계는 어렵지 않게 파악할 수 있다. 물론 소득도 쉽게 파악이 가능하다. 여기에서 주의할 점은 이자율 차이에 의한 환율변화와 관련된 부분인데 이는 수출업자와 수입업자의 행동이 반영된다. 명목이자율 상승 시에 수출업자는 대금을 미리 지불받아서 국내 이자율 상승에 따른 수익을 얻으려 할 것이므로 미리 지급받은 외환을 자국화폐로 전환시키려 할 것이다. 한편, 수입업자의 경우는 조금이라도 더 길게 이자율 혜택을 누리기 위해 대금을 늦게 지불하는 행동을 보일 것이다. 따라서 외환시장에서 외환의 공급이 늘고 수요가 감소하여 환율이 하락할 수 있는 것이다. 참고로 선불(leads)이란 수입업자가 대금을 상품인도에 비해 일찍 지불하는 것을 의미하며, 이연(lags)이란 상대적으로 늦게 지불하는 것을 의미한다.

2) 먼델 - 플레밍 이론 (BP곡선이 수평인 상황과 유사)

경상수지에 초점을 맞추는 탄력성 이론에 자본 이동의 규모에 따라서도 환율이 변할 수 있다는 이론이다.

$$BP = NX(\frac{EP^f}{P}, Y, Y^f) + KA(R - R^f) = 0$$
$$\quad\quad\quad\quad + \;\; - \;\; + \quad\quad - \quad\quad -$$
$$E = f(P, P^f, Y, Y^f, R - R^f, ...)$$

이때 환율의 변화는 경상수지와 자본수지의 합인 국제수지가 흑자인지 적자인지에 따라 결정된다. 자본의 이동성이 클수록 이자율이 환율에 미치는 영향력이 더 크다.

6. 통화론자 이론

1) 신축가격 이론

신축성을 강조하는 통화론자는 구매력 평가설을 지지한다. 신축성을 가정하는 통화론자는 단기에도 이러한 구매력 평가설이 달성될 것이라 가정하여 $P = EP^f$ 이다. 한편, 화폐시장의 균형은 항상 달성됨을 가정하여 $\frac{M^S}{P} = L(Y, R)$ 이다. 이 수식을 엮어서 환율방정식을 설정할 수 있다.

$$P = \frac{M}{L(Y,R)}, \quad P^f = \frac{M^f}{L^f(Y^f, R^f)}, \quad E = \frac{P}{P^f}$$

$$\therefore E = \frac{P}{P^f} = \frac{M}{M^f} \cdot \frac{L^f(Y^f, R^f)}{L(Y, R)}$$

따라서 국내통화량 증대 시, 국내소득 감소 시, 국내이자율 상승 시 물가가 상승하여 환율은 상승하게 된다. 주어진 식에서 해외의 변수가 변할 때 환율의 변화를 파악할 수도 있게 된다.

> ▶ 먼델-플레밍 이론에 따를 때 R의 상승은 자본유입을 발생시켜 환율하락을 유발시킨다. 그와 반대로 신축가격 통화론자의 경우는 구매력 평가설을 고려하면 환율이 상승하게 되므로 반대의 결과를 주장한다.

tip $\frac{M}{P} = L(y, R)$의 식을 로그 선형방정식을 사용하여 표현하면 $m - p = \phi y - \lambda R$이다. 이때 ϕ는 화폐수요의 소득탄력성, λ는 화폐수요의 이자율탄력성이다. 분석의 편의상 본국과 외국의 ϕ, λ가 일치한다고 전제하고 외국의 경우 상첨자 *를 붙여서 표현하면 $m^* - p^* = \phi y^* - \lambda R^*$로 나타낼 수 있다. $P = EP^*$에 ln을 씌우면 $e = p - p^*$이다. 한편, UIRP를 가정하면 $\hat{E}^e = R - R^*$이다. 이자율(R)을 제외한 모든 변수는 ln이 씌워져 있는 형태($m = \ln M$)이다. 본국의 화폐시장 식에서 외국의 화폐시장 식을 빼서 정리하면 $(m - m^*) = (p - p^*) + \phi(y - y^*) - \lambda(R - R^*)$이다. 이 수식에 $e = p - p^*$와 $\hat{E}^e = R - R^*$를 대입하여 다시 정리하면 $e = (m - m^*) - \phi(y - y^*) + \lambda \hat{E}^e$이다. 이 수식에 의하면 미래 환율에 대한 예상치($\hat{E}^e$)가 현재의 환율에 영향을 끼친다. 실제로 환율이 오를 것이라 믿는다면 현재의 환율로 오를 것이므로 자기실현적 기대를 설명할 수 있다.

한편, $\hat{E}^e = \ln E^e_{t+1} - \ln E_t = e^e_{t+1} - e_t = (p^e_{t+1} - p^e_{t+1}{}^*) - (p_t - p_t{}^*) = (p^e_{t+1} - p_t) - (p^e_{t+1}{}^* - p_t{}^*)$이다. $p = \ln P$이므로 $\hat{E}^e = (p^e_{t+1} - p_t) - (p^e_{t+1}{}^* - p_t{}^*) = \hat{P}^e - \hat{P}^e{}^* = \pi^e - \pi^e{}^*$이다. 이를 고려하여 $\hat{E}^e$의 위치에 대입하여 위의 수식을 변형하면 $e = (m - m^*) - \phi(y - y^*) + \lambda(\pi^e - \pi^e{}^*)$이다. 본국의 높은 인플레이션이 예상되면 투자자들은 외국금융자산에 투자하려 할 것이므로 외환의 수요가 증가하여 환율이 상승한다. 만약 신축가격통화론자의 가정처럼 합리적 기대와 가격의 완전신축성을 전제하면 y는 잠재생산량 $\bar{y}$가 될 것이므로 $(y - y^*)$는 $(\bar{y} - \bar{y}^*)$와 일치할 것이다. 이 경우 통화공급의 증가는 물가의 상승만을 가져오게 되어 $(\pi^e - \pi^e{}^*) = (\hat{m}^e - \hat{m}^e{}^*)$이다. 만약 각국의 통화량 증가율이 무작위행보(random walk)를 보인다면 $\hat{m}^e = \hat{m}^e{}^* = 0$일 달성될 것이다. 따라서 다음과 같이 환율은 양국의 통화량에 의해 결정된다.

$$e = (m - m^*) - \phi(\bar{y} - \bar{y}^*)$$

2) 경직가격 이론 (overshooting by Dornbusch)

① 절대적 구매력 평가설 가정

돈부쉬는 단기적인 물가수준의 가격경직성, 유위험 이자율평가설에 따른 완전한 자본이동성, 회귀적 예상을 가정한다. 회귀적 예상(사실상 합리적 기대 개념을 대신할 수 있음)에 따르면 외환시장 참가자들이 장기에 수렴할거라고 보는 환율보다 지금 환율이 높으면 장기의 환율이 떨어질 것이라고(반대의 경우도 성립) 예측을 하여 R^f곡선을 미리 옮길 수 있다.

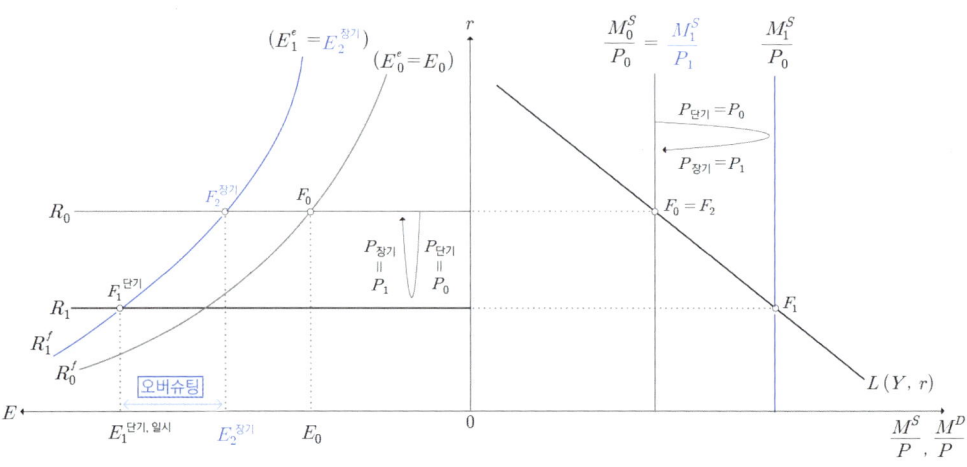

정부의 확장적 통화정책으로 통화량 증대 시에 국내 수익률곡선은 하방이동한다. 이와 동시에 외환시장 참가자들은 장기 환율 상승을 예측하여 회귀적 예상에 의해 외국 수익률 곡선을 상방이동시킨다. 단기적으로 국내수익률은 R_1이고 해외수익률은 R_1^f이므로 환율은 E_1까지 치솟는다. 장기에는 물가는 M^S의 증가율만큼 증가하여 P_1이 되어 국내수익률 곡선은 R_0로 돌아오게 되며 외환시장의 장기균형 F_2에서 환율은 E_2이다. 이러한 과정 중 단기에 E_1까지 환율이 상승하는 것을 오버슈팅이라 한다.

▶ 외환시장의 불안현상이라 말하기도 한다. 오버슈팅은 경제에 어떤 충격이 가해졌을 때 환율, 주가, 금리 등의 가격변수가 장기 균형가격에서 벗어나 급등하거나 급락한 후 시간이 지남에 따라 장기에 수렴하는 현상을 의미한다.

② 상대적 구매력 평가설 가정

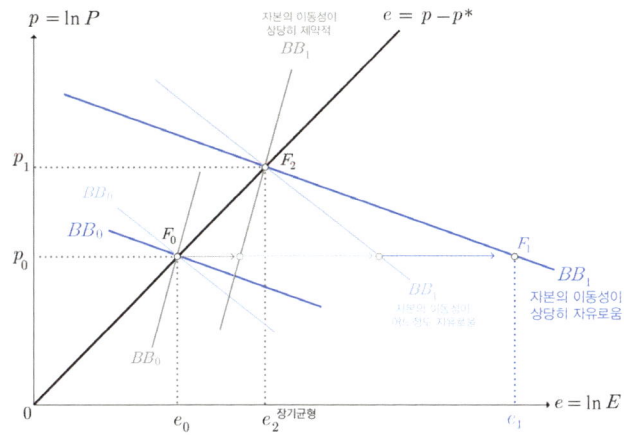

왼쪽 그림에서 BB곡선은 자본 이동성이 상당히 자유로운(사실상 완벽)경우 돈부쉬의 자산 시장 균형식이다.

$$e = \bar{e}(\text{장기환율}) - \frac{1}{\lambda\alpha}(p - \bar{p})$$

이때 그래프의 $e = \ln E$를 의미하므로 다음과 같이 나타낼 수 있다.

$$\ln E = \ln \bar{E} - \frac{1}{\lambda\alpha}(\ln P - \ln \bar{P})$$

확장적 통화정책에 의해 BB곡선은 F_2점을 관통하며 장기에는 변수들의 관계는 다음과 같다.

$$\frac{dM^S}{M^S} = \frac{E_2 - E_0}{E_0} = \frac{P_1 - P_0}{P_0}$$

이에 환율은 단기 물가가 경직적일 때 E_1까지 오버슈팅 될 수 있다. α는 양수가 될 수도 음수가 될 수도 있으며 이 수치가 큰 경제일수록 자본 이동성이 더 크며 BB곡선의 기울기가 완만하여 더 큰 오버슈팅이 나타난다.

> **tip** 앞에서 도출한 $m - p = \phi y - \lambda R$, $\hat{E}^e = R - R^*$을 그대로 전제한다. $\hat{E}^e = -\alpha(e_t - \bar{e})$라 할 수 있는데, 이때 $\bar{e}$는 장기균형환율이고 α는 조정계수($0 < \alpha < 1$)이다. 이 세 수식을 결합하면 $m - p = \phi y - \lambda R^* + \lambda\alpha(e - \bar{e})$의 수식이 성립하게 된다. 장기에는 $e = \bar{e}$이므로 $R = R^*$이므로 $m - p = \phi y - \lambda R$식을 $m - \bar{p} = \phi y - \lambda R^*$로 변형할 수 있다.
>
> 도출한 $m - p = \phi y - \lambda R^* + \lambda\alpha(e - \bar{e})$ 수식과 $m - \bar{p} = \phi y - \lambda R^*$에서 R^*를 소거하여 수식을 결합하고 e로 정리하면 $e = \bar{e} - \frac{1}{\lambda\alpha}(p - \bar{p})$이 되는데 이 수식이 바로 돈 부쉬의 자산 시장 균형식이다.
>
> 이식을 m으로 전미분하면 $\frac{de}{dm} = \frac{d\bar{e}}{dm} - \frac{1}{\lambda\alpha}\left(\frac{dp}{dm} - \frac{d\bar{p}}{dm}\right)$라 할 수 있는데 오버슈팅 모형에서는 $\frac{dp}{dm} = 0$, $\frac{d\bar{p}}{dm} = 1$이다. 따라서 $\frac{de}{dm} = \frac{d\bar{e}}{dm} + \frac{1}{\lambda\alpha}$가 된다. 따라서 단기의 환율의 변동성이 더 크다.

7. 포트폴리오 밸런스(portfolio balance) 모형 (자본의 불완전 대체성을 가정)

$$\boxed{RS} \quad \frac{W}{EW^f} = B(R - R^f - E\triangle e - rp) \quad \boxed{RD}$$

(우리나라 자산에 대한 상대적 공급 = 우리나라 자산에 대한 상대적 수요, E는 환율)

통화론자의 신축가격 이론과 경직가격 이론은 모두 유위험 이자율 평가설에 따른 국제자본이동의 완전대체성을 가정하고 있다. 하지만 현실경제에서는 통화 및 증권 등 다른 종류의 자산도 고려하여 위험을 분산시키기 위해 투자자(수요자)들은 최적의 포트폴리오를 구성하고 있다. 이러한 기업의 위험을 억제하려는 행동을 고려하여 도출 가능한 국내 증권과 해외 증권 사이에 구성비율(B)은 $R - R^f - E\triangle e - rp$(risk premium)의 증가함수이다. 국내증권(W)과 해외증권(W^f)과의 상대적 공급을 화폐단위를 고려하여 $\frac{W}{EW^f}$로 나타내면 위 식과 같이 나타낼 수 있다.

$$E = \frac{W/W^f}{B(R - R^f - E\triangle e - rp)}$$

이 식을 통해 국내 환율의 변화를 살펴보자. 만약 팽창적 통화정책 시에 국내 이자율(R)이 감소하면 우리나라 증권에 대한 상대적 수요(B)가 감소하므로 환율(E)은 증가한다. 해외의 증권 공급(W^f)이 증가하게 되면 환율(E)은 감소한다. 이와 같이 자본의 불완전 대체성 하에서 자본의 이동은 신축가격 및 경직가격 통화론자의 이론과 달리 완벽하지 않다. 다만 상대적 수요에 어느 정도의 변화는 일어날 수 있다고 보는 현실적인 측면을 고려하여 환율의 변화를 나타내는 이론이 포트폴리오 밸런스 모형이다.

8. 환율결정이론의 새로운 접근법

환율결정이론의 새로운 접근법으로 ① 계량경제학적으로 분석하는 **경험적 연구**, ② 외환시장이 어떤 종류의 뉴스들에 반응을 보이는지, 뉴스에 대해 어떻게 어느 방향으로 반응을 하는지, 이러한 뉴스들이 얼마나 환율변동을 설명할 수 있는지 등 뉴스와 환율과의 관계를 통한 환율결정 연구법인 **뉴스접근법**, ③ 환율의 투기적인 이유를 연구하는 **투기적 거품 이론**, ④ 외환시장의 미시구조적 행태(시간, 요일, 월 등을 고려), 환율변동성과 거래량과의 관계 연구, 환율스프레드(불확실성 고려)를 통한 분석, 외환시장 참가자들의 행태에 초점 등에 초점을 맞춘 **미시접근법** 등이 있다.

▶ 통화론자 모형은 자본이동성이 법적, 제도상, 심리적으로 완전히 자유로운 상황을 가정한다. 하지만 이는 현실적으로는 약간 무리가 있는 가정이다. 물론 현실설명력은 떨어지지만 가정만 성립한다면 그래프를 통한 분석 능력은 높다. 한편, 포트폴리오 밸런스 모형은 현실적으로는 법적, 제도상으로 완전히 자유롭다 하더라도 심리적인 측면을 고려할 때에는 불완전 자본이동성이 성립하는 현실경제를 반영한다. 현실설명력은 높으나 이동성 및 상대수요의 정도를 정확히 계산하기는 어렵다.

경제학의 수많은 이론들은 사실 굉장히 독특한 가정들을 함축하고 있을 가능성이 높고 이런 이론들은 여러 가지 가능성 중 하나의 경로(루트)만을 설명하고 있는 셈이다. 현실설명력이 높은 이론을 만들려면 엄청나게 복잡해지기 때문에 우리는 사안들을 분리시켜 개별적, 파편적 이론과 방향성을 개별 모형 선에서 정리하는 것이다.

04 국제수지방정식 (= 사후적항등식 = 국민소득결정방정식)

국제 수지 방정식은 개방경제의 IS수식, 즉 생산물 시장으로의 균형이 달성된다는 가정 하에 도출된다. 따라서 임금과 물가가 신축적이라는 단서 혹은 경제의 장기를 고려한다는 단서가 필요하다. 사후적 항등식이라 부르기도 한다.

1. $NS - I = NX$

$IS: Y = C + I + G + NX$

$\underbrace{Y - C - T}_{\text{민간저축}} + \underbrace{T - G}_{\text{정부저축}} - I = NX$

국민총저축(NS)

$\quad NS \quad\quad - I = NX$
$\quad\quad\quad\quad\quad\quad\quad\ = NFI \text{(또는 } NFA\text{)}$
$\quad\quad\quad\quad\quad\quad\quad\ = -KA(r)$

NS는 국내에서 쓰고 남은 것을 의미하고 I는 국내투자를 의미한다. 따라서 $NS-I$는 해외 순투자와 항상 일치하게 되며 이는 사후적으로 순수출의 크기와 일치한다. 해외순투자(NFI(net foreign investment))를 해외에 보유한 자산으로 해석하여 해외 순자산(NFA(net foreign asset))이라 부르기도 한다.

해외투자의 발생은 자본수지의 적자 유발과 동일한 의미를 갖는다. 이는 해외로 투자가 발생할 때 국내 자본을 해외로 유출시켜야 하기 때문이다. 따라서 NFI는 $-KA$와 일치한다. 자본수지는 국내 이자율의 증가함수이므로(국내이자율 상승 → 자본유입 → 자본수지 흑자), 음의 자본수지($-KA$)와 순해외투자(NFI)는 국내이자율 r의 감소함수이다. 이를 그림으로 나타낸 것이 아래의 두 번째 그림이다. 소규모 개방경제를 가정하면 국내이자율은 세계 이자율과 일치하게 되므로 세계이자율 r^f에 의해 결정된다.

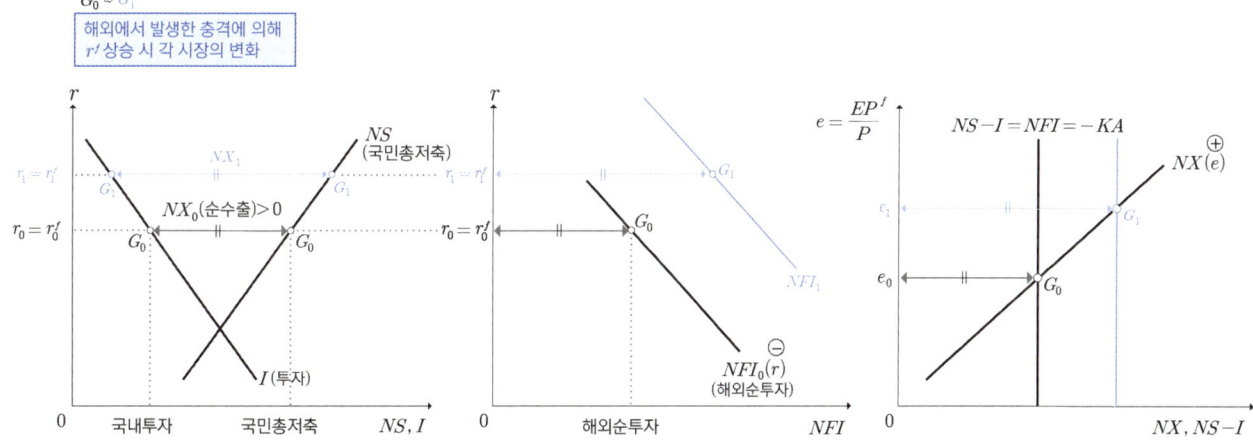

사례를 해결할 때 이 세 가지 그래프 및 다음 page의 그래프 모두를 모두 사용할 필요는 없다. 만약 대부자금시장(왼쪽 그래프)을 활용하여 경제의 균형을 장기적 혹은 신축적 관점에서 요구하면 왼쪽의 그래프를 활용하면 되고, 경상수지와 환율 등을 물어보는 경우 오른쪽 그래프를 활용하면 된다. 중간의 그래프는 순해외투자와 관련한 질문에 대해 보완용으로 활용한다.

> 좌측의 NS에 capital inflow를 더하고 I에 capital outflow 더하여 모형을 전개할 수도 있다. 그림대로 두고 판단하는 것을 추천한다. 이 모형을 활용하는 케이스 중 가장 어렵게 생각하는 r^f의 상승 충격을 가정하여 그래프로 나타내 보았다.

> **tip** 투자는 이자율의 감소함수이다. 이자율은 기업 입장에서는 투자의 기회비용이기 때문이다. 하지만 이러한 관점은 기업 입장에서 분석한 것이다. 물론 이러한 기업의 의지가 일반적으로 실제 투자가 변화하는 수치에 가장 강력하게 영향력을 발휘하는 것도 사실이다. 그런데, 기업이 투자를 증가시키기 위해서는 자본을 조달해야 하는데 이러한 자본의 조달은 국내 저축자들이 국내저축과 해외 저축자들이 국내로 자본을 유입시킨 해외저축으로 조달된다. 서술의 편의상 해외저축은 존재하지 않고, 기업이 투자를 증가시키기 위해 조달해야 하는 자본은 국내은행을 통해서만 가능하다고 가정해 보자.
>
> 이자율이 상승하면 기업은 자본의 수요를 줄인다. 즉, 대부자금시장에서 자본 수요의 하락(곡선 위의 이동)이 나타나는 것이다. 하지만 국내의 저축자들은 이자율의 상승으로 수익률이 좋아지는 것이므로 오히려 예금을 증가시킨다. 사실상 은행의 (예금의 증가를 통한 은행의 자금확보로 인해) 자본 공급을 증가(곡선 위의 이동)시키는 결과를 유발시키는 것이다. 즉 저축자들 입장에서는 이자율이 상승하면 투자를 증가시킨다.
>
> 그런데 이 두 주체의 행동은 대부자금시장에서는 내생변수인 이자율의 변화에 따른 행동 변화이므로 곡선 자체를 움직이지 못하고 자본의 초과공급만 나타날 뿐이다. 따라서 이자율이 다시 하락하게 된다.
>
> '이자율이 증가하면'으로 시작되는 문제는 없다. 이자율이란 어떤 현상과 충격으로 인해 조정되는 변수이지 처음부터 갑자기 변화하는 변수가 아니다. 소규모 개방경제를 가정한 대부자금 시장에서 만약에 해외 이자율이 불변인 상태에서 국내 이자율이 상승하면 해외 투자가 감소하고 국내 투자도 감소한다. 국내에서는 자본의 초과 공급이 발생하므로 올랐던 이자율은 하락할 것이므로 이 역시 같은 맥락에서 의미 없는 질문이다.

2. $Y - A = X - M$

국내총지출(A)은 소비, 투자, 재정지출의 합이다. 즉, 이 모형에서 $A = C + I + G$로 판단할 수 있다. 그렇다면 앞의 수식은 $Y - C - I - G = NX$로 정리할 수 있다. 한편 $NX = X(수출) - M(수입)$임을 고려하면 $Y - A = X - M$로 정리할 수 있다. 이 수식의 좌변과 우변 그 자체를 아래의 그래프처럼 나타낸다.

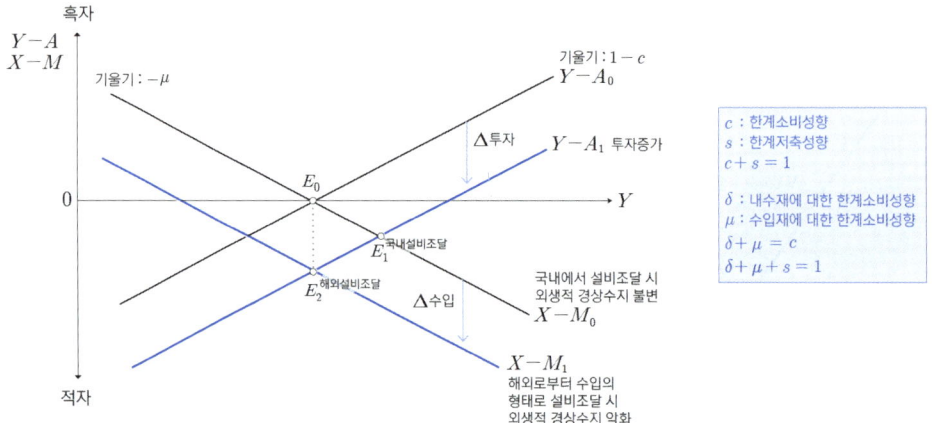

c : 한계소비성향
s : 한계저축성향
$c + s = 1$

δ : 내수재에 대한 한계소비성향
μ : 수입재에 대한 한계소비성향
$\delta + \mu = c$
$\delta + \mu + s = 1$

자국제품으로 조달되어 국내 투자(I) 증가 시 $Y - A$가 하방 이동한다. 이때 수입의 증가는 발생하지 않으므로 $X - M$곡선은 움직이지 않는다. 따라서 $E_1^{국내설비조달}$점이 균형이다. 만약 해외로부터 재화가 조달되어 투자가 증가한 것이라면 투자(I)가 증가한 만큼 수입(M)이 증가한 것이므로 두 곡선은 동일한 폭으로 하방 이동하여 $E_2^{해외설비조달}$점이 균형이 된다.

3. 2국 모형

1) 2개의 국가를 가정할 때의 분석

$Y = C + I + G + X - IM$ ($D = C + I + G - IM = \overline{C} + cY + \overline{I} + \overline{G} - \overline{IM} - \mu Y$ 라고 가정)

$Y = D + X = D + IM^*$ ($X = IM^*$, $D = \overline{D} + \delta Y$, $IM^* = \overline{IM^*} + \mu^* Y^*$ 를 고려하여 수식을 정리)

$\therefore Y = \overline{D} + \delta Y + \overline{IM^*} + \mu^* Y^*$ 외국의 경우 대칭적일 것이므로

$Y^* = \overline{D^*} + \delta^* Y^* + \overline{IM} + \mu Y$

$Y - Y^*$ 평면에서 기울기를 비교해 보면 YY 곡선의 기울기가 더 가파르다. 일반적으로 한계수입성향 μ는 작은 수이지만 s는 상대적으로 큰 수이기 때문이다. ($c = \delta + \mu$ 이므로 $s = 1 - \delta - \mu$ 이고 $1 - \delta = s + \mu$ 이다.)

$$\left.\frac{dY^*}{dY}\right|_{YY} = \frac{1-\delta}{\mu^*} = \frac{s+\mu}{\mu^*} > \left.\frac{dY^*}{dY}\right|_{Y^*Y^*} = \frac{\mu}{1-\delta^*} = \frac{\mu}{s^*+\mu^*}$$

국내의 긴축적 재정정책을 가정하였다. 국내의 생산물시장 균형을 의미하는 YY 곡선은 왼쪽으로 이동하게 된다. 따라서 새로운 균형점에서의 양국의 소득은 모두 감소하게 된다. 긴축적 재정정책은 주변국의 소득 감소를 유발하게 된다. 근린 궁핍화 또는 인근 궁핍화 (beggar-thy-neighbor)정책이라 한다.

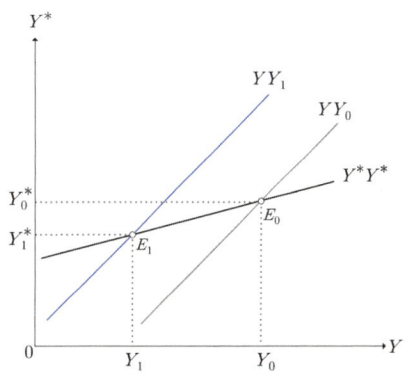

| 국내의 곡선이 정부정책에 의해 상대국에 영향을 미치는 것을 반향효과라 한다. 만약 주변국의 소득을 감소시키는 정책이었다면 인근궁핍화정책이라 하며 실업을 수출하였다는 표현을 사용할 수 있다. 만약 주변국에 원치 않는 소득증가를 유발시켰다면 인플레이션을 수출했다고 표현할 수 있다.

2) 승수의 도출

자국의 정부지출 증대가 자국의 소득에 미치는 승수를 도출해 보자.

국내: $Y = \overline{D} + \delta Y + \overline{IM^*} + \mu^* Y^*$

외국: $Y^* = \overline{D^*} + \delta^* Y^* + \overline{IM} + \mu Y$

$\Rightarrow (1-\delta^*) Y^* = \overline{D^*} + \overline{IM} + \mu Y \Rightarrow Y^* = \left(\frac{1}{1-\delta^*}\right)(\overline{D^*} + \overline{IM} + \mu Y)$

$Y = \overline{D} + \delta Y + \overline{IM^*} + \mu^* \left(\frac{1}{1-\delta^*}\right)(\overline{D^*} + \overline{IM} + \mu Y)$ 전미분하면

$dY = d\overline{D} + \delta dY + d\overline{IM^*} + \mu^* \left(\frac{1}{1-\delta^*}\right)(d\overline{D^*} + d\overline{IM} + \mu dY)$

$\Rightarrow \left[1 - \delta - \mu^* \left(\frac{\mu}{1-\delta^*}\right)\right] dY = d\overline{D} + d\overline{IM^*} + \mu^* \left(\frac{1}{1-\delta^*}\right)(d\overline{D^*} + d\overline{IM})$

이를 정리하여 정부지출 승수를 도출하면 $\dfrac{dY}{d\overline{D}} = \dfrac{1}{1 - \delta - \mu^* \left(\dfrac{\mu}{1-\delta^*}\right)}$ 이다.

▶ 굉장히 복잡해 보이지만 중요한 것은 승수를 도출하는 방법에 대해 이해하는 것이다. 실제로는 c, δ, μ, s 등을 숫자로 제시하여 간단히 해결할 수 있는 문제로 출제될 가능성이 높다.

4. 펠트스타인─호리오카(Feldstein-Horioka) 논의

국가 간 저축이 얼마나 효율적으로 사용되고 있는가에 대한 검증으로 이해된다. 국제수지 방정식에 의하면 저축은 국내투자 또는 해외투자로 연결되며, 국내투자의 증가는 생산력 증대의 이익을 해외투자의 증가는 기간 교역의 이득을 유발시킨다. 자본이동이 완전히 자유롭다면 국내수익률과 해외수익률의 차이에 의해서 국내투자와 해외투자간 대체가 발생할 수 있으므로 국내저축의 규모는 국내투자의 변동을 유발시키기 어렵다. 즉, 실질이자율 평가설이 성립한다면 국민저축과 국내투자는 아무런 상관관계가 없다.

$$\left(\frac{I}{Y}\right)_i = \alpha + \beta \left(\frac{S}{Y}\right)_i + \gamma_i$$

(단, I는 국내투자, S는 국민저축, γ는 국내투자를 결정하는 다른 요인들)

β가 0에 가까울수록 실제 자본의 이동성은 높고, β가 1에 가까울수록 실제 자본이동성은 낮아야 한다. 하지만 자본시장의 개방 정도가 높을 것으로 평가되는 $OECD$ 국가들을 상대로 검증한 결과, $\beta > 0$의 값을 가지며, β가 1에 가까운 매우 큰 값이라는 점을 발견하였다. 즉, 실증분석 결과 자본자유화에도 불구하고 국내저축과 국내투자는 여전히 밀접한 관계가 존재한다는 사실을 밝혀냈고, 이를 F－H의 수수께끼(Feldstein － Horioka Puzzle)라 한다. 즉 표면적으로 또는 제도적으로 자본자유화가 완벽하다 하더라도 실질적으로는 자본의 이동은 제한되어 있음을 의미한다.

이를 설명하기 위한 논리로 ① 저축과 투자의 경기 순행성을 이유로 국민총저축은 내생적으로 결정(국민저축의 내생성)된다고 보는 견해 ② 자국 자산에 대한 수요 편향성을 고려하지 않았다는 견해 ③ 대국의 경우는 국내 이자율의 변화가 세계 이자율을 변화시키기 때문에 나온 결과라는 견해 ④ 리스크 프리미엄, 거래 및 정보 비용, 각 국가의 법률에 의해 실질적으로 이자율 평가설은 성립하지 않는다는 견해(프랑켈) 등을 근거로 들고 있다.

05 환율과 순수출과의 관계

1. 환율 상승 시 순수출이 증가할 조건

① **탄력성 접근방법** (elasticity approach)

$$BP = X - M = X(E) - EX^f(E) \quad (M = EX^f, \text{국내수입은 해외수출을 원화로 표시한 것})$$

환율상승 시 $X(E)$는 증가하고 $X^f(E)$는 감소한다. NX가 증가하려면 다음과 같은 부등식이 성립해야 한다.

$$X(E) > EX^f(E)$$

$$\frac{1}{E} \cdot \frac{X(E)}{X^f(E)} > 1$$

즉, 가격적 측면($\frac{1}{E}↓$)의 변화보다 수량적 측면($\frac{X}{X^f}↑$)의 변화가 더 커야 하며 이 경우 환율의 변화방향에 대해 이런 조건을 마샬-러너의 조건(Marshall-Lerner condition)이라 한다.

환율상승 시 환율의 변화로 인한 경상수지의 손해를 수출 물량의 증대, 수입 물량의 감소로 복구해야 한다. 그런데 1차 산품의 경우는 물량의 변화가 작아서 이를 복구하지 못하고 경상수지 적자만 유발시킬 가능성이 높다. 그렇지만 보통 선진국들의 경우 가격에 민감한 재화들을 수출, 수입하는 경우가 많아서 물량의 변화가 크고, 따라서 마샬-러너의 조건이 성립하는 것으로 본다. 하지만 일반적으로 개도국에서 수출재와 수입재가 필수적인 재화들이어야 물량 변화가 크지 않는 경우가 종종 발견된다.

우리나라는 경제발전단계에서 원자재나 부품, 자본재 등의 대외의존도가 높았다. 특히 부품이나 자본재의 경우 일본의 의존도가 높았다. 따라서 환율이 상승하더라도 탄력성이 낮아 대일경상수지는 개선되지 않고 오히려 악화되는 경향을 보였다. 지금도 수출재와 수입재의 특성상 물량이 많이 변화하기 어려운 국가들에서는 환율 상승 시 오히려 경상수지가 악화되는 경향이 있어서 마샬-러너 조건은 성립되지 않을 수 있다.

▶ 수요가 변화하더라도 공급이 받쳐주지 않으면 물량의 변화가 크지 않을 것이다. 따라서 마샬-러너 조건이 성립되기 위해서는 공급의 탄력성이 충분히 크거나 무한대에 가까워야 한다는 전제가 필요하다.

Abba Ptachya Lerner (1903~1982)

아바 러너는 러시아 태생의 영국 경제학자이다. 노벨경제학상을 수상하지는 못했으나 위대한 경제학자 중 한 사람으로 인정받는다. 1934년 파레토 최적 조건인 $P=MC$를 도입했고 독점의 정도에 관한 러너지수를 만들었다. 그는 1944년 발표한 『The Economics of Control』에서 효율규칙과 재무원칙을 제시한다. 그는 마샬-러너 조건, 최적통화 지역 등을 제안하는 업적을 쌓았다.

▶ 환율상승 시 환율의 변화로 인한 수출의 손해를 수출 물량의 증대로 복구해야 한다. 그런데 1차 상품의 경우는 물량의 변화가 작아서 이를 복구하지 못하고 손해를 유발시킬 가능성이 높다. 수입 역시 수입 금액의 손해를 수입량의 감소로 복구해야 하지만 1차 상품의 경우 물량의 변화가 적어서 손해가 더 클 수 있다. 일반적으로 개도국에서 이런 상황이 많이 발생한다.

> **tip** 마샬-러너 조건을 수학적으로 도출하면 다음과 같다.
>
> $$BP = X(E) - EX^f(E)$$
>
> $$\frac{dBP}{dE} = \frac{dX}{dE} - X^f - E\frac{dX^f}{dE}$$
>
> (단, 수출수요탄력성$(\eta) = \frac{dX}{dE} \cdot \frac{E}{X}$, 수입수요탄력성$(\eta^f) = -\frac{dX^f}{dE} \cdot \frac{E}{X^f}$)
>
> $$\frac{dBP}{dE} = \frac{dX}{dE} \cdot \frac{E}{X} \cdot \frac{X}{E} - X^f - \frac{dX^f}{dE} \cdot \frac{E}{X^f} \cdot X^f$$
>
> 국제수지 균형으로 접근할수록 $X = M = EX^f$, $\frac{X}{E} = X^f$가 달성될 것이므로 이를 적용하여 정리하면
>
> $$\frac{dBP}{dE} = \eta X^f - X^f + \eta^f X^f$$
>
> $$= X^f(\eta + \eta^f - 1) > 0$$
>
> $$\therefore \eta + \eta^f > 1$$

즉, 마샬-러너의 조건이 만족되려면 수출수요탄력성과 수입수요탄력성의 합이 1보다 커야 한다. 이 때 환율이 증가하면 경상수지는 증가하게 된다. 참고로 외국의 수출수요탄력성은 본국의 수입수요탄력성이므로 마샬-러너 조건을 설명할 때 '양국의 수출수요탄력성의 합이 1보다 크다'고 표현하기도 하는데, 권장하지는 않는다. 이러한 조건이 만족된다면 본국의 직접표시법 기준 환율이 증가하게 되는 경우 본국의 경상수지는 증가한다. 수출공급탄력성은 모두 무한대라고 가정하므로 수요의지만 있다면 얼마든지 공급이 가능하게 된다. 이러한 비현실적인 가정이 마샬-러너 조건의 한계로 지적되기도 한다.

② **총지출 접근방법** (absorption approach)

$$Y - A = BP \quad (A = C + I + G)$$

$$\frac{dBP}{dE} = \frac{dY}{dE} - \frac{dA}{dE}$$

이때, $\frac{dA}{dE}$는 생산에 의한 효과(소비부분)와 환율에 의한 효과로 나눌 수 있다.

$$\frac{dA}{dE} = \alpha \frac{dY}{dE} + \frac{d\overline{A}}{dE}$$

$$\therefore \frac{dBP}{dE} = (1-\alpha)\frac{dY}{dE} - \frac{d\overline{A}}{dE}$$

환율변화 시 총생산이 변하게 되는데 그 때의 크기는 $(1-\alpha)\frac{dY}{dE}$이다. 이는 생산이 증대되는 동시에 생산의 증대에 α를 곱한 만큼 지출을 하는 것을 의미하며 이를 경상수지에서 생산에 의한 간접효과라 한다.

한편 환율변화에 따라 가격 변화로 수입재에 대한 소비가 증가할 수 있는데 이를 경상수지에서 환율에 의한 직접효과라 한다. 전자가 후자보다 클 때 환율상승 시 경상수지는 증가하게 된다.

2. 환율 상승 시 순수출이 감소할 가능성

① **J - 커브 효과** (J-curve effect)

$$\frac{1}{E} \cdot \frac{X(E)}{X^f(E)} < 1$$

$\frac{1}{E}$은 가격변화이므로 즉각 나타나지만 $\frac{X}{X^f}$는 이미 수개월 뒤의 물량까지 계약에 의해 결정되어 있으므로 그 변화가 천천히 일어날 가능성이 크다. 따라서 환율 상승 시에 오른쪽 그림과 같이 J의 형태를 그리며 초기에 환율상승에도 불구 경상수지는 적자로 나타나는 가능성이 있다.

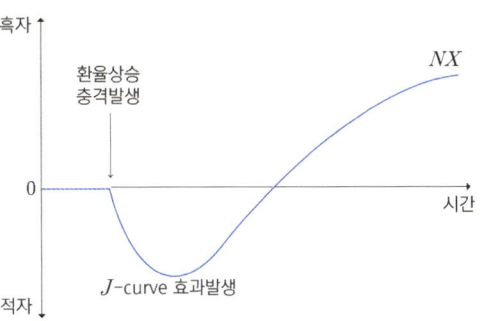

최근에는 국가 간 실질적 거리의 감소, 급변하는 기술 수준의 증가로 장기 계약에서 장기의 기준의 축소, 관광산업의 발달(관광산업의 경우 생산의 딜레이가 발생하지 않음)로 인해 J-커브 효과가 발생하더라도 그 경상수지가 회복되기까지 시간은 점점 짧아지고 있는 추세이다. 마샬-러너 조건이 만족되는 국가라도 단기에는 환율의 변화에 대해 경상수지가 반대방향으로 나타날 수 있음을 설명하는 이론이다.

② **미미한**(미약한) **환율 전가**(pass-through) **효과**

환율 상승 시 이에 따라 수출재의 달러표시 가격은 하락하고 수입업자의 원화표기 가격은 상승하게 되는데 이를 환율 전가 효과라 한다. 하지만 수출업자들은 가격방어전략으로, 수입업자들은 시장 점유율을 확보하기 위해 가격을 변화시키지 않을 가능성이 있다. 이에 수출물량 증가 혹은 수입물량 감소가 나타나지 않을 수 있다. 이는 단기적인 현상으로 환율의 변화 방향에 대해 경상수지를 반대방향으로 변화시키는 원인이다.

③ **교두보 효과**

환율 상승 전 외국으로 이전한 공장의 경우 환율이 상승하더라도 쉽게 국내로 복귀하지 않으므로 경상수지에 미치는 영향이 제약을 받을 수 있다.

> **tip** 참고로 J-컵 효과(J-cup effect)의 개념에 대해서도 살펴보자. J-컵 효과란 환율상승 시 처음에는 무역수지가 개선되지만 일정 기간이 경과한 이후 오히려 악화되는 현상을 의미한다. 수입의존도, 특히 원자재의 수입품 의존도가 큰 국가에서 발생한다. 수입품이 원유, 원자재, 단기간에 자체 생산이 불가능한 기계류 등 자본재로 구성되는 경우 단기적으로 수출이 증대하더라도 기존의 재고를 어떻게든 활용하여 물량을 맞추면 수입은 불변, 수출만 증가하므로 무역수지가 개선된다. 하지만 지속적으로 수출이 증가한다면 어쩔 수 없이 (오히려 가격이 상승한) 수입재(원자재)의 수요를 증가시켜야 한다. 수출이 증가한 만큼 수입도 같은 비율로 증가해야 정상적인 수출이 가능함을 고려할 때, 평가절하($E\uparrow$)로 인해 무역수지는 악화되는데, 상승한 환율을 고려하면 수출재의 가격은 떨어지고, 수입재의 가격은 올랐기 때문이다. 이러한 상황을 고려할 때 장기에 오히려 무역수지가 악화되는 현상을 J-컵 효과라 한다.

> 참고로 교두보 효과를 가정하면 이력효과(hysteresis effect)를 설명할 수 있다. 특정 환율 수준 이상이 되면 해외로의 진출이 가능하다고 하고 이때의 기준이 되는 환율을 E_A라 하자. E_A일 때 경상수지는 0이었다. 환율이 상승하다 이 기준 환율을 넘어서면 해외시장으로의 진출이 발생할 수 있게 된다. 이때 해외 진출 과정에서 상당히 큰 비용이 발생한다. 환율이 E_A보다 더 환율이 크게 상승하면 수출의 증대가 나타난다. 하지만 다시 환율이 감소하면서 E_A보다 더 환율이 낮아진다 해도 경상수지의 규모는 기존과 동일하게 경상수지의 규모가 0으로 돌아오는 것이 아니라 여전이 흑자인 상태가 지속될 수 있다. 이는 해외 진출 시 발생하는 초기진입비용이 매몰비용이고 다시 철수하는 것이 오히려 손해일 수 있기 때문이다.

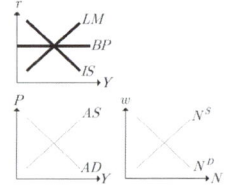

Robert Alexander Mundell
(1932~)

먼델은 컬럼비아 대학교의 경제학 교수이다. 그는 최적화폐분야에서의 선구적인 업적으로 1999년 노벨경제학상을 수상하였다. 먼델은 감세정책과 공급주의 경제학을 주장하는 것으로 널리 알려있다. 그는 1960년도 캐나다가 변동환율로 바뀌면서 변동환율제에 대해 연구하게 되었고 1962년 존 마커스 플레밍과 비슷한 시기에 먼델-플레밍 모델을 고안했다. 그는 최적화폐영역에 대해 이론적으로 연구를 진행했고 유로화를 개발하는데 큰 기여를 하였다.

John Marcus Fleming
(1911~1976)

존 마커스 플레밍은 영국의 경제학자이다. 오랜 기간 동안 국제통화기금 연구 부서의 부국장을 역임했었다. 플레밍은 로버트 먼델(Robert Mundell)과 거의 동시에 개방 경제의 안정화 정책에 관한 비슷한 연구를 발표했다. 현재는 먼델-플레밍 모형으로 소개되고 있으나 사실 먼델이 가정한 완벽한 자본의 이동을 통한 분석이 최근 현실의 경제에 조금 더 설명력이 높다고 평가받는다.

▼ 먼델-플레밍 모형은 기본적으로 완벽한 자본의 이동성을 전제하는 모형이다. 다만 넓은 범위에서 불완전 자본의 이동성도 포함하는 것으로 해석하기도 한다.

06 $IS-LM-BP$ 모형 (먼델-플레밍 모형)

1. BP곡선의 기울기

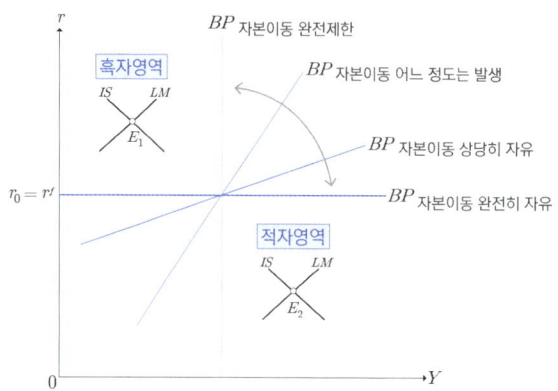

BP 곡선은 국제수지의 균형을 위해 필요한 소득(Y)과 이자율(r)의 조합 조건들의 집합이다. 어떤 경제에서 일반균형의 위치를 즉시 나타내는 기준이 되는 것은 아니다. 그래프의 IS 곡선과 LM곡선의 위치에 의해 현재의 균형에 E_1 혹은 E_2에서 결정되면 BP곡선은 그러한 상태가 국제수지 균형인지 아닌지를 알려주는 지표가 되는 것이다.

$$BP = NX\left(\frac{EP^f}{P}, Y, Y^f\right) + KA(r - r^f)$$

BP곡선의 모양을 결정하는 것은 자본의 이동성이다. 여기서 자본의 이동성이란 경상수지(NX)로 인해 발생하는 대금 지급을 위한 자본(보전적인 거래)의 흐름을 의미하는 것이 아니라 (돈으로 돈을 벌기 위한) 자율적인 자본수지(KA)의 발생가능성을 말하는 것이다.

자본이동성이 완전히 자유로운 경우 국내이자율과 해외 이자율의 차이가 난다면 그 크기가 아주 작더라도 (단, $E^e = 0$, $rp = 0$을 가정) 엄청난 규모 및 속도로 자본의 이동이 발생한다. 따라서 이자율에 대한 국제수지 탄력성은 무한대이며 수평인 BP 곡선▼이 도출된다. 이 경우 경상수지는 양수이건 음수이건 사실상 상관이 없다고 한다.

자율적인 자본이동이 가능하지만 완전히 자유롭지는 않다면 BP 곡선은 우상향한다. 이는 이자율 상승 시 자본수지(KA)가 개선되어 국제수지(BP) 흑자가 나타나면 경상수지(NX)는 감소해야 국제수지의 균형이 달성되기 때문인데, Y가 증가하는 경우 수입(import)이 많아지므로 경상수지(NX)가 감소할 수 있을 것이다. 즉, 이자율 상승으로 발생한 불균형을 소득 증대로 상쇄시켜야 국제수지의 균형이 달성되므로 BP 곡선은 우상향한다. 자본이동성이 커지면 BP 곡선의 기울기가 완만해지고 자본이동성이 작아지면 BP 곡선이 가팔라진다. 다만 상당히 자유롭다는 것은 주관적이고 상대적일 수 있으므로 위 평면에서 우상향하는 LM곡선보다 BP곡선이 완만한 경우 자본의 이동성이 상당히 자유로운 경제로, LM곡선보다 가파른 경우 상당히 통제되는 경제로 가정한다.

자본이동이 완전히 통제되는 경우, 국제수지가 이자율과 상관없이 경상수지에 의해 균형이 달성된다. 따라서 이때 BP 곡선의 형태는 수직이다. 이와 달리 BP곡선이 없는 모형을 $IS-LM$ 모형이라 한다. 기본적인 $IS-LM$ 모형은 케인즈의 일반이론을 토대로 힉스▼(J. Hicks)와 한센(A. Hansen)에 의해 정립된 거시경제학의 분석도구로 알려져 있다. 이에 BP곡선을 가미한 모형이다.

2. *BP*곡선과 *IS*곡선 이동 폭의 고찰

> **tip** $IS-LM-BP$ 모형의 균형을 도출하고 적용할 때에 외생적으로 경상수지의 변화가 발생한다면, 이 충격은 수식상 IS곡선과 BP곡선에 모두 영향을 주게 된다. 동일한 충격에 의한 IS와 BP의 수평이동폭은 다르다.

John Hicks
(1904~1989)

$$IS: Y = cY + I(r) + G + NX\left(\frac{EP^f}{P}, Y, Y^f\right) \qquad BP: BP = NX\left(\frac{EP^f}{P}, Y, Y^f\right) + KA(r - r^f)$$

$Y-r$ 평면에서 두 곡선을 동시에 곡선 자체를 이동시킬 수 있는 요인은 순수출의 변화이다. (국내 소득은 순수출의 내생변수이므로 순수출을 외생적으로 이동시킬 수 있는 요인은 실질환율과 해외소득이다.) 사례로 환율상승을 통한 곡선의 이동 폭을 살펴보자. (단, 마샬-러너의 조건이 만족하여 환율 상승 시 순수출은 증가한다.)

환율이 상승하여 순수출이 증가하면 IS곡선과 BP곡선에서 외생적 충격이 발생하므로 기존의 곡선 위의 균형들은(기존의 $Y-r$ 조합)는 더 이상 생산물시장과 국제수지의 균형을 보장해 주지 않는다. IS곡선과 BP곡선 모두 위 식의 우변이 커지므로 등식이 성립하지 않는다는 것이다. 불균형의 해소를 위해서는 좌변을 증가시키거나 우변을 감소시켜야 한다.

이 경우 이자율은 기존의 이자율을 유지한다고 가정하면서 각각의 균형을 달성하기 위한 새로운 점을 가로축 내생변수인 소득의 증가만을 고려하여 새로운 $Y-r$ 조합을 찾는다면 수평 이동 폭을 추정할 수 있게 된다. (동일한 소득 가정 시 요구되는 이자율의 변화는 반대로 나타남)

$$IS: (1-c)Y = I(r) + G + NX\left(\frac{EP^f}{P}, Y, Y^f\right) \qquad BP: BP = NX\left(\frac{EP^f}{P}, Y, Y^f\right) + KA(r - r^f)$$

IS곡선 수식을 약간 변형시켰다. 수평이동폭을 도출하는 중이므로 경상수지 변화 시 소득의 증가만을 고려하여 각 시장의 새로운 균형조건을 찾아야 한다. 이때 BP곡선은 Y가 증가하여 NX가 감소함으로써 불균형이 해소되어야 한다. 하지만 IS곡선의 경우 Y의 증가는 우변의 NX를 감소시키는 동시에 좌변의 Y도 증가시키므로 상대적으로 작은 Y의 변화로도 불균형의 해소가 가능하다. 즉, Y 증가로 우변의 감소와 좌변의 증가가 동시에 발생하는 것이다. 따라서 Y의 증가(수평이동폭)만 고려하면, 우변의 NX 감소만을 통해 균형을 달성해야 하는 BP곡선에 비해 IS곡선은 상대적으로 작은 Y의 변화만으로도 균형이 달성될 수 있으므로 각각의 균형에 필요한 (새로운) Y와 r의 점들의 집합인 IS곡선과 BP곡선은 같은 방향의 수평이동폭을 요구하게 되며 이때 IS곡선보다 BP곡선의 수평 이동 폭이 더 크다.

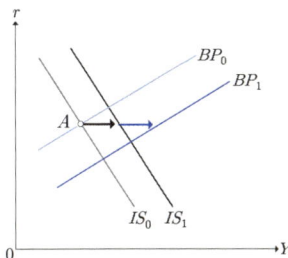
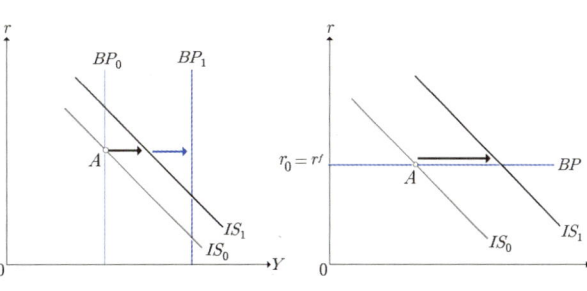

3. 변동환율제도(flexible or floating exchange rate system) 시의 정책효과

1) 재정정책 ($G\uparrow$, $\frac{dY}{dG}$ 만큼 IS 곡선 우측이동 시)

재정지출이 증가($\triangle G$)하면 우선 소규모 개방경제의 IS 곡선은 $\frac{1}{1-c+\mu}\triangle G = \frac{1}{1-\delta}\triangle G$ 만큼 우측 이동한다. 일시적으로 경제의 균형은 움직이지 않은 LM 과의 교차점인 E_1에서 형성된다. 따라서 네 가지 경우의 그래프 모두에서의 E_1은 동일한 곳이다. 하지만 최종적인 균형인 E_2는 다르다.

▶ 그림에서 볼 수 있듯이 변동환율제도에서의 재정정책은 자본의 이동성이 작아짐에 따라 효과가 커진다. 다만 최근 많은 국가들의 자본이동성이 상당히 자유로운 경우가 일반적이어서 변동환율제도를 취하는 국가들은 재정정책의 효과가 크지 않다고 판단할 수 있다.

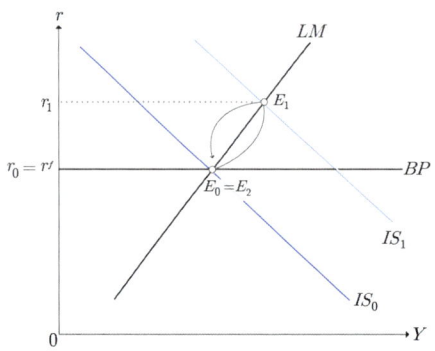

E_1에서 $r_1 > r^f$로 인해 자본의 유입발생(단, 경상수지도 변화하지만 완벽한 자본의 이동성을 고려할 때에는 상대적으로 미미한 충격)으로 외환의 초과공급이 발생 → 환율하락 → 마샬-러너 조건이 만족될 때에 NX 감소 → IS, BP 좌측이동이지만 BP는 수평이므로 고려되지 않고 IS만 좌측이동 → 최종적으로 E_2 $= E_0$점에서 균형이 달성되므로 재정정책 효과 미발생

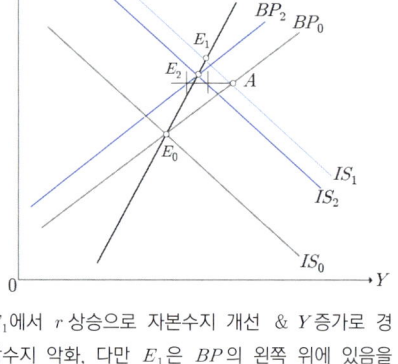

E_1에서 r 상승으로 자본수지 개선 & Y 증가로 경상수지 악화, 다만 E_1은 BP의 왼쪽 위에 있음을 고려할 때 자본수지 개선의 크기가 더 클 것임을 추정할 수 있으며 $BP > 0$ → 외환의 초과공급으로 환율하락 → 마샬-러너 조건이 만족될 때 NX 감소 → IS, BP 좌측이동, 이때 BP의 수평 이동이 더 큼 → E_2점에서 균형 → E_1보다 좌측에서 E_2가 형성되었으나 어느 정도는 재정정책의 효과 발생

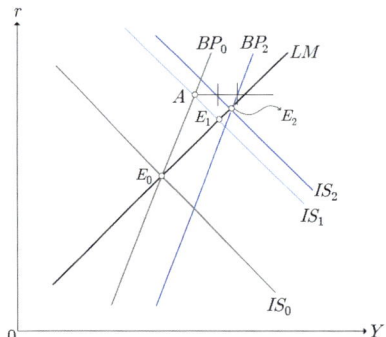

E_1에서 r 상승으로 자본수지 개선 & Y 증가로 경상수지 악화, 다만 E_1은 BP의 오른쪽 아래에 있음을 고려할 때 경상수지 악화의 크기가 더 클 것임을 추정할 수 있으며 $BP < 0$ → 외환의 초과수요로 환율상승 → 마샬-러너 조건이 만족될 때 NX 증가 → IS, BP 우측이동. 이때 BP의 수평 이동이 더 큼(A점은 의미 없는 점이나 이 순간 수평이동폭이 BP가 더 커야 함을 판단할 때의 기준점이 됨) → E_2점에서 균형 → E_1보다 우측에서 E_2가 형성되며 재정정책의 효과 더욱 커짐

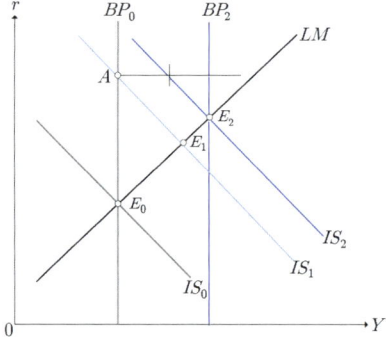

E_1에서 Y 증가로 경상수지 악화, 자율적인 자본거래는 없음이 가정된 형태 $BP < 0$ → 외환의 초과수요로 환율상승 → 마샬-러너 조건이 만족될 때 NX 증가 → IS, BP 우측이동, 이때 BP의 수평 이동이 더 큼(A점은 의미 없는 점이나 이 순간 수평이동폭이 BP가 더 커야 함을 판단할 때의 기준점이 됨) → E_2점에서 균형 → E_1보다 우측에서 E_2가 형성되며 재정정책의 효과가 가장 강력하게 발생

2) 통화정책 ($M \uparrow$, $\frac{dY}{dM}$ 만큼 LM곡선 우측이동 시)

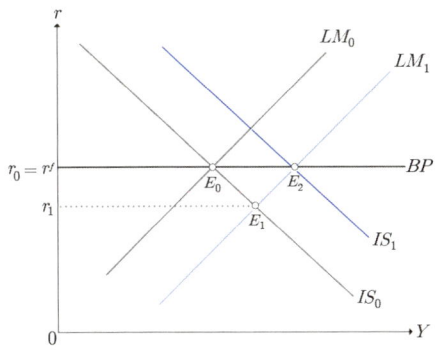

E_1에서 $r_1 < r^f$로 인해 자본의 유출발생(단, 경상수지도 변화하지만 완벽한 자본의 이동성을 고려할 때에는 상대적으로 미미한 충격)으로 외환의 초과수요 발생 → 환율상승 → 마샬−러너 조건이 만족될 때 NX 증가 → IS, BP 우측이동이지만 BP는 수평이므로 고려되지 않고 IS만 우측이동 → 최종적으로 E_2점에서 통화정책 효과 강력

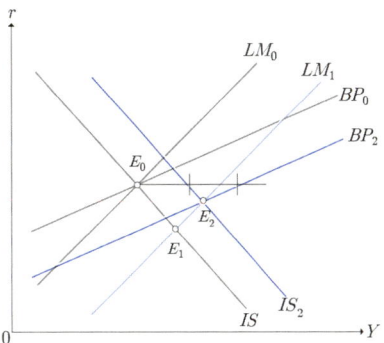

E_1에서 r 하락으로 자본수지 악화 & Y증가로 경상수지 악화 따라서 $BP<0$, 물론 BP의 오른쪽 아래에 위치하는 것을 기준으로도 $BP<0$임을 확인할 수 있음 → 외환의 초과수요 → 환율상승 → 마샬−러너 조건이 만족될 때 IS, BP 우측이동 → 이때 BP 이동 폭이 더 크므로 이를 고려하면 E_2에서 균형이 달성될 것이고 이 점은 E_0보다 반드시 우하향에 위치하고 이자율은 초기 r보다 하락한 상태여야 함

▶ 통화정책은 자본의 이동성이 자유로울 때 가장 강력하다. 다만 다른 경우에도 E_2점은 적어도 E_1에 비해 오른쪽에 위치한 것으로 추정해 보건대, 변동환율제도를 채택한 국가는 어떤 자본의 이동성을 가정하건 통화정책의 유효성은 일단 확보되었다는 것을 알 수 있다.

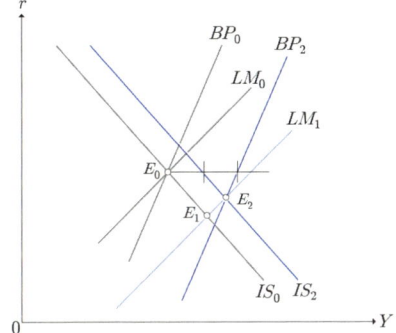

E_1에서 r 하락으로 자본수지 악화 & Y증가로 경상수지 악화 따라서 $BP<0$, 물론 BP의 오른쪽 아래에 위치하는 것을 기준으로도 $BP<0$임을 확인할 수 있음 → 외환의 초과수요 → 환율상승 → 마샬−러너 조건이 만족될 때 IS, BP 우측이동 → 이때 BP 이동 폭이 더 크므로 이를 고려하면 E_2에서 균형이 달성될 것이고 이 점은 E_0보다 반드시 우하향에 위치하고 이자율은 초기 r보다 하락한 상태여야 함

E_1에서 Y증가로 경상수지 악화, 자율적인 자본거래는 없음이 가정된 형태. 따라서 $BP<0$, 물론 BP의 오른쪽 아래에 위치하는 것을 기준으로도 $BP<0$임을 확인할 수 있음 → 외환의 초과수요 → 환율상승 → 마샬−러너 조건이 만족될 때 IS, BP 우측이동 → 이때 BP 이동 폭이 더 크므로 이를 고려하면 E_2에서 균형이 달성될 것이고 이 점은 E_0보다 반드시 우하향에 위치하고 이자율은 초기 r보다 하락한 상태여야 함

▌눈썰미가 좋다면 E_1에서 E_2로 이동하며 달성되는 $\triangle Y$는 자본의 이동성이 자유롭지 않을수록 그 크기가 점점 작아짐을 확인할 수 있을 것이다. 모든 경우에 통화정책의 효과가 있으나 특히 자본의 이동성이 자유로울 때의 효과가 가장 크다.

4. 고정환율제도(fixed exchange rate system) 시의 정책효과

1) 재정정책 ($G\uparrow$, $\frac{dY}{dG}$ 만큼 IS 곡선 우측이동 시)

▶ 고정환율제도를 채택한 국가에서 가장 선호하는 정책은 재정정책이다. 전통적으로 중국이 경제위기 때마다 재정정책으로 이를 극복해왔다는 사실이 이를 방증한다. 자본이동성의 자유도에 따라 정책의 효과와 강도에 대한 분석은 달라질 수 있으며 이에 대한 정리가 필요하다. 특히 고정환율제도의 경우 크루그먼의 3원 불가능성 정리 관련 질문이 있을 수 있다.

재정지출의 증가($\triangle G$)로 소규모 개방경제의 IS 곡선은 $\frac{1}{1-c+\mu}\triangle G = \frac{1}{1-\delta}\triangle G$ 만큼 우측 이동한다. 일시적으로 경제의 균형은 움직이지 않은 LM과의 교차점인 E_1에서 형성된다. 고정환율제도의 경우 외환시장에 개입하여 환율을 안정화시키는 정책으로 통화량의 변동이 발생한다. 즉, 태화정책(비중화정책)을 수행한다.

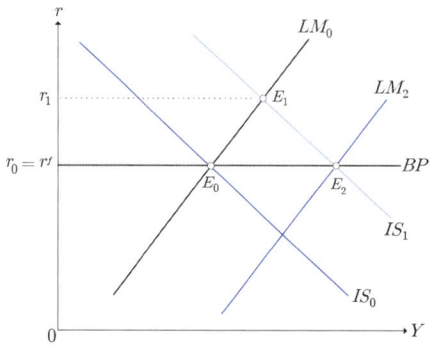

E_1에서 $r_1 > r^f$로 인해 자본의 유입발생(단, 경상수지도 변화하지만 완벽한 자본의 이동성을 고려할 때에는 상대적으로 미미한 충격)으로 외환의 초과공급이 발생 → 환율하락압박 발생 → 외환매입(또는 외환매각량 감소) → 이때 통화량의 증가로 LM 우측이동 → E_2에서 균형달성, 재정정책효과 강력

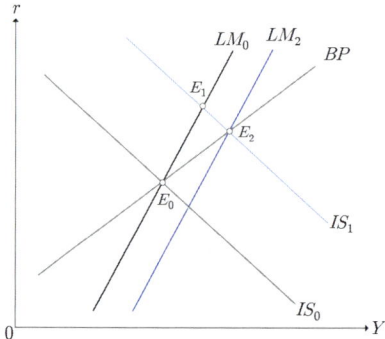

E_1에서 r 상승으로 자본수지 개선 & Y증가로 경상수지 악화, 다만 E_1은 BP의 왼쪽 위에 있음을 고려할 때 자본수지 개선의 크기가 더 클 것임을 추정할 수 있으며 $BP > 0$ → 외환의 초과공급으로 환율하락압박 → 외환매입(또는 외환매각량 감소) → 이때 통화량의 증가로 LM 우측이동 → E_2에서 균형달성, 재정정책 효과 상당히 강함

▶ 이러한 그래프적인 분석은 속도에 대한 개념을 전혀 고려하지 않고 사후적으로만 적용한 개념이다. 고정환율 제도의 경우 정부가 외환시장에서 발생하는 불균형을 해소하는 과정에서 LM곡선이 이동하게 되는 것인데, 자본이동성이 자유로운 경우 이러한 LM의 이동이 빠르게 발생하게 되고 자본이동성이 자유롭지 않다면 이러한 LM의 이동은 느리게 발생하게 된다. 즉, 국제수지 불균형이 나타나는 원인이 경상수지에 의한 것이 중심이라면 외환시장에서의 불균형은 상당히 더디게 나타나면서 충분히 E_1점에서 경기 부양 효과를 누릴 수도 있다. 다만, 이러한 속도를 고려한 분석은 그래프의 사후적인 이동에 대해 완전히 숙지하고 난 이후에 속도의 개념을 추가하는 것이 좋다.

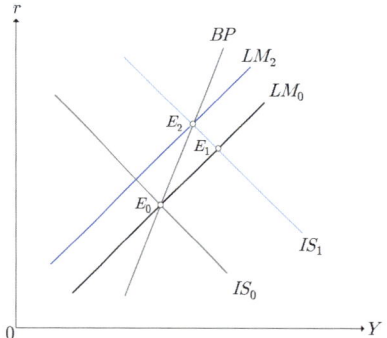

E_1에서 r 상승으로 자본수지 개선 & Y증가로 경상수지 악화, 다만 E_1은 BP의 오른쪽 아래에 있음을 고려할 때 경상수지 악화의 크기가 더 클 것임을 추정할 수 있으며 $BP < 0$ → 외환의 초과수요로 환율상승압박 → 외환매각(또는 외환매입량 감소) → 이때 통화량의 감소로 LM 좌측이동 → E_2에서 균형달성, 재정정책 효과 약하게 억제되지만 여전히 유효

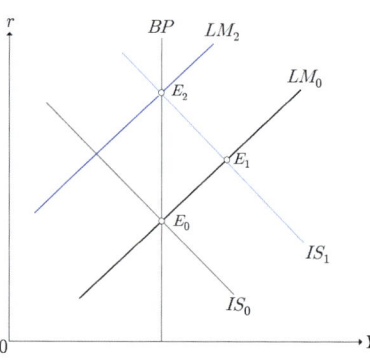

E_1에서 Y증가로 경상수지 악화, 자율적인 자본거래는 없음이 가정된 형태 $BP < 0$ → 외환의 초과수요로 환율상승압박 → 외환매각(또는 외환매입량 감소) → 이때 통화량의 감소로 LM 좌측이동 → E_2에서 균형달성, 재정정책 억제 (다만 $BP < 0$의 불균형은 급작스럽게 발생하지 않으므로 상당한 기간 동안 E_1에 머물러 있음)

2) 통화정책 ($M \uparrow$, $\frac{dY}{dM}$ 만큼 LM곡선 우측이동 시)

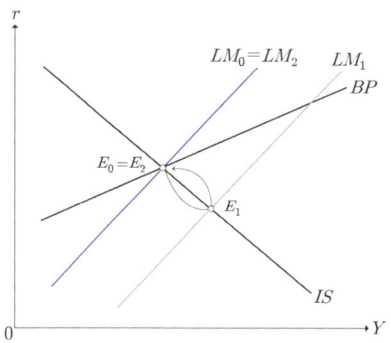 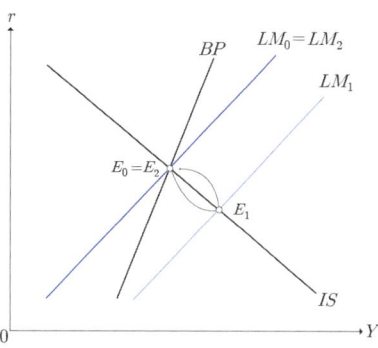

E_1에서 r 하락으로 자본수지 악화 & Y증가로 경상수지 악화. 따라서 $BP<0$, 물론 BP의 오른쪽 아래에 위치하는 것을 기준으로도 $BP<0$임을 확인할 수 있음 → 외환의 초과수요로 환율상승압박 → 외환매각(또는 외환매입량 감소) → 이때 통화량의 감소로 LM 좌측이동 → $E_2=E_1$에서 균형 달성. 통화정책의 효과 무력

> 고정환율제도의 통화정책은 어떠한 경우라도 사후적으로는 초기점으로 돌아오는 정책이다. 완전한 자본의 이동성을 가정하는 경우와 자본의 완전통제를 가정하는 경우는 여기에서는 생략하였고 다음 page의 3원 불가능성 정리를 설명할 때 사례로 제시하였으니 참고하자.

이러한 분석 역시 균형으로 이동하는 속도에 대한 이해 없이 분석한 사후적 개념에 불과하다. 위 그림에서 오른쪽의 경우는 E_1점에서 왼쪽과 마찬가지로 국제수지 적자가 발생하게 된다. 하지만 자본이동성이 제약적인 오른쪽 상황의 경우 불균형이 발생하는 속도가 빠른 자본수지의 충격보다는 속도가 상대적으로 느린 경상수지에 의한 충격이 중심이 되는 BP의 불균형이므로 LM곡선의 좌측 이동 ($LM_1 \to LM_2$)은 왼쪽 상황에 비해 상당히 느리게 진행된다. LM곡선의 좌측 이동은 외환시장의 불균형을 해소하기 위해 외환을 매각하는 과정에서 발생하는 충격이기 때문에 그렇다.

5. 변동환율제도에서 환율의 자동안정화장치(automatic or built-in stabilizer)

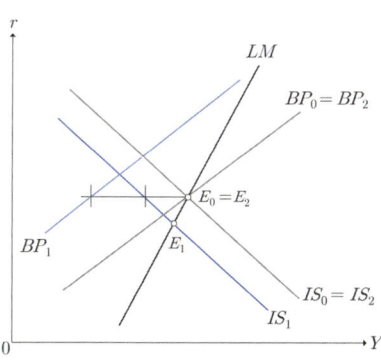

대외적 충격($Y^f \downarrow$) 발생 시 IS곡선과 BP곡선이 좌측이동하면 자본이동이 상당히 자유롭고 변동환율제도를 채택하는 국가의 경우 국내 이자율의 하락으로 자본수지가 악화되며, 국내 소득의 감소로 경상수지가 개선된다. E_1은 BP_1의 우하방에 위치하므로 국제수지가 악화되어 외환의 초과수요로 환율이 상승하며 마샬-러너 조건에 의해 경상수지가 회복된다. 균형은 E_2에서 달성된다. 이를 환율의 자동안정화 장치(차단효과)라 한다. 환율의 자동안정화 장치는 자본이동성의 자유도(BP곡선의 기울기)와 상관없이 항상 달성된다.

변동환율제도의 경우 물가가 P_0에서 P_1으로 하락했다고 가정하는 경우 LM곡선이 LM_1으로 이동한다. 순수출 증가를 고려하면 IS곡선도 우측이동하는데 IS 곡선은 IS_1에 바로 정확히 위치하는 것이 아니다. IS_1보다 좌측에 위치할 수도, 우측에 위치할 수도 있다. 만약 좌측에 위치했다면(LM보다 우측이동폭이 작다면) A 점과 같은 곳에서 일시균형이 달성될 것이다. 이때 자본유출에 따라 $BP<0$이므로 외환의 초과수요로 환율이 더 상승하여 IS는 추가로 우측이동하고 E_1에서 균형이 달성될 것이다. 만약 B점에서 일시 균형이 나타난다면 반대로 환율의 하락하여 E_1에서 균형이 나타날 것이다. AD곡선의 도출 및 이동은 생산물 시장과 화폐시장의 안정적인 균형을 기준으로 도출 및 이동하는 것이므로 A, B점에서의 일시균형은 반영하지 않고 E_1을 기준으로 도출된다.

고정환율제도의 경우도 마찬가지인데 이 경우 최종적인 균형은 IS곡선의 우측이동폭에 의해 정해진다고 볼 수 있다. 따라서 고정환율제도의 경우는 폐쇄경제의 AD곡선보다 완만할지 가파를지는 알 수 없다.

▶ 고정환율제도의 경우 명목환율은 불변이다. 그럼에도 물가의 변화에 따른 실질환율의 변화는 나타날 수 있으며, 이 경우에도 실질환율의 변화에 대해 경상수지가 같은 방향으로 변화하려면 마샬–러너의 조건이 만족되어야 한다.

6. 개방경제를 가정할 때의 AD(= Aggregate Demand)곡선 (BP는 수평임을 가정함)

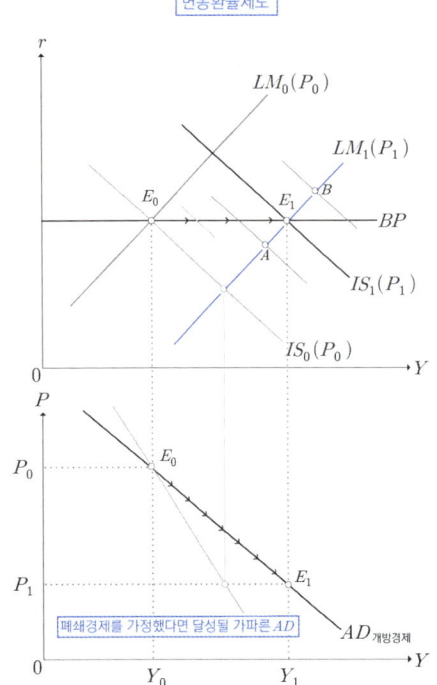

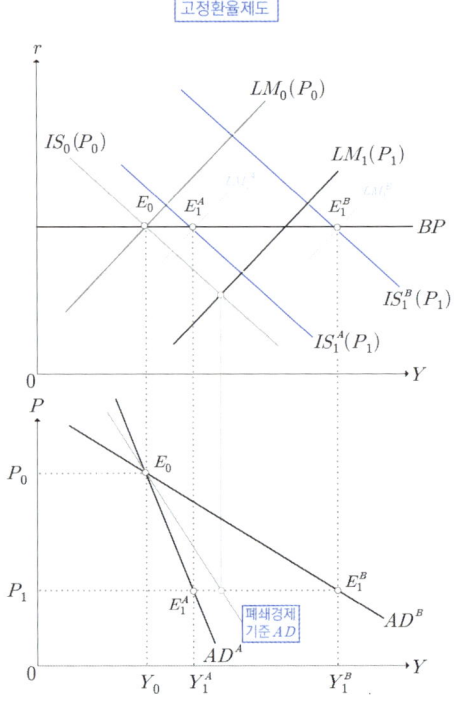

물가하락 시 ($P_0 \to P_1$) LM 곡선이 우측이동하는 동시에, 실질환율(EP^f/P)이 상승하여 마샬–러너의 조건이 만족되는 경제를 가정할 때 순수출(NX)이 증가하므로 IS곡선과 BP곡선이 우측 이동한다. 다만 BP곡선이 수평임을 가정하였다면 BP 곡선의 움직임은 고려할 필요가 없다. 이런 경우 일시적인 균형점이 A점이건 B점이건 환율이 추가로 변화하면서 IS가 IS_1으로 이동할 것이다. 최종적인 균형은 수평인 BP곡선과 LM_1이 만나는 점에서 달성된다. 폐쇄경제를 가정하는 경우보다 더 완만한 AD 곡선이 도출된다.

물가하락 시 ($P_0 \to P_1$) LM 곡선이 우측이동하는 동시에, 실질환율(EP^f/P)이 상승하여 마샬–러너의 조건 하에서 순수출(NX)이 증가하므로 IS곡선과 BP곡선도 우측 이동한다. 다만 BP 곡선이 수평임을 가정하였다면 BP 곡선의 움직임은 고려할 필요가 없다. 이런 경우 일시적인 균형점이 어디인지와 상관없이 중앙은행이 태화정책을 펼칠 것이므로 최종균형은 IS곡선과 BP곡선의 교점에서 달성될 것이며, 태화정책으로 인해 LM곡선이 이곳으로 이동하게 된다.

만약 IS곡선이 IS_1^A만큼만 이동한다면 AD 곡선은 폐쇄경제의 경우보다 가파르고, IS곡선이 IS_1^B만큼 이동한다면 AD곡선은 폐쇄경제의 경우보다 완만하다.

7. 자본이동이 자유로운 이국모형에서 재정정책의 반향효과

소규모 개방경제에서 수평인 BP 곡선을 가정하면 재정정책은 무력하다. 규모가 비슷한 2개의 국가만 존재할 때를 기준으로 이 모형을 응용한다. 다만 여기에서 BP곡선은 규모가 유사한 이국을 가정할 때 상대국의 이자율에 의해 결정되고 양국의 이자율이 일치할 때 균형이 될 기준 정도로 보면 된다.

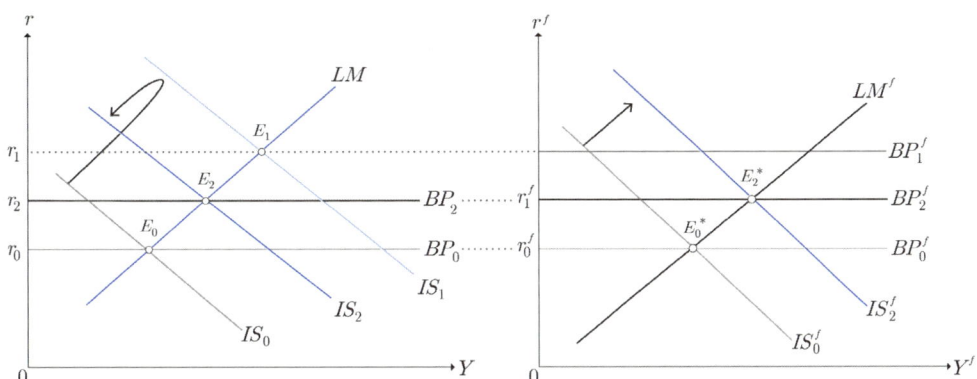

우선 변동환율제도를 채택하는 두 국가를 가정해 본다. $G\uparrow$ 시 본국의 IS곡선은 우측이동($IS_0 \to IS_1$)한다. $r_1 > r_0^f$이므로 자본이 유입되며 외환의 초과공급이 나타나고 본국의 환율하락($E\downarrow$)은 (마샬-러너 조건 만족 시) 자국의 순수출을 감소시킨다. 따라서 IS곡선은 좌측 이동($IS_1 \to IS_2$)하고, 완전히 반대되는 현상이 발생하는 외국의 경우는 IS^f는 우측이동($IS_0^f \to IS_2^f$)한다. 본국의 재정정책으로 국내의 소득 증가와 함께 외국의 소득도 증가하는 반향효과가 나타난다.

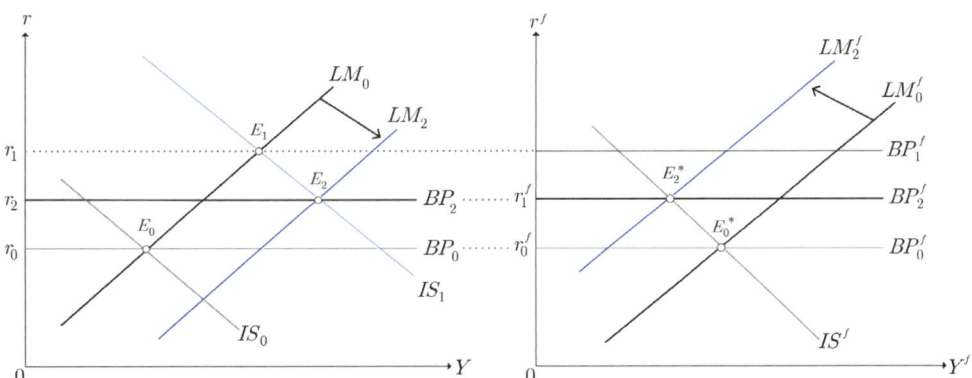

고정환율제도를 채택한 두 국가를 가정한다. $G\uparrow$ 시 본국의 IS곡선은 우측이동($IS_0 \to IS_1$)한다. $r_1 > r_0^f$로 인해 자본이 유입되고 본국은 환율하락 압박이 발생한다. 따라서 중앙은행은 이를 해소하기 위해 외환공급을 줄이고 이 과정에서 통화량의 증가가 발생하므로 LM곡선은 우측이동($LM_0 \to LM_2$)한다. 외국의 경우 완전히 반대되는 상황이 나타나며 LM곡선은 좌측이동($LM_0^f \to LM_2^f$)한다. 이 경우 주변국의 소득을 감소시키는 반향효과가 발생하였으므로 이는 인근 궁핍화 정책(beggar-thy neighbor)이 된다.

▶ 이는 일률적으로 암기해둘 사항이 아니라 케이스별로 사례문제를 풀어낸 후 주변국의 소득을 감소시켰는지 확인해서 판단해야 할 문제이다.

통화정책이 주변국에 미치는 효과는 스스로 판단해 보자.

8. Krugman의 3원 불가능성 정리

크루그먼(Krugman)은 완벽한 고정환율제도, 완벽한 자본이동성, 독립적인 통화정책은 동시에 만족시킬 수 없다는 3원 불가능성(Incompatible Trinity) 정리를 주장한 바 있다.

> 크루그먼의 3원 불가능성 정리는 부정한 삼각정리, 불가능의 삼각정리 등의 용어로 사용되기도 한다.

1) 금본위제 (1870년~1914년)

화폐단위의 가치와 금의 일정량의 가치가 등가관계를 유지하던 본위제도로 금화의 자유주조, 금의 유출입이 허용되었다. 자유로운 자본의 이동을 통한 국제적 자원 배분의 효율성을 추구하는 동시에 안정적인 환율의 운영을 통한 환율의 변동성을 감소시켜 국제교역의 확대를 추구하던 시기이다. 독자적 통화정책은 포기해야 한다.

2) 브레튼우즈체제 (1945년~1971년)

2차 세계대전 이후 달러를 기축통화로 한 금환본위제가 국제통화제도로 확립되었던 체제로 안정적인 환율의 운영을 통해 환율의 변동성을 감소시켜 국제교역의 확대를 추구하는 동시에 독자적인 통화정책을 수행하려면 자본의 이동을 통제해야 한다. 이 시기 자본의 이동성이 통제되었다.

> 불태화정책이 수행되는 시기는 없는 상황을 가정하였다. 가운데 그래프의 BP 곡선을 매우 가파른 우상향으로 그려도 설명에는 지장이 없다. 또한 오른쪽 그래프의 BP 곡선을 완만한 우상향으로 그려도 문제없다. E_1점에 오래 머무르는 경우 정책의 효과가 있는 것이다.

3) 킹스턴체제 (1976년 11월 자메이카 수도 킹스턴에서 IMF 잠정위원회의 합의에 의해 탄생)

이제 각국은 환율제도를 자유롭게 선택한다. 킹스턴체제 하에서 자유로운 자본의 이동성과 독자적인 통화정책의 수행 능력의 유효성을 위해 환율의 안정성을 포기하는 국가가 생기게 된다.

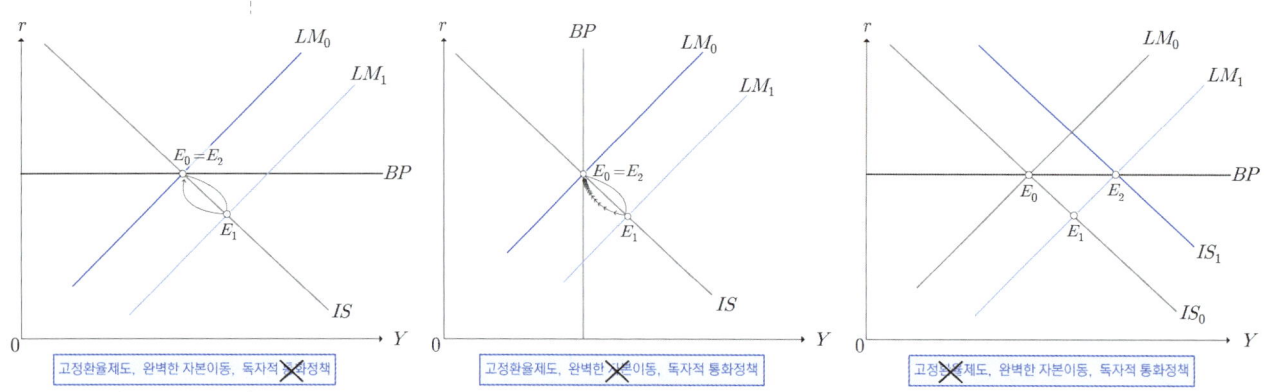

07 $IS-LM-IRP$ 모형

$$IS : Y = \overline{C} + c(Y-T-tY) + \overline{I} - br + G + NX\left(\frac{EP^f}{P}, Y, Y^f\right)$$

$$LM : \frac{M^S}{P} = \overline{L} + kY - hr \qquad IRP : r = r^f + \frac{E^e - E}{E}$$

IRP 곡선을 E로 정리하면 $E = \dfrac{E^e}{1+r-r^f}$ 이다. 이를 IS에 대입하여 변형된 형태의 IS를 도출한다.

$$IS : Y = \overline{C} + c(Y-T-tY) + \overline{I} - br + G + NX\left(\frac{E^e P^f}{P(1+r-r^f)}, Y, Y^f\right)$$

새로운 IS곡선은 $\overline{C}\uparrow$, $T\downarrow$, $\overline{I}\uparrow$, $G\uparrow$, 정부정책에 의한 $NX\uparrow$의 경우 우측이동한다. 한편 경상수지 안의 변수를 고려해 보면 $P\downarrow$, $E^e\uparrow$, $P^f\uparrow$, $r^f\uparrow$, $Y^f\uparrow$의 원인에 의해 우측이동한다. 이 중 새롭게 설정되어 의미가 있는 변수는 r^f와 E^e에 의한 IS곡선의 이동이다. 독특한 점은 환율변동의 요인이 r인 경우 IS곡선은 움직이지 않는다는 것이다. 이미 경상수지의 r에 따른 민감도의 경우도 곡선의 도출 과정에 반영되어 있기 때문이다.

▶ 기존의 $IS-LM-BP$모형은 특히 E^e의 변화에 대한 설명이 미흡하다는 약점이 있었으나 $IS-LM-IRP$모형은 E^e에 대해서도 설명할 수 있다.

정부의 확장적 재정정책 시 IS곡선이 우측이동하고 균형은 F_0에서 F_1으로 이동한다. 이때 IRP곡선은 움직이지 않으므로 E_1에서 환율이 하락하게 된다. 환율이 하락하며 경상수지가 악화된다.

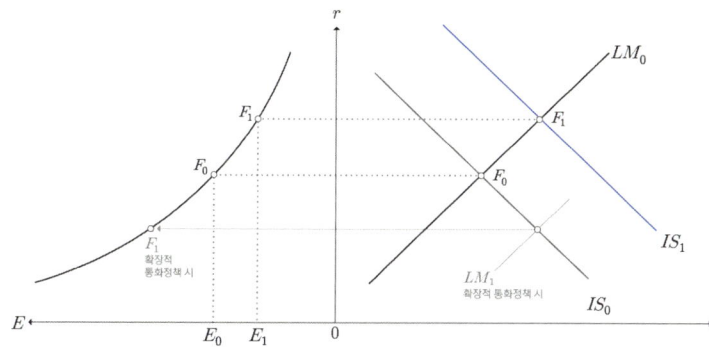

▶ $\overline{C}\uparrow$, $T\downarrow$, $\overline{I}\uparrow$, $G\uparrow$, $P^f\uparrow$, $Y^f\uparrow$ 등의 사례도 동일한 방식으로 분석이 가능하다.

E^e이 상승하면 IRP곡선이 가팔라지며 상방으로 올라가고 IS곡선도 경상수지 개선으로 인해 우측이동한다. 실제로 환율이 상승하므로 자기실현적 환율상승이다. 국내이자율은 상승하며 민간투자는 감소, 개선되었던 경상수지도 소득증가로 조금 악화되지만 초기의 원인이었던 E^e의 상승에 의한 경상수지 개선 효과가 더 크다.

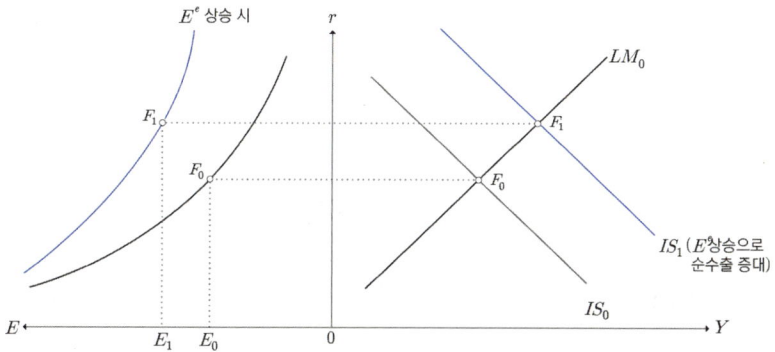

08 $DD-AA$ 모형

1. 모형의 설정

1) DD곡선의 도출 : 생산물시장

① 도출

c : 한계소비성향
s : 한계저축성향
$c+s=1$

δ : 내수재에 대한 한계소비성향
μ : 수입재에 대한 한계소비성향
$\delta+\mu=c$
$\delta+\mu+s=1$

총지출곡선의 기울기
: $c-\mu=\delta$

총공급 : $Y=C+S+T$

총지출 : $D=c(Y-T)+I+G+NX\left(\dfrac{EP^f}{P}, Y, Y^f\right)$

E_0와 Y_0의 조합이 생산물 시장의 균형이라 하자. 만약 환율이 E_0에서 E_1으로 상승할 때 마샬-러너 조건이 만족된다면 순수출이 증가하여 총지출 곡선이 상방이동하게 되므로 생산물시장의 균형을 위해 소득은 Y_1이 달성되어야 한다. 따라서 우상향하는 DD곡선을 도출해 낼 수 있다.

② DD 곡선 자체의 우측이동(하방이동)

$$G\uparrow, I\uparrow, P^f\uparrow, P\downarrow, T\downarrow, NX\uparrow$$

NX의 경우 국내소비자들의 소비성향 증가, 외국인들의 우리제품에 대한 선호도 증가, 우리나라가 관세 부과하여 수입 감소, 수출보조금 부과로 수출 증가 등 E과 상관없는 NX의 증가만 고려함

$$DD \text{ 곡선} : Y=c(Y-T)+I+G+NX\left(\dfrac{EP^f}{P}, Y-T, Y^f\right)$$

▶ $DD-AA$ 모형은 물가의 변동을 고려하지 않는 단기모형이다. 그렇더라도 물가가 변화하는 장기를 가정한다면 국내물가의 하락으로 실질환율이 상승하여 경상수지가 개선되는 상황을 고려해 볼 수 있다.

tip 이어서 도출할 AA곡선, 즉 외환시장과 화폐시장을 연결해 주는 매개체는 이자율이다. 어떠한 충격에 의해 AA 곡선이 움직이면서 이자율이 변화할 가능성이 있는데, 만약 투자를 이자율과 무관하지 않고 이자율에 따라 변화하는 값이라고 설정하면 AA 곡선을 움직이는 충격이 동시에 투자의 변화로 총지출 곡선을 외생적으로 움직여서 DD곡선 자체를 이동시킬 수 있다. 이렇게 되면 모형이 복잡해질 가능성이 높으므로 분석의 편의상 투자와 이자율은 무관하다고 가정한다.

2) AA곡선의 도출 : 화폐시장, 외환시장

① 도출

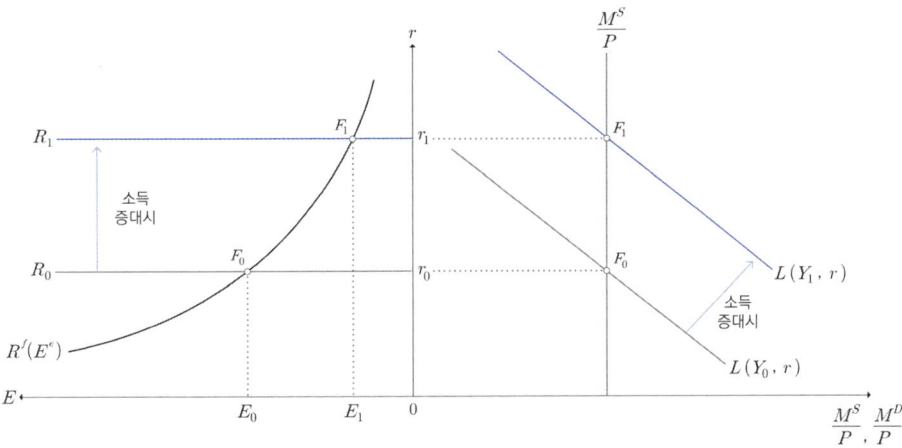

| 이 두 시장을 등을 맞대고 나란히 그린 평면은 자산시장을 나타낸 대표적인 평면이다. 그래프의 모든 축이 저량이다.

위 그림의 오른쪽은 화폐시장이고 왼쪽 그림은 외환시장이다. 화폐시장은 $\frac{M^S}{P} = L(Y, r)$으로 나타난다. 외환시장은 $r = r^* + \frac{E^e - E}{E}$, 즉 유위험 이자율평가설이 성립함을 고려한 평면이다.

$$AA \text{곡선} : \frac{M^S}{P} = L\left(Y, r^* + \frac{E^e - E}{E}\right)$$

외환시장에서 좌변인 R(국내 수익률)은 국내화폐시장에서 결정되며, 우변은 R^f로 해외(외국)수익률이며 예상환율(E^e)이 상승하면 외국의 수익률곡선은 상방으로 이동하게 된다. (정확히는 기울기가 가팔라지면서 상방이동한다. 그래프에 대한 분석은 치밀하면 치밀할수록 좋다.) 민간이 환율 상승을 예측할 때에 이에 따라 실제로도 환율이 상승하는 자기 실현적 기대(self fulfilling expectation)를 설명할 수 있는 그래프이다.

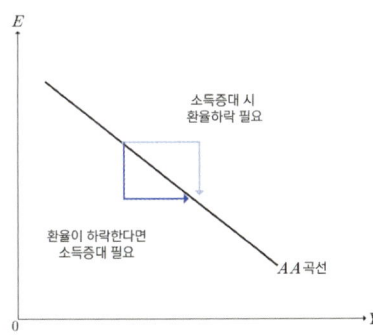

현재 E_0와 Y_0에서 두 시장의 동시균형이 달성되고 있다고 하자. 만약 소득이 증가하면 화폐수요가 증가하여 새로운 균형은 화폐시장에서 F_1점이 될 것이다. 이 때 국내이자율이 상승할 것이므로 외환시장에서도 국내 수익률곡선은 상방이동하게 된다. 이때 환율의 변화만으로 다시 두 시장의 균형을 만족시키려면 더 낮은 수준의 환율을 필요로 하게 된다. 따라서 $Y-E$ 평면에서 우하향하는 AA곡선이 도출된다.

② AA곡선 자체의 우측이동 (상방이동)

해외수익률곡선의 좌측이동 $E^e \uparrow$

지속적인 긴축적 재정정책 시 (DD곡선의 좌측이동 후) $E^e \uparrow$

확장적 통화정책 시 M^S 우측 이동하여 국내수익률 곡선의 하방이동 $E \uparrow$

지속적인 확장적 통화정책 시 $E^e \uparrow$로 인한 추가적 AA곡선의 우측이동 발생

2. 일시적 정책과 지속적 정책의 비교

1) 재정정책

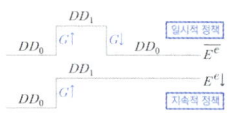

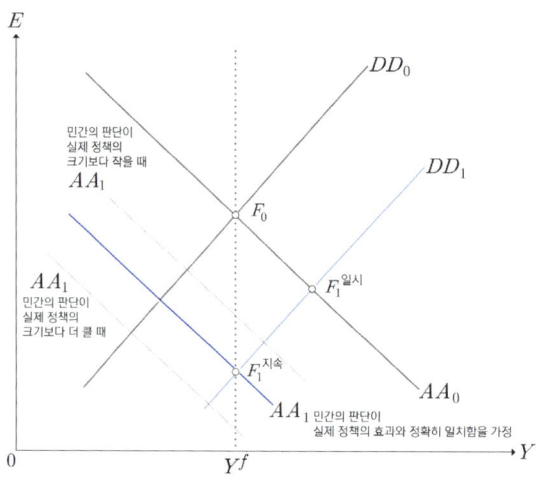

일시적 재정정책($G\uparrow$)시 DD곡선의 우측이동이 발생하여 균형점은 $F_1^{일시}$가 된다. 지속적 재정정책($G\uparrow$)시에 민간은 DD곡선의 지속적 우측이동(DD_1에 머물러 있음)에 대한 환율하락을 예상하므로 해외수익률곡선을 하방(우측)으로 이동시켜 AA곡선의 하방이동을 발생시킨다. 이 때 균형은 $F_1^{지속}$이다.

이때 AA와 DD곡선의 수직이동 폭이 동일하다는 것은 민간이 DD곡선의 이동에 의해 장기에 달성될 E를 정확히 알고 있다는 것인데 이를 정확히 알아내는 것은 현실적으로 불가능하다.

그 정도로 완벽하게 확장적 재정정책만으로 E^e를 설정한다는 것은 있을 수 없고 따라서 단번에 잠재생산량이 유지될 수 있을 가능성은 없다. 다만 많은 교재에서 $F_1^{지속}$균형으로 달성될 만큼의 AA곡선의 이동을 가정하는 것은 재정정책으로 인해 사후에 달성될 균형점이 $F_1^{지속}$점일 것이라는 걸 고려하는 것뿐이다.

2) 통화정책

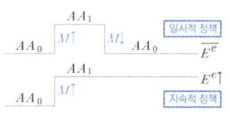

■ 장기의 균형에서는 $Y > Y^f$이므로 물가가 상승하고 실질통화공급량과 실질환율을 감소시키므로 AA곡선과 DD곡선을 좌측이동시킨다. 따라서 경제의 장기에는 $F_2^{지속}$에서 환율과 물가 수준만 상승한다.

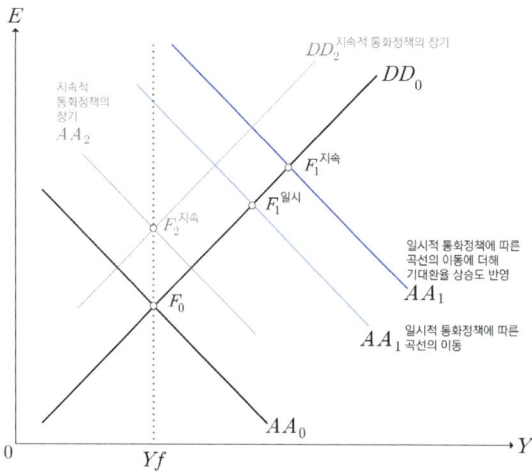

일시적 통화정책($M^s\uparrow$)시에는 AA곡선 자체를 우측이동 시키므로 균형은 F_1일시이다. 다음 기에 되돌아온다면 기대환율은 상승하지 않는다. 지속적 통화정책은 다음 기의 통화량 역시 증대된 상태임을 고려할 때 기대환율을 상승($E^e\uparrow$)시키므로 추가적인 AA곡선의 우측이동이 발생하여 균형은 F_1지속과 같은 소득의 증가가 더 큰 영역에서 달성된다.

3. 부정적 해외에서의 충격 발생 시(NX 감소) 변동환율제도와 고정환율제도

부정적 충격으로 경상수지가 감소하면 DD곡선이 좌측이동하게 된다. 이에 대하여 변동환율제도의 경우 아래 왼쪽 그림과 같이 $F_1^{변동환율제도}$점에서 환율이 상승하며 어느 정도는 충격을 완충하며 자동안정화장치 역할을 수행하게 된다. 고정환율제도는 외환시장에 외환의 초과수요에 의한 환율상승 압박을 해소하기 위해 태화정책을 펼쳐야 한다. 이를 위해 외환공급을 증가시키고 이 과정에서 통화량의 감소가 발생하므로 오른쪽 그림처럼 $F_1^{고정환율제도}$점에서 경기침체를 고스란히 누리게 된다.

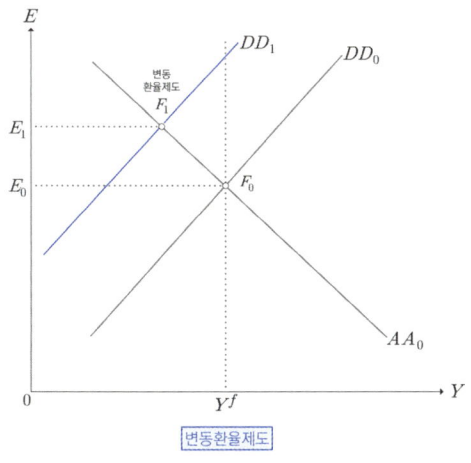

변동환율제도

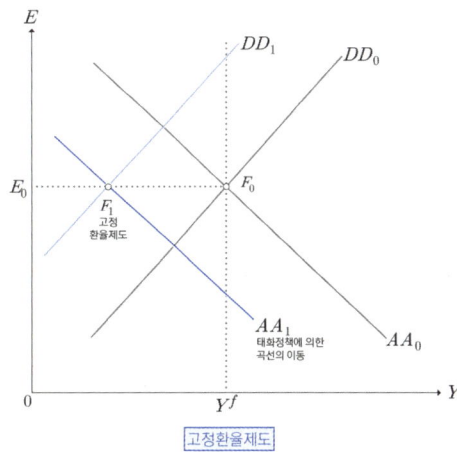

고정환율제도

09 환율제도와 국제통화제도의 변천

1. 환율제도의 분류

1) 변동환율제도

① 독자적인 변동환율제도 – 외환시장에서의 수요와 공급에 따라 환율을 자유롭게 결정
② 그룹(공동)변동환율제도 – 역내 가맹국 통화 간에는 환율 안정(과거의 유럽)
③ 관리변동환율제도 – 자유롭게 내버려 두지만 필요시에는 중앙은행이 시장에 개입

2) 중간형태환율제도

① 목표환율대제도 – 기준(목표)환율을 기준으로 한도를 정해놓고 그 안에서만 변동 가능
② 크롤링고정(crawling peg)환율제도 – 인플레이션 격차 등을 고려 간헐적으로 조금씩 조정
③ 크롤링환율대제도 – 목표환율대제도의 목표환율의 기준이 간헐적으로 조금씩 조정

3) 고정환율제도

① 전통적 고정환율제도

② 통화위원회제도(단일통화연동제) – 어느 특정 통화 간의 환율을 고정시키는 제도, 주로 미달러, 영국의 파운드 스털링화, 프랑스의 프랑 등과 연동한다. 아프리카를 비롯한 후진국에서 주로 시행한다.

③ 통화군연동제 – 대표적인 사례로 SDR 통화군연동제란 IMF가 창출한 특별인출권의 가치에 환율을 연동시키는 제도를 들 수 있다. SDR의 가치는 현재 5개국 통화의 대외가치를 가중 평균(2016년 10월~2020년 적용되는 가중치 – 미 달러(41.73%), 유로(30.93%), 영국 파운드(8.09%), 일본 엔(8.33%), 중국 위안(10.92%))하여 산출된다.

2. 고정환율제도와 변동환율제도의 특징 비교 (자본의 이동성이 자유로운 상황을 가정)

▶ 자본이동성이 차단되어 있거나 제약이 있는 경우에는 분석이 달라질 수 있다.

고정환율제도($\overline{E}$)	변동환율제도($\widetilde{E}$)
가격안정성 통한 무역의 안정성 국가 간 정책조정가능 화폐충격에 유리 (기존에는 대내충격) 통화정책 불가능 무역마찰 가능 (의도적인 평가절하, 인근 궁핍화 정책) 대규모의 환투기가 일방향으로 낮은 빈도로 발생	가격 불안정성 정책조정 불가능 생산물 충격에 유리 (기존에는 대외충격) 재정정책 무력 무역마찰 일어날 확률 낮음 소규모의 환투기 빈번하게 발생

우리나라의 환율제도 : 고정환율제 (1945 ~ 1964) → 단일변동환율제도 (1964 ~ 1980)
→ 복수통화바스켓제도 (1980 ~ 1990) → 시장평균환율제도 (1990 ~ 1997)
→ 변동환율제도 (1997 ~ 현재)

▶ 거시경제적인 차원에서 변동환율은 비대칭인 충격에 대해 흡수기능(자동 안정화 장치)을 수행한다고 한다. 하지만 대칭적인 충격, 특히 공급충격이 발생하는 경우에는 인플레이션 및 실업이 타국으로 전달되는 인근궁핍화 환율정책(beggarthy neighbor exchange rate policy)이 조장될 가능성이 크다.

기존에는 대내충격과 대외충격을 기준으로 평가했지만 최근에는 실물, 화폐충격을 기준으로 양 환율제도를 비교하는 것이 일반적이다. 고정환율제도 하에서는 화폐의 충격(LM곡선의 외생적 이동)을 안정적으로 해소할 수 있다는 점에 강점을 보유하고, 변동환율제도는 생산물시장 충격(IS곡선의 외생적 이동)에 대해 환율이 자동안정화장치(automatic stabilizers or built-in stabilizers)로 작동이 된다는 점에 큰 강점이 있다.

10 불태화정책(sterilization policy)

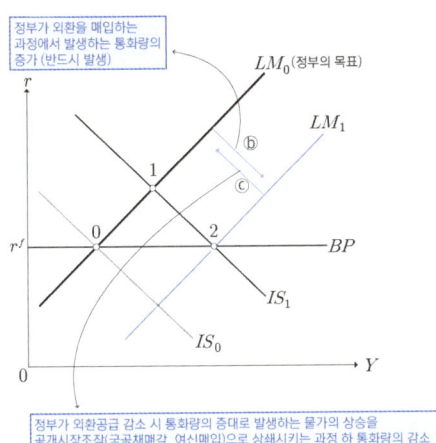
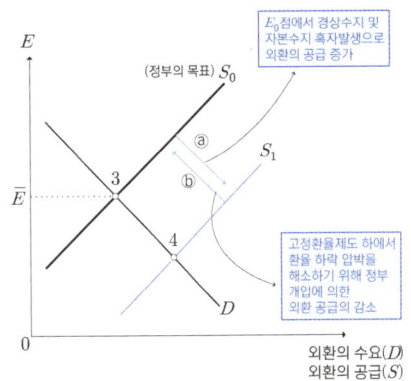

고정환율제도를 채택하고 자본이동성이 완벽한 소규모 개방경제인 (BP곡선 수평) 중국을 가정하여 불태화 정책을 설명해 보자. 우선 현재 중국은 고정환율제도 하에서 국제수지 흑자가 유지되고 있다고 하자. ⓐ 경상수지 흑자로 인해 IS곡선이 우측이동하여 경제의 균형은 1점이고 자본수지 역시 흑자이다. 이에 따라 외환시장에서 현행 환율 기준으로 외환의 초과공급이 발생하여 4점으로 환율이 하락하려는 압박이 발생한다. ⓑ 이에 중국은 환율의 유지($\overline{E}$)를 위해 외환시장에서 정부는 외환매각량 감소($S_1 \rightarrow S_0$)혹은 외환매입을 해야 하고 이 과정에서 M^S가 증가(LM곡선의 우측이동)한다. 만약 정부가 여기까지만 정책을 수행하고 종료하면 경제의 균형은 2점이 되며 여기까지가 태화(비중화)정책이다.

하지만 중국 정부는 2점에 위치하는 것은 싫다. 1점에 머무르면 자본수지 흑자가 가능하고 국내의 물가를 억제함으로써 여전히 수출경쟁력도 확보할 수가 있다. ⓒ 따라서 외환시장 개입과 별개로 (외환시장의 균형은 현재 3점으로 더 이상의 개입은 필요 없음) 국공채를 매각하거나 국내 여신을 줄여서 통화량을 의도적으로 감소시키는 공개시장조작을 통해 초기의 통화량(LM_0)을 유지시킬 수 있다. 이렇게 외환으로부터 파생된 국내 통화량의 변화를 상쇄시켜 일정하게 유지하는 정책을 불태화 정책 혹은 중화정책이라 한다. 중화정책이라는 단어를 쓸 때 중화의 대상은 외환시장에서의 공급이 아니고 국내의 통화량이다.

> **tip** 개념을 이해하기 위해서 ⓐ, ⓑ, ⓒ 세 단계로 나눴지만 사실 이러한 정부 정책은 동시에 발생한다. 즉, ⓐ에 의해 외환시장의 공급곡선이 움직이지 않도록 ⓑ라는 정책을 사용하는 것이고 이 과정에서 반드시 발생하는 통화량의 증가, 즉 ⓑ에 의한 LM곡선의 우측이동을 막기 위해서 ⓒ라는 공개시장조작을 펼치는 것이다. 물가 안정화를 위해 처음부터 LM_0에 머무르게 하여 외환시장의 불균형이 해소된 채로 1점에 머무르게 하는 것이 목표이지 LM_1으로 이동해 있는 곡선을 돌려 놓는 것이 아니다. 위의 그래프들은 어떤 기간을 기준으로 일정량을 의미하는 유량을 나타내는 개념들이므로 이를 위해 일정기간 동안에 이러한 규모의 순환을 통해 1점에서 안정화시켰더라도 1점에 머물러 있는 이상 다음 기에도 지속적으로 이러한 충격이 발생한다. 이는 외환보유고 누적의 단점을 크게 만들어 결국 불태화정책을 포기하게 만들 수 있다.

▶ 사실 자본의 이동성이 완벽하면 1점에서 경상수지로 감당할 수 없는 자본의 유입이 발생할 것이고 이는 외환시장의 S곡선을 강하게 우측으로 이동시킬 것이다. 하지만 모형에서는 그 크기를 무한대로 가정하지는 않았다. 불태화정책의 의미를 정리하기 위해 활용하는 것으로 예외라고 생각하고 이러한 정확한 가정에 의한 의문은 접어두도록 하자.

▶ 불태화정책은 고정환율제도뿐 아니라 변동환율제도를 가정하는 국가에서도 할 수 있는 정책이다. 외환으로부터 파생되는 국내 통화량의 변화를 상쇄시키는 정책을 말한다.

11 외환보유고 누적에 따른 효과

외환보유고는 통화당국이 대외지급 준비자산으로 보유하는 외화자산을 의미한다. 외환 보유고는 ① 금, ② SDR (special drawing rights, IMF 특별인출권으로 가맹국이 국제수지가 악화되었을 때 또는 국가 위기 시에 국제통화기금으로부터 무담보로 외화를 인출할 수 있는 권리, 즉 국제유동성을 인출할 수 있는 권리), ③ IMF (리저브) 포지션(IMF (Reserve) Position), 가맹국이 의무적으로 납부한 출자금의 일정부분, 언제든지 인출 가능) 및 달러를 비롯한 ④ 주요국의 통화와 국채 등으로 구성된다.

① 장점

　유동성의 확보로 금융시장에서 발생할 수 있는 위험으로부터의 보호수단으로 작동가능
　국제거래의 안정성 확보로 무역, 투자 증가의 가능성 증대
　신뢰도 상승으로 자국의 국제적 영향력 증대와 국가 인지도 상승

② 단점

　통화증발 압력으로 물가 상승 가능성 증대
　물가 상승 압력 억제 위한 증권에서 발생하는 이자 부담 (통화안정증권 발행, 국내여신의 감소)
　외환보유고 누적은 지속적인 흑자에서 기인하는 경우가 많음 (적자국과의 갈등유발)
　특정화폐 집중 시 해당화폐의 평가절하에 따른 위기 (달러 가치 하락)
　보유고 증가로 인한 채권 발행 → 채권가격 하락 → 이자율 상승 → 외자유입증가 (악순환)

12 쌍둥이 적자 (twin deficit)

1. 감세정책으로 재정적자가 발생하는 경우

전통적인 견해(케인즈)에 따르면 민간은 조세의 감소로 인한 가처분 소득 증가에 의해 소비를 증가시키고 이는 수입의 증가를 유발시키므로 경상수지 적자가 발생한다. 이러한 경우 재정적자는 경상적자의 원인이 된다.

하지만 리카도 대등정리(RET)에 따르면 민간은 미래의 조세증가를 예측하여 감세된 크기만큼 동일하게 저축을 증가시키게 되므로 경상수지 적자는 발생하지 않는다.

2. 확장적 재정정책으로 재정적자가 발생하는 경우

전통적인 견해에 따르면 정부가 확장적 재정정책을 펼치게 되면 GDP의 증가로 인해 경상수지 적자가 나타난다. 이는 국제수지 항등식에서 끌어낼 수 있는 개념이며, $IS-LM-BP$를 기준으로 판단도 가능하다.

한편, 리카도 대등정리에 따르면 민간이 미래의 조세증가를 예측하여 증가한 재정정책의 규모만큼 저축을 증가시킨다. 그럼에도 재정정책의 효과는 직접적이지만 저축의 증가는 한계소비성향을 고려하는 간접적인 충격이므로 균형소득은 증가하여 경상수지는 적자가 된다.

13. 최적통화지역이론(optimum currency area)

1. 개념

최적통화권이론이란 단일통화 또는 고정환율제를 사용하기에 가장 적당한 영역에 대한 논의이다. Krugman의 정의에 의하면 최적통화권이란 실질적으로는 상품과 서비스 등의 교역 뿐 아니라 생산요소의 이동까지 고려하여 경제가 밀접하게 연결된 지역의 집합체를 의미한다.

2. Krugman의 최적 통화권이론

Krugman은 경제통합이 일정 수준 이상 발생한 이후에 화폐통합이 이루어져야 한다고 본다.

GG schedule : 역내 무역이나 요소의 이동이 자유로운 국가들끼리 또한 해당 지역들끼리 경제통합의 정도가 높다면 동일한 화폐단위를 사용했을 때 얻을 수 있는 효율성 이득이 증가하게 된다. 역내무역이나 요소이동이 많을수록 이득이 증가한다.

LL schedule : 경제통합의 정도가 낮은 경우 통화단위가 같다면 생산물시장의 교란(또는 국가의 생산과 고용의 불안정)으로부터 발생하는 경제안정성의 손실(환율 및 통화정책 포기로 인한 손실)이 발생한다. 경제통합의 정도가 높은 국가들 사이에서는 동일한 화폐단위를 사용했을 때 같은 방향으로 균형이 변화할 테니(경제상황이 유사할 가능성이 높음) 참가국의 리스크도 자동 안정화된다. 요소의 자유로운 이동, 정책협조, 효율적 금융시장 등이 가능할 때 손실은 감소한다.

심볼리즘이라는 측면에서 보면 자국 통화의 상실로 타격을 받을 수도 있지만, 해당 통화통합지역의 역내 정체성이 강화되면 오히려 심볼리즘이 커질 수 있다. 또한 일단 참가 직후에는 정치적 대외 영향력이 낮아질 수도 있지만 국가 간 공동노력의 정도가 강해지면 대외적인 영향력이 강해질 수도 있다.

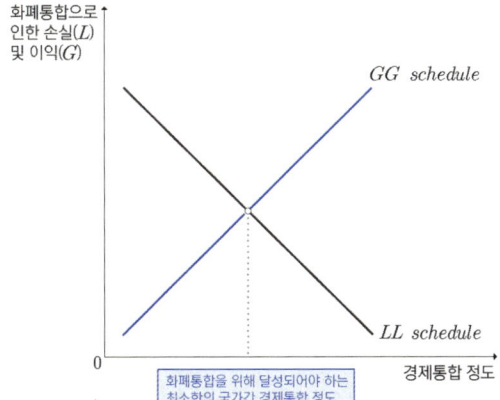

만약, 참여국의 생산물시장에서의 교란의 크기가 증가한다면?

LL ↑

만약, 참여국끼리의 역내 무역과 요소의 이동이 더 활발해진다면?

LL ↓, GG ↑

14 출구전략 : 양적완화의 종결

▶ 양적완화정책이란 중앙은행의 금리인하를 통한 경기부양이 효과를 거두기 어려울 때, 직접적인 유동성공급을 통해 경제활동을 진작시키고 디플레이션을 억제하는 비전통적인 화폐금융정책을 말한다.

경기 침체기에 각국은 경기를 부양하기 위해 기준금리를 인하하거나 재정지출을 확대하여 유동성 공급을 늘리는 등 정책을 펼친다. 하지만 이러한 정책은 금리가 0에 가까워지거나 정부의 재정상 문제 발생 시 지속할 수는 없는데 이때 통화량을 지속적으로 증대시키는 양적완화정책▶(quantitative easing: QE)을 펼칠 수 있다. 하지만 경기가 회복되는 과정에서 이러한 정책이 지속될 시에 자금유동성이 과도하게 공급되므로 인플레이션을 초래할 우려가 생기게 된다.

▶ 두 번(double) 내려가다(dip)라는 뜻으로, 경기가 하강하는 침체기를 두 번 거쳐 회복되기 때문에 W자형 경제구조를 보인다고 표현하기도 한다. 경제가 2분기 연속으로 마이너스 성장을 보이는 경우를 경기침체라 하며 더블딥은 조금 더 긴 호흡으로 2분기 연속 마이너스 성장을 보이던 경기가 잠시 회복되다가 다시 2분기 연속 마이너스 성장에 빠지는 것을 말한다.

이때 어느 정도 경기부양을 위한 정책들이 효과를 발휘하기 시작하면 서서히 후유증들을 최소화하며 각종 정책들을 없애나가야 하는데, 이 때 타이밍이 중요하며 서서히 그리고 단계적으로 이루어져야 부작용을 최소화할 수 있다. 이는 정책효과가 발휘되기 전 양적완화정책을 없앤다면 경제는 더욱 더 큰 충격에 빠질 수 있기 때문이다. 즉, 더블딥▶(double dip)에 빠질 수 있다고 하는데, 만약 양적완화로 인한 경기부양처럼 보이는 통계가 경제의 실물시장 개선이 아니라 기업들의 재고를 감소시킨 것에 불과하다면 출구전략을 펼칠 때 더블딥에 빠질 가능성은 더 크다.

이와 관련된 모든 양적완화정책의 해소전략을 출구전략(탈출전략, 이탈전략)이라 한다. 미국의 14대 연방준비제도 의장 벤 버냉키(Ben Shalom Bernanke)는 미국의 양적완화를 주도한 인물이다. 2009년부터 2015년까지 사실상 제로(0)금리가 유지되어 왔는데 그가 퇴임 전 발언한 테이퍼링(tapering)은 3차에 걸친 양적완화 정책을 종결하고 이를 종료하려는 출구전략의 한 종류이다.

▶ 미국의 중앙은행이라고 할 수 있는 연방준비제도(the Federal Resrve System)는 우리나라에서 연준, FRB, Fed 등 여러 가지 명칭으로 불린다. 2009년 한국은행이 Fed로 표기하는 것이 바람직하다는 공식적인 권고사항을 발표하면서 주로 Fed 라는 기호를 많이 사용한다. 미국 연방준비제도이사회(FRB, Federal Reserve Board) 의장은 세계의 경제 대통령으로 불리기도 한다. FRB산하 연방공개시장위원회($FMOC$)에서 기준금리를 결정한다.

tip 15대 연방준비제도이사회▶의 의장이었던 재닛 옐런(Janet Yellen)은 2014년 2월에 취임한 이후 2015년 12월에 0.25%로 기준금리를 올렸다. 2016년 12월 0.5%, 2017년 3월 0.75%, 6월 1%, 12월 1.25%로 3차례 상승하였다. 2018년 2월 제롬 파월(Jerome Powell)이 취임하고 2018년 3월 1.5%, 6월 1.75%, 9월 2%, 12월 2.25%로 1년 사이에 4차례 금리인상이 단행되었다. 여기서 기준금리가 2.25%일 때 미국은 2008년 12월 말부터 2.25%~2.5%의 범위로 발표하는데 단기시장 금리가 이 범위를 벗어나면 중앙은행이 개입하여 조정한다는 의미를 갖는다. 특히 0금리일 때 목표치의 범위를 정해두는 것이 바람직한 표기법이 되어서 그 이후로 범위로 발표하게 된다. 2019년 1월 금리 동결을 발표하며 제롬 파월 Fed의장은 현 기준금리는 중립금리▶ 범위 안에 있다는 발언을 하여 급진적인 금리인상에 대한 논거가 다소 약해졌다는 언급을 하였다.

우리나라의 경우 2013년 5월 2.5%였던 기준금리가 2014년 8월 2.25%, 10월 2%, 2015년 3월 1.75%, 6월 1.5%로 1년 안에 4차례 기준금리가 하락한 바 있다. 이후 2016년 6월 1.25%로 하락하였고, 2017년 11월 1.5%로 인상하였다. 이후 1년간 지속되다 2018년 11월 1.75%로 인상하였다. 경기가 나쁘지만 금융안정이 더 급했기 때문이었다고 한다.

▶ 중립금리는 경기과열도, 경기침체도 일으키지 않는 매우 안정적인 금리 수준을 일컫는다.

하지만 이후 코로나 상황 하에서 많은 국가들은 경기침체를 겪게 되었다. 2020년 3월 Fed가 기준금리를 1%p 내린데 이어, 한국은행도 기준금리를 0.5%p 인하하는 **빅컷**(big cut·큰 폭의 금리 인하)을 단행했다. 하지만 2022년 어느 정도 안정화된 이후 5월 Fed는 0.5%p 이상시키는 빅스텝(2000년 그리프펀 의장 재임 이후 22년만의 사건)을 강행하였다.

토바 피게티는 양적완화가 종결된 이후 이를 평가하였는데 우선 ① 늘어난 통화량이 실물시장으로 흘러가지 않고 자산가격만 상승하여 '자본을 통해 얻는 수익이 실물 경제의 속도를 앞질렀다'고 주장하였다. 한편 ② 부채가 많은 기업은 인플레이션으로 인해 실질적인 부채부담이 많이 감소한다. 그렇지만 ③ 채권의 수익으로만 생활하는 고령의 연금생활자는 손해를 보았다고 평가한다.

Chapter 10

주요 이슈와 새로운 모형들

01 균형재정 법제화가 경기에 미치는 효과
02 고용 없는 성장
03 기간 모형에 근거한 일반균형이론의 정리
04 총수요충격과 총공급충격을 활용하는 사례문제
05 유동성 공급모형과 뱅크런
06 거시건전성 정책수단
07 $IS-MP-IA$ 모형의 이해
08 $DAD-DAS$ 모형의 이해

> 재정적자가 발생할 때 균형재정을 법제화시키는 경우 조세를 증가시키거나 정부지출을 감소해야 한다. 어떠한 수단을 사용하건 IS 곡선이 추가로 좌측 이동하게 되어 경기 침체가 가속화되는데 이를 균형재정함정이라 한다.

> 이를 극복하기 위해 『순환요소가 조정된 재정적자(cyclically adjusted budget deficit, 경기변동조정 재정적자라 부르기도 함)』를 도입하는 것이 해결책이 될 수 있는데 이는 정부지출과 수입을 잠재산출량에서 측정하는 방식이다.

01 균형재정 법제화가 경기에 미치는 효과

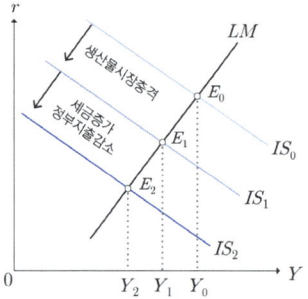

정부재정 : $\overline{T-G}$
생산시장 충격 시에 IS좌측이동 $Y\downarrow$ $T\downarrow$ $T-G\downarrow$
정부는 균형재정을 위해 $T\uparrow$ or $G\downarrow$ IS 좌측이동
경기침체 가속화 (반대의 경우 경기 과열)

02 고용 없는 성장

산업구조의 고도화, 공장자동화 즉 IT의 수준향상, 또는 노동집약 산업체의 해외진출 등에 영향을 받아 국내에 일자리가 줄어들거나 변하지 않으면서 경제 성장이 일어나는 경우를 고용 없는 성장이라 한다. 아시아 개발은행이 최근 발생한 지표에 의하면 '아시아의 네 마리용(한국, 대만, 홍콩, 싱가포르)'중 한국의 GDP대비 고용탄력도가 가장 낮은 것으로 나타났다. 이런 경우 노동시장에서 노동의 변화 없이도 총생산이 증가할 가능성이 존재하게 된다.

이에 대한 대책으로 정부는 불확실성 해소, 지원 등을 통해 국내 투자를 장려할 수 있으며, 노동시장의 유연성을 보장해 줄 수 있다. 특히, 서비스업의 투자를 촉진할 수 있는데 서비스업은 제조업에 비해 필연적으로 일정 이상의 고용 창출을 수반하기 때문이다.

03 2기간 모형에 근거한 일반균형이론의 정리

소비	:	$C = C(\overset{-}{r}, \overset{+}{Y_1}, \overset{+}{Y_2}, \overset{-}{G_1}, \overset{-}{G_2})$	49	재화시장의 균형 : $Y = C + I + G$
투자	:	$I = I(\overset{-}{r}, \overset{+}{z_2}, \overset{-}{K_1})$	55	
화폐수요	:	$\dfrac{M^D}{P} = L(\overset{+}{Y_1}, \overset{+}{Y_2}, \overset{-}{r+\pi^e})$	73	화폐시장의 균형 : $M^S = M^D$
노동공급	:	$L^S = L^S(\overset{+}{w_1}, \overset{-}{w_2}, \overset{+}{r}, \overset{+}{G})$	84	노동시장의 균형 : $L^S = L^D$
노동수요	:	$L^D = L^D(\overset{-}{w_1}, \overset{+}{z_1}, \overset{+}{K_1})$	85	

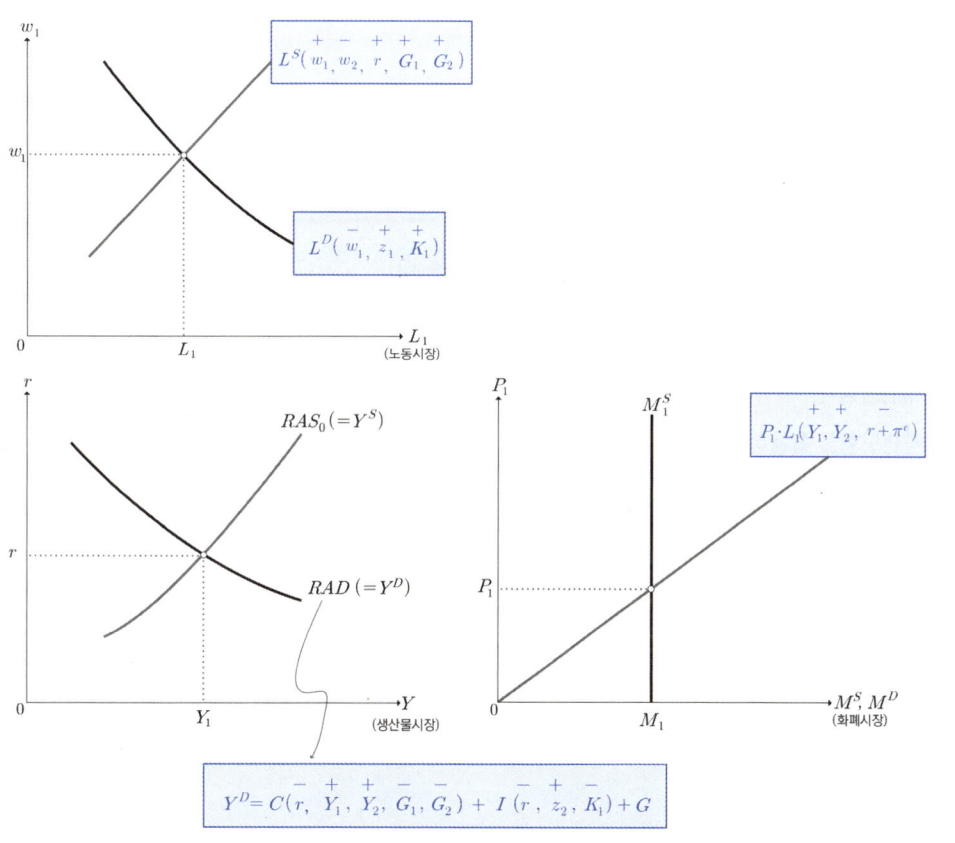

04 총수요충격과 총공급충격을 활용하는 사례문제

1. 불확실성 증가

1) 총수요충격

① 생산물 시장

소비↓ 랜덤워크, 예비적 저축가설 → $C↓$

투자↓ 투자옵션모형, 야성적 충동 → 투자감소 (한편, IS곡선의 기울기 가팔라짐 → 통화정책 약화)

만약 불확실성 증대로 인해 주식, 부동산 가격 등 자산가격이 하락한다고 본다면

소비↓ 생애주기 가설 (초기 부의 가치↓), 신용경색

투자↓ 토빈의 q이론, 신용경색

∴ IS곡선의 좌측이동

▶ 정책의 효과를 묻는다면 IS곡선의 기울기를 판단하는 것도 중요하나 경기에 미치는 효과를 묻는다면 반드시 기울기까지 언급해야 하는 것은 아니다.

② 화폐시장 (예비적 화폐수요 증가)

화폐수요↑ (뱅크런)

화폐공급↓ (현금/예금 비율↑, 지급준비율↑ → 통화승수↓)

∴ LM곡선의 좌측이동

▶ 은행은 부분지불준비제도(지급준비율을 고려)에 의해 예금의 일부분만을 가지고 있다. 민간은행의 신뢰가 하락하는 경우 자신의 예금을 보호하기 위한 가장 강력한 수단은 선제적인 출금인데, 경제 전반에 이러한 분위기가 크게 형성되는 것을 전염효과라 한다. 전염효과에 의해 파산이 확실한 은행 뿐 아니라 파산의 걱정이 없던 은행의 예금마저도 인출되는 대규모 인출사태를 뱅크런(bank run)이라 한다. 이어지는 챕터 09 – 05 에서 자세히 살펴본다.

2) 총공급 충격 (AS곡선의 좌측이동)

탐색모형을 활용하면 유보임금의 상승으로 수락비율 $H(w^*)↓$ → 노동공급의 감소

불확실성의 증가로 기업이 인식하는 노동의 한계 생산성(MP_N)의 감소가 나타난다면 기업의 노동에 수요 감소 → N^D좌측이동 → AS곡선의 좌측이동

3) 소결

AD곡선과 AS곡선의 좌측이동으로 총소득은 감소한다. 물가는 AD곡선과 AS곡선의 이동폭에 따라 상승할 수도, 감소할 수도 있다. 즉, 물가는 불확실성의 근본원인이 총공급의 문제일 경우 AS곡선의 이동 폭이 더 커져서 상승할 수도 있고, 기대심리 등 총 수요의 문제라면 AD곡선의 이동폭이 더 커서 하락할 수도 있다.

2. 고령화

1) 총수요충격 (AD의 좌측이동)

① 소비

총인구는 변하지 않는다고 가정할 때 (즉, 전체 인구는 그대로인 상황에서 노년층의 비율만 증가한다고 가정할 때) 생애주기가설에 의하면 평균저축 성향은 감소하게 된다. 저축률의 감소로 인해 솔로우 성장론에 따르면 1인당 소비는 감소할 수도 증가할 수도 있다. 물론 소비가 전 세대에 걸쳐서 고르게 분배되어야 함을 고려한다면 소비 자체는 하락할 가능성이 크다.

② 재정지출

노년층을 대비하여 사회안전망으로서의 정부 재정지출이 증대될 수 있지만 유년층의 복지혜택 부담의 감소로 정부지출이 감소할 수도 있다.

③ 경상수지

$NS - I = X - IM$ 에서 재정지출의 증대는 정부저축을 감소시키게 되므로 경상수지는 악화($NS\downarrow$)된다. 또한 (유년층의 소비성향보다 노년층의 소비성향이 더 크므로) 평균소비 성향의 증대로 수입이 증가하여 경상수지가 악화 될 수 있다.

∴ 종합적으로는 총수요가 감소할 가능성이 크다. (AD 곡선의 좌측이동)

2) 총공급 충격 (AS 곡선의 좌측이동)

① 노동공급 (정년 연장이 없다면)

고령화로 노동시장전체에서 일을 할 수 있는 인력자체가 감소하여 노동공급이 감소할 수 있다.

② 노동수요 (정년 연장이 어느 정도 발생한다면)

노년층의 MP_N이 작다고 가정할 때 노동시장에서 기업이 인식하는 MP_N이 하락할 수 있으므로 노동수요 자체도 줄어들 수 있다.

∴ 총공급 역시 감소할 가능성이 크다. (AS 곡선의 좌측이동)

3) 균형 및 대안

고령화는 자연스러운 현상이므로 정년의 연장, 기술개발을 통한 생산성의 증대 등을 통해 장기적으로 대비할 필요가 있으며 특히 노년층의 서비스업 (서비스업의 경우는 서비스 전선에 반드시 인력이 필요하므로 고용을 창출하는 능력이 탁월함) 으로의 진출을 위한 교육 및 해당 사업의 확장 등이 필요하다. 더 나아가 국민연금 등의 개선, 사회안전망으로써의 정부역할 강화 등의 노력이 요구된다.

> 고령화는 상당히 중요한 테마이다. 고령화는 저축률의 하락을 유발시키므로 경제성장이론과 연결할 수도 있고 아래와 같이 총수요, 총공급 충격을 통해 경기변동의 방향을 설명할 수도 있다. 다양한 방식으로 전개가 가능하므로 고령화와 관련된 테마를 정리해 둘 필요가 있다.

05 유동성 공급모형(douglas Diamond & Philips Dybvig)과 뱅크런

1. 모형의 설정 및 의의

N명의 소비자가 있다. 각 개인은 1의 소득을 들고 0기에 투자한다. 두 가지 중 선택이 가능한데 1기에 원금인 1을 그대로 돌려받는 것과 2기에 $(1+r)$ 만큼을 돌려 받는 것이다. 둘 중 하나의 선택만 가능하다. 전자를 선택하는 경우를 1기 소비자, 후자를 선택하는 경우를 2기 소비자라 한다면 1기 소비자가 될 확률은 t, 2기 소비자가 될 확률은 $(1-t)$ 이다. 소비자의 기대효용은 다음과 같다.

$$tU(C_1)+(1-t)U(C_2)$$

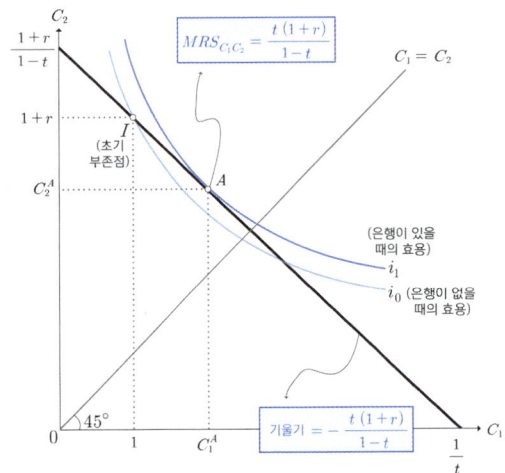

만약 은행이 없다면 초기부존점 I에서 소비해야 하는데 1기 소비자가 되는 경우와 2기 소비자가 되는 경우의 소비량 격차가 크다.

만약 은행을 활용한다면 이 둘의 소비 격차를 줄일 수 있을까?

1기, 2기의 소비격차를 줄이면 소비자의 효용은 올라갈 수 있다. 이에 대해서 분석해 보려 한다. 은행계약에 의해 1기 소비 시 C_1 만큼, 2기 소비 시 C_2 만큼 반환받는 계약을 체결한다.

▶ 그림의 I 점에서 MRS가 은행이 제공하는 예산선의 기울기보다 더 가파름을 가정해야 한다.

은행은 경쟁이다. 소비자 N명이 0기에 은행에 1씩 예금한다. 은행은 1기에 회수할 비율 x를 선택하고 1기에 예금인출을 원하는 소비자에게 계약한대로 C_1을 돌려줘야 한다. 1기 소비자가 모두 은행에 방문한다면 $tC_1 \times N = x \times N$의 수식이 성립한다. 2기까지 남은 투자금액을 2기 소비자에게 제공한다. 따라서 $(1-t)C_2 \times N = (1-x)N \times (1+r)$의 수식이 성립한다. 두 수식을 x를 기준으로 소거하면 다음과 같다.

$$tC_1 + \frac{(1-t)C_2}{1+r} = 1$$

이제 소비자는 은행 없이 선택해야 하는 $(1, 1+r)$에 비해 두 사이의 소비 격차가 더 줄어든 (C_1, C_2)의 계약을 체결할 수 있으며 이는 위 그림 A점으로 D점보다 더 높은 효용을 만들어 준다.

▶ 다이아몬드 − 디비히의 유동성 공급모형에 따르면 은행은 다수의 소비자로부터 예금을 받아 자산과 부채를 잘 분산시켜 위험이 높고 유동성이 낮은 장기자산을 안전하고 유동적인 단기부채로 전환하는 역할을 한다.

2. 뱅크런

만약 2기 소비를 원하는 특정 소비자 K가 다른 2기 소비자들이 모두 1기에 예금을 인출할 것이라 믿는다면, K는 1기 소비자 뿐 아니라 2기 소비자들도 모두 1기에 인출할 것이므로 1기에 먼저 은행에 방문하지 않으면 2기에 아무 것도 받지 못하는 상황에 직면할 것이라 인식한다. 따라서 2기 소비 예정자였던 K 역시 2기에 은행으로 뛰어가는 **뱅크런**(Bank run)이 나타난다.

▶ 일반적으로 뱅크런은 민간은행에 대한 신뢰가 크게 하락하는 경우 발생하는데, 문제는 파산이 확실시 되는 은행만 뱅크런 현상이 발생하는 것이 아니라 건전한 은행에서도 뱅크런이 발생할 수 있다는 것이 문제이다. 즉, 뱅크런은 전염성이 강하다.

유동성 공급모형에 따르면 은행은 소비자들에게 유동성 수요에 따라 장기 투자자산을 단기부채인 예금으로 변환하는 서비스를 제공하는데, 모든 예금자들이 은행의 파산을 예상하여 뱅크런하게 되면 그 예상으로 인해 실제로 은행의 파산이 나타나는 자기실현적(self fulfilling expectation) 파산이 발생할 수 있다.

3. 예금보험

뱅크런을 해결하기 위한 방법으로 정부가 보증하는 예금보험(deposit insurance)이 있다. 우리나라의 경우 1995년 이후 예금보험공사(KFDIC)가 설립, 운영되고 있다. 1인당 원리금 최고 5천만원까지 보장해 주고 있다.

> 2022년 보장한도에 대한 논의가 진행중이다. 5000만원의 한도는 20년 이상 지속되어 온 금액인데, 이는 경제환경의 변화를 반영하지 못한다는 평가를 받는다. 현재 이 한도를 1억원까지 상향 조정하려는 움직임이 있다.

예금보험은 자기실현적 공황(self fulfilling panics)을 막을 수 있다는 장점이 있다. 하지만 이는 도덕적 해이를 유발시킬 수 있으며, 은행이 고수익-고위험 자산에 투자하게 만들 수 있다는 것이다. 한편으로는 대마불사(too-big-to-fail)로 인한 고수익-고위험 자산에 투자하는 행동도 가능하다. 대마불사란 규모가 거대한 기업, 금융기관의 도산이 발생하는 경우, 이해관계에 있는 수많은 경제 주체들이 피해를 볼 수 있기 때문에 정부가 이를 구제해 준다는 것을 의미한다.

06 거시건전성 정책수단

거시건전성 정책은 금융안정 차원에서 시스템리스크를 억제하기 위해 건전성 정책수단들(prudential tools)을 설계, 도입하여 실시하는 정책을 의미한다. ① 시계열 차원으로 시간 경과에 따라 호황기에 은행이 위험선호성향이 높아져 차입, 은행채 발행 등이 높아지는 현상을 억제하는 것을 목표로 한다. ② 횡단면 차원으로 금융기관 간 공통 익스포저(common exposure), 리스크 집중(risk concentration), 상호 연계성 및 의존성 등으로 인한 위기의 전염성을 줄이는 것을 목표로 한다.

거시건전성을 확보하기 위해 경기대응 완충자본금(countercyclical capital buffer), 담보할인율 및 증거금을 호황기에 강화하는 것, 예상손실 대손충당금(expected loss provisioning) 제도의 도입 등이 가능하다.

> 은행들이 시스템리스크 상승 시기(호황기)에 적립하였다가 금융위기 발생 시에 사용하는 자본금을 의미한다. 거시순응성을 완화하는 대표적인 거시건전성 정책수단이다.

개별국가 차원에서 ① 외화부채 한도 설정, LTV(loan-to-value ratio, 주택담보대출비율), DTI(debt-to-income ratio, 총부채상환비율), DSR(debt-service ratio, 총부채원리금상환비율) 등을 시행할 수 있으며 ② 비예금성 부채에 대해 은행세(bank levy, 거시건전성부담금) 부과 하는 방식을 사용할 수 있다.

$$LTV = \frac{담보대출}{주택가치}$$

$$DTI = \frac{담보대출+타대출이자}{소득}$$

$$DSR = \frac{모든\ 대출의\ 원리금}{소득}$$

은행세를 부과하면 ① 단기 외화자금의 유입을 방지할 수 있고, ② 무분별한 투자 억제, ③ 정부재정수입의 향상, ④ 은행의 건전성 확보 등의 **장점**이 있으나 ⑤ 외화 자본 유치 시의 대출금리 상승이 국내 기업의 부담으로 전가될 수 있고, ⑥ 외환공급의 감소로 인한 환율의 상승으로 인한 교역조건의 악화, ⑦ 메가뱅크 추진의 어려움 등의 **단점**도 있다.

07 IS–MP–IA 모형의 이해

1. 도출

1) 총수요곡선

① IS 곡선

IS곡선은 기존의 IS–LM 모형에서의 IS곡선과 같다. 따라서 IS식은 아래와 같이 구성된다. IS 곡선의 경우 기존의 IS와 마찬가지로 외생적인 소비나 투자의 증가, 재정지출의 증가, 순수출의 증가에 의해 우측 이동한다. 폐쇄경제를 가정한다면 NX는 무시하면 된다.

$$IS \text{ 식}: Y = C + I(R) + G + NX(\frac{EP^f}{P}, Y, Y^f)$$

② MP 곡선 (테일러 준칙(Taylor's Rule)의 적용)

챕터 04–06에서 정리한 테일러 준칙을 수식으로 활용한다.

테일러의 적정 기준금리 = 전기 물가상승률 + 장기균형 실질금리
  + GDP에 부여하는 가중치 × GDP 갭
  + 인플레이션에 부여하는 가중치 × 인플레이션 갭

이를 수식으로 표현하면 다음과 같으며, 이 수식이 바로 MP 곡선식이다.

$$MP \text{ 식}: R_t = \pi_t + r_t^* + a_Y(Y_t - \overline{Y_t}) + a_\pi(\pi_t - \pi_t^*)$$

각 국가는 a_Y와 a_π의 가중치 설정 값에 따라 다른 결과가 나온다. 하지만 이 값들이 공개되면 대규모의 투기에 사용될 수 있으므로 공개하지 않으며 상황별로 변화할 수 있다. 테일러 준칙에 의하면 명목이자율은 위와 같이 MP 식에 의해 결정된다. 이에 따르면 $Y-R$(명목이자율)평면에서 MP 곡선은 우상향하게 된다. 또한 인플레이션의 상승은 MP 곡선의 절편을 상승시키므로 MP 곡선의 상방이동을 유발한다. (참고로 옐런(Janet Louise Yellen) 의장은 테일러 준칙을 거시경제를 너무 단순한 지표로써 해석하려는 논의라며 비판한다.)

③ AD 곡선의 도출 및 AD 곡선 위의 운동 메커니즘

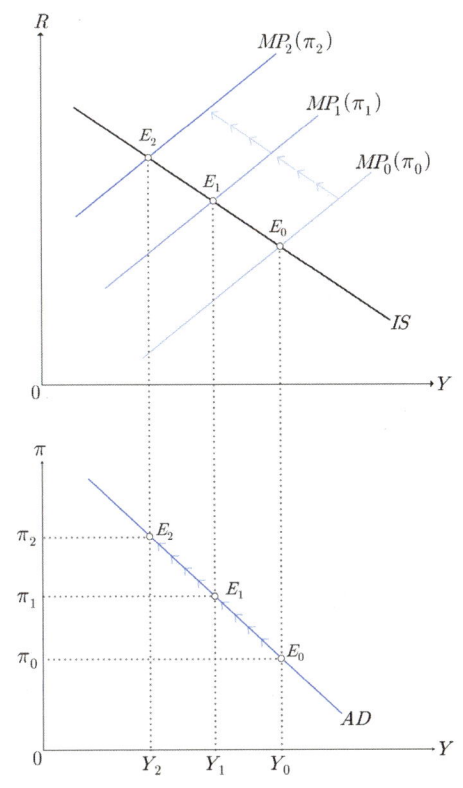

초기 균형을 E_0점이라고 하자. AD 곡선의 E_0점에서 인플레이션율(π)이 상승하면 MP 곡선은 테일러 준칙의 수식에 따라 R을 상승시킬 것이므로 곡선 자체의 상방이동하게 된다.

따라서 경제의 균형은 E_1점에서 균형소득이 감소하게 될 것이다. 인플레이션율이 π_2로 상승하면 MP_2에 위치할 것이다. 따라서 AD 곡선은 $Y-\pi$ 평면에서 우하향한다.

2) IA 곡선의 도출

기대가 부과된 필립스 곡선: $\pi = \pi^e - \lambda(u-u_N) + v$ (단, v는 불리한 공급충격)

$$\text{오쿤의 법칙: } \frac{\overline{Y_t} - Y_t}{\overline{Y_t}} = a(u-u_N)$$

위 식에서 적응적 기대(특히 정태적 기대)를 가정하여 사람들이 현재 예상하는 이번 기의 인플레이션율은 전기의 인플레이션율과 일치하게 된다고 보면, $\pi^e = \pi_{-1}$로 나타낼 수 있다. 또한, 현재 인플레이션율 값을 결정하는 실업률은 현재의 실업률이 아니라 이 전기의 실업률이 반영되는 것(경제의 적응 시차)을 가정할 때 $u = u_{-1}$로 나타낼 수 있다. 이를 반영하여 수식을 정리한다.

$$\pi = \pi_{-1} - \lambda(u_{-1}-u_N) + v \quad \text{(단, } v\text{는 불리한 공급충격)}$$

오쿤의 법칙을 전기에 대한 관계식으로 정리하면 $\frac{\overline{Y_t} - Y_{t-1}}{\overline{Y_t}} = a(u_{-1}-u_N)$이므로, 이를 새롭게 변형된 필립스 곡선식에 대입하면 IA식을 도출할 수 있으며 다음과 같이 나타낼 수 있다.

$$IA \text{ 식: } \pi = \pi_{-1} + \frac{\lambda}{a}\left(\frac{Y_{-1} - \overline{Y}}{\overline{Y}}\right) + v$$

따라서 IA식은 전기의 Y에 의해 결정되며 현재 Y와는 상관없으므로 $Y-\pi$ 평면에서 수평이다.

2. $Y-\pi$ 평면에서 $AD-IA$의 균형과 불균형 시 균형으로의 복귀 메커니즘

IS 식 : $Y = C + I(R) + G + NX(\frac{EP^f}{P}, Y, Y^f) = C + \overline{I} - b(R) + G + NX(\frac{EP^f}{P}, Y, Y^f)$

MP 식 : $R_t = \pi_t + r_t^* + a_Y(Y_t - \overline{Y_t}) + a_\pi(\pi_t - \pi_t^*)$

IS 곡선과 MP 곡선에서 R을 소거하여 정리하면 AD곡선 수식▼이 된다.

AD 식 : $Y = C + \overline{I} - b(\pi + r^* + a_Y(Y - \overline{Y}) + a_\pi(\pi - \pi^*) - \pi) + G + NX(\frac{EP^f}{P}, Y, Y^f)$

IA 식 : $\pi = \pi_{-1} + \frac{\lambda}{a}(\frac{Y_{-1} - \overline{Y}}{\overline{Y}}) + v$

> ▼ 이 AD 수식자체보다는 도출하는 방식을 기억하는 것이 중요하다.

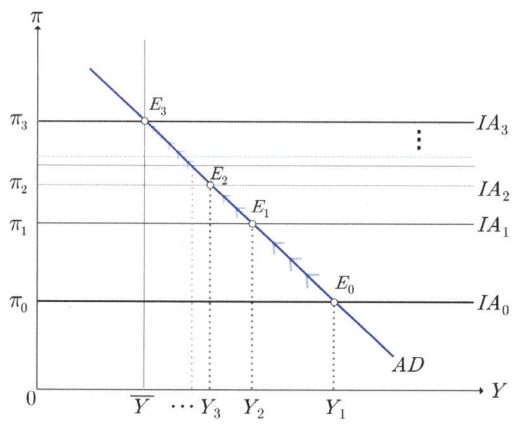

앞에서 도출한 AD곡선과 IA 곡선을 $Y-\pi$ 평면에 나타내면 왼쪽 그림과 같다. 여기에서 현재 균형이 E_0점이라고 가정하자. 이는 총수요가 잠재생산량($\overline{Y}$)보다 초과되었음을 의미한다. 이 경제의 자연생산량 상태로 복귀하기 위해 E_3점으로 이동해야 할 것이다.

하지만 IA 곡선 수식은 적응적 기대를 가정하고 있으므로 즉각적으로 E_3점으로 이동하는 것이 아니다. E_0점에서 $\frac{Y_1 - \overline{Y}}{\overline{Y}}$ 은 양수이다. 이 수치에 $\frac{\lambda}{a}$ 를 곱한만큼 IA 곡선은 다음 기에 상방으로 이동할 것이고 그 결과 IA_1에 위치한다. 이 점에서 $\frac{Y_2 - \overline{Y}}{\overline{Y}}$ 은 다시 양수이다. 다만 이 크기는 $\frac{Y_1 - \overline{Y}}{\overline{Y}}$ 보다 작다. 이 수치에 $\frac{\lambda}{a}$ 를 곱한만큼 IA 곡선은 다음 기에 상방으로 이동할 것이고 그 결과 IA_2에 위치한다. 즉, IA 곡선의 상방이동폭은 점점 줄어든다. 점진적으로 $E_0 \rightarrow E_1 \rightarrow E_2 \rightarrow \cdots \rightarrow E_3$의 과정을 거쳐 E_3이 균형이 되면 경제의 균형은 유지된다.

3. $IS-MP-IA$ 모형을 통한 확장적 재정정책의 효과분석

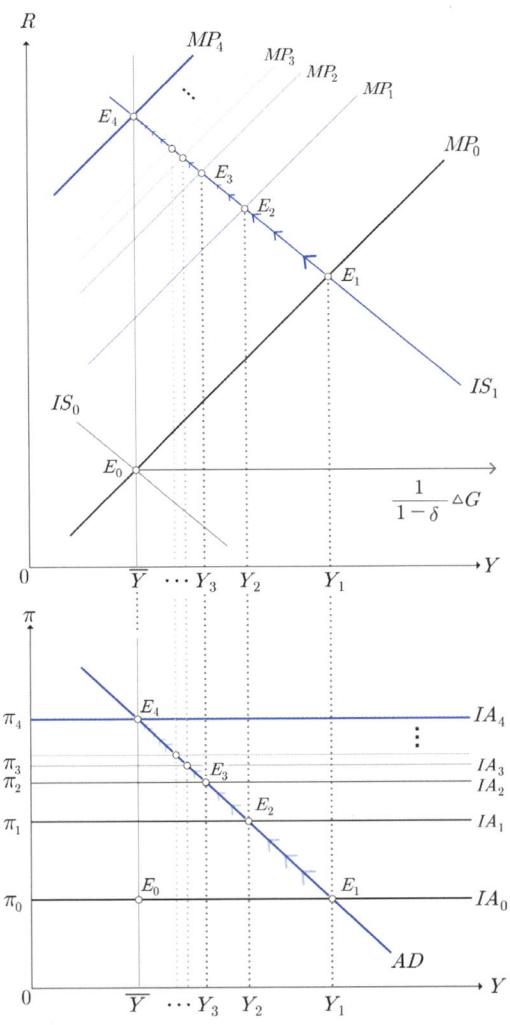

확장적 재정정책은 증가한 재정지출의 크기에 IS곡선으로부터 도출한 재정지출승수를 곱한만큼 ($\frac{1}{1-c+\mu}\triangle G = \frac{1}{1-\delta}\triangle G$) IS곡선을 우측 이동시킨다. 이에 따라 $IS-MP$ 균형은 E_0에서 E_1으로 이동하게 되고 이때의 $IS-MP$ 평면에서의 소득 증가분만큼 AD곡선이 우측이동한다. IA곡선은 수평이므로 두 평면에서 달성되는 일시적인 균형은 E_1이다.

하지만 현재 균형소득(Y_1)이 자연생산량($\overline{Y}$)을 초과할 것이고 IA식에 의하면 초과생산에 의해 실업률이 감소하므로 IA식에서 다음 기의 π이 상승하게 된다. 이 때 적응적 기대를 가정하므로 IA곡선은 처음에는 빠르게 시간이 지남에 따라 서서히 ($\overline{Y}$와의 거리가 점차 감소하므로) 상방이동할 것이다. 경제는 AD곡선 위를 따라 균형은 $E_1 \rightarrow E_2 \rightarrow E_3 \cdots \rightarrow E_4$의 과정을 거쳐 이동한다. IA곡선의 이동에 따라 균형이 바뀌면서 AD곡선 위의 경제가 이동하는 것을 $IS-MP$ 평면에서는 MP곡선의 이동으로 표현할 수 있다. 그림상 이해할 수 있도록 균형의 기호를 매치시켰다.

이와 같이 재정정책은 장기로 이동하게 되면 효과가 상쇄되지만 적응적 기대에 따라 일정 기간 동안은 정책의 효과를 기대할 수 있다.

> **tip** $IS-MP-IA$ 모형을 도출하는 과정에서 특히 IA곡선을 도출할 때 적응적 기대와 인플레이션의 시차 등 경직성을 전제로 한다. 이 모형은 새케인즈 학파의 모형으로 통화승수의 내생성, 통화 유통속도의 불안정성, 화폐의 투기적 성격 강화, 화폐의 범위 모호 등으로 인한 화폐의 불안정성으로 인해서 더 이상 LM곡선의 명확성을 보장하지 못하는 현재 상황을 반영한 것이라 볼 수 있다. 이 모형의 다른 이름은 D. Romer의 Keynesian Macroeconomics without the LM Curve이다.
>
> 참고로 모형의 단순화를 위해 Y를 각 기의 성장률로 가정한다면 $\frac{Y_{-1}-\overline{Y}}{\overline{Y}}$ 대신 $Y_{-1}-\overline{Y}$ 혹은 $g_{-1}-g^f$ 등의 방식으로 나타낼 수도 있는데 이런 경우 Y 혹은 g가 나타내는 건 절대적 크기가 아니라 경제의 성장률을 의미하게 된다는 것에 주의하여 문제를 접근해야 한다.

08 DAD-DAS (Dynamic AD-AD) 모형의 이해

1. 모형의 설정

1) DAD (Dynamic Aggregate Demand) 곡선의 도출

적응적 기대 $\pi_t^e = \pi_{t-1} \mid \pi_{t+1}^e = \pi_t$ ....①

피셔 방정식 $r_t = R_t - \pi_{t+1}^e = R_t - \pi_t$ ....②

π^e 대신 π_{t+1}^e로 설정되어 있는 이유는 실질이자율은 처음부터 기대치가 반영되어 있는데 사실 실질이자율을 결정하는 기대에는 이번 기가 아닌 다음 기에 대해 어떻게 생각하는지 여부가 반영되어 있기 때문이다. 적응적 기대를 고려하면 π_{t+1}^e와 π_t와 일치하기 때문에 우리가 이미 공부한 피셔방정식과 동일한 형태가 된다.

생산물 시장 $Y = C + I + G = \overline{Y_t} - \beta(r_t - r_t^*) + \varepsilon$ (수요충격) ....③

$C+I+G$는 경제에 평상시와 다른 충격이 없다면 잠재생산량(t 기의 $\overline{Y_t}$)과 일치한다. 두 번째 항에서 $r_t \neq r_t^*$라면 투자의 변화로 인해 수요의 변화가 발생할 것이고, ε는 외생적인 정부지출, 투자, 소비의 변화이다.

테일러 준칙 $R_t = \pi_t + r_t^* + a_y(Y_t - \overline{Y_t}) + a_\pi(\pi_t - \pi_t^*)$ ....④

②+③+④를 고려하여 Y_t와 π_t와의 관계를 구하여 DAD 식을 도출한다.

$$Y_t = \overline{Y_t} - \beta(r_t - r_t^*) + \varepsilon = \overline{Y_t} - \beta(R_t - \pi_t - r_t^*) + \varepsilon \quad \text{③식에 피셔방정식을 적용}$$
$$Y_t = \overline{Y_t} - \beta(\pi_t + r_t^* + a_y(Y_t - \overline{Y_t}) + a_\pi(\pi_t - \pi_t^*) - \pi_t - r_t^*) + \varepsilon \quad R_t\text{를 테일러 준칙을 대입하여 정리}$$
$$Y_t = \overline{Y_t} - \beta(a_y(Y_t - \overline{Y_t}) + a_\pi(\pi_t - \pi_t^*)) + \varepsilon \quad \text{소거가 가능한 부분들은 정리}$$

이를 좌변의 Y_t로 정리하면

$$(1 + \beta a_y)(Y_t - \overline{Y_t}) = -\beta a_\pi(\pi_t - \pi_t^*) + \varepsilon$$
$$Y_t = \overline{Y_t} - \frac{\beta a_\pi}{1 + \beta a_y}(\pi_t - \pi_t^*) + \frac{1}{1 + \beta a_y}\varepsilon \quad \text{........} DAD \text{ 곡선}$$

DAD 곡선은 $Y-\pi$ 평면에서 우하향하며 외생적으로 정부지출, 투자, 소비 등이 증가하면 ε가 증가하는 것이므로 DAD 곡선은 우측이동한다.

2) DAS (Dynamic Aggregate Supply) 곡선의 도출

적응적 기대 $\pi_t^e = \pi_{t-1}$ | $\pi_{t+1}^e = \pi_t$ .... ①

필립스 곡선 $\pi = \pi^e - \lambda(u - u_N) + v$ .... ⑤

오쿤의 법칙 $\dfrac{\overline{Y_t} - Y_t}{\overline{Y_t}} = a(u - u_n)$ .... ⑥

⑤에 ①의 적응적 기대를 고려하면 필립스 곡선을 약간 변형할 수 있으며 여기에 ⑥의 오쿤의 법칙을 고려한 수식을 반영하여 간단하게 DAS 곡선을 도출할 수 있다.

$$\pi = \pi_{t-1} - \lambda(u - u_N) + v \qquad \pi = \pi_{t-1} - \frac{\lambda}{a}\left(\frac{\overline{Y_t} - Y_t}{\overline{Y_t}}\right) + v \ldots\ldots DAS\ \text{곡선}$$

---

tip 중앙은행이 설정하는 a_π가 양수여야 하는 이유

$DAD: Y_t = \overline{Y_t} - \dfrac{\beta a_\pi}{1 + \beta a_y}(\pi_t - \pi_t^*) + \dfrac{1}{1 + \beta a_y}\varepsilon$

$DAS: \pi = \pi_{t-1} - \dfrac{\lambda}{a}\left(\dfrac{\overline{Y_t} - Y_t}{\overline{Y_t}}\right) + v$

경제의 균형에서 생산량이 잠재생산량을 초과하면 $\overline{Y_t} - Y_t$이 음수가 되므로 다음 기의 인플레이션율은 상승하여 DAS 곡선은 상방이동하고 생산량이 잠재생산량보다 작으면 DAS 곡선은 하방이동한다.

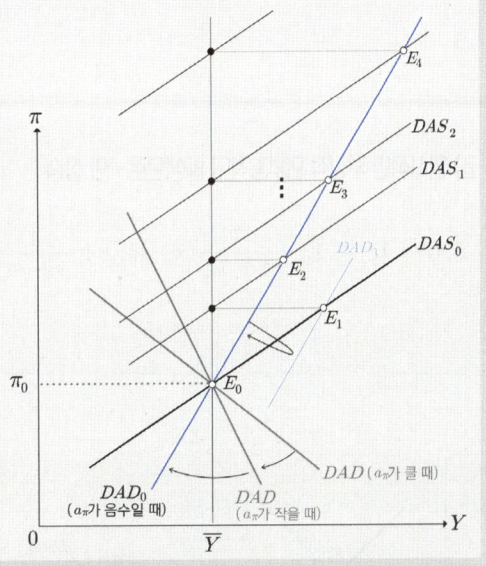

만약에 중앙은행이 인플레이션율의 상승률보다 명목이자율의 상승률을 더 작게 변화시킨다면 a_π은 음수가 되어 DAD곡선은 우상향하게 된다. a_π가 작을수록 이 경제의 DAD곡선의 기울기는 더 가팔라지는데 그렇기 때문에 인플레이션율의 안정과 생산량의 안정은 상충관계를 갖게 되는 것이다. a_π가 작아지다 음수가 되면 우상향하게 되는 형태로 나타나게 되는 것이다. 이러한 경우 일시적인 DAD의 우측이동이 발생하게 되면 경제의 인플레이션율은 더 상승하고 원래대로 DAD 곡선이 돌아오더라도 경제의 생산량은 잠재생산량을 초과하게 되어 DAS 곡선은 계속 상방이동 하게 된다. 따라서 경제의 균형소득과 인플레이션율은 지속적으로 증가하게 되므로 중앙은행은 인플레이션율의 상승을 통제할 수가 없다. 테일러 준칙으로 인플레이션율을 통제하려면 a_π는 양수값이어야 하므로 인플레이션율의 상승보다 명목이자율의 상승이 더 크도록 ($R_t = (1 + a_\pi)\pi_t + r_t^* + a_y(Y_t - \overline{Y_t}) - a_\pi \pi_t^*$..변형된 ④식) 해야 한다.

2. 다양한 사례의 적용

1) $\overline{Y_t}$의 상승

$$DAD : Y_t = \overline{Y_t} - \frac{\beta a_\pi}{1+\beta a_y}(\pi_t - \pi_t^*) + \frac{1}{1+\beta a_y}\varepsilon \quad \bigg| \quad DAS : \pi = \pi_{t-1} - \frac{\lambda}{a}\left(\frac{\overline{Y_t} - Y_t}{\overline{Y_t}}\right) + v$$

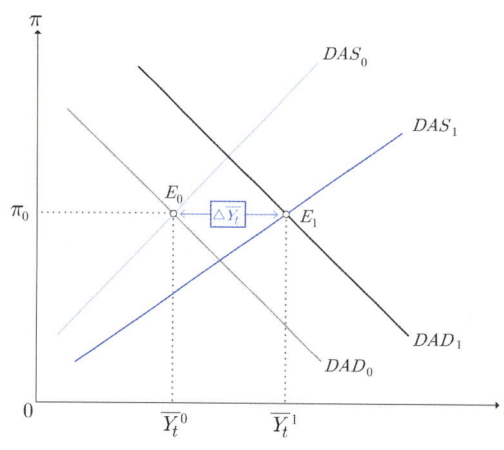

$\overline{Y_t}$가 상승하면 DAD곡선과 DAS곡선 모두 오른쪽으로 변화한 잠재생산량 크기만큼 우측 이동하게 된다. (DAS곡선의 경우 시계 방향으로 회전이동) 두 수식을 보면 동일한 크기의 π를 가정했을 때 동일한 크기의 $\triangle \overline{Y_t}$만큼 Y_t의 변화를 요구하게 되므로 수평이동폭이 같다. 따라서 경제의 균형은 E_1점에서 달성되며 인플레이션율은 변화하지 않는다.

2) 일시적인 부정적 외부충격의 발생으로 v의 상승

$$DAD : Y_t = \overline{Y_t} - \frac{\beta a_\pi}{1+\beta a_y}(\pi_t - \pi_t^*) + \frac{1}{1+\beta a_y}\varepsilon \quad \bigg| \quad DAS : \pi = \pi_{t-1} - \frac{\lambda}{a}\left(\frac{\overline{Y_t} - Y_t}{\overline{Y_t}}\right) + v$$

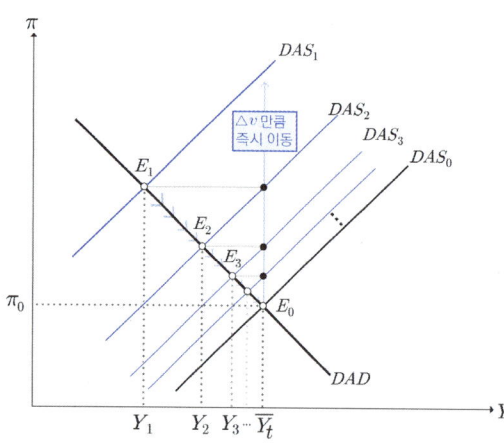

v가 상승하면 DAD곡선은 움직이지 않고 DAS곡선만 $\triangle v$만큼 상방이동한다. 경제의 균형은 E_1점에서 달성되며 이때 DAS곡선식의 $\overline{Y_t} - Y_t$가 양수가 된다. 이러한 충격으로 인해 오른쪽 항의 π^e를 대신했던 π_{t-1}가 상승하게 되므로 $\triangle v$가 사라진다 하더라도 DAS곡선은 DAS_0로 즉시 돌아오지 못하고 여전히 상단에 위치하게 된다.

따라서 이러한 충격은 상당기간 지속되며 $DAS_1 \rightarrow DAS_2 \rightarrow DAS_3 \rightarrow \cdots \rightarrow DAS_0$의 경로를 보이는데 이 과정에서 점점 속도가 느려지면서 균형이 회복된다. 시간이 지나면 $\overline{Y_t}$로 돌아오게 된다.

3) 정부의 경기회복 목표를 위한 금융정책의 시행으로 π_t^*의 상승

$$DAD : Y_t = \overline{Y_t} - \frac{\beta a_\pi}{1+\beta a_y}(\pi_t - \pi_t^*) + \frac{1}{1+\beta a_y}\varepsilon \qquad DAS : \pi = \pi_{t-1} - \frac{\lambda}{a}\left(\frac{\overline{Y_t}-Y_t}{\overline{Y_t}}\right) + v$$

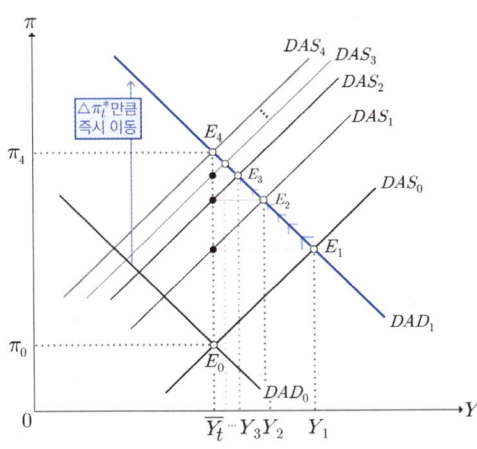

π_t^*가 상승하면 DAD곡선이 $\triangle \pi_t^*$만큼 상방이동하게 된다. 경제의 균형은 E_1점이지만 현재 이 점에서 $\overline{Y_t}-Y_t$는 음수이므로 DAS 곡선은 상방이동한다. π_t^*가 상승하였으나 실제 π는 이에 미치지 못한다. 따라서, 적응적 기대에 따라 DAS곡선은 $DAS_1 \to DAS_2 \to DAS_3 \to \cdots \to DAS_4$의 방향으로 점점 속도가 느려지면서 균형이 회복된다. 시간이 지나면 $\overline{Y_t}$로 돌아온다.

4) 정부가 경기회복 목표를 위해 일시적으로(약간 지속) 재정지출 증가 ($\varepsilon \uparrow \cdots \varepsilon \downarrow$)

$$DAD : Y_t = \overline{Y_t} - \frac{\beta a_\pi}{1+\beta a_y}(\pi_t - \pi_t^*) + \frac{1}{1+\beta a_y}\varepsilon \qquad DAS : \pi = \pi_{t-1} - \frac{\lambda}{a}\left(\frac{\overline{Y_t}-Y_t}{\overline{Y_t}}\right) + v$$

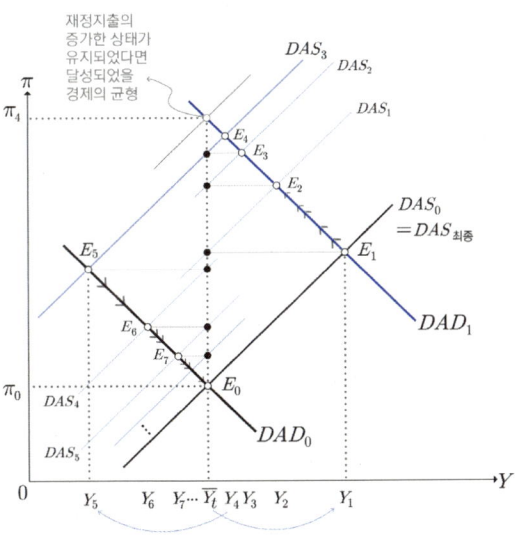

ε가 상승하면 DAD곡선이 일시적으로 우측이동한다. 일정 기간 동안 이 크기를 유지한 후에 어느 정도 시간이 지나면 원래 수준으로 회복시켜서 DAD_0로 돌아오는 상황을 가정한다.

DAD곡선의 우측이동으로 경제의 균형이 E_1점에서 달성되면 서서히 DAS 곡선은 상방이동한다. 어느 정도 정부지출의 증대가 지속되다 경제가 E_4점에 위치하는 순간 DAD곡선이 원래대로 돌아오면 경제의 균형은 빠른 속도로 E_5점이 된다. 이제 경제는 서서히 E_6, E_7점을 거쳐 초기 균형점인 E_0점으로 회복된다.

5급공채, 입법고시, 국립외교원, 금융공기업 대비

MIND
MACRO ECONOMICS
주관식 거시경제학 마인드

제1판1쇄	2022년 6월 15일 발행
지은이	윤지훈
펴낸이	이은경
펴낸곳	㈜세경북스
주 소	서울특별시 서초구 신반포로3길 8, 606호(반포동, 반포프라자)
전 화	02-596-3596
팩 스	02-596-3597
신 고	제2013-000189호
정 가	15,000원

저자와의
협의하에
인지를 생략함

이 책의 모든 권리는 ㈜세경북스에 있습니다.
본 출판사의 동의 없이 내용을 복제하거나 전산장치에
저장·전파할 수 없습니다.
Printed in Korea

ISBN : 979-11-5973-307-9 13320